A HISTÓRIA SECRETA DA
MULHER-MARAVILHA

A HISTÓRIA SECRETA DA
MULHER-MARAVILHA
JILL LEPORE

Tradução
Érico Assis

2ª edição

Rio de Janeiro | 2017

CIP-BRASIL. CATALOGAÇÃO NA PUBLICAÇÃO
SINDICATO NACIONAL DOS EDITORES DE LIVROS, RJ

L618h

Lepore, Jill, 1966-
A história secreta da mulher-maravilha / Jill Lepore ; tradução Érico Assis. - 2. ed. -
Rio de Janeiro : Best Seller, 2017.
il.

Tradução de: The Secret History of Wonder Woman
Inclui bibliografia
ISBN: 978-85-4650-037-6

1. Super-heróis - Histórias em quadrinhos. I. Assis, Érico. II. Título.

17-41094

CDD: 741.5
CDU: 741.5

Texto revisado segundo o novo Acordo Ortográfico da Língua Portuguesa.

Título original
THE SECRET HISTORY OF WONDER WOMAN
Copyright © 2015 by Jill Lepore
Copyright da tradução © 2017 by Editora Best Seller Ltda.

Imagem de capa: WONDER WOMAN is ™ and © DC Comics
Imagem cortesia do Smithsonian Institution Libraries, Washington, D.C.
Design de capa original: Chip Kidd
Adaptação de capa: Ba Souza
Projeto gráfico original: Maggie Hinders
Composição de miolo: Renata Vidal
Adaptação de encarte original: Sense Design

Todos os direitos reservados. Proibida a reprodução, no todo ou em parte,
sem autorização prévia por escrito da editora, sejam quais forem os meios empregados.

Direitos exclusivos de publicação em língua portuguesa para o Brasil adquiridos pela
EDITORA BEST SELLER LTDA.
Rua Argentina, 171, parte, São Cristóvão – Rio de Janeiro, RJ – 20921-380
que se reserva a propriedade literária desta tradução

Impresso no Brasil

ISBN 978-85-4650-037-6

Seja um leitor preferencial Record.
Cadastre-se e receba informações sobre nossos lançamentos e nossas promoções.
Atendimento e venda direta ao leitor
mdireto@record.com.br ou (21) 2585-2002

Para Nancy F. Cott,
por fazer história

Bela como Afrodite; sagaz como Atena; dotada da velocidade de Mercúrio e da força de Hércules — nós a conhecemos como Mulher-Maravilha. Mas quem pode nos dizer quem ela é ou de onde veio?

— *All-Star Comics,* dezembro de 1941

Ontem, após anunciar que, a partir de 22 de julho, a famosa heroína dos gibis "Mulher-Maravilha" terá uma revista inteira dedicada às suas aventuras, M.C. Gaines, editor da **All-American Comics,** *com sede na Lexington Avenue, nº 480, também divulgou oficialmente e em primeira mão que o autor de "Mulher--Maravilha" é o Dr. William Moulton Marston, psicólogo de renome internacional.*

— Comunicado à imprensa, *All-American Comics,* 1942

Quem teve essa ideia de me *chamar de Mulher-Maravilha?*

— Olive Byrne, *Family Circle,* agosto de 1942

Desde o início, a Mulher-Maravilha foi uma personagem baseada na pesquisa científica.

— *The ΦBK Key Recorder,* outono de 1942

Sinceramente, a Mulher-Maravilha é propaganda psicológica com vistas ao novo tipo de mulher que, na minha opinião, deveria dominar o mundo.

— William Moulton Marston, março de 1945

SUMÁRIO

SPLASH PAGE 11

PARTE UM Veritas 17

PARTE DOIS O círculo familiar 107

PARTE TRÊS Ilha Paraíso 225

EPÍLOGO Grande Hera! Voltei! 343

FONTES E AGRADECIMENTOS 363

ÍNDICE DE QUADRINHOS 371

NOTAS 389

"Quem é ela?"
De *Wonder Woman nº 1* (verão de 1942)

SPLASH PAGE

A **MULHER-MARAVILHA** é a super-heroína mais famosa de todos os tempos. Tirando o Superman e o Batman, não há personagem de gibi que tenha persistido por tanto tempo. Como todos os super-heróis, a Mulher-Maravilha tem uma identidade secreta; no entanto, diferente de todo super-herói, ela também tem uma origem secreta.

O Superman pulou prédios pela primeira vez em 1938. O Batman começou a espreitar as sombras em 1939. A Mulher-Maravilha aterrissou seu avião invisível em 1941. Era uma amazona, nascida em uma ilha de mulheres que viviam afastadas de homens desde a Grécia Antiga. Ela fora aos Estados Unidos para lutar pela paz, pela justiça e pelos direitos femininos. Tinha braceletes de ouro; podia ricochetear balas. Tinha um laço mágico; quem ela enlaçasse era obrigado a contar a verdade. Para proteger a sua identidade, adotou o disfarce de uma secretária chamada Diana Prince, funcionária do Serviço de Inteligência Militar dos Estados Unidos. Seus deuses eram deusas, e suas interjeições refletiam isso. "Grande Hera!", gritava. "Safo sofredora!", praguejava. Ela seria a mulher mais forte, mais inteligente e mais corajosa que o mundo já vira. Parecia uma *pin-up*. Em 1942, a Mulher-Maravilha foi recrutada para a Sociedade da Justiça da América e se uniu ao Superman, Batman, Joel Ciclone e Lanterna Verde — era a única mulher. Usava uma tiara de ouro,

Os jornalistas ávidos avistam sua presa.
"*Lá está! A Mulher-Maravilha!* Pisa fundo!"
"Homessa! Estamos a 120, e *ainda assim ela ganha de nós*!"
"Tchauzinho, garotos! Apareçam outra hora!"
"*O quê?* Vocês *perderam a Mulher-Maravilha?*"
"Sabemos o que você está pensando. Mas não vai nos demitir — *nós* nos demitimos!"
"*Mulher-Maravilha — Mulher-Armadilha!* Depois de trinta anos de redação, acho que estou ficando mole! Essa moça vai me levar à *loucura*!"
Brown, editor do Clarion *de Washington, tem um colapso nervoso...*
"Que caso estranho! Faz dias que este paciente está em coma."
"Sou Diana Prince — hã — como está seu paciente?"
"Nada bem... Ele teve um colapso nervoso por causa de uma tal de '*Mulher-Maravilha*' que não conseguiu encontrar para seu jornal!"
"Sr. Brown: acho que este pergaminho conta a história da moça que você chama de 'Mulher-Maravilha'! Uma mulher de véu, muito estranha, deixou-o comigo."
"Hã? O quê? Pff! Eu... o-o-o quê?"
Brown corre como um maníaco até chegar à redação do Clarion...
"Parem as máquinas! Eu tenho a *origem da Mulher-Maravilha!*"
Segunda-feira, neste jornal, a origem exclusiva da "Mulher-Maravilha"!

Wonder Woman, tira de jornal (12-13 de maio de 1944)

um bustiê vermelho, short azul e botas de couro vermelho até o joelho. Ela era sexy, e era meio safada.

    Ao longo das sete décadas em que cruzou continentes e oceanos, a Mulher-Maravilha nunca deixou de ser publicada. Seus fãs chegam aos milhões. Gerações de meninas levaram sanduíches em lancheiras da Mulher-Maravilha. Contudo, nem os fãs mais ardorosos da heroína conhecem a verdadeira história da sua origem. Ela é tão misteriosa quanto um coração.

Em um episódio de 1944, um editor de jornal chamado Brown, louco para descobrir o passado secreto da Mulher-Maravilha, designa uma equipe de jornalistas para persegui-la. Ela foge deles com tranquilidade; mesmo usando botas de salto alto, a heroína corre mais rápido que o carro da reportagem e salta como um antílope. Brown, quase ensandecido, tem um colapso nervoso e é internado. A Mulher-Maravilha, com pena do editor, veste um uniforme de enfermeira e leva um pergaminho para ele. "Acho que este pergaminho conta a história da moça que você chama de 'Mulher-Maravilha'!", diz ela. "Uma mulher de véu, muito estranha, deixou-o comigo." Brown salta da cama e, sem nem trocar a camisola do hospital, volta correndo à redação com o pergaminho em mãos, aos berros: "Parem as máquinas! Eu tenho a origem da Mulher-Maravilha!"

Brown estava louco. Ele não sabia a verdadeira origem da Mulher-Maravilha. Ele conheceu apenas sua lenda amazona.

O que este livro mostra é outra coisa. *A origem secreta da Mulher-Maravilha* é o resultado de anos de pesquisa em dezenas de bibliotecas, arquivos e coleções, incluindo documentos particulares do criador da heroína, William Moulton Marston — documentos que nunca foram revelados a pessoas fora da família de Marston. Comecei pelo material publicado: jornais e revistas, a imprensa especializada e as revistas científicas, as tiras e os gibis. Depois fui aos arquivos. Não encontrei nada escrito em pergaminho, mas encontrei coisa melhor: milhares de páginas de documentos manuscritos e datilografados, fotografias e desenhos, cartas e cartões-postais, fichas criminais, anotações rabiscadas nas margens de livros, depoimentos de tribunal, prontuários médicos, memórias não publicadas, roteiros rascunhados, esboços, históricos de estudante, certidões de nascimento, documentos de adoção, registros militares, álbuns de família, álbuns de recortes, anotações para palestras, arquivos do FBI, roteiros de cinema, as minutas cuidadosamente datilografadas dos encontros de um culto sexual e minúsculos diários escritos em código secreto. Parem as máquinas: eu tenho a origem da Mulher-Maravilha.

A Mulher-Maravilha não é apenas uma princesa amazona que usa botas fabulosas. Ela é o elo perdido numa corrente que começa com as campanhas pelo voto feminino nos anos 1910 e termina com a situação conturbada do feminismo um século mais tarde. O feminismo construiu a Mulher-Maravilha. E, depois, a Mulher-Maravilha reconstruiu o feminismo — o que nem sempre fez bem ao movimento. Super-heróis, que deveriam ser melhores do que todo mundo, são excelentes para dar porrada, mas péssimos para lutar por igualdade.

No entanto, a Mulher-Maravilha não é a típica personagem de gibi. Os segredos e a narrativa que este livro revela a situam não só dentro da história dos quadrinhos e dos super-heróis, mas também no fulcro das histórias da ciência, do direito e da política. O Superman tem sua dívida com a ficção científica, o Batman, com os detetives particulares. Porém, a dívida da Mulher-Maravilha é com a utopia feminista e com a luta pelos direitos das mulheres. Suas origens estão no passado de William Moulton Marston e na vida das mulheres que ele amou — elas também criaram a Mulher-Maravilha. Ela não é a típica personagem de gibi porque Marston não era um homem comum e sua família não era uma família comum. Marston era um polímata. Era um especialista em falsidade: foi o inventor do exame do detector de mentiras. Sua vida era sigilosa: ele tinha quatro filhos com duas mulheres e todos moravam juntos, sob o mesmo teto. Eram mestres na arte da dissimulação.

O esconderijo predileto deles eram os quadrinhos que produziam. Marston era pesquisador, professor e cientista; a Mulher-Maravilha começava num campus universitário, numa sala de aula e num laboratório. Marston era advogado e cineasta; a Mulher-Maravilha começava num tribunal e num cinema. As mulheres que Marston amava eram sufragistas, feministas e defensoras do controle de natalidade. A Mulher-Maravilha aparecia em uma manifestação pública, um quarto,

Mas, lá embaixo, um fotógrafo sorrateiro os aguarda...

Mulher-Maravilha, disfarçada de homem, tenta esconder Steve Trevor ferido dos jornalistas. De "Isca da Máfia", história não publicada da *Sensation Comics*

uma clínica de controle de natalidade. O bustiê vermelho é só o começo. O mundo não sabia, mas Margaret Sanger, uma das figuras mais influentes do século XX, fazia parte da família Marston.

A Mulher-Maravilha vem lutando pelos direitos das mulheres há muito tempo. Lutas acirradas, mas nunca vencidas. Esta é a história de suas origens — a fonte de toda a maravilha, assim como de todas as mentiras.

★ PARTE UM ★

VERITAS

Prof. Homos, o famoso antropólogo da Holliday College, dá informações importantes às alunas mais aplicadas. "Meninas, tenho um comunicado maravilhoso a fazer-lhes!"

De "Nas garras de Nero", *Sensation Comics* nº 39 (março de 1945)

HARVARD TEM MEDO DA SRA. PANKHURST?

WILLIAM MOULTON MARSTON, que acreditava que as mulheres deviam dominar o mundo, chegou à prematura e não natural conclusão, na impetuosa idade dos 18 anos, de que era hora de morrer. Ele era precoce em tudo.

O Castelo Moulton, Newburyport, Massachusetts

Moulton, no entanto, havia chegado ao mundo deveras atrasado — ou assim pensava sua mãe. Ela passara anos sob considerável pressão

As irmãs Moulton no Castelo Moulton em 1885.
Da esquerda para a direita: Susan, Claribel, Molly, Alice e Annie

para trazê-lo ao mundo. Tinha quatro irmãs. Seu único irmão morrera em 1861; logo depois, o pai enlutado construiu uma mansão em estilo medieval no norte de Boston, onde trancou-se numa biblioteca gótica na mais alta de suas torres ameadas para escrever o tratado *Anais da história Moulton*, no qual traçava a linhagem da família desde a Batalha de Hastings, em 1066. Um dos Moulton fora signatário da Magna Carta; outro — "esguio, de peito largo, braços compridos, fôlego profundo, membros fortes" — havia figurado nas páginas dos *Contos dos cruzados* de Sir Walter Scott. Medindo-se frente à bravura desses homens, era muito provável que o cronista, um pusilânime veterano da Guerra de Secessão, se decepcionasse. ("Evidenciou-se a iniciativa do capitão Moulton na tentativa de fundar uma grande empresa de fabricação de vagões de trem", escreveu ele sobre si mesmo.) Quanto mais aprofundava suas pesquisas, mais nervoso ficava em relação às suas descendentes: meninas que flanavam pelo parquete do Castelo Moulton com seus vestidos de renda, cinturinhas de vespa, cabelos trançados em pilhas vacilantes sobre o coco. Susan e Alice nunca se casaram; Claribel e Molly ficaram esperando a hora certa. Sobrara Annie, a professorinha de colégio. Em 1887, ela se casou com Frederick William Marston, comerciante de tecidos finos para ternos; ele era, segundo as fofocas, indigno de Annie. E assim veio a ocorrer que, diante deste casal pouco auspicioso, o capitão Moulton fincou a sucessão de sua linhagem que remontava à Conquista da Normandia. Enfim, em 1893, aos tardios 34 anos, Annie Moulton Marston deu à luz um menino. Batizaram-no William. O conquistador.[1]

William Moulton Marston em 1894

Pode-se dizer, portanto, que foi em parte traição e em parte devido ao espírito dessas origens românticas que, no inverno de 1911, William Moulton Marston, 18 anos, aluno de Harvard, obteve um frasco de ácido cianídrico com um químico de Cambridge, com o qual preparava-se para tirar a própria vida.

William nasceu numa casa vitoriana de três andares na Avon Street, em Cliftondale, Massachusetts. Era muito paparicado. Tanto a mãe quanto as tias, não tendo outra ocupação, dedicavam-se a adorá-lo. Estava sempre no colo de uma. Os jantares de domingo eram no Castelo Moulton. Ele gostava de estimar a distância entre o genuíno e o falso e colecionava aves empalhadas. Ganhou seu primeiro prêmio escolar aos 7 anos de idade. Tinha ambições literárias: escrevia poemas, contos e peças de teatro.[2] Sua mãe já detectava sinais de genialidade.

A filosofia juvenil de Marston quanto ao suicídio é o que ocorre quando o pragmatismo, alimentado pela observação, encontra espaço para florescer na casa de uma criança bastante sagaz que não foi muito questionada pelos pais. Na Avon Street, um vizinho dos Marston

Marston em 1911, calouro em Harvard

certo dia olhou-se no espelho do banheiro e disse: "Ah, com os diabos" e cortou a própria garganta.[3] O menino remoía essa ideia na cabeça. Ele explicou posteriormente: "Desde os 12 anos até próximo dos trinta, eu acreditava veementemente no suicídio." Se o sucesso podia ser alcançado com facilidade, raciocinava Marston, a vida valia a pena ser vivida; se não, "a única coisa sensata a fazer era pedir as contas".[4]

Marston, de início, não estava inclinado a pedir as contas: triunfava em tudo que se propunha a fazer. Ele se tornou alto e diabolicamente bonito, mesmo com orelhas levemente de abano. Seu cabelo era escuro e encaracolado; o queixo era pronunciado, com uma covinha. Passou de filhote a leão. Na oitava série, na Escola Primária Felton, apaixonou-se por um garota inteligente e magrinha chamada Sadie Elizabeth Holloway. A menina tinha uma mente afiada. Era uma manesa — da Ilha de Man — que tinha ido morar na Nova Inglaterra. No ano seguinte, William foi eleito presidente da turma e ela, secretária de classe; não havia outro resultado concebível para ambos.[5] Talvez tenha sido aí que ele disse a ela que os dois batizariam seu primeiro filho de Moulton.

No Colégio Malden, Marston foi eleito historiador da turma, presidente da Sociedade Literária e editor-chefe da revista literária *Oracle*. Escreveu um texto sobre a turma em forma de um diálogo com Clio, a deusa da história, "ela, a primeira de todas as ninfas a emergir de Zeus". Presidiu um debate sobre o voto feminino. Jogava futebol americano: com um metro e oitenta de altura, quase noventa quilos, virou *left-guard*. No ano em que se formou, sua equipe venceu o campeonato estadual. Quando Charles W. Eliot, presidente emérito de Harvard, foi palestrar à turma de formandos,

Marston decidiu onde estava seu destino. "O efeito de Harvard sobre a vida posterior de um homem não pode ser estimado", ele escreveu na *Oracle*.[6] Em seu formulário de inscrição, no espaço intitulado "Ocupação pretendida", escreveu uma só palavra: "Direito".[7] Sua mente era desprovida de qualquer dúvida quanto a ser aceito na universidade.

Mudou-se para Cambridge em setembro de 1911, carregando um baú cheio de ternos e livros para morar num quarto de pensão atulhado na esquina da Hancock Street com a Broadway, a leste do Harvard Yard. E foi lá que, pela primeira vez, deparou-se com um obstáculo.

"Tive que cursar muitas disciplinas que odiei", explicou. Inglês A: Retórica e Composição era uma cadeira obrigatória para calouros. "Eu queria escrever; no Inglês A de Harvard, não nos deixavam fazer isso", ele reclamou. "Era para aprender ortografia e pontuação. Se você escrevesse qualquer coisa por vontade própria, cuja escrita apreciasse, seu texto era reprovado por um lápis vermelho."[8]

"No meu primeiro ano", Marston escreveu, "decidi que havia chegado minha hora de morrer."[9] O Inglês A o havia arrasado. No entanto, a disciplina que o convencera a se matar fora História I: História Medieval, lecionada por Charles Homer Haskins.[10] Haskins, que ostentava um bigode frondoso e encerado, era reitor da pós-graduação. Interessava-se pela escolástica medieval, tema de sua estupefaciente monografia *The Rise of Universities* [A ascensão das universidades, em tradução livre]. Mais tarde, ele viria a fundar o Conselho Americano das Sociedades Instruídas. A Idade Média do professor Haskins não tinha nem metade das estripulias aventurescas que havia nos *Anais* do capitão Moulton: Haskins preferia acadêmicos a cavaleiros.

A disciplina de História levantava questionamentos sobre a natureza da verdade. Numa das aulas que Haskins dava aos calouros, ele diferenciava o estudo do passado da investigação da natureza. "O biólogo analisa plantas e animais; o químico ou o físico conduz experimentos no laboratório, em condições controladas", disse Haskins. "O historiador, por outro lado, não pode realizar experimentos, e raramente pode observar." Em vez disso, o historiador precisa recolher suas próprias evidências, sabendo, o tempo todo, que muitas delas serão inúteis e grande parte não será confiável.[11] Haskins adorava manusear a gaveta bagunçada do passado para encontrar pedras preciosas entre os cacos de vidro. Para Marston, tudo naquela gaveta era lixo.

"Eu não estava nem aí para quem havia se casado com a irmã da bisavó de Carlos Magno, nem onde Felipe tinha tomado café da manhã no dia que escreveu uma carta ao papa", Marston explicou. "Não estou dizendo que tais fatos são irrelevantes, mas apenas que eles não me interessavam e que eu era obrigado a aprendê-los. Assim, tomei providências para conseguir ácido cianídrico com um químico amigo meu."[12]

Ácido cianídrico mata em menos de um minuto. Tem cheiro de amêndoas. É o mesmo veneno que Henry Jekyll usa para se suicidar em *O médico e o monstro*, conto publicado em 1886 que Marston lera quando criança, sob os beirais em seu quarto na Avon Street — a história de um homem que se transforma em monstro.[13]

O que deteve a mão de Marston ao tomar o frasco foi o estudo da existência em si. Havia uma disciplina que ele amava — Filosofia A: Filosofia Antiga. Quem a lecionava era George Herbert Palmer, um frágil homem de 69 anos e com a vista fraca, professor da Cadeira Alfred de Filosofia e diretor do Departamento de Filosofia de Harvard. Palmer tinha cabelos finos, brancos e compridos, sobrancelhas grossas e pretas, olhos azuis e um bigode de morsa. Morava na Quincy Street, nº 11, onde vivia enlutado pela morte da esposa, Alice Freeman Palmer, outrora presidente da Wellesley College, paladina da instrução feminina e sufragista. Ela falecera em 1902. E o marido se recusava a abandonar o luto. "É grosseria deixar que os mortos morram por completo", ressaltava o professor, com perfeita sensatez.[14]

No início da carreira, Palmer fizera uma tradução resplandecente da *Odisseia* — seu objetivo, dissera ele, era mostrar "que a história, mais que mero registro de fatos, é toda poesia, iluminada pelo brilho da glória". Contudo, sua maior contribuição para o avanço da filosofia foi convencer William James, Josiah Royce e George Santayana a afiliar-se ao que posteriormente se tornou o "Grande Departamento": o corpo docente da faculdade de Filosofia em Harvard.[15]

Palmer acreditava que a chave para ser professor era a imaginação moral, "a capacidade de me colocar no lugar do outro, pensar com suas ideias e declarar com força suas convicções mesmo quando estas não são as minhas". Ele "lecionava em versos sem rima e fazia o hedonismo grego tornar-se vivaz e essencial", disse Marston.[16]

No outono de 1911, a cadeira de Filosofia A começou com a história da própria filosofia. "Segundo Aristóteles", Palmer disse à turma, com Marston sentado e enlevado, "a ascensão da filosofia tem três causas influentes: a liberdade, o lazer e o maravilhamento." Ele passou semanas celebrando os gregos: para Palmer, eles eram gênios da dialética e da retórica. Passado o Dia de Ação de Graças, deu uma aula sobre a *República* de Platão; em dezembro, estava discorrendo sobre como o homem era "um ser racional em corpo físico dos sentidos", sublinhando, como muito fazia, que por "homem" estava referindo-se tanto a homens quanto a mulheres. Fitou sua turma de rapazes de Harvard com olhar severo. "Meninas também são seres humanos", disse-lhes, "um tema dos mais negligenciados!!"[17]

A igualdade dos sexos destacava-se entre os compromissos intelectuais e políticos de Palmer. Além disso, era uma forma de ele lembrar sua esposa. George Herbert Palmer, que salvou a vida de Marston, foi padrinho da Liga Masculina de Harvard pelo Sufrágio Feminino.

O movimento sufragista nos Estados Unidos remonta a 1848, quando se deu a primeira convenção sobre os direitos das mulheres em Seneca Falls, Nova York (história que viria a ser contada na revista da Mulher-Maravilha), onde as representantes adotaram uma "Declaração de Sentimentos", escrita por Elizabeth Cady Stanton, que tinha a Declaração da Independência como modelo: "Consideramos as

De "Mulheres-Maravilha da história: Susan B. Anthony", *Wonder Woman nº 5* (junho-julho de 1943)

seguintes verdades evidentes por si mesmas: que todos os homens e todas as mulheres são criados iguais; que são dotados pelo Criador de certos direitos inalienáveis; que entre estes estão a vida, a liberdade e a busca da felicidade." Entre as exigências estava a de dar às mulheres "admissão imediata aos direitos e às prerrogativas que lhes cabem como cidadãs norte-americanas".[18]

No início do século XX, inspiradas pela sufragista britânica Emmeline Pankhurst, as sufragistas norte-americanas entraram na militância. Em 1903, Pankhurst fundou a União Social e Política das Mulheres. Seu lema era "Fazer em vez de falar". Ela foi presa por tentar entregar um abaixo-assinado na Câmara dos Comuns. As sufragistas acorrentaram-se à grade de ferro em frente à Downing Street, nº 10. "A condição de nosso gênero é tão deplorável que é nosso dever descumprir a lei para chamar a atenção aos motivos pelos quais fazemos o que fazemos", Pankhurst insistia.[19] "O incidente das sufragistas que se acorrentaram às cercas da Downing Street é uma boa alegoria, irônica, do mais moderno dos martírios", observou G.K. Chesterton, prevendo que a tática não teria êxito.[20] Ele estava errado.

A Liga Masculina de Harvard pelo Sufrágio Feminino foi constituída na primavera de 1910 por John Reed, então formando, e por um aluno da Escola de Direito de Harvard que fora convertido à causa por Max Eastman, pós-graduando em filosofia na Columbia University que ajudara a fundar a Liga Masculina pelo Sufrágio Feminino de Nova York. No outono de 1911, a Liga Masculina de Harvard pelo Sufrágio Feminino anunciou uma série de palestras. A primeira delas, programada para o dia 31 de outubro, seria proferida por Florence Kelley, que defendia o salário mínimo, uma jornada de trabalho de oito horas e o fim do trabalho infantil. O anúncio provocou rebuliço: mulheres não tinham direito de palestrar em Harvard. Abbott Lawrence Lowell, presidente da universidade, disse que temia "uma

Sufragistas britânicas acorrentadas às grades em frente à Downing Street nº 10, do *Illustrated London News*, 1908

Emmeline Pankhurst sendo presa em frente ao Palácio de Buckingham

multidão de mulheres desfilando pelo nosso pátio". A liga enviou um abaixo-assinado à Harvard Corporation, que decidiu que Kelley poderia palestrar, mas apenas se a palestra fosse fechada a qualquer pessoa externa à universidade.[21] A liga concordou. Na palestra, Kelley insistiu que não seria possível tratar das condições da classe operária sem que o direito de voto fosse assegurado às mulheres.[22] A corporação, temendo que a universidade fosse vista como defensora dos direitos femininos, exigiu que a liga trouxesse para a palestra seguinte alguém que se opusesse ao voto feminino.[23] Em vez disso, a liga anunciou que sua próxima convidada seria ninguém mais ninguém menos que Emmeline Pankhurst.

Ela estava agendada para fazer sua fala no Teatro Sanders, o maior e mais prestigioso dos salões do campus (com mil assentos). Aterrorizada, a corporação baixou um decreto que impediu que Pankhurst falasse em qualquer lugar do campus, observando que, fora a exceção feita a Kelley, "os salões da universidade não deveriam se abrir para palestras de mulheres".[24]

"Harvard tem medo da Sra. Pankhurst?", questionaram os editores do *Detroit Free Press*. (A resposta era sim.) A notícia virou manchete em todos os Estados Unidos. A maioria dos jornais ficou do lado da liga. "A questão do sufrágio universal agora encontra-se aos olhos do público de forma como nunca esteve em nossa história", observou o *Atlanta Constitution*. "É tema de um debate legítimo, sobre o qual a mente jovem e ainda em formação exige informações — e tem direito a elas." O comitê editorial do *New York Times* ficou solitário no apoio à decisão da universidade, tendo como base que "o currículo de Harvard não inclui o sufrágio feminino".[25]

Em Cambridge, o voto feminino era assunto geral. "O corpo discente está dividido em dois campos, os 'sufras' e os 'antis'", informou o *New York Times*. "Em salas de aula, salas de reunião, no pátio e na Harvard Union, o sufrágio e a atitude da corporação são os principais tópicos de discussão."[26]

A corporação decretara que Pankhurst não poderia palestrar no campus; no entanto, não tinha como impedir que ela palestrasse em Cambridge. A liga anunciou que tomara providências para que a famosa sufragista palestrasse no Brattle Hall, um salão de baile da Brattle Street, nº 40, a uma quadra do Harvard Yard. O editor do *New York Evening Post*, renomado egresso da universidade, exortou o maior número possível de alunos a comparecer "pelo duplo propósito de reparação da lamentável gafe da universidade e para ouvir uma das melhores oradoras de nossos tempos". A palestra de Pankhurst, realizada na tarde de 6 de dezembro, era aberta apenas a alunos de Harvard e Radcliffe; o ingresso era pago. Virou um tropel: mil e quinhentos alunos em um salão projetado para alocar no máximo quinhentas pessoas. Elas escalavam as paredes e tentavam subir pelas janelas. Quase acabou em tumulto.[27]

Pankhurst provou-se austera como sempre. "O rapaz mais ignorante, que nada sabe das necessidades femininas, considera-se um legislador competente apenas por ser homem", disse ela à multidão, fitando os homens de Harvard. "Esta atitude aristocrática é errada."[28]

Marston estava fascinado, emocionado, distraído. Com a revolução acontecendo bem à sua porta, ele não tinha como dar bola para a Idade Média do professor Haskins. "Estávamos nas provas do meio do ano quando decidi por abrir mão de minha própria existência", explicou. Contudo, pensou que deveria prestar os exames, "para ver o quanto estava indo mal".[29]

No dia da prova de Filosofia A, George Herbert Palmer entregou as questões à turma, assim como um conselho: "Um acadêmico aborda uma tarefa em prol de si mesmo, não de outrem, como faz o menino na escola."[30]

Marston levou a proposição a sério. Gabaritou a prova. Palmer, que raramente dava a nota máxima, deu um A a Marston.[31]

William Moulton Marston, aos 18 anos, decidiu não engolir o frasco de cianureto. Porém, nunca se esqueceu daquele momento, nem de Emmeline Pankhurst e das correntes de que ela falava. Três décadas depois, quando Marston criou uma super-heroína que luta pelos direitos

Dr. Veneno. De "Dr. Veneno", *Sensation Comics* nº 2 (fevereiro de 1942)

femininos ("Mulher-Maravilha, Mulher-Maravilha! Ela vai deixar o mundo dos homens de pernas pro ar!"), a única fraqueza desta é que ela perde toda a força se um homem acorrentá-la. E o primeiro vilão que ela enfrenta é um químico que dizem estar produzindo uma bomba de cianureto. O nome dele é Dr. Veneno.[32]

A DECLARAÇÃO AMAZONA DA INDEPENDÊNCIA

SADIE ELIZABETH HOLLOWAY, que gostava de se passar por menino, foi a primeira garota em quatro gerações de Holloway. O nome de batismo foi homenagem às avós. Ela nasceu na Ilha de Man, em 1893, mesmo ano do nascimento de William Moulton Marston, a um oceano de distância. Seu avô, um inglês chamado Joseph Goss, fora capitão do iate da rainha Vitória; certo dia, quando o rei da Espanha caiu ao mar, Goss salvou-o e, por este ato, foi nomeado cavaleiro; passou a ser conhecido para sempre como Don José de Gaunza. A mãe de Sadie, Daisy, casou-se com um bancário norte-americano chamado William George Washington Holloway. Quando Sadie tinha 5 anos, os Holloway se mudaram para os Estados Unidos. Durante os verões, ela ia para casa. Nunca perdeu o sotaque manês. Era impetuosa e seletiva. Acima de tudo, era destemida.

Tinha um irmão menor, no qual gostava de mandar. Em Massachusetts, os Holloway moraram primeiro numa pensão em Beacon Hill e depois num chalé à beira-mar em Revere. Por fim, fixaram-se em Cliftondale, numa casa da Morton Avenue, onde instalaram o encanamento interno e trocaram todas as janelas por vitrais. Sadie tinha um gatinho malhado laranja chamado Sandy Alexander MacTabish. Ela e sua melhor amiga, Pearl,

"Princesa, mas é... Mas é..."
"Um homem! Um homem na Ilha Paraíso! Depressa! Temos que levá-lo ao hospital."

De "Apresentando: a Mulher-Maravilha", *All Star Comics* nº 8 (dezembro de 1941-janeiro de 1942)

encenavam peças teatrais. Sadie sempre fazia os papéis de menino porque tinha roupas que podia usar de calça: "Eu era a única que tinha um pijama."

Na Morton Avenue, os Holloway moravam em frente a uma floricultura. O cheiro era de jasmim. Uma família irlandesa morava a duas portas. "Certa vez, os dois meninos da família pegaram meu irmão e começaram a lhe dar uma sova", disse Sadie, em uma das histórias que gostava de contar. "Pulei neles e bati suas cabeças na calçada." Porém, o que ela mais lembrava de sua infância na Morton Avenue era do dia em que a mãe desses meninos matou-se, por acidente, ao perfurar o colo do útero com um arame, tentando abortar um bebê que ela não teria dinheiro para criar.[1]

A Mulher-Maravilha não veio da Ilha de Man, mas da ilha das mulheres. "Nos tempos da Grécia Antiga, muitos séculos atrás, nós amazonas éramos a nação à dianteira do mundo", Hipólita explica à princesa

"Pelos céus, Diana, explique estes símbolos nas suas anotações à srta. Dollar!"
"Ora... Hã... São *letras gregas!*"
"Então vai me dizer que você usa o *alfabeto grego* de símbolo?"
"Não foi o que eu disse..."

Mulher-Maravilha, tira de jornal, 16 de agosto de 1944

Diana, sua filha, na primeira história da Mulher-Maravilha que Marston escreveu. "Em Amazonia, as mulheres eram as governantes e tudo ia bem." Todavia, isso não durou. Depois que Hipólita derrotou Hércules, o homem mais forte do mundo, ele roubou dela o cinturão mágico que havia ganho de Afrodite, a deusa do amor. Sem o cinturão, Hipólita perdeu todo o seu poder e as amazonas tornaram-se escravas dos homens, presas a correntes. Fugiram apenas depois de jurar que viveriam longe dos homens para sempre. Singraram o oceano até encontrar um local que não tinha sido mapeado, ao qual deram o nome de Ilha Paraíso. Lá viveram, abençoadas pela vida eterna... até que, um dia, o avião do capitão Steve Trevor, oficial do Exército dos Estados Unidos da América, cai na ilha.

"Um homem!", a princesa Diana berra ao encontrá-lo. "Um homem na Ilha Paraíso!"

Ela o carrega nos braços como um bebê. Apaixona-se por ele. Hipólita consulta os deuses.

"Você tem que devolvê-lo à América, para que ele ajude no combate às forças do ódio e da opressão", propõe Afrodite.

"Você deve enviá-lo junto à sua amazona mais forte e mais sábia", diz Atena, a deusa da guerra, à "América, última cidadela da democracia e dos direitos iguais para as mulheres!".

Descobre-se que a mais forte e mais sábia, é claro, é a filha de Hipólita, que então leva Trevor aos Estados Unidos pilotando seu avião invisível, "para ajudá-lo a travar a batalha pela liberdade, pela democracia e pelas mulheres do mundo!".[2] Ela o conduz a um hospital militar. Depois que Trevor se recupera, ela o encontra no quartel-general do Serviço de Inteligência. Para proteger sua identidade, a princesa Diana disfarça-se de Diana Prince, uma secretária empertigada de óculos. Ela toma notas em grego, o que quase entrega seu disfarce mais de uma vez. "Isto não é estenografia!", berra outra secretária. "Não é Gregg, não é Pitman, nem outro sistema." Diana responde: "É... hã... amazonês!"[3]

Sadie Elizabeth Holloway conheceu William Moulton Marston quando ambos estavam na oitava série numa escola de Cliftondale. Depois, os Holloway se mudaram para Dorchester, ao sul de Boston. No Dorchester High School, Sadie estudou grego durante o ensino médio. Em seu 16º aniversário, sua mãe lhe deu um exemplar de *Sesame and Lilies,* de John Ruskin. "A instrução de uma menina dever ser similar, em progressão e material de estudo, à de um menino", sugeria Ruskin.[4] Quando Sadie formou-se no ensino médio, sua mãe a mandou para a Mount Holyoke College de South Hadley, Massachusetts — a primeira faculdade para mulheres nos Estados Unidos.

A educação feminina ainda era uma novidade. Até o fim do século XVIII, era normal não se ensinar às meninas nem a escrita. No novo país, as noções de educação feminina começaram a mudar; em uma república, as mulheres teriam que saber o suficiente do mundo para criar filhos que pudessem ser cidadãos virtuosos. Mount Holyoke foi fundada em 1837. Havia críticos de sobra para avisar às alunas que não se deixassem levar por ideias fantasiosas sobre igualdade. Em 4 de julho de 1851, durante uma comemoração que marcava os 75 anos da Declaração da Independência, C. Hartwell, vindo de um seminário teológico para meninos, leu para as moças da Mount Holyoke uma paródia que fizera da "Declaração de Sentimentos" escrita por Elizabeth Cady Stanton em 1848. Chamou-a de "Declaração Amazona da Independência".

"Consideramos as seguintes verdades intuitivas e inegáveis: que todos os homens e todas as mulheres são criados livres e iguais", leu Hartwell, achando tudo muito engraçado.[5]

As sufragistas, porém, não viam absurdo nas amazonas; elas as achavam sensacionais. Desde os tempos de Homero, ser amazona significava fazer parte de uma raça grega antiga e mítica de mulheres guerreiras que viviam separadamente dos homens. Ao fim do século XIX, algumas sufragistas, seguindo a obra de antropólogos homens, passaram a acreditar que uma terra de amazonas — um antigo matriarcado que precedia a ascensão do patriarcado — havia de fato existido.[6] "O período da supremacia feminina durou muitos séculos — sem ser questionado, tido como natural e apropriado onde quer que existisse, e era chamado de matriarcado ou ginecocracia", discorreu Elizabeth Cady Stanton em 1891.[7]

As moças americanas começaram a frequentar a faculdade em número significativo somente no fim do século XIX. Muitas, como Sadie Holloway, foram para uma das faculdades femininas fundadas até 1889 e conhecidas como as "Sete Irmãs": Mount Holyoke, Barnard, Bryn Mawr, Radcliffe, Smith, Vassar e Wellesley. (A Mulher-Maravilha também funda uma faculdade exclusiva para meninas: a Wonder Woman College.) Outras iam para faculdades que pregavam o ensino misto. Em 1910, 4% dos norte-americanos entre 18 e 21 anos iam à faculdade; em 1920, o número havia subido para 8%, sendo que 40% desta parcela era formada por mulheres.[8]

Por sua participação na descoberta da vitamina L-3, Etta recebe o grande prêmio internacional. "Tenho grande prazer em outorgar este prêmio a Etta Candy, professora de saúde pública na *Wonder Woman* College!"

De "A aventura da vitamina da vida", *Wonder Woman* nº 7 (inverno de 1943)

Na época em que Sadie Holloway fez as malas para ir para Mount Holyoke, em 1911, uma "amazona" queria dizer qualquer mulher rebelde — o que, para muita gente, significava qualquer moça que empacotasse suas coisas, saísse de casa e fosse para a faculdade. Chamavam-nas de "Novas Mulheres". Elas queriam ser livres como os homens: todas amazonas.

Sadie Holloway tinha olhos azuis bem apartados e um metro e meio de altura. Era rígida, estoica e taciturna. Em Mount Holyoke, ela prendia os cabelos compridos, escuros e ondulados no alto da cabeça, como uma Gibson girl. Usava vestidos de renda brancos que iam até o tornozelo e dobrava as mangas até acima dos cotovelos. Entrou para a Sociedade de Debates, para o Clube de Filosofia, para o Clube do Feijão, para o coral. Trabalhou na revista estudantil, a *Mount Holyoke*. Era audaz, era inflexível e jogava hóquei sobre a grama.[9]

O direito à educação feminina foi tão batalhado quanto o direito ao voto; o primeiro teve que ser conquistado antes que o segundo pudesse ser obtido. "Chegará a época em que algumas de nós olharemos para trás e veremos que os argumentos contra o direito feminino ao sufrágio provocarão tanta incredulidade quanto hoje se vê no que costumava ser exposto sobre a educação feminina", disse Mary Woolley, a presidenta de Mount Holyoke, em discurso que proferiu na Convenção Nacional Americana do Sufrágio Feminino de Baltimore, em 1906.[10]

Sadie Elizabeth Holloway quando estudante da Mount Holyoke, em 1915

Woolley era defensora infatigável dos direitos da mulher. Inez Haynes Gillmore, formanda em Radcliffe, fundara em 1900 a Liga Universitária pelo Sufrágio Igualitário, a primeira liga universitária pelo voto feminino. Em 1908, Woolley teve parte na promoção da campanha a nível nacional ao auxiliar na fundação da Liga Universitária Nacional pelo Sufrágio Igualitário.[11] Uma subdivisão da liga começou a fazer reuniões em Mount Holyoke na primavera de 1911, um semestre antes de Holloway chegar ao campus. Nem toda faculdade feminina era canteiro do sufragismo; Mount Holyoke, no entanto, era. O corpo docente não passava de "sufragistas panfletárias", segundo uma aluna. Em 1914, quando uma estudante de Mount Holyoke entregou um artigo na aula de Inglês I intitulado "Motivos para oposição à expansão do sufrágio", sua professora registrou louvores pelo empenho — "apresentação clara de um lado da questão" — e então passou a discutir com ela nas margens. Na primavera do primeiro ano de Holloway, a *Mount Holyoke* relatou que a Liga pelo Sufrágio Igualitário quisera patrocinar um debate sobre o tema e que um professor de arqueologia havia concordado em discutir a favor do voto das mulheres, mas que "ninguém estava disposto a pronunciar-se contra". Quando Holloway formou-se,

Holloway (primeira fileira, à esquerda) entre a equipe da *Mount Holyoke*, 1915

em 1915, quase metade do corpo estudantil fazia parte da Liga pelo Sufrágio Igualitário.[12]

Mary Woolley não era apenas sufragista, era também feminista. "Feminismo não é preconceito", disse ela. "É um princípio."[13]

A palavra "feminismo", praticamente nunca utilizada antes de 1910, estava em todo lugar em 1913. Ela dizia respeito à defesa dos direitos e das liberdades das mulheres e a uma visão de igualdade acentuadamente distinta daquela adotada pelo "movimento feminino" do século XIX, o qual, na nostalgia de uma "era mãe" pré-histórica e matriarcal, havia sido fundado menos com base em um princípio de igualdade e mais em um conjunto de ideias a respeito da superioridade moral feminina. "Todas as feministas são sufragistas, mas nem todas as sufragistas são feministas", conforme explicou uma feminista. As feministas opunham-se à ideia de que as mulheres seriam reformistas cuja autoridade moral viria de sua diferença em relação aos homens — supostamente, mulheres seriam, por natureza, mais sensíveis, belas, castas e puras — e, em vez disso, defendiam a participação total e igualitária das mulheres na política, no trabalho e nas artes, tendo por base que elas seriam iguais aos homens em tudo.

O sufrágio era um objetivo político singular. A exigência de igualdade do feminismo era algo mais amplo, ao mesmo tempo mais radical e mais difícil. "Pairo em um vazio entre duas esferas — a esfera do homem e a esfera da mulher", escreveu Inez Haynes Gillmore em "Confissões de uma alienígena", artigo que publicou na *Harper's Bazaar* em 1912. "Os deveres e prazeres da mulher média são monótonos e irritantes. Os deveres e prazeres do homem médio são interessantes e atraentes."[14] Haveria vida no meio-termo? As envolvidas no movimento feminino do século XIX muitas vezes associavam-se à crença de que as mulheres não tinham interesse por sexo — nenhuma lascívia, nenhum desejo, nenhum ardor. As feministas discordavam. Elas queriam separar sexo de reprodução, de forma que o sexo, para as mulheres, pudesse ser, como era para os homens, um prazer, não um sacrifício. Em 1914, Margaret Sanger, feminista de Greenwich Village, fundou uma revista chamada *Woman Rebel*. A "base do feminismo", dizia Sanger, teria que ser o controle da mulher sobre o próprio corpo, "o direito de ser mãe independente de Igreja ou Estado".[15]

As Novas Mulheres, como Sadie Holloway, tinham grande expectativa de igualdade política com os homens. Esperavam também poder controlar sua fertilidade, estabelecer relacionamentos de igualdade com os homens com quem se casassem — caso decidissem se casar —, e chegar ao topo de suas profissões, tendo decidido ou não ter filhos. Exatamente como atingiriam essas metas não estava tão claro; parecia que a igualdade com os homens envolveria criadagem, pois boa parte dos primórdios do feminismo era uma fantasia dos ricos, de igualdade para poucos. M. Carey Thomas, presidenta de Bryn Mawr, disse: "Não há mulher que possa querer ser alguém se ela mesma tiver que espanar o pó." Neste sentido, Holloway disse: "Ah, mas pode, sim, se ela

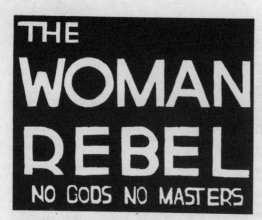

Margaret Sanger, *The Woman Rebel*, 1914

acordar bem cedo."[16] Holloway sempre quis ter tudo.

Sadie Holloway amava William Moulton Marston, mas em Mount Holyoke, ela não se importava muito em ficar longe do namorado. "Tivemos nossa maior briga mais ou menos aos 14 anos, então, na época que chegamos à faculdade, já éramos uma dupla bem coesa", ela disse.[17] Para visitá-la, Marston pegava um trem de Cambridge. Holloway gostava de recebê-lo na estação — um bonde ia de South Hadley até o campus —, mas as moças de Mount Holyoke não tinham autorização para andar com homens sem uma aia. "Uma regra imbecil", como Holloway chamava. Ela reclamou com a reitora. E foi passear com Marston mesmo assim.[18]

Marston e Holloway em 1914

Durante o segundo ano de Holloway, Woodrow Wilson, professor de história que já lecionara em Bryn Mawr, concorreu à presidência dos Estados Unidos pelo Partido Democrata contra o candidato republicano William Howard Taft, Theodore Roosevelt, que concorria por um terceiro partido, e Eugene Debs, o socialista. Universitárias de todo o país acompanhavam a eleição avidamente. A Liga pelo Sufrágio Igualitário de Mount Holyoke organizou um debate presidencial de mentira, um desfile de tochas, discursos de campanha, um grande encontro político e uma eleição falsa. "A questão do sufrágio para as mulheres estava, é óbvio, na proa de quase todos os discursos", informou o *New York Evening Post*, em matéria intitulada "A universitária e a política".[19] As amazonas declaravam sua independência.

Em Mount Holyoke, Holloway estudou inglês, história, matemática e física; acima de tudo, porém, adorava grego.[20] Amava o idioma, as histórias e principalmente as mulheres. Seu livro predileto era *Sappho: Memoir, Text, Selected Renderings and a Literal Translation* [Safo: Memórias, textos, versos selecionados e uma tradução literal], editado e traduzido por Henry Thornton Wharton e publicado originalmente em 1885. Safo vivera na ilha grega de Lesbos, no mar Egeu, por volta de 600 a.C. Wharton fez a primeira tradução completa para o inglês de suas poesias, das quais se conservam apenas fragmentos. O livro editado por Wharton fazia parte da revitalização vitoriana de Safo, uma obsessão sáfica que encontrava ardente expressão sobretudo em universidades femininas. Data deste período o uso da palavra "lésbica" — literalmente, moradora da ilha de Lesbos — como uma mulher que é atraída por outra, embora o termo ainda não fizesse parte do vernacular. Safo de Lesbos tornara-se símbolo do amor feminino.[21]

Safo tinha posição especial em Mount Holyoke. Quando Mary Woolley aceitou a presidência da faculdade, ela conseguiu que Jeannette Marks, pesquisadora de literatura que também era uma ardorosa sufragista, recebesse a oferta de um cargo no Departamento de Letras. Haviam conhecido-se quanto Woolley lecionava em Wellesley e Marks era caloura; viveram juntas durante 55 anos.[22] Em 1912, quando Holloway era secundarista, Mount Holyoke comemorou seu 75º aniversário. As festividades incluíram uma peça original chamada *The Thirteenth Amendment*, comédia musical sobre um mundo sem homens: uma utopia feminista.[23] Em um desfile conduzido por Woolley, alunas do Departamento de Grego marcharam vestidas como Helena de Troia, Penélope, Electra, Antígona, Sófocles e Safo.[24]

Holloway leu Safo no grego original. "Eu não dava a mínima para a prosa", disse ela, "mas poesia era outra coisa".[25] Do fragmento 31:

> *não: língua rompe, e delgada*
> *fogo que corre sob a pele*

> *e nos olhos não há vista e ribombar*
> *preenche ouvidos*
> *e suor, gélido, me prende, me treme*
> *agarra-me toda, mais verde que a relva.*[26]

Ela estremeceu.

Mais tarde, bem mais tarde, Sadie Holloway, uma moleca esperta da Ilha de Man, viria a escrever um memorando explicando quais exclamações a Mulher-Maravilha, uma amazona da ilha das mulheres, devia e não devia usar. Evitar: "Martelo de Vulcano!" Preferir: "Safo Sofredora!"[27]

"Ainda tenho a Safo de Wharton e ainda a leio", Holloway escreveu quando já contava com mais de oitenta anos.[28] Chegou a escrever em um livro: "Χρυδοφάη Φεράπαlvav Αφροδιραζ" — "Criadas de Afrodite, reluzentes como o ouro." Assinou apenas: "Safo."[29]

DOUTOR PSYCHO

EM HARVARD, William Moulton Marston usava óculos grandes e redondos, terno de tweed e casaco de pele. O casaco tinha bolsos sob medida para esconder uma garrafinha de uísque; ele gostava do de centeio. Bebia e fumava, extasiava-se. Escreveu uma paródia de "O corvo" de Poe: "Eu, ansioso pelo sol, buscava / Sacar, das garrafas que estudava / Alívio da dor que me tomava." No poema, um estudante recebe a visita de um fantasma do filósofo Josiah Royce — "De cabelos compridos mas levemente opacos" — que "Dando voltas e voltas sem fim", berra que o ceticismo perdura "Ainda mais!".[1]

Mais rápido do que o olho pode acompanhar, a Mulher-Maravilha se transforma em Diana Prince.

Mulher-Maravilha veste-se de Diana Prince. De "O furto do coordenador de pressão", *Comic Cavalcade* nº 4 (outono de 1943)

O último dos Moulton do Castelo Moulton teve uma quedinha pela filosofia justamente quando a filosofia estava com quedinhas pela psicologia.

Cruzando os portões da Holliday College. Tira da *Mulher-Maravilha*, 9 de setembro de 1944

No artigo "O eu oculto", publicado em 1890, quatro anos após *O médico e o monstro*, William James explicou que o homem possui simultaneamente um eu público, que corresponde à soma de seus atos, e um eu privado, correspondente à soma de suas paixões.[2] Todo Jekyll tem seu Hyde. James escrevia décadas antes da invenção das histórias em quadrinhos e dos super-heróis, mas sua linha de raciocínio explica por que os super-heróis têm identidades secretas: Superman e seu Clark Kent, Batman e seu Bruce Wayne, Mulher-Maravilha e sua Diana Prince. A distância entre a filosofia e o pop é, na verdade, minúscula.

A psicologia surgiu como um ramo da filosofia. James, filósofo que

"Mas com certeza: Erna nunca vai me reconhecer nestes trajes! Só torço que ela esteja na aula!"

Mulher-Maravilha disfarça-se para participar de uma aula na Holliday College. Tira da *Mulher-Maravilha* (14 de setembro de 1944)

"Seu corpo *parece* sem vida desde que eu desliguei a corrente paralisante, mas não está morto. Seu espírito retornará a ele se eu o libertar. Manterei seu corpo nesta jaula!"

Doutor Psycho em seu laboratório psicológico. De "A batalha pelo feminino", *Wonder Woman* nº 5 (junho-julho de 1943)

se formara em medicina, deu o primeiro curso de psicologia experimental já oferecido nos Estados Unidos. Ele acreditava que a ciência da mente estava no estudo da filosofia porque, como defendeu em *Os princípios da psicologia*, as paixões que constituem o eu oculto são manifestações de sensações físicas: "Quaisquer humores, afetos e paixões que eu tenha são, em toda verdade, constituídos ou inventados por estas transformações corporais que comumente chamamos de expressão ou consequência."[3] Desta forma, o estudo da psicologia exigia experimentações, motivo pelo qual James se convenceu de que Harvard precisava de um "laboratório psicológico", um lugar onde se pudesse encontrar os Srs. Hyde espalhados por aí.

Marston também tinha um eu oculto. Ele o guardava no cantil de metal bem escondido no bolso do casaco de pele — até que, com o avançar da vida, derramou seus segredos pelas páginas dos quadrinhos.

Harvard não só não permitia que mulheres palestrassem no campus como também não aceitava alunas. No entanto, a Mulher-Maravilha não poderia ficar de fora. Ela era como Emmeline Pankhurst, que agita todo mundo no momento em que aparece. Boa parte da ação nos gibis da Mulher-Maravilha se passa na Holliday College: o nome tinha elementos tanto de "Holloway" quanto de "Holyoke". Em uma ocasião, disfarçada com um blusão colegial com um *H* estampado — alusão compulsoriamente notável aos trajes de Harvard —, a Mulher-Maravilha vai a uma palestra na Holliday College proferida pelo Doutor Hypno. A Holliday College é cheia de docentes sinistros, de nomes como "Professor Viril", cuja vilania principal é sua oposição ao feminismo. O arqui-inimigo da Mulher-Maravilha é o

Doutor Psycho, um maligno professor de psicologia cujo plano é "provocar um retrocesso na independência da mulher norte-americana moderna até o tempo dos sultões e dos escravagistas, das correntes e do cativeiro servil". Ele é encarquilhado e lascivo, genial e pusilânime. Maquinando planos consigo mesmo, ele escarnece: "As mulheres vão sofrer enquanto eu gargalho. Ha! Ho! Ha!" Quando a Mulher-Maravilha encontra o Doutor Psycho pela primeira vez, na história chamada "A batalha pelo feminino", ele a tranca em uma jaula no porão de seu "psicolaboratório".[4]

William James não era muito chegado ao trabalho experimental. Ainda assim, queria que Harvard tivesse um laboratório psicológico de ponta. Para construí-lo, convidou para o departamento um psicólogo alemão chamado Hugo Münsterberg.[5] "A situação é a seguinte", James escreveu a Münsterberg em 1892, "Somos a melhor universidade dos Estados Unidos, e devemos ser líderes em psicologia. Eu, aos 50 anos de idade, naturalmente avesso a funções laboratoriais e acostumado a lecionar filosofia, ainda poderia, *tant bien que mal*, coordenar o laboratório, embora com certeza não seja o tipo que renderia um diretor apropriado do mesmo."[6]

Em 1897, após várias visitas, Münsterberg aceitou uma nomeação permanente em Harvard; James, extremamente aliviado, mudou o nome do próprio cargo — de "professor de psicologia" para "professor de filosofia". No ano seguinte, o alemão foi eleito presidente da Associação Americana de Psicologia.[7] Ele logo iniciou planos para construir um laboratório psicológico no novo reduto do Departamento de Filosofia, um prédio de tijolo com quatro andares no Harvard Yard, a ser nomeado Emerson Hall.[8] A inauguração aconteceu em 1905. Aves e macacos ficavam em jaulas de um metro e oitenta por um metro e vinte, coelhos e porquinhos-da-índia em chiqueirinhos com metade desse tamanho, e os ratinhos em caixotes minúsculos.[9]

Hugo Münsterberg

Laboratório psicológico de Harvard

Münsterberg complementava sua renda dando aulas no "Harvard Annex", um campus improvisado para estudantes mulheres, inaugurado em 1897. A extensão não tinha corpo docente próprio; as alunas assistiam a todas as disciplinas com professores de Harvard, mas não podiam receber diplomas da universidade.[10] George Herbert Palmer, que defendia a educação de mulheres tão ardentemente quanto defendia o sufrágio feminino, lecionou no Annex desde sua fundação. Também insistiu, em vão, que alunas da extensão fossem autorizadas a participar de suas aulas em Harvard junto aos alunos homens. A esposa de Palmer, Alice Freeman Palmer, tentara convencer Charles Eliot, presidente da universidade, a aceitar mulheres na instituição. Eliot negou, mas prometeu a Alice que a extensão poderia fazer parte de Harvard — e que as alunas poderiam receber diplomas da universidade — se ela conseguisse angariar uma doação de 250 mil dólares. Ela obteve o dinheiro, mas só para ouvir Eliot dizer que havia mudado de ideia. Em 1894, a extensão, em vez de tornar-se parte de Harvard, foi incorporada pela Radcliffe College.[11]

As pesquisas de Münsterberg eram relacionadas a percepção, emoção, reação e sensação. Ele gostava de fazer experiências com os alunos, mas principalmente com as alunas. "Em laboratório, pode-se ser de tudo para todo homem", viria a escrever Gertrude Stein quando, ainda estudante em Radcliffe, viu-se no laboratório de Münsterberg em 1894, "com um aparato intrincado amarrado sobre o coração para registrar sua respiração, o dedo aprisionado numa máquina de metal e o braço imobilizado por um grande tubo de vidro".[12] Ele estava tentando encontrar a mente de Stein.

Apesar de lecionar em Radcliffe, Münsterberg era conhecido por se opor tanto à instrução feminina quanto ao voto feminino. Ele não acreditava na igualdade política ou intelectual das mulheres. "Com certeza existem várias norte-americanas cuja obra científica é admirável", reconhecia ele, "mas ainda são raras exceções. A tendência a aprender em vez de produzir permeia toda a grande massa feminina." O único motivo para educar mulheres, pensava ele, era para que se tornassem esposas mais interessantes: "A mulher não deveria esforçar-se pelo cultivo intelectual para suprimir o casamento, mas para enobrecê-lo."[13] A mulher, na opinião dele, tinha baixa propensão ao raciocínio. Era inconcebível, por exemplo, que mulheres participassem de um júri popular. Como informou o *San Francisco Chronicle*, "o professor Hugo Münsterberg diz que as mulheres não são aptas ao júri porque não se dispõem a ouvir um argumento e não podem ser demovidas de opinião quanto a um assunto".[14] Münsterberg também acreditava que, se toda mulher tivesse sucesso em adquirir o direito de voto, sua emancipação seria "letra morta para a imensa maioria de mulheres", já que "a mulher mediana não tem intenção de se envolver com a política". Mulheres decentes e morais tinham muito a fazer em casa para pensar em preencher uma cédula, pensava ele, e as que *viessem* a aparecer em uma votação seriam facilmente corruptíveis, de forma que "o maquinário político adquiriria força renovada e revoltante a partir da debilidade dessas mulheres em resistir à pressão política". Isso sem falar no perigo de que "a política poderia ressaltar desavenças entre marido e mulher". Em resumo, "a auto-afirmação das mulheres em questões políticas está longe de ser questão prática".[15]

William James faleceu em 1910, um ano antes de Marston entrar em Harvard. George Santayana se aposentou quando Marston era calouro. Depois de gabaritar Filosofia A, Marston inscreveu-se em ética com Palmer, metafísica com Royce, e psicologia experimental com um jovem e esbelto professor chamado Herberg Langfeld.[16] Marston estava em alta, recebendo sempre nota máxima, em uma época em que elas costumavam ser raras.[17] Em 1912, quando ele era secundarista, o Departamento de Filosofia de Harvard foi rebatizado Departamento de Filosofia e Psicologia.[18] Naquele ano, começou a estudar com Münsterberg, que ficou tão impressionado com o aluno que o contratou para ajudá-lo no ensino em Radcliffe, amarrando as moças às máquinas.

Era uma época de experiências e de filosofia aplicada. O historiador Charles Homer Haskins insistia que todo conhecimento é parcial. Royce, o filósofo, tinha outra concepção. "A ideia da verdade é essencialmente uma ideia social", Royce contou aos seus alunos. "Quando você diz que uma afirmação é verdadeira, está, de fato, fazendo uma súplica a outra pessoa."[19] De Münsterberg, Marston descobriu outra rota para a verdade. O psicológico experimental não precisava se afundar numa lata de lixo em busca de provas; podia criar as próprias em laboratório.

Os experimentos que Münsterberg e Marston realizaram no Laboratório Psicológico de Emerson Hall e em suas alunas de Radcliffe eram projetados para detectar falsidade. Eles queriam diferenciar a verdade da mentira. Marston começou a conduzir uma série de experimentos sobre "tempo de reação": ele queria saber se as pessoas que mentem hesitam ao falar.[20] Haskins definia o método histórico como a capacidade de discriminar entre o que é confiável e o que não é; Münsterberg queria medir a confiabilidade. Entender como a mente funciona — para descobrir a manifestação física da verdade e do logro — seria saber em qual prova se podia confiar não a partir de um juízo subjetivo, como o historiador que aplica suas habilidades intelectuais de crítica e interpretação a um emaranhado de provas, mas através de observações empíricas e de testes comprovados. A autenticidade — a verdade em si — não seria determinada através da discriminação, mas da observação.

Münsterberg iniciou suas pesquisas antes de Marston mudar-se para Cambridge. Dando sequência ao que já desenvolvera na Europa, ele inventou uma série de exames para medir o que acreditava serem indicadores de falsidade: temperatura da pele, ritmo cardíaco, velocidade da fala. Em 1907, ele tentou colocar sua teoria em prática ao aceitar um convite da *McClure's Magazine* para ir a Idaho documentar o julgamento de Harry Orchard.[21]

Orchard fora acusado do homicídio do ex-governador do estado. O assassinato supostamente fora encomendado por Big Bill Haywood, presidente do sindicato industrial Workers of the World. Orchard confessou o crime e outros 18 homicídios; disse que era um assassino profissional contratado pelo sindicato. Com base na confissão, Haywood fora acusado de homicídio. Ele se declarou inocente. Foi representado por Clarence Darrow, o advogado mais famoso do país.

Münsterbeg visitou Orchard na penitenciária estadual em Boise. "Eu tinha ido até lá para examinar a mente dele e descobrir o que havia de fato no fundo de seu coração", disse. Durante sete horas, ao longo de dois dias, ele submeteu Orchard a quase cem exames de falsidade. A imprensa assistiu a todas as visitas do professor à prisão. "Todo o mundo instruído está atento à visita do professor Hugo Münsterbeg, de Harvard, a Boise, Idaho", informou um jornal. Em todo o país, os aparatos que o alemão trouxera consigo à cadeia em Idaho para ligar aos braços, às pernas, ao peito e à cabeça de Orchard atraíram manchetes: "Máquinas que contam quando testemunhas mentem", dizia uma delas. Antes de Münsterberg iniciar seus exames, ele tinha certeza de que Orchard estava mentindo. Ao terminar, convencera-se de que o homem estava contando a verdade.[22]

Münsterberg deixou Boise antes de o julgamento acabar, tendo prometido à defesa que manteria os resultados de seu exame em segredo até sair o veredicto final. Porém, ele descumpriu a promessa em uma viagem de trem à sua casa de veraneio em Massachusetts: disse a um jornalista que "cada palavra da confissão de Orchard é verdadeira".[23] Darrow acusou Münsterberg de ter sido subornado pela acusação. Em seu discurso de encerramento ao júri, Darrow chamou Orchard de "monstro" e "mentiroso". Era um absurdo, disse Darrow, pedir a uma pessoa que aceitasse a palavra do assassino.

"Senhores", Darrow disse ao júri, "não creio que em qualquer lugar onde se fale inglês ou prevaleça a *common law*, um advogado inteligente teria sonhado em condenar réus diantes de provas como estas". E Darrow ainda deu a entender que um psicólogo de Harvard não tinha nada a dizer a um júri. "Não se pode tomar o rosto ou o corpo de Harry Orchard e refazê-lo de momento, e não se pode tomar seu cérebro corrupto, sua alma pequena e depravada, e renová-lo de pronto, e se neste caso os senhores vão apostar nisto, então estão assumindo uma grande responsabilidade com a vida de Bill Haywood."[24]

Haywood foi absolvido. Münsterberg, temendo um processo, decidiu não publicar "Experimentos com Harry Orchard", o artigo que escrevera para a *McClure's*. Em vez disso, publicou um ensaio que tratava da importância do depoimento psicológico em casos da vara penal.[25] Previa que, um dia, a ciência do depoimento, fria e exata, substituiria os padrões da prova judicial, tão incertos e indignos de confiança quanto as provas e os métodos utilizados pelo historiador — ou pelo advogado de defesa. Ele questionava a ideia do júri em si: por que deixar a jurados, passíveis de falha, a atribuição de culpa ou inocência?[26]

Em 1908, Münsterberg publicou um livro chamado *On the Witness Stand* [Na cabine da testemunha, em tradução livre], uma antologia de ensaios. A coleção foi resenhada por John Henry Wigmore, que era tanto reitor da Faculdade de Direito de Northwestern quanto autor dos quatro renomados volumes do *Treatise on the Law of Evidence* [Tratado de Direito Probatório, em tradução livre] (1904-5).[27] Wigmore lera tudo que fora escrito, em todos os idiomas, sobre a *Psychologie der Aussage* — a psicologia do depoimento —, investigação centrada na Alemanha cujo objetivo era avaliar a confiabilidade do depoimento forjando cenas diante de passantes aleatórios, que seriam chamados a prestar testemunho.[28] A resenha de Wigmore tomou a forma de um julgamento farsesco no qual um querelante — a profissão jurídica — acusa Münsterberg de calúnia por ter declarado "que existem certos métodos exatos e precisos, experimentais e psicológicos, de averiguar e medir a convicção da prova testemunhal e da consciência culpada dos acusados". A defesa de Münsterbeg fica a cargo de dois advogados imprestáveis chamados P.E. Squisa e E.S. Perry Encias. O júri, é óbvio, fica a favor do querelante. A resenha foi bastante lida, e era devastadora.[29]

Mesmo antes da resenha de Wigmore, contudo, a reputação de Münsterberg fora manchada — em parte devido à sua fidelidade à Alemanha, apesar do militarismo galopante, e em parte por conta de suas críticas aos Estados Unidos como um país que sofria do excesso de igualdade. Münsterbeg acreditava em hierarquias, em ordem e na nação germânica. Para ele, não havia ilustração melhor da decadência estado-unidense e da pureza alemã que as ridículas aspirações das mulheres americanas. "A meta da mulher alemã é promover os interesses do lar", ele afirmava, "e o da mulher norte-americana é fugir".[30] Em 1905, William James ficara tão indignado com Münsterberg que ameaçou pedir demissão. "Quero um mundo de anarquia", disse James. "Münsterberg quer um mundo de burocracia." Os clamores pela deportação de Münsterberg começaram em 1907. Ele passou 1910 e 1911 em Berlim, onde fundou o Amerika Institut: queria explicar os alemães aos norte-americanos e vice-versa. Quando voltou aos Estados Unidos, um egresso de Harvard, convencido de que Münsterberg era um espião, tentou fazer com que ele fosse expulso do quadro docente.[31]

Em 1912, quando William Moulton Marston entrou no Laboratório Psicológico no Emerson Hall, Hugo Münsterberg estava praticamente arruinado. O último dos Moulton do Castelo Moulton seria o aluno final do Doutor Psycho.

JACK KENNARD, COVARDE

MARSTON USAVA um casaco de pele; Holloway usava o cabelo amarrado, com mechas displicentes. De braços dados, eles saíam pelo Harvard Yard, atravessavam a Massachusetts Avenue para ir até a Central Square e chegavam no Scenic Temple, "o lar do entretenimento mais fino de Cambridge". O ingresso custava dez centavos. O preço para entrar numa matinê quase nunca chegava a cinco centavos.[1]

Eles tinham que prestar muita atenção onde pisavam. À época, Cambridge era uma selva de fossos e guindastes. Em 1909, a Companhia do Elevado de Boston iniciara a construção da linha de metrô que devia começar na estação de Park Street, pegar um túnel sob o Boston Common, passar por cima da Charles River Bridge, afundar de novo na Kendall Square, entrar por uma esquina do Harvard Yard e acabar em uma estação sob a Harvard Square, na qual os pilares da plataforma eram pintados com *Hs* escarlate, tais quais as letras nos blusões universitários.[2] Levara dois anos só para cavar os buracos. Em 10 de março de 1912, a cabeça decapitada e maltratada de James B. Dennehey, de 23 anos, foi encontrada nas linhas de metrô sob o Harvard Yard. Dennehey estava inspecionando a linha durante um teste quando foi morto.[3] Mesmo assim, o metrô foi inaugurado dentro do prazo, em 23 de março de 1912, às 5h24 da manhã. De carruagem, a ida da Harvard Square à Park Street Station de Boston, trajeto de aproximadamente 5 mil metros, levava 25 minutos; de metrô, levava oito.[4]

A inauguração do metrô significou mais idas ao cinema. Naquela primavera, Holloway e Marston podiam ir da Harvard Square à Park Street para assistir a uma adaptação da *Odisseia* de Homero no teatro Tremont, na Boston Common. Holloway teria gostado; ela adorava tudo que fosse grego.[5] Marston iria por outros motivos. O negócio de tecidos de qualidade para ternos de seu pai estava a ver navios; ele resolveu que iria pagar a faculdade escrevendo roteiros para cinema.

No Laboratório Psicológico do Emerson Hall, Marston vinha fazendo experimentos com máquinas que podiam distinguir a verdade da mentira. Para escrever roteiros, ele teria que transformar mentiras em verdades — teria que aprender a contar uma história que não fosse verdadeira mas que assim parecesse no cinema.

Os *motion pictures* — ou "imagens em movimento", ou *movies*, como passaram a ser chamados a partir de 1902 — eram uma novidade tão grande que ainda não se sabia como denominar um roteiro (o termo *screenplay*, ou "peça para tela", só viria a ser usado a partir de 1916.) O termo *photoplay,* ou "teatro fotográfico", como referência a um filme dramático, foi cunhado em 1909. O uso do termo *scenario* para tratar de um roteiro de cinema data de 1911.

"Comecei a escrever *scenarios* em meu segundo ano em Harvard — o ano letivo 1912-1913", Marston contou em uma entrevista que deu em 1915 à revista especializada *Moving Picture World*. "Comprei um livro sobre o assunto e passei bastante tempo em cinemas estudando as tramas, os estilos de filmes produzidos pelos diferentes estúdios e os efeitos visuais possibilitados pelas imagens em movimento."[6]

O livro que ele comprou durante seu segundo ano foi *How to Write a Photoplay* [Como escrever um teatro fotográfico, em tradução livre], de Herbert Case Hoagland, que trabalhava para a Pathé Frères.[7] "Escrever um *photoplay* não demanda nenhuma habilidade de escritor", Hoagland garantia aos leitores. Não havia necessidade de escrever diálogos, por exemplo, já que os filmes eram mudos. O trabalho consistia principalmente em pensar em uma boa história e visualizar como ela seria montada a partir da junção de cenas gravadas em rolos de filme que pudessem passar por um projetor. Tudo era tão novo que boa parte do livro de Hoagland explicava questões fundamentais: "Depois de efetivamente captar as imagens, o filme é enviado para uma fábrica, onde é revelado, colocado para secar e disposto em um carretel [...] Cada cena é revelada e gravada separadamente, e os positivos são combinados posteriormente na devida ordem, com títulos e legendas em seu devido lugar." Contudo, a obra também era cheia de dicas práticas para escritores aspirantes: "A vida — o cotidiano — que você vê ao seu redor está repleta de boas ideias para filmes", sugeria. Meninas são muito importantes: "Lembre-se de que pouquíssimas histórias ficam interessantes sem um rabo de saia."

Os honorários usuais para um *scenario* eram de aproximadamente 25 dólares, informava Hoagland, e "o mercado de *photoplays* é grande e está em expansão". *How to Write a Photoplay* incluía uma lista de produtoras de cinema, assim como seus endereços e um breve resumo sobre a variedade de filmes que preferiam, desde a American Film Manufacturing Company de Chicago ("São fortes nos filmes de caubói norte-americanos") à Victor Film Manufacturing Company de Nova York ("Empresa fundada para criar *photoplays* que estrelem a Srta. Florence Lawrence").[8]

"Vendi diversos *scenarios* a várias empresas", gabava-se Marston. No entanto, ao fim do segundo ano de faculdade, ele afirmava que "estava ocupado demais para prosseguir no trabalho".[9] Marston gostava de dizer que parou de escrever filmes porque foi tragado pela pesquisa científica. Na verdade, ele tinha falido. Na primavera de seu segundo ano, Marston se inscreveu para uma bolsa, apresentando como justificativa as dívidas do pai.[10]

No terceiro ano, Marston retomou suas pesquisas. Projetou um experimento para determinar se a pressão arterial sistólica poderia ser utilizada para detectar mentiras.[11] Enviou uma carta para Holloway, na qual explicou sua ideia para um experimento e pediu o auxílio dela.[12] Sua intenção era realizar um experimento com dez alunos de pós-graduação em psicologia. (Um deles era Leonard Troland, amigo do Malden High School que estudara física e psicologia no MIT antes de ingressar no laboratório de Münsterberg.) Marston precisaria de uma narrativa diferente para cada cobaia e, para que o experimento funcionasse, ele não podia saber o conteúdo das histórias — por isso Holloway as escreveu.[13] Cada história envolvia um amigo da pessoa em estudo que fora acusada de um crime. Marston colocou cada narrativa em um envelope, entregou-a à sua cobaia para leitura, disse à cobaia para falar alguma coisa que pudesse salvar o amigo e pediu que, ao dizê-la, optasse por mentir ou contar a verdade. Ele então prendia a cobaia a uma cinta que media a pressão, ou esfigmomanômetro, afixada à máquina que gravava os registros em papel quadriculado. Para não ver o rosto das cobaias, Marston escondia-se atrás de uma tela. (Para determinar a linha de base, Marston media a pressão arterial de cada cobaia lendo *Pragmatismo*, de William James; durante a leitura deste, percebia-se que a pressão da cobaia permanecia estável e regular.) A seguir, ele questionava cada cobaia a respeito do crime fictício na presença de um "júri" que consistia entre dois e dez alunos do curso de psicologia elementar de Münsterberg. Ao fim do interrogatório, Marston tentava determinar se a cobaia estava mentindo ou contando a verdade usando apenas o relatório de pressão arterial, enquanto o júri tentava chegar à mesma conclusão tendo assistido às cobaias e ouvido elas falarem. De 107 casos, Marston estava certo em 103 ocasiões, ou 96% das vezes, enquanto que os jurados, em média, estavam certos apenas metade das vezes.[14]

Caso não tivesse criado a Mulher-Maravilha, William Moulton Marston seria lembrado por este experimento. Ele inventou o detector de mentiras. Um século depois, o detector ainda é usado. E está por toda a parte nas histórias da sua heroína.

Marston, de óculos, fazendo um exame no detector de mentiras junto a Leonard Troland no Laboratório Psicológico de Harvard, em 1914

"Venha, Elva, você passará por um exame no detector de mentiras", Diana Prince diz a Elva Dove, secretária que ela suspeita ser espiã, arrastando-a por um corredor. "Vou fazer perguntas", informa, amarrando Elva à máquina enquanto Trevor observa. "Responda com a verdade ou sua curva de pressão arterial vai subir. Você tirou o relatório sobre borracha dos arquivos confidenciais?", pergunta ela.

"Não, não!", Elva insiste.

"Mas ora essa", Trevor brada, lendo os gráficos. "Ela está mentindo *mesmo*."[15]

Na primavera de 1914, quando Marston iniciava seus experimentos com pressão arterial, Hugo Münsterberg foi ao cinema pela primeira vez na vida. Assim como Marston, ele se interessava pela relação entre o cinema e a psicologia. Ele assistiu ao filme *A filha de Netuno*, lançado pela Universal Pictures em 25 de abril. Depois daquele, assistiu a todos os filmes que podia. "Rolos e rolos passaram diante de meus olhos — de todos os estilos, de todos os tipos", Münsterberg escreveu na *Cosmopolitan* em 1915. "Fui com a multidão ver Anita Stewart, Mary Pickford e Charles Chaplin; assisti Pathé e Vitagraph, Lubin e Essanay,

Paramount e Majestic, Universal e Knickerbocker. Li livros que ensinavam a escrever *scenarios*; visitei as fábricas de produção e, por fim, iniciei meus próprios experimentos."[16]

O cinema era uma forma de expressão artística totalmente nova — assim como os quadrinhos viriam a ser — que os psicólogos tinham como observar desde o início e utilizar para realizar experimentos sobre como as obras da mente são escritas sobre o corpo. Em um livro de 1916 chamado *The Photoplay: A Psychological Study* [Teatros fotográficos: Um estudo psicológico, em tradução livre], Münsterberg propunha uma teoria do cinema em uma época em que esta arte ainda era incipiente.

"Ele disse que é melhor você entregar porque senão...!"
"Não está comigo, eu já disse!"
Hmm — a pressão arterial dela subiu dez pontos! Lila sente-se culpada quanto ao envelope. O que será que tem dentro?

Diana Prince administra um exame no detector de mentiras. "Um espião no departamento", *Sensation Comics* nº 3 (março de 1942)

Entrevistou diretores, conversou com atrizes. Explicou o close-up. Explicou a montagem alternada. Queria saber: "Quais fatores psicológicos estão envolvidos quando assistimos ao que se passa na tela?"[17] O que são filmes para a mente?

Münsterberg passou a acreditar que não existia laboratório psicológico melhor que a matinê, da mesma forma que Marston posteriormente viria a crer que não existe melhor formato para a propaganda psicológica que histórias em quadrinhos. Assistir a pessoas assistindo aos filmes, pensou Münsterberg, poderia ajudá-lo a responder a todas as perguntas que ele passara a vida se fazendo — indagações sobre percepção, emoção, sensação, reação e falsidade. "Retratar emoções", insistia Münsterberg, "precisa ser a meta central do *photoplay*". Considere a sequência em um filme que conta a história de um homem que vai a julgamento por homicídio: "O homem que atirou no melhor amigo não ofereceu qualquer explicação no julgamento a que assistimos. O motivo do crime permanece um mistério para a cidade e para o espectador; e agora, enquanto ele cruza a porta da cela e ela se fecha, as paredes da prisão se fundem e dão lugar à cena na pequena cabana onde seu amigo encontrou, em segredo, a esposa do homem, como o homem em questão arrombou o local, como tudo se deu, como ele rejeitou todas as desculpas que viriam a desonrar seu lar."[18] Será que esta nova forma de narrativa não poderia revelar o eu oculto do personagem, e também como a mente funciona, como o homem vê e compreende, lembra e esquece, sente e engana?

Marston entregava-se àquilo como um devoto. Talvez até tenha ido ao cinema com Münsterberg. Então, ao final de seu terceiro ano, justamente quando estava prestes a completar suas primeiras experiências sobre mentiras, leu um anúncio na *Harvard Crimson:* "Oferecemos cem dólares por *scenario* de filmes."[19] A Edison Company faria uma busca nacional por talentos entre estudantes universitários, com a promessa de prêmio em dinheiro ao autor do melhor *scenario* inscrito por um aluno de uma dessas dez universidades: Harvard, Yale, Columbia, Cornell, Princeton e as universidades da Califórnia, de Chicago, de Michigan, da Pensilvânia e de Wisconsin.

"Voltei a frequentar as salas de cinema", disse Marston, "procurando sobretudo os filmes da Edison."[20] Empreendeu um estudo das tramas, rolo a rolo.

À época do prazo final do concurso, 337 *scenarios* haviam sido inscritos. O vencedor foi anunciado em fevereiro de 1915. "Dez universidades — os melhores cérebros do país — foram convidados para o concurso e o resultado é: *Jack Kennard, covarde*", informou a Edison Company. Era o roteiro de William Moulton Marston.[21]

O repórter de um jornal de Boston entrevistou Marston, já no último ano da faculdade, em seu quarto na Hollis Hall, nº 8: "Deitado no sofá de seu escritório, o autor, que ficou famoso da noite para o dia, contou que conseguiu pagar a faculdade vendendo *scenarios*, que introduziu a atmosfera universitária e feitos verídicos no *scenario* vencedor e o que acredita que acontecerá quando o *photoplay* cair como uma bomba no pitoresco e impassível pátio universitário."²²

Key Recorder, Phi Beta Kappa, 1944

"Nos últimos três anos, tenho levado uma vida bastante imbecilizada", disse Marston. "Não fiz nada além de estudar e escrever *scenarios*. Estou cursando um bacharelado e planejo ingressar na Faculdade de Direito no outono, assim que me formar."

Marston fora selecionado para a irmandade Phi Beta Kappa, eleito presidente da divisão e aceito na Faculdade de Direito de Harvard. (Até o fim de seus dias, ele manteve sua chave Phi Beta Kappa na corrente do relógio. Certa vez, pediu a Harry G. Peter, o artista que desenhou a Mulher-Maravilha, que ilustrasse a personagem com a beca acadêmica enlaçando a chave Phi Beta Kappa de um professor.)²³ "Este estudo da psicofísica da falsidade será de grande ajuda quando eu começar a exercer a profissão jurídica", Marston declarava de seu sofá. Ele era extraordinariamente convencido. Explicou sua pesquisa: "Fiz cem experimentos e todos eles deram certo. Você verá como isso vai ser valioso quando eu interrogar uma testemunha. Uma máquina de pressão arterial pode ser conectada ao braço do depoente e, com o conhecimento que tenho deste recurso, posso dizer se a pessoa está contando a verdade ou não."²⁴

O repórter questionou-lhe sobre o *scenario* vencedor do prêmio.

"Minha inspiração para a trama de *Jack Kennard, covarde* vem, em primeiro lugar, da busca sistemática por uma situação 'forte' como

Cena de *Jack Kennard, covarde*, 1915

clímax que contivesse bastante ação", disse. "Então construí a trama com o propósito de criar uma base que levasse a esse clímax. As ideias da trama em si vieram de diversos incidentes de experiências pessoais que tive aqui mesmo, na faculdade."[25]

Jack Kennard, covarde conta a história da estrela da equipe de futebol americano de uma cidade pequena que vai para Harvard, entra no time universitário e logo depois abandona o esporte, fazendo todos acreditarem, incluindo sua namorada, que ele tem medo de jogar. Na época, o time universitário de Harvard era comandado por duas figuras da turma de Marston, ambos eleitos jogadores do ano: H.R. Hardwick, o "Tack", e Stan Pennock.[26] (Era um time famoso por sua qualidade. Duas décadas depois, o *Harvard Crimson* ainda insistia: "Foi a maior equipe que Harvard já teve.")[27] Os nomes Tack Hardwick e Stan Pennock são bastante próximos de Jack Kennard. Ainda assim, se Kennard era baseado em um indivíduo real, este seria Bill Marston: uma estrela do futebol colegial cuja instituição de ensino venceu os campeonatos estaduais mas que nunca integrou nenhuma listagem de times de futebol em Harvard.[28]

"Veja bem", disse Marston, pulando de seu sofá, "é aqui que incluo minhas próprias experiências no *scenario* e apresento os personagens de Harvard. O motivo real pelo qual Kennard parou de jogar futebol foi porque ele se encrencou com a secretaria devido a dívidas de apostas. Isso de fato aconteceu com um dos jogadores na equipe de Harvard."

Mais tarde, Marston viria a repetir que decidiu não jogar futebol na universidade porque estava comprometido com as pesquisas. "Havia pressão considerável em meu primeiro ano para que eu jogasse pela equipe de calouros", ele afirmava, mas "eu resisti". Era mentira. Marston não fez nenhum experimento no primeiro ano. O mais provável é que ele tenha feito testes mas não tenha sido aceito na equipe, ou talvez possa ter se sentido intimidado demais para tentar, ou quem sabe tenha conseguido entrar na equipe e posteriormente tenha sido cortado. Marston entrou em depressão no outono de seu ano de calouro e quase se matou; parte do que pode tê-lo levado a isto talvez estivesse relacionado com o futebol. Três de seus colegas de equipe do Malden High School tiveram carreiras espetaculares no futebol universitário; um deles foi capitão da equipe de Dartmouth. Marston, não. "Fui para Harvard e decidi abandonar o esporte", disse. Afirmava que fora convidado, repetidamente, mesmo nos últimos anos de faculdade, para fazer testes. Ele recusava: "Eu teria sido obrigado a cessar meu trabalho no laboratório psicológico."[29] É possível. Enquanto isso, seu pai acumulara dívidas — pelo menos foi o que Marston disse ao reitor, em seu formulário de solicitação de bolsa, embora quem sabe tenha sido o próprio Marston quem acumulou dívidas de jogo. Talvez Holloway achasse que ele era um covarde.

Jack Kennard, covarde ganhou elenco, foi filmado e montado em menos de dois meses. Na climática cena final (a "situação 'forte'" na qual Marston baseara sua trama), nosso herói prova sua bravura quando, na novíssima estação de metrô da Harvard Square, pula nos trilhos para salvar a namorada, prestes a ser atropelada por um trem. Apesar de todos os seus estudos sobre narrativa, Marston só conseguiu fazer um remendo de ficções a partir de fatos: o acidente na estação de metrô da Harvard Square, o jogador de futebol do ensino médio que não conseguia jogar na faculdade, o aluno que sofria com as dívidas. Até suas mentiras contavam a verdade.

Jack Kennard, covarde foi lançado em 5 de maio de 1915.[30] Foi exibido em cinemas variados pelo país. Em Gettysburg, pagava-se um só ingresso para vê-lo junto à comédia de Charlie Chaplin *Carlitos e Mabel em passeio*, da Keystone. Em Cambridge, exibido no cinema de Durrell Hall, na frente da prefeitura, o filme foi divulgado como "uma peça universitária para empolgar os jovens e fazer os fregueses de mais idade lembrarem de sua juventude".[31] Um crítico disse: "William Marston escreveu um conto deveras convincente sobre um jovem universitário neste drama monorrolo. Charles M. Seay destaca o melhor do *scenario*, e Thomas MacEvoy tem o estilo e a competência para desempenhar o papel principal com excelência."[32]

Infelizmente, não foi uma boa semana para o cinema. Dois dias após a estreia do filme de Marston, um U-boat alemão afundou o *Lusitania* na costa da Irlanda. Mais de 1.100 pessoas morreram afogadas, incluindo mais de cem norte-americanos; quatro deles recém-diplomados em Harvard. Em frente ao Museu Alemão da universidade, estudantes cobriram de preto a estátua de um leão, um presente do kaiser.[33]

Holloway e Marston na formatura de Marston em Harvard, 1915

"Aos meus amigos e colegas alemães", Josiah Royce pronunciou-se na aula de metafísica, para não dizer que se dirigia diretamente a Hugo Münsterbeg, "caso cogitem saber o que penso, posso dizer apenas o seguinte: 'Vocês podem triunfar no mundo visível, mas, no banquete em que celebrarem sua vitória, estarão presentes os fantasmas dos meus mortos no *Lusitania*.'"[34]

Seguiu-se um mês de luto. Então, numa quinta-feira, 24 de junho de 1915, num frio fora de época, Marston formou-se em Harvard. Em ensaios no Sanders Theatre, E.E. Cummings, parte da turma de Marston, fez um discurso sobre modernismo intitulado "A Nova Arte". Citou um poema de Amy Lowell: "Little cramped words scrawling all over the paper / Like draggled fly's legs";[35] também citou um fluxo de prosa de Gertrude Stein: "Please pale hot, please cover rose, please acre in the red stranger, please butter all the beef-steak with regular feel faces."[36] Então, o presidente Lowell outorgou 124 graus, entregando diplomas em pergaminhos, escritos em latim.

Depois de quatro anos em Cambridge, Gvililelmvs Movlton Marston levava para casa um rolo de pergaminho de couro de carneiro com a inscrição *magna cvm lavde* e estampado com o lema da universidade: Veritas.[37] A verdade.

SR. E SRA. MARSTON

SADIE HOLLOWAY formou-se em Mount Holyoke no dia 16 de junho de 1915.[1] Havia cortado o cabelo. Por baixo do capelo, usava corte chanel com os cachos talhados logo acima da nuca. As feministas do Greenwich Village haviam começado a encurtar o cabelo em 1912. Em 1915, o corte ainda era considerado um radicalismo. "A ideia aparentemente veio da Rússia", relatou o *New York Times*. "As intelectuais daquele país eram revolucionárias. Por questão de conveniência, ao disfarçarem-se da polícia, elas talhavam o cabelo."[2] Holloway também tinha um quê de revolucionária.

Holloway na formatura de Mount Holyoke, 1915

Quando Sadie Holloway fez 22 anos, Marston lhe deu um livro de poemas escritos pelo poeta norte-americano Vachel Lindsay. (Holloway gostava de ganhar poesia de presente.) Ele sublinhara um poema chamado "A gata misteriosa". Ela gostava de provocar mistério; adorava gatos; achava-se uma manesa, uma gata sem rabo; Marston imaginava-se escravo dela. Ele gostava das seguintes frases: "I saw a cat — 'twas but a dream / Who scorned the slave that brought her cream."[3] Soava um pouco safado. Assim como a anotação de Marston: na margem, ele escreveu "Ha! Ha!"[4]

Holloway e Marston em 1916

Ele a pediu em casamento e ela aceitou; ele comprou um anel de noivado com o dinheiro do prêmio que recebera por *Jack Kennard, covarde*.[5]

Marston iria para a Faculdade de Direito, e Holloway decidiu ir junto. "Nunca me ocorreu não ir, já que era isso que eu queria fazer", disse ela. Certa vez, ela se metera em encrenca, em Mount Holyoke, em uma aula de ética, quando o professor propôs uma indagação: "O que o advogado deve fazer quando é contratado para defender um homem culpado?" Holloway respondeu: "Mudar de profissão."[6] Ela gostava da ideia de estudar direito. Gostava de discutir regras. O pai dela era contra.

"Enquanto eu conseguir mantê-la em aventais de pano", ele lhe falou, "creio que você deveria se contentar em ficar em casa com a sua mãe." Holloway o ignorava. Para pagar suas mensalidades, ela passava o verão vendendo livros de culinária de porta em porta.[7]

Holloway e Marston se casaram em setembro. Ela foi a primeira de sua turma a se tornar esposa, em uma época em que apenas uma em cada duas formadas de Mount Holyoke chegava a se casar.[8] No casamento, na sala de estar da casa dos pais, ela usou um vestido de cetim branco e um véu cheio de lírios do vale.[9] Marston queria que ela passasse a usar o sobrenome dele. Ela aceitou, ainda que desgostosa. "Em relação aos nomes, somos obrigadas a ficar com o de nosso pai ou de nosso marido, por isso escolha aquele de que você gosta mais", ela aconselhou certa vez uma amiga, indignada: "Não existe na civilização algo como 'o seu nome'."[10]

Marston não gostava do nome Sadie, embora Holloway o apreciasse muito, principalmente, dizia ela, "se você usar a grafia oriental, Zaidee, a Mãe Terra". Marston também não gostava do nome Elizabeth; assim, Sadie Elizabeth Holloway virou Betty Marston. (Aqui, vou continuar chamando-a de "Holloway".) Ela ficou rancorosa, mas cedeu. "Não tive opção", diria posteriormente.[11]

A lua de mel foi no Maine. Depois, eles se mudaram para um apartamento de dois quartos em Cambridge, na Remington Street.[12] Marston iniciou seus estudos na Faculdade de Direito de Harvard.

"Os paspalhos de Harvard não aceitavam mulheres", disse Holloway, "então fui para a Boston University."[13]

"Estudo na Faculdade de Direito da Boston University e cuido da casa" foi o que Holloway informou como ocupação no primeiro relatório que enviou ao departamento de egressas de Mount Holyoke, em 1916. Ela tentou aprender a cozinhar, usando um livro de culinária de Fannie Farmer que ganhara da sogra.[14] Nunca chegou a gostar de cozinhar, mas adorava cursar direito.

A Boston University, fundada em 1869, aceitara mulheres desde a sua fundação; foi a primeira faculdade mista de Massachusetts. Em 1915, contudo, Holloway, de cabelo curto, era apenas uma das três mulheres no curso de direito. Durante a disciplina de direito penal, quando o assunto era estupro, por exemplo, pedia-se às alunas que deixassem a sala.[15]

Holloway era excelente aluna; Marston era displicente. "Eu me virava, me obstinava, labutando conforme me mandavam, e os resultados eram excepcionalmente fracos", admitiu.[16] (Nunca tirou mais que um C.) Ele entrara na Faculdade de Direito para aprender direito probatório. No outono de 1916, seu segundo ano, Marston se inscreveu na disciplina de provas, com Arthur Dehon Hill. O livro de referência era a segunda edição do *Select Cases on Evidence* [Casos selecionados de provas, em tradução livre], de James Bradley Thayer. Thayer, que lecionaria em Harvard até a morte em 1902, fora professor de John Henry Wigmore, nêmesis de Hugo Münsterberg. (Quando Wigmore escreveu seu *Treatise on the Law of Evidence*, dedicou-o a Thayer.) Do ponto de vista de Thayer, não havia regras das provas; ou, mais exatamente, haviam duas, e apenas duas: "(1) que nada deva ser recebido que não seja logicamente probatório de algum tema que necessite ser provado; e (2) que tudo que seja probatório deva ser admitido, a não ser que uma base jurídica regulamentar claramente o proíba."[17] O que Marston queria era descobrir como apresentar seu detector de mentiras no tribunal.

A eleição presidencial de 1916 trouxe dois questionamentos: a guerra na Europa e o sufrágio feminino. Wilson, que concorria para o segundo mandato, defendia a neutralidade e mantinha-se contra uma emenda constitucional que garantiria o direito de voto às mulheres. Ele era desafiado por Charles Evan Hughes, ex-governador de Nova York e juiz da Suprema Corte, que incitava o país a entrar na guerra.[18] "Votar em Hughes é votar pela guerra", explicava um senador

Mulheres representando os estados do país, sendo as acorrentadas representações dos estados onde mulheres não podiam votar, 1916

de Oklahoma, "Votar em Wilson é votar pela paz." Na Convenção Nacional Republicana de Chicago, 5 mil mulheres organizaram um protesto. Hughes passou a apoiar o sufrágio feminino. Algumas mulheres o apoiaram por conta de seu posicionamento quanto ao sufrágio; outras apoiaram Wilson por seu posicionamento quanto à paz. Ao final, foram as mulheres votantes que, ao apoiarem o movimento pela paz, garantiram a Wilson uma vitória acirrada: ele venceu em dez dos 12 estados onde as mulheres já haviam sido reconhecidas como votantes. Sem elas, Wilson teria perdido.[19]

Ao longo do outono, Lowell, presidente de Harvard, sofrera pressão para demitir Münsterberg pelo apoio deste à Alemanha. Em carta escrita em 2 de novembro, Lowell recusou-se, atribuindo sua decisão a uma questão de princípios: "Recaiu à sina desta universidade estar na dianteira da manutenção do princípio de liberdade acadêmica, que foi posto à prova pela guerra atual. Cremos que este princípio tem grande importância, e não deve ser posto em risco sem prova tangível de conduta indevida, à parte da impopularidade dos pontos de vista expressados."[20]

Münsterbeg, no entanto, não sobreviveu à polêmica. Na manhã de 16 de dezembro de 1916, acordou sentindo-se incomodado e irriquieto. Foi caminhando mais lentamente que o normal de sua casa na Ware Street, nº 7, até o Radcliffe Yard. Entrou na sala de aula. Marston poderia muito bem estar lá, atuando como seu assistente. Começou a falar e, então, a titubear. No meio de uma frase, caiu no chão. Sofrera uma hemorragia cerebral. Morreu em menos de uma hora. Tinha 53 anos.[21]

Há uma página de uma revista em quadrinhos da Mulher-Maravilha que apresenta uma lápide. Ela diz: "Descanse em paz, Prof. Psycho."[22]

A VIDA EXPERIMENTAL

EM DEZEMBRO DE 1916, durante o Discurso sobre o Estado da União de Wilson, sufragistas tomaram as galerias do Capitólio e abriram uma bandeira que dizia: "SR. PRESIDENTE, O QUE VOCÊ FARÁ PELO VOTO FEMININO?" Eram integrantes do que viria a ser o Partido Nacional da Mulher, fundado por Alice Paul e Lucy Burns depois que estas afastaram-se da Associação Nacional Americana pelo Sufrágio, cuja estratégia era modificar as leis eleitorais estado por estado. Paul e Burns, por sua vez, lutavam por uma emenda constitucional federal.

As Novas Mulheres queriam mudar o mundo. Burns formara-se em Vassar em 1902 e fora estudar em Yale, Columbia e Oxford; acima de tudo, fora estudar os métodos da militância sufragista na Inglaterra. Paul fizera o mesmo; estivera na Inglaterra de 1908 a 1910, onde fora presa durante manifestações organizadas pelo União Social e Política das Mulheres, de Emmeline Pankhurst. De volta aos Estados Unidos, Paul doutorou-se na Universidade da Pensilvânia, tendo escrito uma dissertação sobre os direitos legais femininos. Em janeiro de 1917, sufragistas iniciaram uma vigília silenciosa em frente à Casa Branca, carregando faixas que diziam: "ATÉ QUANDO AS MULHERES TERÃO QUE AGUARDAR PELA LIBERDADE?" e

Sufragistas do Partido Nacional da Mulher em frente à Casa Branca, 1917
Nos cartazes: "Sr. Presidente, até quando as mulheres terão que aguardar pela liberdade?"
"Sr. Presidente: o que você fará pelo voto feminino?"

jurando não cessar a vigília até a emenda ser aprovada. Em 4 de março de 1917, às vésperas da posse de Wilson, mais de mil mulheres marcharam em torno da Casa Branca em meio à chuva gelada.[1]

Dias depois da posse de Wilson, U-boats alemães afundaram três navios norte-americanos. Em 2 de abril, foi apresentada ao Congresso uma emenda constitucional que concedia o direito de voto às mulheres. No mesmo dia, Wilson pediu ao Congresso para declarar guerra. Voltou à Casa Branca e chorou.[2] Quando as manifestantes em volta da Casa Branca recusaram-se a cessar o protesto, foram presas. No julgamento, o juiz disse: "Estamos em guerra e vocês não deviam perturbar o presidente."[3]

Em 6 de abril, dia em que o Congresso declarou guerra, psicólogos experimentais de todo o país reuniam-se em Harvard, no Emerson Hall. Estavam sob o comando de Herbert Langfeld, orientador de Marston na graduação, e Robert Yerkes, presidente da Associação Americana de Psicologia.[4] Yerkes, que completara seu doutorado em Harvard em 1902 e estudara no laboratório de Münsterberg, era especialista tanto no comportamento de primatas quanto em testes de inteligência; era um eugenista de renome. Desta reunião surgiu o Comitê de Psicologia do Conselho Nacional de Pesquisa, presidido por Yerkes. A primeira tarefa do Comitê seria "o exame psicológico de recrutas para eliminação dos mentalmente incapazes".[5]

A guerra que Wilson esperava que fosse dar fim a todas as guerras conseguiu tudo, menos silenciar a campanha pelo sufrágio feminino, que estava bem alinhada com o movimento pela paz. O Congresso aprovou a Lei da Espionagem em 1917 e a Lei da Sedição em 1918; o alvo de ambas era, sobretudo, os socialistas, os anarquistas e os pacifistas (Wilson também solicitara prerrogativa para censurar a imprensa; o Congresso o deteve por um único voto). Para o governo federal, vencer a guerra aparentemente exigia a supressão da dissidência, assim como exigia os psicólogos da nação; a guerra em si tornara-se um laboratório psicológico.

Marston descreveu sua vida durante este ano como uma série de experimentos:

Suspeitando que o médico da prisão dera um falso atestado de óbito da baronesa, Steve aplica um exame no detector de mentiras. "A baronesa estava morta assim que saiu da cadeira!" Hmm! Ele está contando a verdade! Será que estou na pista errada?

Steve Trevor administra o exame. De "O golpe do leite", Sensation Comics nº 7 (julho de 1942)

Primeiro experimento: lecionar psicologia em Radcliffe enquanto ainda estudava em Harvard; resultado: infelicidade para as meninas, que podem ter aprendido sobre psicologia, mas não sobre amor. Segundo experimento: estudar direito; resultado: infelicidade para o direito, que ganhou um fraco defensor. Terceiro experimento: 1917-1918, Guerra e Exército.[6]

As pesquisas de Marston tinham aplicações óbvias em período de guerra: o interrogatório de prisioneiros de guerra e suspeitos de espionagem. Ele preencheu um formulário de recrutamento em 5 de junho de 1917, dez dias antes de o Congresso aprovar a Lei da Espionagem, e duas semanas antes do fim de seu segundo ano na Faculdade de Direito.[7] No outono, ele começou a corresponder-se com Yerkes.[8] Queria prosseguir com seus estudos sobre falsidade e pediu a ele: "Por que não os traz para pesquisá-los no Lab. Psic. de Harvard?"[9] Yerkes consultou o psicólogo Edward L. Thorndike, de Columbia, que encontrou Marston e informou a Yerkes: "Passei quase uma tarde inteira com Marston, gostei muito dele e deposito confiança. Ainda estou um pouco hesitante em relação ao que ele descobriu, mas creio que mereça um teste com casos reais."[10] Langfeld disse a Yerkes que ficaria feliz em permitir que Marston utilizasse as instalações do Emerson Hall. "Ele tem muita energia, ímpeto e é muito expedito", escreveu Langfeld. "É muito inteligente." Ainda assim, Langfeld não deixava de se preocupar com o que via como calcanhar de aquiles de Marston: "Tenho a suspeita de que ele seja ligeiramente fervoroso em relação às oportunidades que se apresentam, o que o leva a fazer as curvas de maneira um pouco agressiva."[11]

Marston enviou uma proposta de pesquisa a Yerkes.[12] Na resposta, Yerkes montou um Comitê dos Exames de Falsidade, "para averiguar a confiabilidade e praticidade de certos procedimentos propostos por William M. Marston para a detecção de mentiras".[13] Marston começou um estudo no Emerson Hall, com auxílio de Leonard Troland e de outro cientista chamado Harold Burtt. Eles realizaram exames de falsidade — valendo-se de "fortes precauções" — com dez homens: cinco estudantes de graduação de Harvard e cinco alunos do segundo ano do curso de direito. Os resultados, conforme Marston relatou a Yerkes, foram dignos de nota.[14] Yerkes mandou Marston "criar aplicações de seus métodos a casos variados de crimes reais".[15]

Marston empreendeu sua segunda investigação no outono de 1917, com testes de falsidade em vinte réus que haviam sido recomendados pelo Tribunal Municipal de Boston para avaliação médica e psicológica. Seus relatórios eram como este:

CASO Nº 2. MULHER (DE COR). IDADE: 31 ANOS.

Registro de caso entregue ao legista antes do teste de falsidade.
Mulher de cor, 31 anos de idade. Presa seis meses atrás por furto de um anel e em liberdade condicional após depoimento de homem de cor que alegava que seu anel fora roubado. Nesses seis meses, a ré não empreendeu a restituição, apesar de ordens para fazê-lo, e havia suspeitas da oficial de condicional de que havia evitado suas ligações. O exame foi realizado para determinar se ela havia ou não roubado o anel.

Avaliação P.A.
Inocente. Mulher diz a verdade em relação ao anel, que lhe foi dado.

Confirmação
O juiz recusou o caso, embora o oficial de condicional tenha aconselhado mais seis meses de liberdade condicional. Surgiram novas provas que levavam a crer que o homem de cor que havia feito a alegação de que a ré roubara o anel não era idôneo etc.

Em cada um dos vinte casos, o juízo da máquina de pressão arterial, na interpretação de Marston, foi subsequentemente verificado por outras provas.[16] Yerkes começou a se perguntar se Marston havia exagerado nas curvas.

Durante o recesso de inverno da Faculdade de Direito, Marston foi a Washington. A vigília do Partido Nacional da Mulher em torno da Casa Branca havia acabado, mas foi seguido de manifestações em protesto contra o tratamento das mulheres que haviam sido presas. Muitas, incluindo Alice Paul, haviam feito greve de fome e estavam sendo alimentadas à força. Burns fora espancada e pendurada por correntes na parede de sua cela. Em novembro, uma delegação de sufragistas, incluindo uma cartunista feminista chamada Lou Rogers, fora a Washington implorar a

Wilson que soltasse as manifestantes que estavam presas. Paul e Burns, diziam elas, estavam sendo torturadas. No fim daquele mês, Burns, Paul e mais vinte mulheres foram soltas. Em janeiro de 1918, enquanto Marston estava em Washington, Wilson declarou que decidira apoiar uma emenda federal que garantia às mulheres o direito ao voto.[17]

Em Washington, Yerkes conseguiu que Marston discutisse sua pesquisa com John Henry Wigmore, que estava servindo ao exército no departamento do Procurador Geral da Justiça Militar. Yerkes também tentou conseguir um cargo para Marston que lhe garantisse a possibilidade de aplicar seu trabalho em campo. No Departamento de Justiça, Marston encontrou o chefe da Agência de Investigação (o futuro FBI), junto ao jovem J. Edgar Hoover. Convidada a contratar Marston, a agência se recusou. Yerkes então enviou Marston a Nova York para encontrar a chefia do Serviço de Inteligência Militar, que também o recusou, e entregou-o ao chefe de polícia de Nova York, que também não tinha interesse. Apesar de todo o charme de Marston, seus resultados laboratoriais quase impecáveis não impressionavam homens envolvidos em investigações de verdade. Marston ficou enraivecido. "Não interessa se me chamam de senhor ou de salafrário", escreveu a Yerkes, "mas acredito firmemente que se o QG não der ordens para que estes exames sejam instituídos em local pré-estabelecido e que eu receba poderes irrevogáveis para me envolver nos casos, continuaremos a acumular dados interessantes para nossa tese e, em termos práticos, não chegaremos a lugar algum".[18]

Sob a supervisão de Wigmore, Marston conduziu a investigação de um crime mesquinho, o roubo de equipamentos científicos, que acontecera no prédio onde Yerkes trabalhava. "Fui convidado a examinar todos os mensageiros negros no prédio Mills que podiam ter acesso à sala de onde os instrumentos foram removidos", explicava Marston. Ele sujeitou os 18 mensageiros negros ao seu exame de falsidade e informou que o Experimento nº 4, um homem chamado Horace Dreear, era o culpado. No entanto, Marston pegara o homem errado: foi descoberto que outro indivíduo, sem sombra de dúvida, havia cometido o crime. Ávido para defender-se, Marston foi a Nova York, e lá, disse a Yerkes, descobriu que Dreear vinha das "'maçãs podres' entre os negros nova-iorquinos". (Ele tentava defender que, mesmo que Dreear não tivesse roubado os instrumentos, ainda era culpado de outra coisa.) Marston disse a Yerkes que começava a achar que o problema com seu experimento podia ter sido que ele não conseguira levar em conta o que suspeitava ser uma diferença racial: "O fator do controle voluntário que, em homens brancos, parece fazer uma mentira ter elevação regular e quase absoluta, aparentemente é quase inexistente em negros."[19]

Os apoiadores de Yerkes começaram a vacilar. Marston fora recusado pelo Serviço de Inteligência Militar, pela Agência de Investigação, pela Polícia de Nova York, pelo Departamento de Guerra e pelo Departamento de Justiça. Além disso, havia acusado um homem inocente. Yerkes decidiu que Marston seria mais útil em sala de aula. Começou os preparativos para que Marston desse uma disciplina de psicologia militar para soldados. Para tanto, Marston teria que deixar o terceiro ano do curso de direito sem concluir suas obrigações acadêmicas, condição com a qual o reitor concordou, ainda que de maneira relutante.[20]

Marston e Holloway graduaram-se juntos da faculdade de direito em junho de 1918. Em agosto, fizeram o exame da ordem, embora Holloway tenha acabado mais rápido. "Terminei a prova em pouquíssimo tempo", disse ela, "e tive que ficar esperando Bill sentada na escada."[21]

Em outubro de 1918, Marston foi comissionado segundo tenente e enviado à base Greenleaf, na Geórgia, onde foi nomeado professor da Escola de Psicologia Militar do Exército dos Estados Unidos.[22] Holloway ficou em Cambridge. "Durante a guerra", ela disse, "as mulheres que ficavam em casa morriam de tédio."[23]

Há uma história da Mulher-Maravilha em que o Doutor Psycho se disfarça de fantasma de George Washington para acabar com a ideia de que as mulheres deveriam ter permissão para colaborar na guerra.

Marston, o segundo da esquerda para a direita, na base Greenleaf, 1918

"As mulheres perderão a guerra para a América! As mulheres não deveriam ter autorização de adquirir tais responsabilidades!", ele admoesta. "Não se deve confiá-las com segredos de guerra nem permitir que sirvam nas forças armadas. As mulheres trairão o país com sua fraqueza, quando não com sua perfídia!"

"Mas veja só esse linguarudo duas-caras!", grita a Mulher-Maravilha, pulando no palco. "Tenho que detê-lo."[24]

Holloway, por sua vez, não conseguiu deter nada. O Sr. Marston foi à guerra. A Sra. Marston ficou em casa.

Na base Greenleaf, Marston dava um curso chamado Problemas Militares de Depoimento. Ele projetou um experimento de *Aussage,* uma experiência de testemunho: pegou dez moedinhas de cinco centavos e "mais ou menos cinquenta itens, todos de algum valor intrínseco para um soldado", e escondeu-os em um quarto no segundo andar do Prédio de Psicologia da base. Deu instruções a 35 soldados para entrarem na sala, um por vez, e, ou roubar uma coisa, ou não roubar nada e esconder nas casernas próximas. Catorze oficiais, alguns deles advogados, deveriam observar enquanto os soldados entravam e saíam da sala, segui-los e, eventualmente, conectá-los a uma cinta de pressão arterial para interrogatório.[25]

Dezenove soldados roubaram alguma coisa; 16, nada. (Antes do interrogatório, eles escreviam confissões, que ficavam lacradas até a finalização do experimento.) Os oficiais, utilizando o teste de falsidade de Marston, conseguiram determinar a culpa ou inocência de um soldado em 26 dos 35 casos, ou 74,3%. Marston, que não conduziu os interrogatórios, mas lia os gráficos que documentavam as mudanças de pressão arterial dos soldados, esteve certo em 34 das 35 vezes, tendo alcançado a surpreendente taxa de êxito de 97,1%. Seu teste, concluiu, era quase perfeito: o único problema era que algumas pessoas não eram tão boas na aplicação quanto ele.[26] Tudo parecia muito estranho. Conforme Robert Yerkes expôs, com toda a delicadeza, os resultados de Marston "não merecem a confiança de todos os integrantes do Comitê de Psicologia".[27]

"Tudo bem — eu faço o exame no detector de mentiras."
Espero que ele não perceba meu blefe — ele ainda está desconfiado!
"Não, não — seu braço quebrado já me convence. A *Mulher-Maravilha* deve ter entrado assim que você foi jogada pela janela."

De "Vitória no mar", *Sensation Comics* nº 15 (março de 1943)

Wigmore, porém, ficou impressionado. Instou Marston a registrar a pesquisa que conduzira na base Greenleaf e a enviar o texto ao *Journal of Criminal Law and Criminology* [Periódico de direito penal e criminologia, em tradução livre], publicação que o próprio Wigmore havia fundado. O artigo de Marston foi aceito.[28]

"Ora, ora", Steve Trevor sempre dizia a Diana Prince, "mas que psicologazinha bem boa você é, hein!"[29]

MÁQUINA DETECTA MENTIROSOS, PEGA BANDIDOS

MARJORIE WILKES, que acreditava tanto em sufragismo quanto em sadomasoquismo, nasceu em Atlanta, Geórgia, em 1889. Era filha única. Seu pai trabalhava na ferrovia da Geórgia.[1] Ela fumou desde os 13 anos. Era dura na queda e magra como uma tripa. Tinha olhos de corça e cabelo

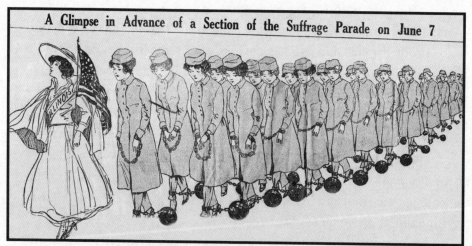

Um vislumbre antecipado de parte da marcha do sufrágio em 7 de junho

Sufragistas como escravas em desfile durante a Convenção Nacional Republicana de Chicago em 1916

MÁQUINA DETECTA MENTIROSOS, PEGA BANDIDOS ★ 81

"Ponham estas meninas para trabalhar com os outros escravos — mas esperem! Esta vocês deixem para o castigo! Amarrem a maça mais pesada que tiverem a seu pescoço, mas façam ela andar junto às companheiras!"
"A maior maça que temos — Ha! Ha! Agora quero ver você correr, escravinha! Em frente! Mais rápido! Alcance sua amiga!"
"Está falando sério, meu amigo? Ou é brincadeira?"

Mulher-Maravilha e suas amigas de escravas em "Os Homens-Toupeira do subterrâneo",
Wonder Woman nº 4 (abril-maio 1943)

castanho, da cor da pelagem de um rato. Em 1912, quando tinha 22 anos, Marjorie trabalhou na campanha pelo voto feminino em Chicago. Casou-se com um homem de sobrenome Huntley porque queria mudar de nome: não gostava de ter o mesmo sobrenome que o assassino de Abraham Lincoln. Em 1914, após deixar o marido, começou a trabalhar como bibliotecária. Em 1916, participou de uma passeata de sufragistas durante a Convenção Nacional Republicana de Chicago; o cartunista de um jornal local registrou as sufragistas marchando com os punhos acorrentados, arrastando maças presas aos pés, escravas dos homens que as comandavam.[2]

"Ninguém entende mais da produção da Mulher-Maravilha do que Marjorie W. Huntley", Holloway gostava de dizer.[3] Nos anos 1940, Huntley ajudava na arte-final e no letreiramento das HQs da Mulher-Maravilha, incluindo quadros e mais quadros de mulheres acorrentadas pelas mãos e pelos pés. "Como ela consegue correr com as correntes?", berrava um dos captores da Mulher-Maravilha.[4] Huntley era escolada em sufrágio, mas também acreditava naquilo que chamou de "amarras do amor": a importância de ser amarrada e acorrentada. Da mesma forma, acreditava em consciência extracorporal, vibrações, reencarnação e na natureza mediúnica do orgasmo.[5]

Ela e Marston se conheceram em 1918, depois da declaração do armistício em 11 de novembro, e de ele ser enviado para a base Upton, em Nova York, para tratar soldados em estado de choque. Huntley era a bibliotecária da base. Marston tinha 25 anos e estava longe da esposa; Huntley tinha 29 e era divorciada. Passaram seis meses juntos. Marston foi dispensado do exército em 9 de maio de 1919, dia em que completou 26 anos.

O Partido Nacional da Mulher, que havia organizado manifestações durante toda a guerra — queimando discursos de Wilson, fazendo piquete no Capitólio e discursando com uniformes de penitenciária — finalmente alcançou o êxito em tempos de paz. Em 21 de maio de 1919, a Câmara dos Deputados aprovou a Décima Nona Emenda: "O direito ao voto dos cidadãos dos Estados Unidos não será negado nem cerceado pelos Estados Unidos nem por qualquer estado em razão do sexo." A aprovação do Senado veio em 4 de junho e foi enviada para ratificações estaduais.

Marston voltou para Cambridge. Holloway logo engravidou. Eles se mudaram para uma casa na Lowell Street, perto da Brattle Street; os pais de Holloway compraram a propriedade para o casal.[6] Eles alugavam quartos para amigos da faculdade de direito, e, em um dos quartos, residia um paciente de Marston, um garoto que não conseguia parar de se masturbar. Ele tinha que ser observado noite e dia.[7] Huntley visitava às vezes. Marston a deixara mas dissera que ela poderia aparecer quando quisesse. A mulher falaria posteriormente sobre quando ela, Marston e Holloway tornaram-se um "trio", o que pode ter começado em 1919.[8]

Em setembro de 1919, Marston matriculou-se no doutorado em filosofia de Harvard; Holloway, grávida de cinco meses, matriculou-se no mestrado de Radcliffe. Todas as disciplinas para alunos de pós-graduação de Radcliffe se davam na pós-graduação de Harvard, com professores de

Harvard. O Sr. e a Sra. Marston matricularam-se juntos para dois semestres de Laboratório Psicológico com Herbert Langfeld.[9]

Em 7 de janeiro de 1920, Holloway deu à luz uma natimorta. Batizaram-na Fredericka, em homenagem ao pai de Marston. Ao longo de toda a vida de Holloway, sempre que ela tinha que preencher uma ficha que pedisse o nome de seus filhos, ela viria a incluir o nome de Fredericka.[10]

Naquele verão, os Marston foram tirar férias nas Bermudas; voltaram aos Estados Unidos de navio e desembarcaram em 9 de agosto.[11] Nove dias depois, a Décima Nona Emenda virou lei. No dia das eleições daquele ano, no outono, Marjorie Wilkes Huntley acompanhou mulheres até os locais de votação. Com a vitória do sufrágio, o Partido Nacional da Mulher começou a fazer lobby pela aprovação das leis dos direitos igualitários nos estados e pela ratificação da Emenda dos Direitos Igualitários, escrita por Alice Paul.[12]

Holloway e Marston lutavam para encontrar seu próprio tipo de igualdade. "Será da ordem divina que uma doutora tenha que passar a vida lavando a louça para outro doutor só porque um dos doutores é mulher e o outro é homem?", questionava a autora de um texto de 1921 chamado "Reflexões da esposa de um professor".[13] Holloway poderia fazer a mesma pergunta.

No ano letivo 1920-1921, Holloway e Marston matricularam-se mais uma vez nas mesmas disciplinas, com os mesmos professores.[14] Holloway gostava de dizer que boa parte da pesquisa de Marston na verdade era a pesquisa dela, e que ela se doutorara em Harvard tanto quanto ele, mesmo que não tivesse recebido o diploma. Ela sempre afirmou que "fui eu que sugeri o primeiro experimento do detector de mentiras".[15] O único motivo para Harvard não lhe outorgar o Ph.D., dizia, era que ela havia travado no requisito proficiência em alemão. "Eu me recusava a aceitar que era preciso ler cientistas alemães para manter-se atualizada na área, independente de ter cumprido as outras exigências", ela explicava. "Fui a Radcliffe, assinei os formulários, critiquei-os do ponto de vista jurídico, escrevi uma tese sobre Estudos do Depoimento e me concederam o mestrado."[16]

Holloway estava ou mentindo, ou tinha lembranças deturpadas. Harvard não aceitava mulheres nos programas de doutorado; não havia como uma mulher fazer um exame de qualificação, com ou sem o alemão.[17] E o mestrado de Radcliffe não exigia tese. "Estudos do depoimento" não é título de uma tese de mestrado escrita por Holloway — ela nunca escreveu uma tese —, mas de um artigo científico publicado posteriormente por Marston.

Apesar do mestrado e da formação em direito, Holloway estava encontrando dificuldade para conseguir emprego. Na época, menos de 2% de todos os advogados dos Estados Unidos era mulher.[18] Ninguém levava advogadas a sério, Holloway reclamava. "Nunca encontrei uma mulher, naqueles tempos, que tivesse conduzido um processo diante de um júri", disse. Ela contava esta história quando trabalhava como escrevente: "Certo dia, eu estava no tribunal, protocolando documentos, quando o meretíssimo inclinou-se de sua cadeira e entoou: 'Moça, por favor, diga ao seu chefe que não é para ele mandar sua secretária ao tribunal para protocolar.'" Ela aguardava uma oportunidade. Em relação aos homens que a tratavam dessa forma, gostava de dizer: "Não cuspi no olho dele, mas bem que queria."[19]

Durante a guerra, Holloway começou a vender sabonetes Lifebuoy em frente ao cinema da Central Square. Quem comprasse 14 dólares de sabonete ganhava um ingresso.

"A senhora gostaria de experimentar o sabão Lifebuoy?", ela perguntava.

"Não, obrigada; tem cheiro de hospital."

"Na verdade, o hospital é que cheira a Lifebuoy", Holloway sempre retrucava.

Ela viajava de cidade em cidade. Conheceu outras vendedoras ambulantes; elas andavam sempre juntas. Tinha uma amiga que todas chamavam de "Pretinha" porque tingia o cabelo com graxa de sapato. O ditado preferido de Pretinha acabou virando um dos preferidos de Holloway.

Ela dizia: "Olha, mocinha, não existe homem nesta Terra que valha um pé no inferno."[20]

Com exceção de Marston.

A vida experimental de William Moulton Marston dependia de uma boa dose de farsas. No último ano de pós-graduação, Marston abriu o Escritório de Engenharia Tait-Marston, que tinha oficina mecânica e fundição em Boston e escritório na State Street, nº 60.[21] Virou tesoureiro de uma empresa de tecidos chamada United Dress Goods.[22] E, junto a dois amigos da faculdade de direito — Felix Forte, que ajudara Marston no trabalho com exames de falsidade, e Edward Fischer, fundador da Sociedade de Assistência Jurídica de Boston — abriu um escritório de advocacia: a Marston, Forte & Fischer. A sede deles também era a State Street, nº 60.[23] Tanto o Escritório de Engenharia Tait-Marston quanto a United Dress Goods e a Marston, Forte & Fischer fracassaram. Contudo, Marston só chegou a admitir o fracasso do escritório de advocacia, o quarto de uma série de experimentos que constituíram sua vida: "Quarto experimento: 1918-1921, advogar enquanto dava continuidade ao trabalho com a psicologia em Harvard; resultado: insatisfação geral de todos os envolvidos, sobretudo da clientela."[24]

Ele achava, contudo, que ainda havia como fazer dinheiro na detecção de falsidade. Tirou uma série de fotografias na varanda de sua casa na Lowell Street, onde havia montado um palco improvisado: uma mesa de madeira coberta com equipamentos de laboratório, incluindo rodas, fios, relógios e um esfigmomanômetro. Nas fotos, Marston veste um terno de

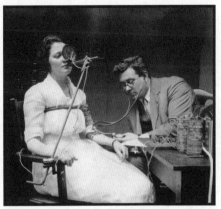

Marston administra um exame de detector de mentiras à secretária do seu escritório de advocacia, 1921

tweed com colete e seus óculos grandes e redondos, e está na companhia de uma linda mulher — a secretária da Marston, Forte & Fischer. Suas longas madeixas escuras estão presas para trás; seus grandes olhos, impassíveis; ela usa um vestido claro. Em uma das fotos, está sentada em uma cadeira, ao lado de Marston, que se inclina sobre ela. Uma cinta de pressão arterial lhe envolve o braço, e outra está fechada sobre seu peito, logo acima dos seios. Um disco negro ajustado sobre um dos olhos obstrui metade de sua visão.

Em maio de 1921, Marston distribuiu as fotografias para jornais, junto a um comunicado à imprensa com a chamada "Máquina detecta mentirosos, pega bandidos". Jornais de todo o país morderam a isca: "A mentira bem-sucedida logo será uma arte perdida."[25]

No mês seguinte, Marston concluiu o doutorado. Passara quase dez anos em Harvard. Estudara história, filosofia, psicologia e direito. Tinha três diplomas. Gostava de questionar a natureza das provas. Acreditava que tinha como descobrir quem contava a verdade e quem mentia. Havia se tornado um excelente mentiroso. Chegara a hora de um novo experimento: "Quinta pesquisa: fundar a (potencialmente) grande área da psicologia jurídica na American University."[26] Para este experimento, o Dr. Marston precisava ir a Washington.

ESTUDOS SOBRE O DEPOIMENTO

A AULA HAVIA acabado de começar quando ouviu-se as batidas na porta. O professor atravessou a sala e abriu a porta. Um jovem entrou. Ele usava luvas. Na mão direita, trazia um envelope. Sob o braço esquerdo, acomodava três livros: um vermelho, um verde e um azul. Dizia ter uma

"Jesus! Você jamais vai achar alguém nessa multidão..."
"Ah, não? Eu vejo a Erna... E..."
Hmm! Que interessante!

Tira de jornal da *Mulher-Maravilha* (14 de setembro de 1944)

mensagem para entregar. Falava com um sotaque anasalado, típico do Texas. Entregou o envelope ao professor. Enquanto este abria a carta, retirava dela um papel amarelo e lia a mensagem, o mensageiro, usando apenas a mão direita, puxava do bolso um canivete comprido de cabo verde. Demonstrando grande habilidade, ele abria a lâmina e começava a raspar o dedão esquerdo, sob a luva, com o gume da lâmina.[1]

Era uma aula da pós-graduação em Psicologia Jurídica, da American University em Washington. Acontecia duas vezes por semana, à noite, a partir de março de 1922. Eram 18 alunos, todos advogados. Haviam chegado à sala de aula, em um prédio na F Street, nº 1901, depois de um dia no escritório ou no tribunal; muitos trabalhavam para o governo. No catálogo de disciplinas, o professor, William Moulton Marston listara um pré-requisito: "Os alunos devem possuir conhecimento funcional dos princípios da *common law* para se qualificarem para esta disciplina, pensada especialmente para promotores e advogados praticantes que tenham interesse genuíno em elevar os padrões da justiça na administração efetiva da lei."[2] Ele ainda portava um certo idealismo ambivalente.

Marston terminou de ler o que quer que estivesse escrito naquele papel amarelo, disse alguma coisa ao texano e mandou-o embora. Então, voltando-se para a turma, informou aos alunos que o homem que acabara de deixar a sala, na verdade, não era um mensageiro; era um ator, que seguia um roteiro pré-determinado por Marston, e que fazia parte de um experimento complexo.

Imaginem, Marston prosseguia, que o homem que esteve aqui há um instante foi preso e acusado de homicídio. Imaginem também que vocês todos foram convocados para prestar depoimento. Por favor: escrevam o que viram.

Dezoito advogados pegaram seus lápis.

Ao preparar esta experiência, Marston identificara 147 detalhes que os alunos poderiam ter notado — o número e a cor dos livros que o mensageiro trazia, por exemplo, e que os trazia sob um dos braços, o esquerdo. Depois que os alunos escreviam tudo que haviam observado, Marston inspecionava os depoimentos um a um; então, fazia sua inquirição. Depois da aula, ele avaliava as respostas, dando notas conforme minúcia, precisão e "cautela" (ganhava um ponto de cautela quem, sob inquirição direta ou da outra parte, dissesse: "Não sei"). De 147 detalhes observáveis possíveis, os alunos, na média, percebiam apenas 34.

Todos foram reprovados. E ninguém, nem mesmo um único aluno, notou o canivete.[3]

Marston baseara seu experimento em outro, sobre o qual havia lido nas 1.200 páginas de *The Principles of Judicial Proof as Given by Logic, Psychology, and General Experience* [Os princípios da prova judicial conforme a lógica, a filosofia e a experiência cotidiana, em tradução livre], livro de John Henry Wigmore publicado em 1913.[4] Apesar de seu desentendimento com Münsterberg, Wigmore acreditava que não havia ciência mais importante para o direito que a psicologia, e que não havia aspecto da psicologia mais relevante para a prova judicial do que o estudo do depoimento.[5] Wigmore descrevia um experimento realizado por Arno Gunther em 1905. Gunther chamara um mensageiro para entrar em uma sala de aula, e posteriormente pedia que seus alunos relatassem detalhes da cena. A cena em questão incluía trinta detalhes, começando pelos seguintes:

1. O horário foi 15h45.
2. O homem era de estatura média para grande.
3. Seu cabelo era castanho.
4. Ele tinha um pequeno bigode castanho, sem barba.
5. Usava óculos.
6. Vestia um sobretudo de tecido preto, abotoado.
7. Vestia um terno preto.
8. Usava um gorro marrom escuro.
9. Sem luvas.
10. Trazia nas mãos uma bengala, um chapéu e uma carta.
11. A bengala era marrom, com empunhadura preta.

12. O homem tinha entre 21 e 22 anos.

13. Ele entrou na sala sem bater.

14. Depois de entrar, ele disse: "Com licença, posso falar com o senhor um instante, Sr. G?"

15. O Sr. G respondeu: "É claro. Entre."

16. O visitante deu um passo e entregou uma carta,

17. Ele disse: "Tenho uma carta para entregar ao senhor."[6]

Marston seguiu de perto o projeto de Gunther, mas acrescentou o canivete. Marston tinha menos interesse na confiabilidade do testemunho e mais na confiabilidade dos júris. Por isso, diferente de Gunther, não terminou seu experimento após informar aos alunos que eles haviam sido reprovados. Em vez disso, reunia as provas e entregava aos júris.[7] "Preparei aqui para o depoimento completo dos meus 18 depoentes a ser entregue separadamente a dois júris", Marston informou a Wigmore, "um de 12 homens e outro de 12 mulheres."[8] O estudo de Marston sobre a confiabilidade dos testemunhos era, na verdade, um estudo sobre a participação política feminina.

O direito ao voto não outorgou automaticamente às mulheres o direito de prestar júri. Em 1921, depois de muita pressão feminina, seis estados revisaram suas leis para permitir isso. Porém, em 1922, mulheres ainda não podiam participar de júris em 31 estados, nem nos territórios do Alasca e do Havaí.[9] Marston queria ver se conseguia resultados que lançassem luz sobre o debate quanto à possibilidade de confiar nas mulheres para pesar provas tão bem quanto homens.

Nesta pesquisa, Holloway ajudou. Ela conseguira uma vaga em Washington em um serviço de informações fundado por Frederic Haskin em 1915. Haskin escrevia uma coluna distribuída para vários jornais, respondendo a perguntas dos leitores. Era Holloway que fazia a pesquisa das respostas. Segundo a própria, ela era tão rápida que conseguia ditar quarenta cartas antes da hora do almoço. Na universidade, quando Marston não estava a fim de dar aula, pedia a Holloway que o substituísse.

Ela ficou armargurada; guardava rancor dos alunos. "Havia um grupo de quatro homens bem na frente que eram claramente mais esclarecidos que eu e que falavam entre si enquanto eu dava a aula", disse ela. "Então, um dia chamei um deles e lhe disse: 'Sabia, Fulano, que ninguém vai estar nem aí para você quando você for reprovado nessa disciplina?'"[10]

Para o estudo do depoimento, Marston pediu a Wigmore que fizesse o papel de juiz. Ele aceitou. Marston também convocou outros dois juízes: o Dr. Charles C. Tansill, historiador dos Estados Unidos na Biblioteca do Congresso, e Emily Davis, uma jovem "jornalista e correspondente". (Davis entrevistara Marston a respeito do teste de falsidade.) Uma das coisas que Marston queria saber era se Wigmore, a maior autoridade do país em direito probatório, seria melhor em avaliar depoimentos do que Tansill, um historiador, ou Davis, jornalista e mulher. No entanto, o que Marston realmente queria descobrir era se mulheres tinham competência para participar de júris.[11]

Trabalhando com Holloway, Marston constatou que, ao mensurar precisão e integralidade na avaliação de depoimentos, as juradas tinham notas melhores que os jurados: "Eram mais atenciosas, mais escrupulosas e tentavam ser mais imparciais do que os jurados homens perante todo depoimento." As mulheres também eram juízas melhores. Davis teve notas mais altas que Tansill e que Wigmore: "As conclusões dela eram mais completas e exatas do que as enviadas por qualquer juiz homem."[12]

Foi uma descoberta interessante. Holloway, posteriormente, viria a acreditar que esta pesquisa seria sua tese de mestrado em Radcliffe. No entanto, nada mais saiu disso. Marston logo perdeu o interesse pelo assunto — raras eram as coisas que prendiam sua atenção por muito tempo. Além disso, na época em que encerrou seu estudo do depoimento, ele se envolveu com o julgamento de um homicídio.

Em 10 de março de 1922, dez dias antes do início do semestre de primavera da American University, James Alphonso Frye, 22 anos, foi indiciado por homicídio doloso, acusado de matar um médico de Washington chamado Robert Wade Brown. Brown fora alvejado no hall de entrada de sua casa. Havia uma recompensa de mil dólares por informações que levassem ao assassino.[13] No verão de 1921, Frye foi preso por assalto e, durante a investigação do crime, John R. Francis, um dentista, disse à polícia que Frye havia matado Brown.[14] Frye, Brown e Francis eram todos negros. Durante um interrogatório policial, Frye confessou o assassinato. Ele disse que havia ido à casa de Brown para conseguir remédios para gonorreia e acidentalmente atirou nele durante uma briga que começou quando Frye disse que não tinha dinheiro e Brown se recusou a lhe dar o medicamento. Frye disse: "Tentei correr para a porta, então ele me agarrou e me derrubou, e eu disse para ele colocar as mãos para o alto, e ele continuou batendo em mim, me bateu na cabeça, e na briga acho que o revólver disparou."[15] O informe de que o assassino de Brown fora descoberto, assim como do homicídio em si, foi notícia em todo o país.[16]

Em novembro de 1921, Frye foi julgado por assassinato em um tribunal comandado pelo juiz da Suprema Corte Walter McCoy; Lester Wood foi advogado de um dos corréus de Frye, um homem chamado William

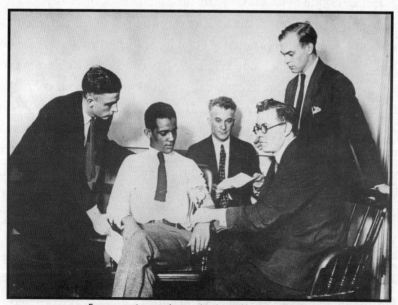

Frye, ao centro, sendo examinado por Marston, de óculos

N. Bowie.[17] Wood, de 25 anos, era auditor do Comitê de Navegação Comercial dos Estados Unidos.[18] Também era aluno do curso de direito da American University, onde estudava com Marston. Wood ia defender Bowie para ganhar experiência em tribunal. Frye e Bowie foram condenados e sentenciados a quatro anos de prisão. O advogado de Frye, James O'Shea, entrou com embargo pedindo um novo julgamento. Wood, no papel de advogado de Bowie, entrou com um pedido de apelação.[19] Em dezembro de 1921, McCoy deu provimento ao recurso para um novo julgamento por assalto tanto para Frye quanto para Bowie, aceitando que o júri não fora devidamente informado quanto à presunção de inocência. O novo julgamento, mais uma vez no tribunal de McCoy, rendeu o mesmo veredito e a mesma sentença.[20]

Frye disse a Lester Wood que sua confissão do assassinato fora mentira. Em 11 de março de 1922, ele se declarou inocente da acusação de homicídio.[21] Também trocou de advogado, colocando-se nas mãos de Wood e de outro aluno de Marston, Richard V. Mattingly. Mattingly, de 22 anos, tinha se formado na Faculdade de Direito de Georgetown, mas não conseguira emprego na área jurídica. Ele fazia aulas noturnas, tentando uma pós-graduação em diplomacia e jurisprudência; em horário comercial, trabalhava como vendedor.[22] Documentos de tribunal do caso Frye referem-se à firma "Mattingly & Wood", com escritório à F Street, nº 918; aparentemente, ela foi fundada apenas para atuar naquele caso. A forma como Mattingly e Wood lidaram com o caso Frye provavelmente fora fomentada por Marston. Supostamente, ele decidiu que James Frye poderia ser, para si, o que Harry Orchard fora para Hugo Münsterberg: uma chance de mudar a história da jurisprudência. Nem Marston, nem Wood, nem

Frye e Marston no *Washington Daily News*, 20 de julho de 1922

Mattingly chegaram a informar ao tribunal que Wood e Mattingly estavam matriculados na aula de Psicologia Jurídica de Marston.[23]

Em 3 de junho, Marston enviou a Wigmore as declarações que havia tomado de 18 alunos, como parte de seu estudo sobre o depoimento.[24] Uma semana depois, Mattingly e Wood levaram Marston à Penitenciária de Washington para conhecer Frye. Marston perguntou a Frye se ele aceitaria usar o detector de mentiras; o acusado aceitou.[25] O próprio Frye viria a descrever o que aconteceu a seguir: "Ele me fez diversas perguntas, nenhuma com relação ao caso, e de repente abordou várias questões que tratavam de cada detalhe do caso."[26] A matéria saiu no *Washington Daily News*; Marston enviou a Wigmore um recorte. Foi só quando Frye viu essa matéria no jornal que ficou sabendo que Marston acreditava que ele era inocente.[27] Ninguém se preocupara em lhe contar.

O julgamento de James Frye estava programado para 17 de julho, no tribunal de McCoy.[28] A acusação, representada pelo promotor assistente distrital Joseph H. Bilbrey, trouxe à tribuna os médicos que haviam examinado o corpo, os investigadores da polícia que haviam assistido à confissão de Frye e duas testemunhas que haviam deposto que viram Frye na casa de Brown na noite do assassinato.[29] Mattingly e Wood abriram sua defesa chamando um investigador da polícia que sugeriu que o acusado fora forçado a confessar.[30] Uma defesa decisiva teria sido um álibi. Mattingly e Wood, porém, fizeram um esforço mínimo para determinar o paradeiro de Frye na noite do homicídio. Ele disse que estivera na casa de uma mulher chamada Essie Watson, acompanhado de Marion Cox. Essie Watson estava doente e não pôde comparecer ao tribunal; Mattingly e Wood requisitaram um adiamento, mas McCoy negou o pedido.[31] Cox nunca chegou a depôr. (Frye disse posteriormente que ela se recusou.)[32] Em vez disso, Mattingly e Wood tentaram fundamentar que a confissão de Frye fora mentira e que, ao repudiá-la, o réu estava contando a verdade.[33] Esta linha de defesa exigia a introdução do depoimento de perito do professor William Moulton Marston. Para isso, Mattingly e Wood apresentaram ao juiz as publicações de Marston, incluindo sua dissertação de Harvard.[34]

No dia seguinte, no tribunal, a sala estava transbordando de gente, aguardando o depoimento de Marston.³⁵ Mattingly aproximou-se do juiz.

"Cheguei, meritíssimo — você não me chamou para depor?"
"Ug — ulp — ora — sim, sim!"

A Mulher-Maravilha tentando testemunhar em um tribunal. Tira de jornal da *Mulher-Maravilha* (março de 1945)

SR. MATTINGLY: Se o meritíssimo aceitar, neste momento pretendo oferecer como prova o depoimento do Dr. William M. Marston como especialista em falsidade.

TRIBUNAL: Depoimento sobre o quê?

SR. MATTINGLY: Depoimento quanto a verdade ou a falsidade de certas declarações do réu que foram feitas em determinado momento.

McCoy manteve o ceticismo. Marston, aguardando com seu aparato para medir pressão, estava impaciente. O promotor começou a falar.

SR. BILBREY: Meritíssimo, por favor...
TRIBUNAL: Não há necessidade de argumentar. Se o senhor se opõe, eu mantenho a objeção.
SR. BILBREY: Não tenho a intenção de me opor, mas creio que seja apropriado oferecer que o depoente seja conduzido ao banco, faça o juramento e seja submetido ao inquérito.

Não foi a acusação que se opôs às provas de Marston, foi o juiz. Os verdadeiros especialistas em decidir se um depoente falava ou não a verdade, como McCoy disse a Mattingly, eram os membros do júri: "É para isso que serve o júri."

Mattingly sugeriu que um especialista em falsidade era como qualquer outro perito. McCoy não queria saber: "Não aceitamos experimentalismos neste tribunal", declarou. Mattingly reiterou o pedido, tentando encontrar uma forma de convencer McCoy a qualificar Marston como depoente; o juiz negou cada um dos pedidos. Mattingly perguntou se um depoente da acusação, um policial chamado Jackson, poderia passar por um teste do detector de mentiras. Mais uma vez, o juiz negou o pedido.

"Veja bem, eu não sei nada sobre este teste", disse. "Ontem me foram entregues alguns documentos para analisar, de um certo Dr. Marston — creio que tenha sido a tese de quando concluiu seu doutorado. Vou lê-los quando voltar de minhas férias. No entanto, vejo neles o bastante para saber que a ciência ainda não desenvolveu a detecção de mentiras através da pressão arterial a ponto de ser instrumento utilizável num tribunal."

Mattingly fez pressão: "Meritíssimo, ao ver estes documentos, o senhor obviamente não presumiu que o Dr. Marston fosse a única autoridade no assunto?"

"Ah, não, é claro", disse McCoy. "Entendo que ele seja uma autoridade." Em relação ao teste no detector de mentiras: "Quando estiver desenvolvido tal qual a perfeição de um telefone, um telégrafo, um radiotelégrafo e outros aparelhos, vamos considerar o teste. Provavelmente já estarei morto e este será um incômodo de outro juiz, não meu."[36]

Assim, o esforço de Marston em introduzir o detector de mentiras em um tribunal chegou ao fim.[37] Não restou nada além dos argumentos de encerramento. O júri, após menos de uma hora de deliberação, considerou Frye culpado da pena menor de homicídio culposo. Mattingly declarou que ia recorrer, tendo como base que o depoimento de Marston não devia ter sido excluído.[38] Em 28 de julho, McCoy sentenciou Frye à prisão perpétua.[39]

Dois dias depois, Marston mandou uma carta a Wigmore: "Estou incluindo recortes que dizem respeito à nossa primeira tentativa de introdução de exames de falsidade no procedimento jurídico, que podem vir a lhe interessar. Obviamente, não esperávamos que um tribunal inferior fosse assumir a responsabilidade de aceitar esses exames, mas acreditávamos que era o momento propício de apresentar a argumentação para estabelecer um precedente na Suprema Corte."[40]

Marston decidiu oferecer uma nova disciplina, nas aulas de verão. Um informe saiu no *Washington Post*: "Prof. William M. Marston, Ph.D., L.L.B., dará curso de Filosofia do Direito na escola de verão da American University a partir desta semana."[41] Tanto Mattingly quanto Wood matricularam-se. Marston deu C aos dois.[42] O reitor concedeu estabilidade a Marston e designou-o diretor do Departamento de Psicologia, e a American University inaugurou, no nome dele, "o único laboratório de pesquisa psico-jurídica dos Estados Unidos".[43] E James Alphonso Frye, 22 anos, tomou o trem para a penitenciária de Leavenworth, Kansas.

FRYE'D

NA VIDA EXPERIMENTAL de William Moulton Marston, James A. Frye era o experimento de número seis. Marston apostou sua reputação acadêmica no caso Frye. Esperava que o recurso chegasse à Suprema Corte dos Estados Unidos e o tornasse mundialmente famoso.

O depoimento do recorrente, que tem grandes chances de ter sido escrito por Marston e não por Mattingly ou Wood, consistia quase por completo de uma defesa da obra de Marston: "A questão de um depoente depor ou não com a verdade ou com a falsidade é um tópico científico que requer o auxílio do estudo e da experiência do homem científico para determinar-se com precisão."[1] A acusação, em seu depoimento, defendeu que o caso como um todo resumia-se à credibilidade de Marston, a qual, na visão da acusação, não era grande coisa. Bilbrey e o procurador federal Peyton Gordon citaram um artigo científico escrito em 1922 pelo professor Zechariah Chafee, da Faculdade de Direito de Harvard, no qual o autor (sem dizer que Marston fora seu aluno) afirmava que a obra de Marston era totalmente inconclusiva e que exames de falsidade "não podem, de forma alguma, substituir em tribunais os métodos atuais de inquirição até que sua efetividade seja devidamente demonstrada".[2] Quanto a Marston, a acusação relatou ao tribunal: "Se ele pode ou não detectar falsidade é algo que, ao que parece, ninguém sabe, fora o próprio Dr. Marston."[3]

Em 3 de dezembro de 1923, o Tribunal de Apelação do Circuito da Capital negou o recurso. "É difícil definir o momento em que um princípio científico ou uma descoberta passa do estágio de experimental ao demonstrável", lia-se no parecer. "É em algum ponto desta zona crepuscular que se deve reconhecer a força probatória deste princípio, e embora os tribunais deem o devido mérito a admitir depoimentos de peritos deduzidos de um princípio ou uma descoberta científica devidamente reconhecidos, o objeto no qual esta dedução se baseia deve estar bem-estabelecido de forma a ter ganho aceitação geral na área a que pertence. Acreditamos que os exames de falsidade baseados em pressão arterial sistólica ainda não adquiriram a referida reputação ou o reconhecimento científico entre as autoridades da fisiologia e da psicologia de forma a justificar aos tribunais a admissão de depoimento de perito inferido a partir da sua descoberta, de seu desenvolvimento e dos experimentos realizados até o presente momento."[4]

O Estado contra Frye é um marco no direito probatório e um dos casos mais citados na história do direito norte-americano. O caso fundou o que se conhece por teste Frye, conforme o qual, para ser aceita como prova, uma nova modalidade de prova científica precisa ter adquirido aceitação geral. "Frye", assim como "Miranda",[5] possui a rara distinção de ter se tornado verbo. Ser "Frye'd" significa que o depoimento de seu perito foi considerado inadmissível.[6]

O julgamento em questão também é um dos maiores mistérios na história jurídica norte-americana. O parecer do tribunal de apelações, de apenas 641 palavras, não inclui uma referência sequer a jurisprudência ou precedente, tampouco referências a literatura científica.[7] No entanto, a decisão parece enigmática só porque os detalhes do caso em si estão esquecidos há muito tempo. É assim que funciona a jurisprudência. As pessoas que citam *Frye* não sabem e não estão nem aí para quem ele foi ou quem supostamente matou; tampouco querem saber de Marston. A jurisprudência acaba com o contexto e a ciência experimental repudia a tradição. A ascensão de ambas determinou uma ruptura na ideia de que a verdade pode ser apreendida a partir do estudo do passado. Porém, há um motivo para a decisão do tribunal ter sido rápida, e que tem a ver com um conjunto de fatos que só pode ser encontrado nos arquivos — nas gavetas de tranqueira da história.

Entre os diversos fatos relativos ao caso Frye que nunca foram descobertos por aqueles que o citaram ou estudaram estão três que dizem respeito ao homem que viria a criar a Mulher-Maravilha: primeiro, que os advogados de Frye eram alunos de Marston; segundo, que na época em que os advogados de Frye trabalhavam em sua defesa, também estavam envolvidos num experimento que tratava da confiabilidade de depoimentos, realizado com o acompanhamento do pesquisador do direito probatório mais importante do século XX, John Henry Wigmore; e, terceiro, que, em 6 de março de 1923, cinco dias depois de Mattingly e Wood entrarem com o recurso, o professor deles foi preso por fraude.[8]

Os problemas de Marston com a lei tiveram início com um processo registrado em janeiro de 1922 por Edward G. Fischer, seu ex-sócio na Marston, Forte & Fischer. Alegando quebra de contrato, Fischer processava Marston em 5 mil dólares. O caso arrastou-se até a primavera.[9] Enquanto isso, o Escritório de Engenharia Tait-Marston estava indo mal, no mínimo porque Marston abandonara a empresa quando se mudou para Washington. Contudo, foi a falência do terceiro negócio que fundara em 1920, a empresa de tecidos United Dress Goods, que o levou a ser preso.

Marston foi indiciado por um júri federal em Massachusetts em 1º de dezembro de 1922. Foi emitido um mandado para sua prisão. Em 19 de fevereiro de 1923, um delegado do Departamento de Justiça dos Estados Unidos informou que não conseguira encontrar Marston em Boston.[10] Um indiciamento sigiloso foi então transferido para Washington, onde Marston foi preso por agentes federais no dia 6 de março. Sua prisão foi notícia no *Boston Globe* — "Preso o inventor do detector de mentiras" — e no *Washington Post*. "Marston, inventor do detector de mentiras, é preso", dizia a manchete na capital, numa matéria que fazia questão de comentar o papel de Marston no caso Frye.[11] A ironia — perito em falsidade preso por mentir — não passou despercebida.

Marston foi acusado de dois crimes: usar os serviços postais em esquema de fraude e cumplicidade ou instigação na ocultação de bens do fideicomissário no processo de falência da United Dress Goods. O júri federal acusava Marston de ter feito pedidos de grandes quantidades de tecido a empresas de Nova York e, nesta correspondência, havia cometido "farsa e fraude" em relação à situação financeira da empresa.[12] A United Dress Goods declarou falência em janeiro de 1922; Marston foi acusado de esconder, de forma consciente e fraudulenta, 2.400 dólares do fideicomissário da firma (quantia praticamente igual ao seu salário anual de professor).[13]

Após sua prisão, Marston foi conduzido a Boston. Sua fiança era de 2.600 dólares, os quais ele pagou. Ele foi chamado a juízo em 16 de março de 1923.[14] Declarou-se inocente, insistindo que não tinha conhecimento das transações de que era acusado.[15] Em 17 de março, sua intimação foi pauta de jornais de Boston, Washington e Nova York ("Inventor do 'detector de mentiras' chamado a depor"). Segundo um jornalista, Marston dizia que a "repercussão o estava arruinando".[16] Para se defender das acusações, ele contratou um amigo da faculdade de direito, Richard Hale, fundador do escritório Hale e Dorr, de Boston, cuja sala ficava no mesmo prédio em que funcionara a Marston, Forte & Fischer, na State Street, nº 60.[17]

À época de sua prisão, em março de 1923, Marston estava lecionando uma grande quantidade de disciplinas — incluindo Psico--Fisiologia, Psicologia Teórica Avançada e um curso aplicado chamado Laboratório Psicojurídico.[18] Não se sabe se ele concluiu o semestre, mas, de qualquer forma, Marston foi demitido.

"Arrum! Embora seja extremamente incomum — hã — gostaria de saber suas — hã — conclusões!"
"Vou *demonstrá-las*, meritíssimo..."
"Entendo que você — hã — inquiriu a ré com seu — hã — notável laço de amazona..."
"Sim, eu perguntei a Priscilla se ela é a Mulher-Leopardo."

Tira de jornal da *Mulher-Maravilha* (março de 1945)

Suas prisão e intimação saíram nos jornais de Washington no mês que Mattingly e Wood entraram com seu recurso. A repercussão só podia prejudicar a causa dos dois. No verão e no outono de 1923, Mattingly e Wood pediram mais tempo para preparar seu depoimento extra, "Memorando de histórico científico e autoridade do teste por meio da pressão arterial sistólica para falsidade". (Marston enviou uma carta a Wigmore, pedindo ajuda para preparar a apelação de Frye, mas Wigmore provou-se inacessível.)[19] O propósito principal deste segundo testemunho, o depoimento científico, era diminuir o papel de Marston em determinar a detecção de falsidade, situando-o como apenas mais um entre um grande número de cientistas que trabalhavam nessa área.[20] Entende-se que foi uma tentativa dos advogados de Frye de distanciar a credibilidade dos exames de falsidade da credibilidade de sua perícia. Não deu certo. O Tribunal de Apelações do Circuito da Capital emitiu sua decisão em *O Estado contra Frye* em 3 de dezembro de 1923:

"Protesto!"
"Concedi..."
"Você é *a Mulher-Leopardo*?"
"Sou obrigada a dizer a verdade — eu não sei — não lembro de *nada*!"

"Embora os tribunais façam o que lhes é possível para admitir depoimentos de peritos deduzidos de um princípio ou descoberta científica devidamente reconhecidos, o objeto no qual essa dedução se baseia deve estar bem-estabelecido de forma a ter ganho aceitação geral na área a que pertence." O parecer foi curto e enigmático, pois não se precisava dizer muito: o depoente principal do apelante — o perito a partir de cujo depoimento o caso dera uma guinada — estava sob acusação de fraude em júri federal.

"Sua colaboração foi — arrunf — inestimável, *Mulher-Maravilha*! Eu — hã — apreciaria se pudesse — hã — me ajudar mais..."
"Chame quando quiser!"

Em 31 de dezembro de 1923, Marston enviou a Wigmore "Estudos sobre o depoimento", seu relatório sobre o experimento com testemunhos que ele realizara em sua disciplina de Psicologia Jurídica, sem fazer menção aos seus apuros jurídicos. Wigmore elogiou o artigo, dizendo que "este se destacava por grande apuro e cautela científicos" e recomendou sua publicação. Quanto ao veredito de Frye, Marston fingia não ter interesse. "Creio que tenha sido confirmado no Tribunal Municipal de Apelação, embora eu não tenha visto a decisão", escreveu, de maneira um tanto obscura, a Wigmore. "Como advogado, evidentemente, esperava este resultado, mas queria apresentá-lo perante a Suprema Corte dos Estados Unidos na devida forma."[21]

Richard Hale teve êxito em defender Marston contra as acusações de um júri federal. "Convenci as autoridades dos Estados Unidos de que eles não tinham nada para manter o processo contra Marston", Hale escreveu ao presidente da American University depois que Marston foi demitido. Quanto às acusações, "investiguei todas por completo e estou convencido de que não havia rastro de crime".[22]

Embora o caso nunca tenha ido a julgamento, o escândalo custou a Marston a coordenação do Departamento de Psicologia da American University, a diretoria do único laboratório de pesquisa psicojurídica nos Estados Unidos e sua cadeira no magistério. As acusações foram retiradas em 4 de janeiro de 1924.[23] "Estudos sobre o depoimento" saiu no *Journal of Criminal Law and Criminology* em maio.[24]

Em junho, Mattingly e Wood foram aceitos para advogar no foro da Suprema Corte. Não parece, porém, que eles tenham levado o apelo até a Suprema Corte; se o fizeram, ela se recusou a ouvir o caso.[25] Depois de *Frye*, Marston desistiu do estudo do direito — o que possibilitou que ele, um dia, viesse a criar a Mulher-Maravilha.[26]

Foi só em 1945, em uma tira de jornal da Mulher-Maravilha, que Marston finalmente vingou-se do juiz Walter McCoy do Tribunal de Apelações do Circuito da Capital. Um certo Juiz Cordial, calvo e desajeitado, convoca a Mulher-Maravilha ao banco das testemunhas em um caso em que Priscilla Rich é julgada por crimes cometidos pela vilã Mulher-Leopardo (a outra metade da dupla personalidade de Priscilla). Em vez de tratar o depoimento da Mulher-Maravilha — e seu detector de mentiras — como inadmissível, o Juiz Cordial a recebe muito bem.

"Entendo que você — hã — inquiriu a ré com seu — hã — notável laço de amazona", diz o juiz à Mulher-Maravilha.

"Sim, eu perguntei a Priscilla se ela é a Mulher-Leopardo."

"Arrum! Embora seja extremamente incomum — hã — gostaria de saber suas — hã — conclusões!"

"Vou *demonstrá-las*, juiz", propõe a Mulher-Maravilha, e então enlaça Priscilla para arrastá-la à cadeira do depoente.

"Protesto!", grita o advogado de acusação.

"Concedi...", o juiz começa a dizer, mas é interrompido pela Mulher-Maravilha, que, ignorando o agravo, interroga Priscilla Rich. A moça, contida no laço, é obrigada a falar a verdade e nada além dela. No final do julgamento, o juiz cumprimenta a Mulher-Maravilha."Sua colaboração foi — arrunf — inestimável, Mulher-Maravilha! Eu — hã — apreciaria se pudesse — hã — me ajudar mais..."

"Chame quando quiser!", diz a Mulher-Maravilha. E dá seu sorrisinho maroto.[27]

★ PARTE DOIS ★

O CÍRCULO FAMILIAR

De "A terra dos desadultos", *Sensation Comics* nº 31 (julho de 1944)

HERLAND

OLIVE BYRNE, o bebê que foi jogado porta afora, nasceu em fevereiro de 1904 nos fundos de uma casa de quatro quartos em Corning, Nova York, a cidade do vidro. Seu parto foi realizado pela irmã mais velha da mãe, uma enfermeira de 24 anos. Sua tia chamava-se Margaret Sanger.[1]

O bebê berrava e se debatia. A mãe, Ethel, não conseguia fazê-lo parar de chorar. O pai, Jack, estava no saloon de Jimmy Webb, no fim da rua. Voltou para casa bêbado e aos berros, batendo a neve das botas. Abriu a porta dos fundos e jogou o bebê em um monte de neve. Sanger saiu correndo, tirou Olive de lá e trouxe-a para dentro. Jack Byrne voltou para o Jimmy Webb. Ficou dois dias no local.[2]

Ethel Byrne e Margaret Sanger eram as filhas mais novas de Michael Hennessey Higgins, que havia nascido na Irlanda e, em Corning, trabalhava como entalhador de lápides — embora

Margaret (à esquerda) e Ethel Higgins nos anos 1880

passasse a maior parte do tempo furioso, bebendo e reclamando. Tinha temperamento tão esquentado quanto os fornos da Vidraçaria Corning. Ele e Annie, a esposa, tiveram 11 filhos. Margaret, com apenas 8 anos, fez o parto da mais nova. Anne Higgins morreu aos 49 anos de tuberculose, mas Margaret e Ethel sabiam que, na verdade, ela tinha morrido de maternidade: engravidara 18 vezes em 22 anos.

Os filhos Higgins foram trabalhar com vidro. Mary, a filha mais velha, foi trabalhar de doméstica na casa de uma família de sobrenome Abbott, para cuidar de uma menininha chamada Olive, motivo pelo qual Mary Olive Abbott Byrne ganhou esse nome comprido. (Ela o odiava. "Preferia ter sido Dorothy", disse.)[3] Anna, a segunda mais velha dos Higgins, foi para Nova York ganhar dinheiro para poder mandar Margaret para o internato, pois a menina era inteligente e queria ser médica. Ethel, que tinha olhos castanhos, cabelo castanho-avermelhado e toda a fúria do pai, era ainda mais inteligente que Margaret. ("Ela era a intelectual", viria a repetir uma das netas de Margaret Sanger.)[4] Não havia dinheiro sobrando para Ethel ir com Margaret Sanger para o internato, então ela foi para a Academia Livre de Corning, onde conheceu Jack Byrne e engravidou. Em 1901, quando ele tinha 19 anos e ela, 18, fugiram para se casar.[5]

Margaret Higgins nunca se tornou médica. Em vez disso, fez curso de enfermagem e se casou com um arquiteto chamado William Sanger. Ela fez o parto do primeiro filho de Ethel, Jack, em 1902. (Ethel fazia os partos de Margaret e vice-versa.) Em fevereiro de 1904, quando Olive Byrne nasceu, Margaret Sanger teve seu primeiro filho. Ela também teve tuberculose.[6]

A única coisa que aquietava a pequena Olive Byrne era uma beberagem chamada Xarope Calmante da Sra. Winslow — ela caía dura (pois o xarope continha morfina). Uma vez, Ethel deu tanto xarope para Olive que ela dormiu por dois dias seguidos; precisaram chamar um médico para acordá-la. Passado um tempo, Ethel Byrne decidiu que só lhe restava ir embora. Quando o irmão de Olive tinha 3 anos e Olive, 2, Ethel levou-a até a casa dos pais do marido, na mesma rua, a East Tioga Avenue, nº 310, deixou-os ali e sumiu.

"Por quatro anos, foi a última vez que alguém em Corning a viu", disse Olive. Os avós de Olive deixaram-na no berço em um quarto do andar de cima. "Acho que passei bastante tempo naquele berço", disse ela.

Ethel Byrne carregou sua mala até a ferroviária e comprou uma passagem só de ida para Nova York. Estudou enfermagem no hospital Mount Sinai. Mulheres casadas não podiam fazer curso de enfermagem; ela mentiu e disse que era solteira.

Os avós de Olive adotaram ela e o irmão. A avó disse a ela que sua mãe havia morrido.[7] Estava mentindo. Mais tarde, Ethel viria a dizer a Olive que havia tentado recuperar os filhos.[8] Era mentira. "Para irlandeses, mentir é uma coisa fácil", repetia Olive Byrne.[9]

Olive Byrne em 1906

"Ó, Senhor, não sou digna de vires a mim", cantava Olive Byrne aos 5 anos, na igreja, e cantava com veemência. Tinha cabelos lisos, bem pretos, olhos azuis, pele clara e sardas. Roía as unhas até sangrar. Brincava com bonecas de papel; adorava fazer famílias inteiras de papel, um tecido de ficções. Quando tinha 6 anos, sua mãe foi visitá-la — para Olive, foi como se ela tivesse saído do túmulo — e a abraçou com tanta força que o broche de seu vestido deixou um arranhão na bochecha da filha. Depois disso, tudo que Olive conseguiu lembrar da mãe foi o arranhão.[10]

O pai de Olive Byrne faleceu em 1913; avô e avó morreram no ano seguinte. Olive e o irmão, de 10 e 12 anos, foram embrulhados e despachados para dois orfanatos católicos: um de meninos e outro de meninas.

À época, Ethel Byrne estava morando no Greenwich Village com Robert Allerton Parker, crítico de teatro, num apartamento de segundo andar numa *brownstone* da West 14th Street, nº 246. Margaret Sanger

A cartunista feminista Lou Rogers, aproximadamente 1910

às vezes ia passar um tempo lá. Sanger tinha três filhos e seu casamento estava ruindo.[11]

Ethel Byrne e Margaret Sanger acreditavam no amor livre, no socialismo e no feminismo.[12] Trabalhavam para o Comitê Feminino do Partido Socialista, para o sindicato Industrial Workers of the World e para a *Masses,* uma revista socialista. Afiliaram-se ao Clube Liberal, "O ponto de encontro para quem se interessa por novas ideias", e foram a reuniões do Heterodoxy, um clube exclusivo para mulheres que organizava encontros sobre temas como "O que o feminismo significa para mim".[13] (Os dois clubes foram fundados em 1912.) Conheciam Upton Sinclair, Emma Goldman, John Reed e Crystal Eastman, assim como o irmão desta, Max.[14] Viviam em um mundo de amor livre, heterodoxia e amazonas, quebrando correntes.

Max Eastman editava a *Masses*, John Reed era jornalista na redação. Max Eastman também era secretário da Liga Masculina Nova-Iorquina pelo Sufrágio Feminino, e foi John Reed quem, quando formando em Harvard em 1910, um ano antes de William Moulton Marston se matricular, ajudara a fundar a Liga Masculina de Harvard pelo Sufrágio Feminino, com apoio de George Herbert Palmer. Crystal Eastman auxiliou na fundação da União Congressional pelo Sufrágio Feminino em 1913 e o Partido Feminino da Paz em 1914. Ela também fazia parte do clube Heterodoxy. Queria saber "como arrumar o mundo de forma que mulheres pudessem ser seres humanos, com a chance de exercitar seus infinitos dons de infinitas maneiras, em vez de o acidente de seu sexo as destinar a uma só arena: as tarefas de casa e a criação dos filhos".[15]

Annie Lucasta Rogers, outra integrante do clube Heterodoxy, era uma cartunista feminista cuja forma de representar a luta pelos direitos das mulheres teve grande influência na Mulher-Maravilha. Nascida no Maine em 1879, ela foi a Nova York para desenhar charges. Conseguiu publicar o primeiro cartum ao apresentá-lo ao *New York Call*, um periódico socialista. Também foi falar com um editor do grupo Hearst, que disse a ela que os jornais "não tinham vagas para mulheres nesta função em particular e praticamente em nenhuma outra". Depois de ouvir isso, ela começou a enviar seu trabalho pelo correio com a assinatura "Lou Rogers".[16]

Os cartuns de Rogers saíam por todos os lugares, desde o *Call* até o *New York Tribune* e o *Ladies' Home Journal*. Ela era especializada em publicações sufragistas, como a *Woman Citizen* e a *Suffragist*. O *Woman's Journal* a chamava de "única artista mulher que dedica todo o seu tempo ao feminismo". "Na tentativa de interpretar o movimento feminista", ela

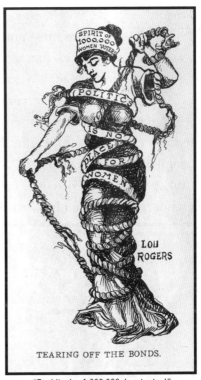

"Espírito das 1.000.000 de votantes!"
"Política não é coisa de mulher"
"Rasgando as amarras"

Lou Roger, *Rasgando as amarras*, desenho à caneta e nanquim para a *Judge*, 19 de outubro de 1912

disse à *Cartoons Magazine* em 1913, "acredito que o cartum deveria despertar homens e mulheres a perceber que os ideais do movimento fazem parte do progresso humano". Quando o *New York Evening Post* publicou uma edição especial dedicada ao sufrágio, Rogers fez os cartuns (o *Post* a chamou de "única mulher cartunista"). Em 1914, quando a Associação Nova-Iorquina do Sufrágio Feminino ofereceu um prêmio de cinquenta dólares pelo melhor *scenario* sobre o movimento sufragista, em um concurso muito similar ao que Marston ganharia no ano seguinte por *Jack*

Kennard, covarde, Rogers esteve no júri da premiação junto a Charlotte Perkins Gilman, outra integrante do Heterodoxy. No mesmo ano, começou um "serviço de cartuns do sufrágio", cobrando cinco dólares por cartuns de quatro quadros a uma agência que incluía a *Harper's Weekly* e a *Judge*, revista de humor para a qual desenhava desde 1908. Quando o Heterodoxy organizou um enorme debate sobre tópicos como "O direito de trabalhar", "O direito da mãe a ter uma profissão", "O direito feminino a ter suas convicções", "O direito da mulher a ter seu nome", o título para o encontro veio de um cartum de Rogers no qual uma mulher, usando apenas os punhos, faz buracos com as legendas "Educação" e "Sufrágio" em uma parede de tijolos: chamava-se "Arrombando a raça humana".[17]

Rogers também era desenhista na equipe da elegante revista de humor *Judge*, na qual ilustrava uma página chamada "A mulher moderna", que saiu de 1912 a 1917. Os cartuns de Rogers muitas vezes traziam uma mulher alegórica, acorrentada ou amarrada, rompendo suas amarras. Às vezes, ela era substituída por outro desenhista da equipe da *Judge*, chamado Harry G. Peter. Ele seria o artista que, um dia, desenharia a Mulher-Maravilha.

"Preconceito"
"Pudor"
"Superioridade masculina"

Harry G. Peter, desenho à caneta e nanquim. De "Why 100,000 Americans Read Comics", de Marston, *American Scholar* nº 13 (1943-44)

A Mulher-Maravilha nasceu na boemia. Nos anos 1910, quando Ethel Byrne e Margaret Sanger moravam no Greenwich Village, as amazonas estavam em todo lugar. Em 1913, Max Eastman publicou um livro de poesia chamado *Child of the Amazons and Other Poems* [O filho das amazonas e outros poemas, em tradução livre]. No poema que dava título ao livro, uma garota amazona diz à rainha das amazonas que ela se apaixonou por um homem. Casar e ter filhos com ele, contudo, ia contra a lei amazona: "Amazona alguma será mãe / Até que realizes tais feitos, e provoque / Tal impacto sobre o mundo vigoroso / Que possas vislumbrá-lo e chamá-lo teu." Assim ela decide, por fim, que não pode dar sequência ao amor até a "era distante em que homens cessem / Sua tirania" e que "Amazonas revoltem-se".[18] No ano seguinte, Inez Haynes Gillmore, que ajudara Maud Wook Park a fundar a Liga Universitária Nacional pelo Sufrágio Igualitário e que também era integrante do Heterodoxy, publicou um livro chamado *Angel Island* [Ilha dos anjos, em tradução livre]. A trama envolve cinco homens dos Estados Unidos que naufragam em uma ilha deserta. Eles descobrem que o local é habitado por mulheres com asas "sobrenaturalmente lindas", "corpos à beira do tamanho heroico, seios fartos, cintura ampla, membros compridos; de braços roliços como de mulher e fortes como de homem". Eles, tomados de desejo, capturam

As amazonas no livro *Angel Island*, de 1914, de Inez Haynes Gillmore.

as mulheres, amarram-nas e cortam suas asas, deixando-as totalmente indefesas porque, embora tenham pés, nunca os haviam utilizado e não sabiam caminhar. Em algum momento, a mais forte entre elas acaba comandando as outras à revolução: ela aprende a caminhar "com o porte esplêndido e confiante de uma amazona".[19]

A história de origem da Mulher-Maravilha, na qual o capitão Steve Trevor cai de avião na Ilha Paraíso, e Diana, a princesa das amazonas, apaixona-se por ele — um laço que tanto desafia a lei de seu povo quanto ameaça sua independência —, saiu direto do poema de Eastman e do livro de Gillmore. Mas não era só "Child of the Amazons" e *Angel Island*: nos anos 1910, este enredo já era um clichê feminista. Em 1915, Charlotte Perkins Gilman, do Heterodoxy, publicara *Herland* [Terradela, em tradução livre], romance utópico no qual as mulheres vivem totalmente livres dos homens e geram apenas filhas por meio da partenogênese. (Na Ilha Paraíso, a rainha Hipólita molda sua filha no barro.) Na ficção feminista pré-guerra, do início do século XX, as mulheres dominam o mundo com paz e igualdade até que os homens chegam e ameaçam trazer a guerra e a desigualdade. Em *Angel Island* e *Herland*, homens têm que aprender que, se quiserem viver com mulheres — se quiserem casar e ter filhos com elas — só o poderão fazer em termos de igualdade. E, para que isso aconteça, tem que haver uma maneira dos homens e das mulheres fazerem sexo, mas sem que a mulher fique grávida o tempo todo. As mulheres na utopia de Gilman praticam o que à época era chamado de "maternidade voluntária", tema do qual ela trata com certa afetação. "Pois vejam que eram Mães, não no sentido da fecundidade indefesa e involuntária, com a obrigação de povoar e lotar a Terra, toda a Terra, para depois ver os filhos sofrerem, pecarem e morrerem em lutas terríveis entre si", escreveu Gilman, "mas no sentido de Fabricantes Conscientes de Gente".[20]

Margaret Sanger, que tirou Olive Byrne do banco de neve, também achava que as mulheres deveriam ser fabricantes conscientes de gente. Porém, tinha outro nome para essa coisa.[21] Chamava-a de controle de natalidade.

A MULHER REBELDE

EM 1912, quando Olive Byrne tinha 8 anos, Margaret Sanger escreveu uma série em 12 capítulos para o *New York Call*, o jornal socialista que publicava cartuns de Lou Rogers. A série chamava-se "O que toda menina deveria saber". Tratava, sem papas na língua, de temas como atração sexual, masturbação, coito, doenças venéreas, gravidez e parto. Os correios dos Estados Unidos proibiram o Capítulo 12, "Consequências da ignorância e do silêncio", taxando a autora de obscena. No lugar, o *Call* publicou um comunicado: "'O que toda menina deveria saber': NADA!"[1]

Sanger não seria silenciada tão facilmente. Em 1914, com a ajuda de Ethel Byrne, ela começou a publicar *Woman Rebel* [Mulher rebelde, em tradução livre], revista feminista com oito páginas por edição, na qual cunhou o termo "controle de natalidade". (Tentou o apoio do clube Heterodoxy para financiar a publicação, mas levou um não; então, foi buscar o dinheiro em assinaturas antecipadas.)[2] Sua primeira edição trazia um manifesto chamado "Por que a mulher se rebela?":

> Porque acredito que na profundeza da índole feminina dorme o espírito da revolta.

> Porque acredito que a mulher é escravizada pela máquina-mundo, pelas convenções sexuais, pela maternidade e pela criação necessária e ativa dos filhos, pelo salário-escravo, pelo moralismo da classe média, pelos costumes, pelas leis e pelas superstições.
>
> Porque acredito que a liberdade feminina depende de despertar, dentro dela, o espírito da revolta contra tudo que a escraviza.
>
> Porque acredito que aquilo que escraviza a mulher deve ser combatido aberta, destemida e conscientemente.[3]

Em *Woman Rebel*, Sanger prometeu revelar as amarras da escravidão da maternidade e explicar o controle de natalidade, questionando: "Existe algum motivo para a mulher não ter conhecimento científico, salutar e inofensivo, sobre como prevenir a concepção?" Seis das sete edições da revista foram taxadas de obscenas e acabaram sendo apreendidas.[4] Sanger foi processada. John Reed levantou fundos para sua defesa, mas ela fugiu do país, deixando os filhos, dois meninos e uma menina, com Ethel Byrne.[5]

Na Inglaterra, Sanger reuniu informações sobre contracepção. Também conheceu Havelock Ellis, médico, psicólogo e teórico do sexo. Ellis exaltava a franqueza sexual, a expressão sexual e a diversidade sexual. Seu livro de 1897 *Sexual Inversion* [Inversão sexual, em tradução livre], que fora proibido, via a homossexualidade com simpatia, assim como faziam seus seis volumes de *Studies in the Psychology of Sex* [Estudos sobre a psicologia do sexo, em tradução livre]. Para desacreditar a ideia de que as mulheres não tinham ardor, Ellis discutia que a evolução do casamento como instituição resultara na proibição do prazer sexual feminino, que era taxado de devasso e anormal. Ellis insistia no que chamava de "direitos eróticos das mulheres" e criticava homens heterossexuais que, "sem conseguir ver nas mulheres exatamente a mesma variedade de emoções sexuais que encontram em si [...] concluíram que nelas estas emoções não existem". A igualdade erótica, insistia Ellis, tinha tanta importância quanto a igualdade política, mesmo que fosse mais difícil de se alcançar: "O direito à alegria não pode ser reivindicado da mesma forma que se reivindica o direito de depositar uma cédula eleitoral na urna", ele escreveu. "Por isso que os direitos eróticos da mulher foram os últimos a serem obtidos."[6]

No dia em que Sanger conheceu Ellis, ela escreveu no diário: "Conto este como um dia glorioso em que pude dialogar com o homem que fez mais que qualquer outro neste século para dar às mulheres e aos homens uma compreensão clara e sã de suas vidas sexuais e de toda a vida." Sanger e Ellis viraram amigos; depois, amantes.[7]

A seguir, Sanger escreveu um panfleto de 15 páginas chamado *Family Limitation* [Limitação familiar, em tradução livre], no qual dava instruções francas sobre como usar os melhores métodos que descobrira na Europa. "Parece inartístico e sórdido inserir um pessário ou uma pastilha quando há a expectativa de um ato sexual", dizia ela às leitoras. "Mas é ainda mais sórdido se ver, anos depois, com o fardo de meia dúzia de crianças indesejadas, indefesas, esfomeadas, mal vestidas, puxando sua saia, e você como uma sombra da mulher que já foi." *Family Limitation* tinha uma etiqueta que dizia "para circulação particular" e era distribuído nas ruas.[8] O que também era ilegal.

Em setembro de 1915, enquanto William Moulton Marston casava-se com Sadie Elizabeth Holloway em Massachusetts, o marido de Margaret Sanger, William Sanger, era julgado e condenado por distribuir *Family Limitation* em Nova York. "Seu crime não vai apenas contra as leis do homem, mas também contra a lei de Deus", o juiz lhe disse. "Se houvesse pessoas que saíssem por aí incitando cristãs a ter filhos, em vez de perder tempo com o sufrágio feminino, esta cidade e esta sociedade estariam bem melhores."[9]

Um mês após o julgamento do marido, Margaret Sanger voltou aos Estados Unidos para ficar com a filha, Peggy, que havia contraído pneumonia e estava sob os cuidados de Ethel Byrne no hospital Mount Sinai.

"Quero abraço da tia Ethel, não seu", disse Peggy assim que viu a mãe.[10] A menina acabou morrendo. Sanger ficou arrasada.

Em janeiro de 1916, quando Olive Byrne tinha 11 anos e morava num colégio de freiras, Margaret Sanger compareceu a um tribunal federal de Nova York para ouvir as acusações contra ela por *Woman Rebel*. Os apelos em sua defesa haviam sido enviados ao presidente Wilson, advogando a causa: "Enquanto os homens encaram o sol com todo o orgulho, vangloriando-se de terem extirpado a perversidade da escravidão, quais correntes de escravo são, foram ou poderiam vir a ser horrores tão íntimos quanto os grilhões em cada membro — em cada pensamento — na própria alma da mulher que fica grávida sem assim o desejar?"[11] Sanger recusou ser representada por um advogado e insistiu em se defender sozinha. Em fevereiro, porém, as acusações contra ela foram retiradas — o tribunal acreditava que contribuiria para a causa processar uma mulher de luto pela morte da filha de 5 anos.[12] Sanger, frustrada por não ter seu dia no tribunal, determinou-se a ser presa outra vez.

Em outubro de 1916, Margaret Sanger e Ethel Byrne alugaram uma loja no Brooklyn e distribuíram folhetos em inglês, italiano e iídiche:

MÃES!
Vocês têm como sustentar uma família grande?
Querem ter mais filhos?
Se não, por que os têm?
NÃO MATE, NÃO TIRE A VIDA, MAS PREVINA-SE
Venha obter informações seguras e inofensivas
com enfermeiras formadas na
AMBOY STREET, nº 46

Mães empurrando carrinhos de bebê e agarradas às mãos de criancinhas faziam fila de dobrar a esquina. Pagavam dez centavos para se inscrever. Sanger ou Byrne reuniam-se com sete ou oito por vez para mostrar como se usavam pessários e preservativos. Nove dias após abrirem a clínica, uma policial à paisana fingindo-se mãe de dois filhos veio e se encontrou com Ethel Byrne para discutir contracepção. No

Margaret Sanger (vestindo o casaco com gola de peles) e Ethel Byrne (à direita da mulher com o bebê no colo) saindo da clínica de controle de natalidade do Brooklyn em 1916

dia seguinte, Byrne e Sanger foram presas. As irmãs foram acusadas de infringir uma seção do Código Penal do Estado de Nova York, segundo a qual era ilegal distribuir "qualquer receita, droga ou remédio para prevenção da natalidade".[13]

Byrne foi julgada primeiro, a partir de 4 de janeiro de 1917. Seu advogado argumentou que o código penal era inconstitucional, insistindo que ele ia contra o direito da mulher de "busca pela felicidade". A defesa não se convenceu. Byrne foi considerada culpada em 8 de janeiro.[14]

No noticiário nacional, o julgamento e a prisão de Byrne tolheram a atenção que se dava ao movimento sufragista. Em 10 de janeiro, Alice Paul e o Partido Nacional da Mulher começaram sua vigília pelo sufrágio em frente à Casa Branca, carregando placas que diziam: "SR. PRESIDENTE, ATÉ QUANDO AS MULHERES TERÃO QUE AGUARDAR PELA LIBERDADE?"[15] Isso era dramático, mas não tão dramático quanto o que estava acontecendo a Ethel Byrne em Nova York.

Margaret Sanger (à esquerda) e Ethel Byrne no tribunal em 1917

Em 22 de janeiro, em Nova York, Byrne tirou duas horas de folga de seu emprego no hospital para participar de uma audiência. Sua sentença foi de trinta dias na Ilha Blackwell. "As crianças com sarampo que a Sra. Ethel Byrne vinha tratando terão que achar outra enfermeira", informou o *New York Tribune*. Nada se disse, em qualquer momento da cobertura do caso Byrne, sobre seus dois filhos; parece que os jornalistas não sabiam da existência deles.

"Vou começar uma greve de fome agora mesmo", Ethel Byrne proclamou no tribunal. "Podem me levar para a casa de correção, mas não podem me fazer comer, beber ou trabalhar enquanto eu estiver lá."[16]

A inspiração de Byrne foi Emmeline Pankhurst.[17] O neto de Byrne acredita que sua vó, assim como Alice Paul e Lucy Burns, passou algum tempo na Inglaterra antes de 1916, trabalhando para a União Social e Política das Mulheres de Pankhurst, cujas integrantes, quando presas, faziam greve de fome. Fotografias de mulheres sendo alimentadas à força — com aparatos de metal que forçavam suas bocas a ficarem abertas — serviram a favor da causa. Foi por esse motivo que, no outono de 1911, a Harvard Corporation recusou-se a deixar Pankhurst palestrar em seu campus, e também foi o motivo pelo qual, no inverno de 1917, a decisão de Byrne de seguir a deixa de Pankhurst fixou a atenção do país, mesmo enquanto sufragistas faziam piquete em frente à Casa Branca noite e dia. O *New York Times* publicou matérias sobre Byrne na primeira página por quatro dias seguidos.[18]

No furgão policial, a caminho da ilha Blackwell, Byrne ensinou às outras mulheres como usar contraceptivos. No segundo dia da greve de fome, ela foi conduzida de novo ao tribunal federal. Seu advogado tentou garantir sua liberação com um mandado de *habeas corpus,* mas não obteve êxito. Byrne caiu no chão durante a audiência e por isso foi necessário que passasse a noite em uma prisão chamada Tombs [Tumbas]. De volta à ilha Blackwell, ela emitiu uma declaração através de seu advogado, direto da cela 139.

"Não comerei nada até ser solta", disse ela. "Não faz diferença se eu vou ou não passar fome, desde que meu estado chame atenção às leis arcaicas que nos impedem de contar a verdade sobre os fatos da vida. A luta vai continuar." (O pior, ela disse posteriormente, foi ficar sem água: "À noite, a mulher cuja função era ficar passando pelos corredores para dar um gole às mulheres, caso elas quisessem, parava em frente à minha cela e berrava: 'Água! Água' até eu quase não aguentar mais.")[19]

Cada vez mais frágil, Byrne foi transferida para o hospital da prisão. Comparou sua sina à das mulheres que morrem durante o aborto. "Como informa a Secretaria de Saúde, há 8 mil mortes por ano no estado devido a cirurgias ilegais em mulheres; uma a mais não vai fazer diferença", disse. Suas apoiadoras compararam o esforço dela à luta pelo sufrágio, considerando a luta pelo direito contraceptivo mais urgente: "Nenhuma quantidade de votos para as mulheres vai resolver este problema tão antigo."[20]

No Carnegie Hall, palestrando em um comício em reconhecimento a Byrne — com participação de mais de 3 mil apoiadoras — Sanger disse: "Não venho do poste de Salem onde as mulheres eram condenadas por blasfêmia, mas da sombra da ilha Blackwell, onde as mulheres são torturadas por obscenidade." Após cinco dias sem comer nem beber nada, Byrne não conseguia sair da cama. Os jornais relatavam seus sinais vitais diariamente. O advogado disse que ela estava em risco iminente de entrar em coma. Sanger, que não tinha direito de visitá-la, disse que a irmã estava à beira da morte. "Não a aconselhei a fazer esta greve de fome, mas com certeza não diria para encerrá-la neste momento", ela falou aos jornalistas. Um editorial do *New York Tribune* implorou ao governador para emitir um perdão, ameaçando-o com o julgamento da história: "Será difícil convencer a juventude de 1967 de que, em 1917, uma mulher foi presa por fazer o que fez a Sra. Byrne."[21]

No sexto dia da greve de fome de Byrne, Sanger foi a Rochester, pretensamente para palestrar na Liga pelo Controle de Natalidade local. (Enquanto Sanger estava em Rochester, a Liga pelo Controle de Natalidade enviou um abaixo-assinado ao governador, em Albany, pedindo a ele para impedir "a perseguição continuada das nobres mulheres que lideram o movimento pelo controle da natalidade".) Na verdade, porém, ela fora a Rochester para ver Olive Byrne, que tinha 12 anos e morava num colégio de freiras chamado Nazareth Academy. Em Rochester, Sanger, pensando que poderia auxiliar a causa, revelou pela primeira vez à imprensa que sua irmã tinha dois filhos. Sanger disse aos jornalistas que Byrne estava se preparando para levar os filhos para Nova York a fim de morarem com ela, e finalmente conseguira aprontar um apartamento para eles, mas que o plano deslindara devido à sua prisão. (Nada disso era verdade.) Então, ela disse que havia ido a Rochester para dizer a Olive o que acontecera com sua mãe. "A irmã da Sra. Byrne explicou que ela achava que os filhos deviam saber mais da mãe e compreender sua motivação", relatou um jornal.[22] Esta parte, ao menos, era verdade.

"Há uma mulher aqui que diz que é sua tia e quer vê-la", disse a madre superiora da Nazareth Academy a Olive Byrne, quando mandou buscá-la. "Você não precisa vê-la, se não quiser."

"Ah, eu não me importo", disse Olive, tentando conter o entusiasmo. Ela nunca havia recebido visitas.

De início as freiras se recusaram a deixar Sanger passar do portão. Ela precisou de três dias e de um advogado para conseguir entrar. "Mas Margaret não foi pioneira dos direitos das mulheres por nada", Olive escreveu depois. "Ela ameaçou chamar a polícia e entrar com uma acusação de sequestro. Por fim, a questão foi informada ao bispo, que, relutantemente, disse que ela poderia me ver na presença da madre superiora."

Olive foi escoltada até uma sala cheia de freiras, dois padres, um bispo e Margaret Sanger, baixinha e glamourosa. A garota achou que ela parecia uma estrela de cinema. (Em 1917, Sanger estrelou um filme mudo chamado *Birth Control*, que acabou sendo proibido.)[23]

A menina ficou abismada. "Eu era uma criança meio atarracada com rosto sardento, que usava um uniforme dos mais indecorosos, mas aquela mulher linda veio até mim, me tomou nos braços e disse: 'Ah, minha queridinha linda.' Como nunca haviam feito um gesto de amor tão extravagante comigo, eu fiquei cheia de vergonha e não consegui falar. Mas fui tomada por um ardor tão maravilhoso que achei que fosse me debulhar em lágrimas, e tinha medo que me mandassem embora se eu começasse a chorar."

Sanger abraçou Olive e disse-lhe que a mãe a amava muito. Ela não explicou à menina, como temia o bispo, o que era controle de natalidade.[24]

Naquele dia, completava uma semana que Ethel Byrne recusava-se a comer e beber. Os médicos da prisão começaram a alimentá-la à força, inserindo leite e ovos por um tubo de borracha. Sanger disse que a irmã foi incapaz de resistir ao início da alimentação porque estava inconsciente. Byrne foi a primeira mulher nos Estados Unidos submetida a alimentação forçada.[25]

Em 31 de janeiro, Sanger e uma delegação de defensores do controle de natalidade encontraram-se com o governador em Albany; ele se ofereceu para perdoar Byrne com a condição de que ela concordasse em nunca mais tomar parte no movimento pelo controle de natalidade.[26] No dia seguinte, Sanger visitou Byrne na prisão. Ela estava fraca demais para falar. O governador, em trânsito de Albany para Nova York, não viu o telegrama, mas no fim do dia, Sanger e sua delegação encontraram-no em Nova York.

"Minha irmã está morrendo", ela falou.

"Pois saiba, Sra. Sanger", ele disse, "que se ela me prometer não mais desrespeitar a lei daqui em diante, eu a libero imediatamente."

"Ela não está em condições mentais de prometer coisa alguma", disse Sanger. "E vai morrer se o senhor não a soltar. Assumo a responsabilidade de garantir que ela não descumpra a lei se o senhor a liberar."

O governador assinou o perdão na mesma noite.

Byrne saiu da prisão. "De olhos fechados, o rosto contorcido de dor, a Sra. Byrne foi carregada de sua cela hospitalar", relatou o *New York Tribune*. Ela foi de maca do escritório do diretor até um barco que ia para Manhattan, e depois de ambulância até um apartamento na West 14th Street, nº 246. Cumprira dez dias da sentença de trinta.[27]

Ela também ganhara os holofotes. Sanger, enquanto isso, lançara uma nova publicação: a *Birth Control Review* [Controle de natalidade em revista, em tradução livre]; a primeira edição saiu em fevereiro de 1917. Para o cargo de editora de arte, Sanger contratou Lou Rogers.[28]

Durante o julgamento de Sanger, o promotor público chamou ao banco de testemunhas um desfile de mulheres que haviam ido à clínica do Brooklyn:

> "A senhora já viu a Sra. Sanger?"
> "Siiim. Siiim, cunheço a Sra. Sanger."
> "Onde a senhora a viu?"
> "Na clínica."
> "Por que a senhora foi lá?"
> "Pra ela num deixar sair bebê."

O advogado de Sanger inquiriu a mesma depoente:

> "Quantos filhos a senhora teve?"
> "Oito e três que não vivero."[29]

Ao final, o juiz decidiu que mulher alguma tinha o "direito de copular temendo a certeza de que não haverá concepção resultante": se a mulher não estiver disposta a morrer no parto, ela não deve fazer sexo. Sanger foi condenada na sexta-feira, 2 de fevereiro, um dia após o perdão de Byrne. A sentença estava agendada para a segunda-feira seguinte.

"Você fará greve de fome caso seja enviada à casa de correção?", questionou um jornalista. Sanger disse que ainda não havia decidido.[30]

Em 5 de fevereiro, Sanger foi sentenciada a trinta dias. Recusou-se a pagar uma multa para não ir à prisão. Mas não entrou em greve de fome; apenas cumpriu sua sentença. Da Penitenciária do Condado de Queens, em Long Island, Sanger escreveu uma carta a Byrne dizendo à irmã que havia "empreendido a luta mais digna que qualquer mulher já empreendera nos Estados Unidos". ("As mulheres da casa de correção não param de vir aqui e perguntar por você", ela lhe disse.)[31]

"O que você acharia de palestrar de vez em quando?", Sanger perguntou a Byrne. "Pense nisso."[32] Mas palestrar, mesmo que de vez em quando, iria contra os termos do perdão de Byrne.

No dia em que Margaret Sanger foi liberada da prisão, Ethel Byrne a recebeu e a levou para casa.[33] No entanto, Ethel nunca perdoou Margaret por fazer, no nome dela, aquela promessa ao governador de Nova York. Daquele dia em diante, achou que sua irmã sempre quisera lhe dar um chega-para-lá no movimento.[34] Para o movimento que Margaret Sanger queria liderar, Ethel Byrne era rebelde demais.

A MULHER E A NOVA RAÇA

QUANDO OLIVE BYRNE era menina, ela passava o verão longe de orfanatos e conventos, no circuito do teatro de revista. Seus tios Billie e Charlie Byrne vestiam-se de mulher para interpretar as Giddy Girls. "A COMPANHIA DE MÚSICA E COMÉDIA BYRNE & BYRNE ANUNCIA AS GIDDY GIRLS", diziam os anúncios. Em 1917 e 1918, eles atravessaram a Pensilvânia, Ohio e Kansas e depois fizeram a rota inversa, com três apresentações por dia. Olive era *backing vocal*.[1]

Em 1918, quando tinha 14 anos, Olive Byrne trocou a Nazareth Academy pela Mount St. Joseph Academy, em Buffalo. Começou a estudar enfermagem. Na St. Joseph, as freiras eram vidradas nas meninas, e as meninas eram vidradas nas freiras, mas Olive deu um jeito de não se meter em encrenca virando uma excelente mentirosa.[2]

Quando tinha 16 anos, foi visitar a mãe em Nova York; foi a primeira vez que a viu em uma década. Ficou com Ethel Byrne e Rob Parker no apartamento do Greenwich Village, na West Fourteenth Street, nº 246. Margaret Sanger havia se mudado para a Califórnia, onde escrevia um livro que chamava de "Maternidade voluntária". "Terminei um capítulo", escreveu Sanger certa vez em seu diário.

Mas Olive sempre insistiu que era Parker quem escrevia os livros de Sanger.[3]

Olive sabia que sua mãe e Parker dormiam juntos. Na época, ela disse: "Eu procurava por insinuações sexuais em apertos de mão." E sabia também que eles não eram casados, embora "tia Margaret Sanger me disse que Bob e Ethel tinham casado em Nantucket". Ao ouvir isso, Ethel Byrne apenas riu e disse: "Margaret era boa em inventar 'soluções' para circunstâncias que acreditava que podiam virar um escândalo, vergonhas para si mesma."[4]

No entanto, havia mais do que escândalos em questão. As Leis de Espionagem e de Sedição, promulgadas respectivamente em 1917 e 1918, haviam levado muitos amigos de Sanger e Byrne no Greenwich Village a serem perseguidos. Devido à sua oposição à guerra, Max Eastman, John Reed e outros editores e jornalistas do *Masses* foram processados por conspiração. Emma Goldman passou dois anos na prisão por opôr-se ao alistamento obrigatório. Por um discurso antiguerra em Ohio, Eugene Debs foi condenado a dez anos de prisão. Sanger decidiu cortar todos os laços com pessoas cujo posicionamento antibélico ameaçasse o sucesso do movimento pelo controle de natalidade. Ou seja, Ethel Byrne teria que ficar de fora. "Acredito que o que Margaret estava fazendo não era exatamente se livrar de minha mãe, mas sim desviar o movimento das margens do socialismo, do Greenwich Village e voltá-lo para a Nova York mais rica, porque o dinheiro está onde as pessoas com dinheiro estão, e não nessa ralé chulé", Olive Byrne disse mais tarde. "Minha mãe não era boa com essa imagem de 'dinheiro': era uma rebelde, muito mais rebelde do que Margaret jamais foi, e nunca foi outra coisa na vida. Para chegar a qualquer lugar, você tem que ceder um pouco, entende, e minha mãe não cedia por nada nem por ninguém."[5]

Sanger forjou novas alianças. No seu julgamento, em 1917, o juiz decidiu que ela não tinha direito de distribuir contraceptivos, mas que médicos podiam. Então, Sanger decidiu aliar o movimento pelo controle de natalidade com médicos, principalmente com a literatura médica

"Bebês indesejados"

Mulheres acorrentadas pela gravidez indesejada. Da *Birth Control Review*, de Sanger, 1923

emergente sobre a importância do prazer sexual feminino. Em 1918, na *Birth Control Review*, ela publicou um ensaio de Havelock Ellis chamado "Os direitos amorosos da mulher"; Lou Rogers colaborou com desenhos.[6] No ano seguinte, Sanger, que havia divorciado-se do marido, começou um caso com H.G. Wells que durou décadas. (Há uma Sanger mal disfarçada como paixão do herói no romance autobiográfico de Wells, *The Secret Places of the Heart* [Recônditos do coração, em tradução livre], de 1922.)[7] Enquanto isso, Sanger cortejava conservadores e eugenistas, que tinham interesse no uso de contraceptivos para controlar a população de "deficientes mentais" — à força, se necessário. Em 1921, Sanger fundou a Liga Americana do Controle de Natalidade; seis anos depois, um levantamento realizado entre quase mil de seus integrantes descobriu que havia uma desproporção que favorecia republicanos, de cidades pequenas ou subúrbios, e membros do clube Rotary. Diante dessas afiliações que se opunham ao seu feminismo, Sanger foi obrigada a abdicar da presidência da liga.[8]

O feminismo de Sanger era bastante peculiar. Olive Byrne, que morava com Parker e Ethel Byrne no inverno de 1920, ouviu falar muito do livro em que Sanger estava trabalhando, cujo título mudou de "Maternidade voluntária" para "O movimento feminino moderno". Ele acabou sendo publicado em outubro de 1920, dois meses após a aprovação da Décima-Nona Emenda, como *Woman and the New Race* [A mulher e a nova raça, em tradução livre]. Entre 1920 e 1926, *Woman and the New Race* e o livro seguinte de Sanger, *The Pivot of Civilization* [O pivô da civilização, em tradução livre], venderam mais de meio milhão de exemplares.[9]

Woman and the New Race situava o movimento pelo controle da natalidade no palco histórico como uma luta de importância ainda maior que a do sufrágio. "A evolução social de maior consequência dos tempos modernos é a revolta da mulher contra a servidão sexual", escreveu Sanger, prometendo que a contracepção iria "remodelar o mundo". Não havia liberdade mais importante: "Não se pode chamar de livre a mulher que não for dona de seu corpo." E nesta revolta contra a escravidão, ninguém fora mais importante que sua irmã: "Não existe autossacrifício na história do movimento pelo controle de natalidade que tenha feito mais para despertar a consciência do público ou para estimular a coragem feminina do que o feito de Ethel Byrne, de despeito inflexível diante do ultraje que foi o cárcere de mulheres que tentavam disseminar conhecimento para emancipar a maternidade norte-americana", escreveu Sanger (ou talvez Parker). A mulher, argumentava Sanger, "havia acorrentado-se à sua posição na sociedade e à família por meio das funções maternais de sua natureza, e só essas correntes tão robustas poderiam tê-la amarrado à sua sina como um animal à sua ninhada".[10] Havia chegado a hora de quebrar essas correntes.

Retratar mulheres como acorrentadas e escravizadas, à época, era recorrente na literatura feminista, um resultado da aliança do século XIX entre os movimentos sufragista e abolicionista. Charlotte Perkins Gilman descrevia uma feminista da seguinte forma: "Lá vem ela, fugindo da prisão e descendo do pedestal; sem correntes, sem coroa, sem

Mas não foi a força das correntes que fez a Mulher-Maravilha *chorar ao ver seus grilhões; foi saber que os homens haviam fundido argolas a seus braceletes de amazona!!*
"Sim, prisioneira, chore! Contemple-se indefesa!"
"Minha força se foi! É a lei de afrodite! Quando uma amazona deixa que um *homem* acorrente seus braceletes, ela fica tão fraca quanto as mulheres do mundo dos homens! Pobre Steve — não vou salvá-lo!"

Mulher-Maravilha acorrentada por homens. De "O conde conquistador",
Wonder Woman nº 2 (outono de 1942)

halo, apenas uma mulher viva."[11] Mulheres acorrentadas inspiraram o título de outro livro de Sanger, *Motherhood in Bondage* [Maternidade em amarras, em tradução livre], compilação de algumas das milhares de cartas que ela recebera de mulheres implorando por informações sobre o controle de natalidade; ela descreveu as cartas como "confissões de mães escravas".[12] Uma ilustração encomendada por Lou Rogers para a capa da *Birth Control Review*, a revista de Sanger, retratava uma mulher enfraquecida e desesperada, caída de joelhos, agrilhoada ao tornozelo a uma maça que dizia "BEBÊS INDESEJADOS".[13]

O controle de natalidade podia quebrar essas correntes. A maternidade voluntária, defendia Sanger em *Woman and the New Race*, "é, para a mulher, a chave para o templo da liberdade". A emancipação feminina, argumentava ela, não era questão de cédulas de votação; era parte da luta que remontava à Grécia Antiga. Era questão de libertar o "espírito feminino" — um espírito bem representado nos poemas de Safo de Lesbos, que, Sanger explicava, "buscava provocar as esposas gregas a expressarem sua individualidade", sua individualidade sexual. O espírito feminino, escreveu ela, "manifesta-se com maior frequência na maternidade, mas é maior que esta". Ele fora apagado pela força: leis, religiões e costumes haviam negado à mulher o recurso da contracepção. As lutas das mulheres haviam levado, no mundo todo, à mulher que procura "atos de violência para libertar-se das correntes de sua própria reprodutividade". A superpopulação é a causa por trás de toda miséria humana, incluindo a pobreza e a guerra, defendia Sanger. Mas "a força e o medo fracassam desde o princípio dos tempos". O controle de natalidade é "a verdadeira cura para a guerra" e "o amor é a maior força do universo". Quando o amor vencer a força, "a força moral da natureza da mulher será desagrilhoada", previa Sanger, e o mundo se renovaria.[14]

"Que este livro seja lido por todo homem e toda mulher que saiba ler", Havelock Ellis disse a respeito de *Woman and the New Race*.[15] Entre os que o leram estavam o Sr. e a Sra. William M. Marston, que em 1920 faziam pós-graduação em psicologia em Harvard e Radcliffe, respectivamente. A filosofia do *Woman and the New Race* de Margaret Sanger viria a ser precisamente a filosofia da Mulher-Maravilha.

> Com a beleza de Afrodite, a sabedoria de Atena, a força de Hércules e a velocidade de Mercúrio, ela traz à América os dons eternos da mulher: o amor e a sabedoria! Desafiando as intrigas perniciosas de malignos algozes e rindo, vivaz, frente a qualquer perigo, a Mulher-Maravilha comanda a juventude invencível do país contra as ameaças da deslealdade, da morte e da aniquilação.[16]

Sanger, Marston e Holloway acreditavam que as mulheres deviam governar o mundo porque o amor é mais poderoso que a força.

Anos depois, quando Marston contratou uma jovem chamada Joye Hummel para ajudá-lo a escrever histórias da Mulher-Maravilha, Olive Byrne deu a ela um exemplar de *Woman and the New Race*. "Leia", ela lhe disse, "e você saberá tudo que precisa saber sobre a Mulher-Maravilha."[17]

BOYETTE

EM 1922, quando tinha 18 anos, Olive Byrne deixou a Byrne & Byrne e as Giddy Girls para passar o verão com a mãe em Truro, em Cape Cod. Margaret Sanger comprara lá uma casa que pertencia a John Reed — fecharam a venda em 1917, pouco antes de ele deixar os Estados Unidos para ir à Rússia documentar a Revolução Bolchevique. (Reed foi preso em 1918, ao voltar para os Estados Unidos.) Ethel Byrne comprou uma casa próxima, o lar de um comandante naval na Mill Pond Road, perto do entreposto ferroviário. A propriedade de Byrne não tinha nem eletricidade. A única coisa que tinha era um fogão a lenha na cozinha. Ela colocou uma placa: "Coma, beba e seja feliz." Passava o dia todo bebendo. Fez uma trilha de vidro colorido até os fundos com garrafas vazias plantadas com o gargalo para baixo. Elas ainda estão lá, brilhando como pedrinhas brancas que o mar deixou na areia.

Ethel Byrne gostava de ir a Provincetown, a cidade vizinha, para visitar amigos. Truro e Provincetown eram refúgios dos radicais de Greenwich Village e um paraíso para os homossexuais. Ethel Byrne e Margaret Sanger acreditavam em "amor livre", ou seja, no sexo fora do casamento, e consideravam o casamento em si uma forma de opressão.

Quem acreditava em amor livre não via necessariamente a homossexualidade como outra forma de expressão sexual. Mas Ethel Byrne via.[1]

No verão de 1922, Ethel e Olive Byrne trilhavam a estreita e sinuosa estrada de Truro num Ford turístico que já estava nas últimas. Certa noite, foram a uma festa onde oito homens sentavam-se abraçados e se beijando. "Embora eu tivesse ouvido falar de homossexuais", Olive escreveu depois, "nunca havia visto um."[2]

Margaret Sanger não passou o verão de 1922 em Truro com Ethel e Olive. Passou em turnê mundial, angariando doações e matutando sobre o pedido de casamento que recebera de um milionário. Sabia que aceitar soaria como traição aos seus princípios, mas também sabia que o movimento que ela liderava precisava de dinheiro. Em 14 de setembro de 1922, em seu aniversário de 43 anos, ela se casou com J. Noah Slee, um magnata do petróleo de 61 anos, no escritório de um escrivão em Londres. Mantiveram o casamento em segredo durante mais de um ano. Sanger, no entanto, deve ter contado a novidade via telegrama à irmã, pois dias depois, do nada, Ethel levou Olive a Nova York, a um serviço de encaminhamento universitário na 42nd Street, e insistiu que Olive se matriculasse na faculdade naquele momento. Ethel Byrne podia ter sido escorraçada do movimento pelo controle de natalidade, mas estava determinada em ver o marido milionário da irmã pagar para a filha não ser enfermeira, mas sim médica.

No serviço de encaminhamento, Olive e a mãe se debruçaram sobre formulários de matrícula e mandaram telegramas para departamentos de seleção. O semestre já havia começado; a maioria das turmas de calouros já estava preenchida. Por fim, Ethel Byrne decidiu enviar a filha a Jackson, a faculdade feminina da Tufts University. Olive Byrne fez as malas, foi à Grand Central Station, embarcou em um trem para Boston e chegou a Tufts, sozinha e com duas semanas do semestre já ocorridas. Quem pagava sua mensalidade era J. Noah Slee.[3]

Ela se atirou na vida universitária. Entrou no coral e na equipe do *Tufts Weekly*. Era diretora do Comitê de Eventos Sociais. Era alta e esbelta; jogava basquete. Ficou com o papel principal na opereta de sua

Olive Byrne (fileira da frente, com o lenço na cabeça), com a Alpha Omicron Pi, em Tufts, em 1932, no fim do seu primeiro ano de faculdade. Mary Sears, a inspiração para Etta Candy, está à direita dela, usando gravata

turma, *A sapiência de Netuno*. Cortou o cabelo à moda Chanel (*bob*) e ganhou o apelido "Bobbie". (Ela aparece em uma história da Mulher-Maravilha como "Bobbie Strong", aluna da Holliday College.) Olive Byrne era livre-pensadora e radical. Também acreditava no amor livre. "Nós nos achávamos muito ousadas", ela disse. Fundou o Clube Liberal Tufts, cujo molde era o Clube Liberal do qual sua mãe e sua tia haviam feito parte no Greenwich Village, convidando qualquer um que fosse "livre-pensador e decoroso, ou seja, desprovido de predisposições" a afiliar-se. Foi eleita vice-presidenta (o cargo de maior estatura para as mulheres; o presidente era sempre homem.)[4]

Nos estudos, contudo, Olive Byrne ficou para trás antes mesmo de chegar. "As matérias mais importantes para a faculdade de medicina, química e biologia, não eram difíceis para mim", ela explicou, mas achava a matemática complicada. Ao fim de seu primeiro semestre como caloura, ficou em recuperação acadêmica. Foi salva, como sempre dizia, por uma amiga: "A salvação veio na forma rotunda de uma terceiranista chamada Mary Sears." Com a tutoria de Sears, Byrne conseguiu se safar com notas C.[5]

Mary Sears foi a inspiração para a melhor amiga da Mulher-Maravilha, uma aluna da Holliday College chamada Etta Candy. Na Tufts, Sears fazia parte de uma irmandade, a Alpha Omicron Pi. Na Holliday College, Etta Candy era da Beeta Lambda. Assim como Mary Sears, Etta Candy é "rotunda". É viciada em doces e está sempre exclamando "Balinhas de conhaque!" e "Pelo meu chocolate!". (O pai de Etta chama-se Sugar Candy [Doce Açucarado]; seu irmão chama-se Mint [Menta]. Seu namorado frequenta a Starvard College, mais uma piada com Harvard.)[6]

"Etta, você devia maneirar nos doces. Vai fazer mal para sua constituição física", Diana Prince lhe diz.

"Minha constituição física tem espaço para um monte de emendas constitucionais."[7]

Em uma fotografia da Alpha Omicron Pi tirada na primavera do ano de caloura de Olive Byrne, ela está na fileira da frente, usando um vestido de bolinhas de manga curta com gola canoa e uma faixa grossa no cabelo curto, sorrindo. Mary Sears está sentada ao seu lado.[8]

"Eu não era das mais aventureiras da irmandade", explicou Byrne. Porém, em fevereiro de seu ano de caloura, ela passou pela iniciação. "Eu gostei", escreveu. "Finalmente fazia parte de uma família."[9]

No segundo ano, Byrne ajudou como técnica na equipe de basquete e participou da peça teatral da turma. Suas notas melhoraram.[10] Chamou a tia para palestrar no campus, como convidada do Clube Liberal. A gestão de Tufts recusou a entrada de Sanger no campus, da mesma forma que, anos antes, Harvard proibiu a palestra de Emmeline Pankhurst. Sanger estava acostumada a esse tipo de coisa. Em 1929, quando ela visitara Boston para palestrar no Ford Hall, as autoridades municipais interditaram sua fala, de forma que ela subiu ao palco com uma mordaça sobre a boca, enquanto Arthur Schlesinger Jr., historiador de Harvard, lia uma

"Vai precisar de correntes mais fortes para *me* incapacitar, Paula!"
"Pare! As correntes não a detêm, mas tenho algo que *vai!*"
"Um movimento em falso, *Mulher-Maravilha*, e minha garota vai puxar aquele interruptor!
Duas toneladas cairão sobre ele antes que possa chegar..."
"Não ligue para mim, meu anjo — pegue essa mulher!"
A Mulher-Maravilha *está diante da escolha mais difícil de sua vida!*
"Torne-se *minha* escrava ou Steve morre! Conte-me o segredo para acorrentá-la, que eu a treinarei devidamente!"
"Oh, *tem* que haver uma saída!"
De repente, surge pela porta uma mão roliça que pega a escravinha pelos cabelos!
"Aagh! Socorro!"
As meninas de Etta, embora em menor número, subjugam a inimiga.
"Etta, você é maravilhosa!"
"Claro que eu sou — meu sucesso vem dos *doces!*"

Mulher-Maravilha é resgatada por Etta Candy e as meninas da Holliday College.
"America's Guardian Angel", *Sensation Comics* **nº 12 (dezembro de 1942)**

Margaret Sanger amordaçada, protestando contra a censura

Mulher-Maravilha e sua mãe amordaçadas. De "As quatro sinas", *Wonder Woman* nº 33 (fevereiro de 1949)

declaração escrita por ela. "Vejo um grande avanço na mordaça", dizia a declaração. "Ela me silencia, mas faz milhões falarem."[11] Quando a gestão de Tufts proibiu Margaret Sanger de entrar no campus, Olive Byrne conseguiu que ela palestrasse em uma igreja em Somerville, próxima dali.[12] A Mulher-Maravilha é constantemente amordaçada pelos vilões. No fim, contudo, ela sempre diz o que quer.

O feminismo e o movimento pelo controle de natalidade não deixavam de afetar a vida sexual das universitárias. Nos anos 1920, as meninas estavam mais propensas a fazer sexo antes do casamento, e a atingir o orgasmo, do que as moças de dez anos antes. Nos seus pioneiros levantamentos sexuais dos anos 1930, Alfred Kinsey descobriu que das mulheres nascidas antes de 1900 (como Sadie Holloway, nascida em 1893), apenas 14% haviam feito sexo antes do casamento, comparado a 36% de mulheres nascidas entre 1900 e 1910 (como Olive Byrne, nascida em 1904). As mulheres da geração de Olive Byrne, que chegaram à maturidade logo depois da obtenção do direito ao voto feminino, eram mais propensas que as mulheres da geração de Holloway a aceitar o sexo como fonte de prazer. Mas eram menos propensas que as mulheres da geração de Holloway de conectar o "sexo por prazer" ao feminismo.[13]

Nas férias de Natal, Olive Byrne trabalhava em Nova York, no Escritório de Pesquisa Clínica de Margaret Sanger na 16th Street. Sanger inaugurara a clínica com financiamento de Slee em 1923. Em Tufts, Olive Byrne tornou-se a fonte das graduandas para contraceptivos. Todo

Olive Byrne no ano de formatura em Tufts

mundo sabia que ela era sobrinha de Sanger. "Quando eu estava na faculdade, sempre tinha gente vindo me perguntar se eu conhecia métodos de controle de natalidade", ela disse. "O único problema é que era preciso ir até Nova York conseguir o material." Ajudava se você dissesse que era amiga de Olive Byrne. "Se alguém que você conhece estiver em Nova York e quiser obter informações, diga para perguntarem por mim", Sanger lhe disse. "Diga para falar que você as mandou e nós cuidaremos de tudo."[14]

Uma das maneiras que Olive Byrne tinha de se virar em Tufts era tirando proveito de seu radicalismo e sua sofisticação: ela foi eleita a aluna mais perspicaz, mais inteligente e mais distinta na turma de 1926.[15] No início de seu último ano, ela cortou o cabelo de uma forma que era conhecida — pelo aspecto masculino — como "corte Eton". Ela também vestia-se como garoto, moda muito mais difundida na Inglaterra do que nos Estados Unidos. "A *boyette* não só corta o cabelo curto como o de um menino, mas veste-se tal qual um", informava o *Daily Mail* de Londres em 1927. "A vontade que ela tem é de parecer-se o máximo possível com um rapaz."[16]

No outono de 1926, Olive Byrne, a *boyette*, teve aulas com um jovem professor, extremamente carismático, que viera de Washington após se envolver com um julgamento sensacionalista.[17] Ela o achou irresistível.

A FESTA DAS BEBÊS

WILLIAM MOULTON MARSTON, professor de psicologia, chegou a Tufts no outono de 1925. Tinha 32 anos e era um homem muito forte. Pesava mais de noventa quilos. Desde que fora preso por fraude e demitido da American University, ele trabalhara para o Comitê Nacional pela Higiene Mental, administrando testes psicológicos a alunos em um colégio de Staten Island e a detentos de uma penitenciária do Texas. Também publicara um artigo no qual tentava resgatar sua carreira acadêmica aventurando-se em uma nova área: o estudo do sexo.

Nos anos 1920, psicólogos eram fascinados por sexo, pela variação sexual e pelo ajuste sexual. O motivo não era só a influência de Freud, mas também o crescimento do behaviorismo. Lewis Terman, que ajudou a criar o teste de QI, inventou um teste para medir a "masculinidade" e a "feminilidade"; seu propósito era identificar comportamentos desviantes. Segundo o behaviorista John B. Watson, o feminismo em si era uma forma de desvio: a feminista era uma mulher incapaz de aceitar que não era homem. "A maioria das mulheres terríveis que se conhece, mulheres com perspectivas e vozes ruidosas, mulheres que precisam ser notadas, que nos empurram ao passar, que não conseguem levar a vida com tranquilidade", Watson escreveu na *Nation*, "pertence à grande porcentagem de mulheres que nunca fizeram um ajuste de sexo".[1]

Marston revelou seu fascínio pelo sexo e pela variação sexual primeiramente num artigo que publicou no *Journal of Experimental Psychology* em fins de 1923. Em "Características sexuais da pressão arterial", ele relatava os resultados de uma investigação que realizara em Harvard entre 1919 e 1921 com o auxílio da "Sra. E.H. Marston" e "complementado por trabalhos subsequentes do autor". Ele queria saber de que forma o cérebro feminino funcionavam diferente do masculino. Ele e Holloway haviam realizado exames de pressão arterial em dez homens e dez mulheres. Tentaram deixá-los tristes, depois tentaram excitá-los.

"Com as cobaias mulheres, descobriu-se que o estímulo sexual mais eficiente não era a presença ou o diálogo com um homem estranho", relatava Marston, "mas tópicos sexuais em conversas com uma pessoa que ela já conhecia". Ele acreditava que este estudo era a demonstração de que as mulheres eram mais emotivas que os homens ("Emoções aptas a produzir grandes variações na pressão arterial flutuam na consciência feminina com grande facilidade e velocidade, enquanto que quaisquer influências emotivas que chegam à expressão no organismo masculino tendem a persistir") e que a maioria das emoções femininas baseava-se na sexualidade ("sendo que existe um número muito maior de estímulos adequados à emoção sexual no organismo feminino"). A emoção que as mulheres tinham maior tendência a sentir era a raiva, relatava Marston; a emoção que os homens tinham maior tendência a sentir era o medo. As variedades de afirmações que deixavam as mulheres agitadas eram do tipo: "Fiquei tão louca que podia tê-la matado!" O que deixava os homens exasperados eram afirmações como: "Talvez eu não consiga essa vaga de professor."[2] No entanto, acima de tudo, o que essa pesquisa provava era o quanto Marston gostava de fazer trabalhos desse tipo, especialmente no tocante a deixar mulheres excitadas.

No outono de 1925, um dos jornais da Tufts anunciava a chegada dele: "O Dr. William Moulton Marston será professor assistente de filosofia, concentrado particularmente em psicologia."[3] Na American University, Marston fora professor titular e diretor do departamento de psicologia. Tufts nomeou-o professor assistente, sem garantia de estabilidade. Ele desceu na escala acadêmica. A cada degrau inferior, sua carga de docente ficava mais pesada. Em Tufts, ele deu oito disciplinas em dois semestres: psicologia experimental, psicologia anormal, psicologia comparada, história da psicologia, psicologia do comportamento humano, um seminário de pesquisa e duas seções de psicologia aplicada.[4]

Holloway não foi com ele para Massachusetts. Em vez disso, ela aceitou um emprego em Nova York, como secretária de redação de uma revista de psicologia, *Child Study: A Journal of Parental Education* [Estudos da criança: Revista da educação para os pais, em tradução livre], na qual trabalhava com Josette Frank, especialista em literatura infantil e uma das editoras.[5] A *Child Study,* fundada em 1924, era publicada pela Associação Norte-Americana de Estudos da Criança; seu propósito era ensinar aos pais como criar os filhos. Usando métodos anticoncepcionais, mulheres mais ricas passaram a ter menos filhos; esperava-se que dessem mais atenção a eles; precisava-se, portanto, ensinar a elas a ciência da maternidade. Foi com este espírito que a *Parent's Magazine* [Revista dos pais, em tradução livre] foi fundada em 1926.[6]

Na disciplina de psicologia experimental na Tufts, no outono de 1925, Marston tinha uma aluna com corte de cabelo de menino. Ela era sobrinha de Margaret Sangers. Era chique, sofisticada, radical e desesperadamente infeliz; tivera uma infância insuportável de tão solitária. Talvez tivesse tendências suicidas. Ele sugeriu que ela passasse na clínica que ele acabara de abrir para tratar de alunos com problemas de adaptação.

Marston depois escreveu uma história na qual a Mulher-Maravilha pula nas Quedas do Niágara para resgatar uma linda menina chamada Gay, a qual está tentando se afogar. (Mulheres que amavam outras mulheres começaram a tratar-se por "gays" nos anos 1920; Gertrude Stein usou a palavra em 1922.)[7] "Pobre criança! Que vida horrível você teve!", diz a Mulher-Maravilha a Gay após resgatá-la. "O que está lhe

"Ely não me queria — minha última esperança se foi. Por isso, decidi morrer!"
"Pobre criança! Que vida horrível você teve! Triste e trágica. O que está lhe faltando é *diversão*.
Precisa aprender a *brincar!*"
A Mulher-Maravilha *leva Gay para ser aluna especial da Holliday College.*
"Etta, quero que você se encarregue desta menina e que faça ela se *divertir!*"
"Ok, chefa, começo já! Pegue um bombom, Gay!"

"A Fundação da Diversão", *Sensation Comics* nº 27 (março de 1944)

faltando é *diversão*!" Ela a leva à Holliday College e a apresenta a Etta Candy na Beeta Lambda: "Quero que você se encarregue desta menina e *faça* ela se *divertir*!" Etta ensina a Gay como brincar. "A diversão me fez uma nova garota", diz Gay. "Farei o mesmo por outras. Vou fundar a Clínica da Diversão e ensinar às descorçoadas como aproveitar a vida!"[8] Inspirada pela felicidade recém-descoberta de Gay, a Mulher-Maravilha arrecada 1 bilhão de dólares para a Fundação da Diversão e abre Clínicas da Diversão por todo o país, "para dar recreação saudável a milhões de americanos que precisam se divertir".[9]

Antes de conhecer o professor Marston, Olive Byrne fizera três disciplinas no departamento de psicologia; ficara com três notas C. Suas notas eram mais fortes em sua área principal de formação, Inglês, na qual ela tirava Bs. Em psicologia experimental, Marston lhe deu nota máxima. Antes disso, a única nota máxima que ela tivera fora numa aula de ginástica. Na primavera de seu último ano, ela fez mais três disciplinas com Marston: psicologia aplicada, psicologia anormal e um seminário de pesquisa geralmente restrito a alunos de pós-graduação. Ele deu a ela mais três notas máximas.[10]

Ela começou a trabalhar como assistente de pesquisa. Então, eles decidiram — ou ele decidiu e ela topou — realizar um estudo em conjunto. Ele queria saber como as mulheres se sentiam quando eram amarradas e como outras mulheres se sentiam ao serem espancadas.

Na época, Marston estava desenvolvendo uma teoria das emoções baseada no que ele chamou de "mecanismos psiconeurais básicos da emoção". Começara este trabalho quando conduziu testes psicológicos com mais de 3 mil presos no Texas; tinha interesse especial pelas "relações homossexuais inevitáveis à vida carcerária". Os resultados destes testes sugeriram a Marston que existiam quatro emoções primárias: dominância, complacência, induzimento e submissão. Em Tufts, ele enfocara o que chamava de enlevo, o qual descreveu como "elemento constituinte essencial da provocação ou tortura sádica de seres humanos ou animais mais fracos".[11]

Ao entender este interesse pelo enlevo, Olive Byrne levou seu professor à Alpha Omicron Pi, onde as calouras ingressantes tinham que se vestir como bebês e participar de uma "Festa das Bebês". Marston viria a descrevê-la posteriormente: "As calouras eram conduzidas a corredores escuros onde seus olhos eram vendados, e os braços amarrados nas costas." Depois, elas eram levadas a uma sala onde terceiranistas e formandas obrigavam-nas a executar várias tarefas, enquanto as secundaristas batiam nelas com varas.[12] Cada uma dessas cenas aparece em quadrinhos da Mulher-Maravilha, em que calouras da Beeta Lambda são espancadas com pedaços de pau e, durante a "Semana das Bebês", usam fraldas.

Mas Eve esquece que, tendo feito juras à irmandade Beeta Lambda, ela tem que obedecer às ordens das irmãs. "Neófita Eve! Você tem que ir para seu quarto e estudar até as 11 horas." "Oh! Por favor, eu — uuf!"

De "Escola de espiões", *Sensation Comics* nº 4 (abril de 1942)

Na Tufts, Marston assistiu à festa, e depois ele e Olive Byrne começaram a fazer entrevistas juntos. "Quase todas as secundaristas informaram agradabilidade quanto à emoção de enlevo ao longo da reunião", relatou Marston. "A agradabilidade de suas reações ao enlevo aparentemente aumentava quando elas eram obrigadas a superar fisicamente calouras rebeldes, ou induzi-las via ordens repetitivas, somadas a castigos, a realizar as ações das quais as meninas cativas se esforçavam para fugir."[13] Ele estava fascinado.

Quando publicou suas descobertas, fez questão de dar o crédito à sua assistente: "Estudos das emoções relatadas por secundaristas e meninas de classe mais alta durante o castigo anual das calouras foram realizados pela Srta. Olive Byrne e por mim, durante o ano letivo 1925-1926."[14] O que mais o psicólogo e sua assistente fizeram juntos naquele ano é difícil de dizer.

Olive Byrne formou-se na Tufts com bacharelado em inglês em 14 de junho de 1926, cerimônia na qual Jane Addams recebeu um diploma

De "Três meninas lindas", *Sensation Comics* nº 43 (julho de 1945)

Etta Candy condena calouras pelos seus pecados durante a "Semana dos Bebês" da Holliday College.
"Viram você no campus sem a mamadeira!"
"Mas eu usei *todas* as minhas roupas de bebê!"

honorário.[15] Ethel Byrne tomou o trem de Truro para assistir à formanda, comemorando uma formação que ela torcia que fosse levar sua filha a escapar da escravatura da maternidade involuntária. Holloway também compareceu. "Gostaria de apresentá-la a uma pessoa especial", Marston disse à esposa.[16]

Em uma foto tirada naquele dia, Olive Byrne, um olho oculto por uma mecha de cabelo negro,

Da esquerda para a direita: Elizabeth Holloway Marston, Olive Byrne, William Moulton Marston e Ethel Byrne, na formatura de Tufts em 1926

está de capelo e beca, sorrindo, envergonhada, com a cabeça inclinada para baixo. À sua direita está Holloway, uns bons 15 centímetros mais baixa, vestindo um terno elegante e chapéu cloche, segurando o diploma de Olive. À esquerda da formanda, com o braço a envolvê-la, está Marston, alto, amplo, de grande sorriso, em seus trajes nobres acadêmicos — a beca, a borla e o capelo harvardiano. Distanciada, do outro lado de Marston está Ethel Byrne, em um casaco claro e chapéu com aba. É uma foto de família, mas uma foto de família desconcertante: Marston e Holloway parecem pais de Olive Byrne, tirando o fato de serem muito novos. (Eles tinham apenas 11 anos a mais que ela.) Ethel Byrne parece mais uma tia.

Certo dia, Olive Byrne, colando as fotografias em seu álbum de retratos, puxou uma caneta. "EHM", escreveu sobre o casaco de Holloway. Sobre o de Ethel Byrne, escreveu com tinta azul uma única palavra: "MÃE".

FELICIDADE CONJUGAL

OLIVE BYRNE, a formanda de Tufts mais perspicaz, mais inteligente e mais distinta da turma de 1926, nunca fez faculdade de medicina.[1] "Percebo agora que os planos que eu tinha para o ano que vem não se deram da forma que eu esperava", escreveu ela em carta ao marido de Margaret Sanger, J. Noah Slee, em 5 de setembro de 1926, três meses depois de formada. Slee oferecera-se para pagar a faculdade de medicina de Olive, mas ela resolvera fazer a pós-graduação em psicologia em Columbia, e trabalhar para — e morar com — um professor que conhecera na Tufts.

"Este ano posso ganhar dinheiro para pagar um quarto, cama e roupas trabalhando com o Dr. Marston no seu livro e nas suas aulas", ela disse a Slee. "Mas para me formar em Columbia, terei que pedir sua assistência." Ela pediu para ele pagar a mensalidade. "Quero muito ser independente, mas também quero fazer algo que valha a pena quando for independente."

Ethel Byrne não gostou disso.

"Minha mãe só ri quando eu lhe digo o que quero fazer", Olive disse a Slee.[2]

Marston deixou Tufts quando Olive Byrne se formou. Estava lá há menos de um ano. Provavelmente foi demitido. Se o caso com uma aluna e o esquema com a Festa das Bebês tivessem sido descobertos, o reitor da universidade teria dito para ele se exonerar. Esse tipo de coisa acontece a toda hora nos gibis da Mulher-Maravilha.

"O que está fazendo aqui?", pergunta o Reitor Carrunco, da Holliday College, ao Professor Toxino. "Você sabe que não é bem-vindo nesta universidade!"[3]

Olive Byrne passou o verão depois da formatura morando com Marston e Holloway em Darien, Connecticut. "Os Marston têm sido ótimos, me ajudam com seu conhecimento quase ilimitado da área da qual desejo fazer parte", ela escreveu a Slee. Assim que as aulas começassem, Byrne tinha planos de se mudar para a cidade, onde Holloway era dona de um apartamento. "Vou morar perto de Columbia com a Sra. Marston."[4]

Carolyn Marston Keatley, tia de Marston

Marston dera uma opção a Holloway. Ou Olive Byrne iria morar com eles, ou ele deixaria a esposa. Esse era um acordo completamente diferente do que eles tiveram com Marjorie Wilkes Huntley.

"Ele tinha uma admiração pelas mulheres que era bem peculiar", disse certa vez Sheldon Mayer, editor de Marston na DC Comics. "Uma nunca era o bastante."[5]

Holloway ficou arrasada. Saiu porta afora e caminhou sem parar durante seis horas, pensando.[6]

Décadas depois, Holloway explicou que ela, Marston e Byrne haviam concebido um estilo de vida "anticonformista". "Todos os princípios básicos" da vida deles juntos, disse ela, foram acertados "nos anos de 1925, 1926 e 1927, quando um grupo de aproximadamente dez pessoas reunia-se em Boston, no apartamento da tia Carolyn, uma vez por semana."[7]

A tia Carolyn era Carolyn Marston Keatley, irmã do pai de Marston. Ela era supervisora de enfermeiras no hospital Deaconess, em Boston.[8] Era do signo de Aquário: acreditava na doutrina de um livro chamado *O evangelho aquariano de Jesus, o Cristo*, do pastor norte-americano Levi H. Dowling. Dowling afirmava ter encontrado documentos históricos que provavam que Jesus, quando jovem, viajara à Índia e ao Tibete, onde ele aprendeu a religião da paz. Keatley acreditava que vivia na alvorada da era de Aquário, o princípio de uma nova era astrológica, de uma era de amor: a Nova Era.[9]

Entre as aproximadamente dez pessoas que se reuniam no apartamento de Keatley durante o último ano de faculdade de Olive Byrne estavam Keatley, Holloway, Marston, Marjorie Wilkes Huntley e Byrne. A Nova Era deles era consideravelmente safada — ainda mais do que a Festa das Bebês. Um documento datilografado com 95 páginas, espaçamento simples, registra anotações tomadas durante as reuniões no apartamento de Keatley e compõem a crônica de um culto ao poder sexual feminino — mais especificamente uma "clínica" — que envolvia "Líderes do Amor", "Mestras" (ou "Mães") e "Meninas do Amor". Parece um campo de treinamento sexual. Meninas do Amor "não acreditam nem praticam a fuga ou encobrimento dos órgãos do amor"; presume-se que, nas reuniões, Meninas do Amor ficavam despidas. Havia tons astrológicos naquilo: um Líder do Amor, mais uma Mestra e uma Menina do Amor formavam uma "Unidade do Amor", uma constelação perfeita. Boa parte das anotações referem-se à teoria da dominância e submissão de Marston; mulheres "em sua relação com homens, expõem seus corpos e usam diversos métodos legítimos da esfera do amor para criar neles a submissão a elas, às Mestras ou aos Líderes do Amor, de forma que elas, as Mestras, pudessem submeter-se aos homens na paixão". Boa parte das notas diz respeito ao sexo em si: "Durante o coito entre o homem e sua Mestra, o órgão de amor do homem estimula os órgãos sexuais internos da Mestra, e não os órgãos sexuais externos", mas "se alguém deseja estabelecer a consciência da submissão, ele ou ela deve manter sob controle o orgasmo sexual, e assim deixar que a energia nervosa flua livre e ininterruptamente para os órgãos genitais externos". (O parceiro submisso deveria conter o orgasmo.)

Poucos nomes são divulgados nas anotações, embora faça-se referências à "mensageira Betty", ao "mensageiro R" e à "menina Zara".[10] A mensageira Betty deve ter sido Holloway: Marston chamava-a de Betty. O mensageiro R provavelmente era o próprio Marston. Nos diários de Olive Byrne, "R" é código para Marston (seu nome confidencial para ele era Richard). E "a menina Zara" devia ser Huntley. "Zara ou Zaz é o nome que me deram o Doutor e a Sra. Marston quando viramos um trio", Huntley explicou certa vez.[11]

É difícil dizer o quão sério os participantes além de Keatley e Huntley levavam aquilo. Em uma história da Mulher-Maravilha chamada "O mistério da chama escarlate", a filha de um senador ajuda Diana Prince a investigar um culto comandada pela "alta sacerdotisa Zara"; a Mulher-Maravilha demonstra que Zara é uma fraude.[12] Entre os interesses de Marston estavam o enlevo e aquilo que Huntley chamava de "amarras do amor": *bondage*. Para imaginar o que se passava nessas reuniões no apartamento de Keatley, Holloway disse uma vez aos filhos, seria preciso "enorme flexibilidade de pensamento e a ampla extensão dos horizontes mentais em sua exploração do que é admissível e o que não é."[13] Olive Byrne deve ter achado o esquema

"A alta sacerdotisa Zara te escuta, escravo! Faça com que o Major Weel seja atendido imediatamente!"

A alta sacerdotisa Zara. De "O mistério da chama escarlate", *Comic Calvacade* nº 5 (inverno de 1943)

meio ridículo. Ela também achava Huntley maluca. "Essa mulher é uma doida", costumava dizer.[14]

No entanto, Olive Byrne trouxe algo de essencial a estas reuniões: o controle de natalidade e os livros da tia, incluindo *Woman and the New Race*, que todos no grupo leram. Provavelmente também leram um livro de Sanger publicado em 1926, chamado *Happiness in Marriage* [Felicidade conjugal, em tradução livre]. Sanger não falava em Meninas do Amor e Líderes do Amor, mas ressaltava a obrigação do homem de ajudar a mulher a chegar ao orgasmo postergando o próprio: "O amante-marido de êxito, durante cada ato no drama do amor, buscará reinvestir todos os seus impulsos egoístas e, habilidoso condutor, a todo momento há de se conter de maneira sapiente." No capítulo intitulado "Os órgãos do sexo e suas funções", ela explicava a importância do clitóris, o "assento especial da sensibilidade sexual", e dava conselhos aos homens em relação ao seu estímulo: "Evite a pressa."[15]

A forma como Marston, Holloway e Byrne decidiram conduzir a vida — como um casal a três ou, quando Huntley aparecia, um casal a quatro — começou, Holloway diria posteriormente, como uma ideia: "Uma nova forma de vida precisa existir na mente dos homens antes que se torne algo concreto."[16] Tinha um pouco a ver com a teoria das emoções de Marston, com as ideias de Keatley e Huntley a respeito da "Unidade do Amor", e com as ideias de Margaret Sanger e Havelock Ellis sobre os "direitos do amor". Holloway tentava explicar o que ela absorvera do livro *Woman and the New Race*: "A nova raça terá uma capacidade para o amor muito maior do que a atual, e estou falando tanto do amor físico quanto de outras variedades." Quanto às pessoas que trariam esta nova raça, "Ethel e Mimi dispunham-se a estar bem à frente", Holloway permitiu-se dizer (a família de Sanger a chamava de "Mimi"), mas "as duas entraram num amor livre que não tinha como dar certo".[17]

O que Marston queria era muito mais que amor livre. O que Olive Byrne queria, com todas as suas forças, era ser parte de uma família. E Holloway queria outra coisa.

Quando Marston disse a Holloway que queria que Byrne se mudasse para a casa deles — e disse que ela teria que escolher entre isto ou viver sem ele —, ela estava pensando em mais que acordos sexuais. Também estava se perguntando se esta forma de convívio podia ser uma solução para o aperto em que ela se encontrava, ao querer ser uma mulher que pudesse ter tanto uma carreira quanto filhos.

Em 1925 e 1926, eram poucas as revistas que se vendiam sem uma matéria que questionasse: "Há como uma mulher coordenar emprego e lar ao mesmo tempo?"[18] Freda Kirchwey, formada em Barnard e secretária de redação da *Nation*, resolveu abordar a questão com uma série de ensaios autobiográficos que ela publicava com o título "Estas mulheres modernas". Era uma forma de destacar mulheres profissionais; seu objetivo era "descobrir a origem do ponto de vista moderno que elas têm em relação a homens, casamento, filhos e empregos." Uma das mulheres que Kirchwey destacou foi Lou Rogers, a cartunista feminista que estivera na equipe da *Judge* com Harry G. Peter e trabalhara de diretora de arte da *Birth Control Review* de Margaret Sanger. Boa parte das mulheres que Kirchwey convidava para escrever para a *Nation* em 1926 compartilhava mais ou menos do mesmo ponto de vista sobre o xis da questão. A mulher moderna, explicava Crystal Eastman, não está "de todo satisfeita com amor, casamento e uma carreira puramente doméstica. Ela quer ter o próprio dinheiro. Quer ter um emprego. Quer ter formas de auto-expressão, quem sabe uma forma de satisfazer suas ambições pessoais. Mas ela também quer marido, lar e filhos. Como conciliar estes dois desejos na vida real é a grande pergunta".[19] Era a grande pergunta de Holloway também.

Em "O bebê da mulher profissional", em uma edição de abril de 1926 da *New Republic*, Helen Glynn Tyson, que anteriormente havia colaborado como redatora da *Birth Control Review* de Sanger, olhou para os dados do censo, depois para a situação do debate e entrou em desespero. A Emenda dos Direitos Igualitários — "Homens e mulheres terão direitos iguais em todos os Estados Unidos" — fora apresentada ao Congresso em 1923, mas Tyson a considerou ingênua de doer; ela não dava nenhum paliativo, nem mesmo uma iluminação, quanto aos desafios estruturais em combinar maternidade e trabalho. "Na faculdade, quando discutíamos nossas 'carreiras', tínhamos tudo muito bem projetado", escreveu Tyson, pesarosa. "A atenção diurna à criança, pelo que lembro, devia ser delegada a 'especialistas' hábeis ncsta tarefa. Ora! Onde estão estas 'especialistas'? A parente devota obviamente está extinta; mesmo que não estivesse, a mãe moderna não se satisfaz mais com a ajuda da tia Minnie." As creches eram deficientes, pois mal existiam. E quem ia achar uma babá devidamente treinada na ciência psicológica dos estudos da criança, da forma como promovia a *Child Study*, a revista para a qual Holloway trabalhava? "Este, portanto, é o dilema da mulher moderna", escreveu Tyson, "afirmado com frequência, de uma forma ou de outra, e tantas vezes não resolvido: por um lado, o interesse agudo por seu trabalho profissional, a necessidade real de proventos, o medo da estagnação mental e a inquietação que surge de dedicar o dia inteiro a mesquinharias; por outro lado, as novas exigências da atenção às crianças que há menos de uma década eram desconhecidas; uma provisão de ajudantes domésticos que decai velozmente tanto em qualidade quanto em quantidade; e, assim como uma nuvem a pairar sobre todas as suas atividades, seu próprio conflito emocional profundamente enraizado no ser mãe."[20]

Em 1926 também se deu a publicação de vários livros que foram verdadeiros marcos sobre o tema. Em *Woman's Dilemma* [O dilema feminino, em tradução livre], Alice Beal Parsons questionava "se as diferenças físicas e mentais entre os sexos são tais a ponto de justificar diferentes funções sociais, e se a casa necessariamente será prejudicada se a mãe trabalhar fora". Ela achava que não; propunha que a solução para o dilema feminino era que os homens fizessem mais tarefas domésticas e dessem mais atenção às crianças. "Quando ela trabalha fora de casa tanto quanto o marido", Parsons pensou, "aparentemente não há motivo para ela ser a responsável por todas as funções domésticas".[21] Suzanne La Follete, em *Concerning Women* [A respeito das mulheres, em tradução livre], tinha uma visão mais negativa quanto à probabilidade desta divisão de funções, mas acreditava que "as mulheres estão prestes a alcançar a paridade": já que haviam alcançado a igualdade política e estavam a caminho de alcançar a igualdade jurídica, restava a busca pela justiça econômica.[22] Em *Marriage and Careers: A Study of One Hundred Women Who Are Wives, Mothers, Homemakers and Professional Workers* [Casamento e carreira: Um estudo de cem mulheres que são esposas, mães, donas de casa e profissionais empregadas, em tradução livre], Virginia MacMakin Collier informava os resultados de um estudo sobre mulheres casadas trabalhadoras com filhos, realizado pela Agência de Informação Vocacional; ela apresentava o problema da seguinte forma: "Um monte de meninas ávidas que acabaram de sair da faculdade e um número semelhante de mulheres casadas e felizes, vêm se fazendo esta pergunta: como ter o patrimônio de felicidade conotado em marido e filhos e manter a movimentação mental e o estímulo de um trabalho interessante?" Entre 1910 e 1920, a porcentagem de mulheres casadas que trabalhavam quase dobrou, e o número de casadas com profissões subiu 40%, comentava Collier. "A pergunta, portanto, não é mais se as mulheres conseguem combinar casamento e carreiras, mas: como?"[23]

Elizabeth Holloway Marston, uma Nova Mulher vivendo em uma Nova Era, fez um acordo com o marido. Marston podia ter amantes. Holloway podia ter uma carreira. E a jovem Olive Byrne, que estudou a ciência da psicologia, iria criar as crianças.[24] Eles encontrariam uma forma de explicar, de esconder aquilo. O acordo seria o segredo deles. Ninguém mais precisava saber.

AS EMOÇÕES DAS PESSOAS NORMAIS

"EU ESTAVA A CAMINHO de um doutorado, mas fui forçada a tomar outros rumos devido ao casamento e à maternidade", Olive Byrne diria posteriormente, explicando por que nunca terminou sua dissertação. Esqueceu de mencionar que não foi ela quem ficou grávida.[1]

Olive Byrne ingressou no programa de doutorado em psicologia de Columbia no outono de 1926. O departamento de psicologia de Columbia oferecia um doutorado e um ano de mestrado. Antes de Byrne começar, ela disse a Noah Slee que fizera tanta pesquisa para Marston durante o verão após a formatura na Tufts que achou que poderia até conseguir terminar um doutorado em dois anos.[2] Ela terminou as disciplinas necessárias para o mestrado, trinta créditos, em um ano. Recebeu o diploma em 1º de junho de 1927, após entregar uma tese intitulada "A evolução da teoria e da pesquisa sobre as emoções", um recapitular da pesquisa sobre a psicologia das emoções, na qual o trabalho de Marston aparece com destaque.[3] Um mês depois, o Departamento de Psicologia de Columbia empossou Marston como instrutor.[4]

Marston ainda estava descendo degraus na sua carreira acadêmica, tendo passado primeiro de chefe de departamento da American University a professor assistente na Tufts, e agora instrutor em Columbia, onde só foi admitido porque o departamento estava desesperado atrás de docentes. A psicologia tornara-se um departamento próprio em Columbia em 1920 e crescera tão rápido que estava ficando maior que o seu prédio, sofrendo tanto da carência de docentes quanto da abundância de pós-graduandos. "Em 1923-24, nossa lista tinha 67 doutorandos e, incluindo Ensaios de Mestrado, haviam 85 pesquisas sob orientação", segundo relatório do departamento. Contratar instrutores como Marston era uma das soluções para o problema. Outra solução, instada pelo relatório, "era ter um número mínimo de doutorandos". Robert Woodworth, chefe do departamento, fez um estudo sobre egressos recentes e descobriu que, embora um número significativo de mulheres tivesse concluído o doutoramento, poucas delas estavam trabalhando na área.[5] A solução para o programa de pós-graduação exageradamente grande, ao que parece, foi incentivar as alunas a largarem o curso.

Woodworth está longe ser o único chefe de departamento a chegar a esta solução. Entre 1900 e 1930, a porcentagem de doutorados outorgados a mulheres dobrou e, depois, durante três décadas, caiu.[6] Os ganhos que as mulheres tiveram no início do século XX começaram a se desfazer, por todo lugar, quando, depois de brigar pelo ingresso em faculdades e pós-graduações, elas descobriram que estavam barradas das fileiras mais altas da academia. Não houve mudanças estruturais que lhes permitissem seguir a vida da mente enquanto criavam filhos: muitas saíram por conta própria, muitas foram expulsas e a maioria desistiu. Em um estudo de 1929 chamado *Women and the Ph.D.* [Mulheres e o doutoramento, em tradução livre], Emilie Hutchinson, economista de Barnard, citou um professor associado que disse que já que, por todo o país, "todo presidente e chefia de departamento insiste em ter apenas homens nos cargos mais altos, me parece uma idiotice incentivar mulheres a conseguirem diplomas superiores achando que terão tratamento justo".[7]

Durante o segundo ano de disciplinas de Olive Byrne, em 1927-28, ela quase finalizou o número de créditos exigidos para um doutorado, mas nunca entregou a dissertação.[8] Ela teria sido desincentivada a continuar, pois era mulher. Mas também tinha que largar o curso porque teria que cuidar de um bebê que não era dela.

"Em 1927, decidimos que, se era para termos filhos, era bom começar", explicou Holloway.[9] Ela tinha 34 anos. Queria ficar grávida, mas não tinha a mínima intenção de largar o emprego. Ela saíra da *Child Study* para ocupar a vaga de editora na filial de Nova York da *Encyclopaedia Britannica*.

Fundada em 1768, a *Encyclopaedia* nunca passara por uma revisão completa desde sua décima primeira edição, em 1910-11. Os trabalhos para a décima quarta edição haviam iniciado-se em 1926; era a primeira vez que o trabalho seria realizado por duas equipes, uma britânica e uma norte-americana.[10] O plano era que esta nova edição fosse não só mais americana que as edições anteriores, mas também mais jornalística, mais narrativa e menos acadêmica. Os trabalhos tomaram dois anos e meio e custaram 2,5 milhões de dólares. A enciclopédia resultante consiste em 24 volumes, mais de 37 milhões de palavras, escritas por mais de 3.500 colaboradores. Quase metade desses colaboradores era norte-americana (os 1.500 colaboradores da décima primeira edição, por outro lado, incluíam apenas 123 americanos.) "Esta não é uma mera revisão", escreveu um crítico do *New York Times,* ao finalizar a enciclopédia. "De A a Z, a obra foi quase completamente reescrita."[11] Holloway era editora sênior, responsável pela encomenda e edição de artigos em sete áreas: psicologia, direito, economia doméstica, medicina, biologia, antropologia e recursos humanos. Ela editou mais de seiscentos artigos.[12]

Holloway engravidou em dezembro de 1927. Olive Byrne largou Columbia na primavera de 1928 para se preparar para o bebê, bem no momento em que saía o livro que ela ajudara Marston a escrever, *As emoções das pessoas normais*, mas que foi publicado apenas com o nome dele.

As emoções das pessoas normais é, entre outras coisas, uma defesa da homossexualidade, do travestismo, do fetichismo e do sadomasoquismo.

O livro defende que formas de expressão sexual comumente tratadas como "anormais" são, na verdade, completamente normais. Marston dedicou o livro a cinco mulheres: sua mãe, sua tia Claribel, Elizabeth Holloway Marston, Marjorie Wilkes Huntley e Olive Byrne. *As emoções das pessoas normais* saiu tanto em Londres quanto em Nova York, parte de uma série intitulada *Biblioteca internacional de psicologia, filosofia e do método científico*, editada pelo psicólogo britânico C.K. Ogden. Em certo sentido, foi um triunfo. Entre os autores que colaboraram com a série estavam Wittgenstein, Piaget e Adler.[13]

O livro descreve a teoria de Marston quanto às quatro emoções primárias. Seu argumento-chave é que na vida emocional, o que costuma ser visto como anormal (por exemplo, um apetite sexual pela dominação ou pela submissão) e que, por esse motivo, é comumente ocultado e mantido em segredo, na verdade não só é normal como também é *neuronal*: torna-se inseparável da própria estrutura do sistema nervoso. A função do psicólogo clínico, defendia Marston, era dar ao paciente uma "reeducação emocional" (do tipo que ele oferecia na clínica estudantil de Tufts). Ele escreveu: "A única reeducação emocional prática consiste em ensinar aos outros que existe uma norma do comportamento psiconeural, que não depende em nada do que os vizinhos dizem ou o que eles acham que os vizinhos querem que se faça. *As pessoas têm que aprender que os componentes amorosos que existem dentro de si, que elas passaram a ver como anormais, são totalmente normais.*"[14]

As emoções das pessoas normais, contudo, não conseguiu dar a Marston a estima de sua profissão. O livro, em larga medida, foi ignorado. Uma das únicas resenhas que saiu nos Estados Unidos foi publicada no *Journal of Abnormal and Social Psychology*. Era arrebatada. "Este livro apresenta o primeiro tratado lógico e razoável sobre as emoções que a psicologia já ofereceu", dizia. "O Dr. Marston diz que seu trabalho é resultado de 15 anos de estudos experimentais e clínicos, e o leitor pode acreditar prontamente que estes 15 anos provaram-se válidos". A resenha foi escrita por Olive Byrne.[15]

Resenhar um livro escrito por alguém com quem você mora e divide a cama é, desnecessário dizer, errado. Em uma época em que era rotina cientistas e acadêmicos homens publicarem a pesquisa e a redação de esposas e namoradas apenas com os nomes deles, Marston tinha a distinção de ser justo e franco ao reconhecer com frequência e abertamente a colaboração de mulheres na sua pesquisa: dedicava os livros a elas, citava a assistência delas no texto e nas notas de rodapé e, em um compêndio que publicou chamado *Integrative Psychology* [Psicologia integrativa, em tradução livre], listou Holloway como coautora.[16] O trabalho que Olive Byrne fazia para Marston era, muitas vezes, apenas de secretária; ela deixava nas cartas e nos manuscritos que datilografava para ele com a assinatura secretarial padrão "wmm/ob".[17] No entanto, há também uma lisura extraordinária no jeito como Marston, Holloway e Byrne creditavam autoria; o trabalho deles está tão amarrado e suas funções tão sobrepostas que muitas vezes é difícil determinar quem escreveu o quê. Aparentemente, isso não incomodava em nada nenhum dos três. A disposição de Olive Byrne a escrever uma resenha de *As emoções das pessoas normais* — um livro ao qual, além de outras maneiras pelas quais estava envolvida com o autor, ela colaborara tanto com pesquisa original significativa (em Tufts, estudando a Festa das Bebês) e um levantamento da literatura disponível (sua tese de mestrado em Columbia) — sugere que a regra familiar em relação a autoria era só uma: vale tudo.

Mas nem tudo vale no mundo acadêmico. No início de 1928, pouco depois de Holloway ficar grávida, Marston ficou sabendo que seu posto de instrutor em Columbia não seria renovado. Ele já somava postos perdidos em três universidades. Foi correndo atrás de outra. Devia saber que tinha poucas chances. Recorreu à sua *alma mater*.

"Sabe de alguma vaga para mim no ano que vem?", Marston escreveu a Edwin G. Boring, de Harvard, em 18 de março de 1928, anexando seu Curriculum Vitae.[18]

Boring entrara no Departamento de Psicologia de Harvard em 1922, pouco depois de Marston sair, mas eles se conheciam porque ambos haviam trabalhado com Robert Yerkes durante a guerra. Boring também conhecia Holloway. Ela começara a corresponder-se com ele em 1927, poucas semanas depois de Boring ser eleito presidente da Associação Americana de Psicologia. Boring fora a principal referência de Holloway para artigos da área de psicologia na *Encyclopaedia Britannica*. Boring não apenas colaborou com alguns verbetes, incluindo um sobre psicologia experimental, mas também recrutou colegas para escrever para Holloway.[19]

Holloway era uma editora valente e decidida. Nunca perdia, porém, a chance de promover o trabalho do marido. Ela escreveu a Boring a respeito de um artigo sobre emoções que viera da sede britânica, colocando-o como "um razoável artigo nebuloso, musgoso e filosófico cheio da espirituosidade auspiciosa de Wundt". O que ela queria, porém, era "um artigo bom, vivo, atualizado e americano". O que ela queria eram 3.500 palavras e, escreveu a Boring, "quero que Bill escreva, já que ele acabou de finalizar um levantamento dos trabalhos mais importantes que se faz na área".[20] (Porém, não era seu marido quem acabara de completar um levantamento dos trabalhos mais importantes que se fazia na área das emoções, era Byrne. O levantamento fora sua tese de mestrado.)

Quando Holloway incluiu o verbete de Marston para "Emoções, Análise das" na décima quarta edição da *Encyclopaedia Britannica*, ela o publicou apenas com o nome de Marston. Sua curta bibliografia lista cinco referências, incluindo um artigo de Marston publicado em revista científica e a tese de mestrado de Byrne. Contudo, o propósito maior do verbete parece ter sido promover a teoria das emoções do marido, citar seu trabalho como demonstração de "uma base neurológica definitiva para o amor e o apetite sexual como as duas principais emoções compostas".[21]

Marston tinha bastante amor e bastante apetite. O que ele não tinha era um emprego. Quando escreveu a Boring em busca de uma vaga, este sugeriu que Marston se correspondesse com o Departamento de Cargos Docentes de Harvard.[22]

"Gostaria de deixar meu nome registrado como interessado em cargo de ensino de psicologia no próximo ano ao salário de 3.500 dólares", escreveu Marston ao departamento. "Tenho interesse especial por trabalhos sobre personalidade e o trabalho clínico sobre as emoções." Ele se descrevia como um "psicólogo universitário e consultor". Um dos trabalhos que fizera e que continuaria fazendo com prazer era coordenar "clínicas de personalidade para reajuste emocional de estudantes", como a clínica que coordenara em Tufts, ajudando os alunos a aprender a amar seus "componentes amorosos".[23]

"O Dr. Marston ocupa o cargo de instrutor de nosso departamento no ano presente e em parte do ano passado", relatou A.T. Poffenberger, de Columbia, em carta enviada ao Departamento de Cargos Docentes de Harvard. "Ele deixou forte impressão tanto lecionando quanto no contato imediato com os alunos. Ele dirigiu uma série de pesquisas de menor monta, embora seu trabalho tenha sido primariamente no departamento de graduação. Todos gostamos dele como colega e considerariamos seriamente mantê-lo na casa caso houvesse disponibilidade de cargo apropriado. As qualidades do Dr. Marston são merecedoras, na minha opinião, de um cargo extraordinariamente bom."[24] De qualquer forma, se os colegas de Marston de Columbia o admirassem mesmo, teriam renovado sua nomeação, no mínimo porque o departamento tinha alunos demais e professores de menos.

A única carta de recomendação de Marston sem reservas veio de Leonard Troland, um especialista em ótica que era bastante versado tanto em física quanto em psicologia. Troland conhecia Marston e Holloway desde o ensino médio. Ele também estava entre os homens do Emerson Hall que Boring havia enlaçado para escrever para a *Encyclopaedia Britannica* (Troland colaborou com o verbete sobre a cor preta).[25]

"O Dr. Marston é meu amigo pessoal", escreveu Troland na carta de recomendação. "Eu o conheço há aproximadamente vinte anos. Ele é doutor em psicologia por Harvard e realizou parte dos seus trabalhos sob minha orientação. Vejo-o como homem de grande capacidade e iniciativa, em particular no campo de pesquisa e ensino. Ele tem instrução e prática na profissão jurídica, assim como na psicologia. É bastante conhecido em todo o país por suas investigações e textos relativos à psicologia das emoções. Seu trabalho mais marcante possivelmente seja o que trata dos métodos para detectar a falsidade intencional. Recomendo-o fortemente."[26]

O endosso de Boring foi mais comedido. "O Dr. Marston é psicólogo de grande dinâmica e eficácia, especialista em pesquisa fisiológica sobre as emoções de certas fases dos problemas da personalidade. Ele sabe ensinar e despertar o interesse dos alunos. Sempre será produtivo. Algumas pessoas creem que ele talvez seja especializado demais." Então, ele ampliou sua última consideração: "Posso acrescentar que esta questão de especialização talvez seja um pouco extrema, e o que quer que ele lecione pode ser tingido pelas visões que possui. Também é verdade que seu entusiasmo chega ao nível de uma leve excentricidade. Ele encaixa-se muito bem em alguns lugares, mas, no departamento médio, geral, de psicologia, ele provavelmente ficaria à parte no seu trabalho, e mesmo às vezes aberto a acusações de sensacionalismo."[27] Era um relato justo e franco e, dado tudo que havia ocorrido, generoso.

Um relato ainda mais crítico veio de Edward Thorndike, colega de Marston em Columbia. Durante a guerra, Thorndike apoiara o trabalho de Marston no Comitê de Psicologia de Yerkes. Desde então, sua opinião sobre Marston azedara. A carta datilografada de Thorndike incluía uma correção significativa: "O Dr. W.M. Marston é um competente ~~psicólogo~~ professor de psicologia." O restante do texto não dava esperanças: "Seu sucesso em trabalhos passados é uma medida de sua promessa futura. É apenas moderada."[28]

Entretanto, a carta mais condenatória no arquivo de Marston veio de Herbert Langfeld, seu ex-orientador, que dera aulas tanto a Marston quanto a Holloway e conhecia os dois muito bem. O professor havia trocado Harvard por Princeton. "Como os históricos em Harvard hão

Olive Byrne com o bebê de Holloway, Moulton Marston, no outono de 1928

de demonstrar, o Dr. Marston foi um excelente aluno e sempre teve ótimas notas na graduação", começava Langfeld. "Ele obteve seu nível de doutorado sem dificuldade alguma." Então, o professor passou a listar suas reservas: "Ele teve diversos cargos que não conseguiu manter. Rumores chegaram até mim de diversas fontes, sendo que não os pude averiguar. Desta forma, é muito difícil para mim dizer algo além de que, quando fez seu grau em Harvard, ele dava grande promessa de fazer trabalhos de excelência." No fim da carta, Langfeld datilografou: "Confidencial: apenas para o departamento."[29] Com uma carta como esta no arquivo, ninguém ia contratar Marston — nunca mais. Eram termos que se usava em listas negras. Era o tipo de coisa que se dizia de homossexuais. Marston nunca conseguiu outra nomeação acadêmica fixa.

Holloway trabalhou durante toda a gravidez. "Se você não se demitir, essa criança não vai nascer nunca", Marston lhe dizia. Em uma terça-feira, ela saiu do trabalho e pegou o trem para voltar para casa em Darien, Connecticut. (Holloway nunca aprendeu a dirigir.) Ela quase teve o bebê em casa, mas, quando as contrações começaram, Marjorie Wilkes Huntley estava lá; ela botou Holloway no carro de Marston e correu com ela para o hospital Lenox Hill, em Manhattan. "Zaz me trouxe a Nova York a tempo", disse Holloway.[30] O bebê nasceu na sexta-feira, 26 de agosto de 1928. Batizaram-no Moulton.

"Você é uma grande figura de ficar no emprego como fez", Boring escreveu à Sra. Marston, junto às congratulações.[31] No entanto, a Sra. Marston tinha toda a intenção de continuar no emprego. O marido estava desempregado. Eles haviam feito outros preparativos para o bebê.[32] Certa vez, respondendo a um questionário sobre quando pretendia voltar ao trabalho depois da gravidez, ela recusou todas as opções de resposta, marcou "Outra" e escreveu: "Assim que estiver fisicamente apta."[33]

Holloway voltou ao serviço em Nova York, deixando seu recém-nascido na zona rural com Marston e Byrne.

"O ar da cidade não se dá bem com o bebê", Olive Byrne escreveu a J. Noah Slee em novembro daquele ano, de Connecticut.

"São estes os fatos em torno dos meus aparentes vai e vens", Olive disse ao tio.[34] Porém, não contou mais nada.

CHARLATÃO

EM 21 DE JULHO DE 1928, Carl Laemmle, presidente do Universal Studios em Hollywood, comprou um anúncio nas páginas do *Saturday Evening Post*:

> Procura-se um psicólogo
> Em algum lugar deste país existe um psicólogo pragmático — e consumado nas ciências da mente — que se encaixe na organização Universal. Ele poderá ser de enorme ajuda na análise de certos enredos e prever como o público reagirá. Como os filmes estão cada vez mais refinando-se, este *showman da mente* terá grande influência sobre as telas do mundo. Ressarcirei muito bem tal indivíduo.[1]

Laemmle, que tinha 61 anos e mal chegava a um metro e meio, inaugurara seu primeiro *nickelodeon* em Chicago em 1906, quando tinha 39 anos: botou 120 cadeiras dobráveis em uma loja de roupas adaptada na Milwaukee Avenue que alugara de um agente funerário. Três anos depois, fundou a Independent Moving Pictures, em Nova York, e começou a produzir filmes em um estúdio de improviso na Eleventh Avenue. Em 1912,

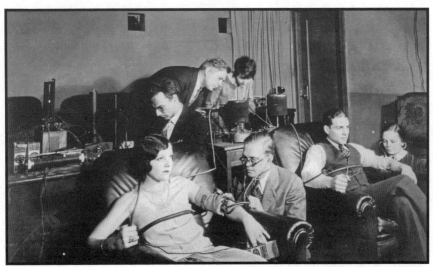
Marston e Byrne (juntos, ao fundo) conduzem experimentos em Columbia em 1928

fez seu primeiro "longa-metragem", com cinco rolos. Depois de ganhar milhões de dólares fazendo filmes mudos com Mary Pickford ("Tio Carl", como o chamavam, criou o *star system*), em 1915, ele fundou a Universal Pictures (o ano em que o filme de Marston, *Jack Kennard, covarde*, ganhou o prêmio Edison), mudou sua base para Los Angeles e construiu o Universal City Studios em 160 hectares. Em 1928, Laemmle queria um *showman da mente* porque a era do cinema mudo estava chegando ao fim e ele não tinha ideia do que fazer. Estava cansado e prestes a aposentar-se. Não gostava muito dos *talkies*. E estava preocupado com a ameaça crescente da censura, contra a qual talvez um psicólogo fosse a melhor defesa.[2]

E foi por isso que ele comprou o anúncio no *Saturday Evening Post*. "Embora muitos tenham entendido o anúncio como piada", informou a *Variety*, choveram centenas de cartas de resposta, "das maiores mentes do país em termos psicológicos".[3] Quando Marston leu o anúncio de Laemmle, ele já estava na lista negra do mundo acadêmico e prestes a ser pai. Precisava de um emprego.

O interesse de Marston pelo cinema vinha ressurgindo. Em janeiro de 1928, logo antes de Holloway ficar grávida, Marston e Byrne haviam realizado um experimento no Embassy Theatre de Nova York. Marston convidou jornalistas e fotógrafos para assistir enquanto ele acomodava uma plateia de seis vedetes — três loiras e três morenas — na primeira fila do teatro. (Quando Boring disse, em sua carta de recomendação, que Marston tinha predileção pelo sensacionalismo, era uma alusão ao experimento no Embassy.) Então conectou as meninas a cintas de pressão arterial — aparelho que ele chamava de "amorômetro" — e registrou o nível de empolgação destas enquanto assistiam ao clímax romântico do filme mudo *A carne e o diabo*, da MGM, de 1926, estrelando Greta Garbo. Marston afirmava que, segundo seus resultados, morenas são mais excitáveis que loiras.[4]

"O experimento foi conduzido pelo Dr. William Marston, instrutor de psicologia de Columbia; seu laboratório era um cinema da Broadway e sua plateia era sobretudo de relações-públicas", relatou um jornal de Wisconsin.[5] Marston abrira uma agência de publicidade; o estudo para a MGM era uma jogada de marketing. Deu certo. A matéria caiu na Associated Press e em algumas ocasiões foi acompanhada de uma foto de divulgação com Marston, Byrne e as belas vedetes conectadas a um emaranhado de máquinas, em jornais de todo o país. Foi até destaque em um cinejornal: "O Dr. William Marston testa sua última invenção: o amorômetro!"[6]

Marston estava longe de ser o único psicólogo nos Estados Unidos interessado em cinema. Não estava nem só entre os psicólogos de Columbia interessados em cinema. Havia também, pelo menos, Walter Pitkin. Pitkin, o editor norte-americano da *Encyclopaedia Britannica*, era chefe de Holloway. Também era psicólogo. Em 1905, ele, que não tinha formação universitária, foi contratado como instrutor de psicologia de Columbia com base na recomendação de William James. Também trabalhava como editor do *New York Tribune* e do *New York Evening Post*. Foi um dos editores mais influentes da primeira metade do século XX. Foi nomeado professor de jornalismo da Faculdade de Jornalismo de Columbia em 1912, ano de sua fundação. Lecionou lá até aposentar-se, em 1943. Um de seus livros mais conhecidos era *How to Write Stories* [Como escrever histórias, em tradução livre], publicado em 1923.[7] Marston conheceu-o através de Holloway. Virou um dos amigos mais próximos de Pitkin.[8] Eles compartilhavam o interesse pelo cinema, e pela interseção entre narrativa e psicologia. Foram assistir a muitos filmes juntos.

"Ele e eu costumávamos estudar os filmes falados do ponto de vista psicológico", Pitkin escreveu posteriormente, "e logo concordamos que Charlie Chaplin & Companhia eram ou tolos, ou mentecaptos (talvez as duas coisas) ao afirmar que o filme falado tinha menos apelo que o mudo. Não é necessário ser muito versado em questões de percepção e estética em geral para saber que, se a integração de visão e som pudesse ser aperfeiçoada, o efeito estético sobrepujaria em muito o que se tem apenas com a visão. Por isso, Bill e eu viramos entusiastas ruidosos dos *talkies*. Creio que tenhamos sido os primeiros entre os acadêmicos".[9]

Outros psicólogos também se interessavam por cinema, seguindo o trabalho pioneiro de Münsterberg. Uma mestranda no mesmo programa de pós-graduação de Byrne em Columbia realizara um estudo a respeito do quanto as pessoas lembravam de um filme após assisti-lo.[10] Em 1929, Will Hays, presidente da Associação de Produtores e Distribuidores de Cinema dos Estados Unidos, correspondeu-se com o presidente de Columbia, oferecendo fundos para financiamento de pesquisas. (Hays tinha interesse em reunir provas de apoio a um código de censura.)[11] E Leonard Troland, amigo de Marston, trabalhara para a Technicolor Motion Picture Corporation of California; em 1925, quando ainda lecionava em Harvard, ele fora nomeado diretor de pesquisa da Technicolor. Mais tarde, mudou-se para a Califórnia. (Troland, que se matou em 1932, tem o crédito não apenas pela criação da fotografia bicolor mas também da tecnologia por trás do cinema a cores.)[12]

Contudo, não eram muitos psicólogos que tinham tanta experiência quanto Marston em relação a pensar sobre filmes e sentimentos. A Universal Studios chamou-o para uma entrevista.

"Carl Laemmle desencava doutor", informou a *Variety* em 26 de dezembro de 1928, anunciando que Marston, "que passou três vezes por Harvard sem desistir, vai dizer os comos e porquês na Universal City".[13] "Finalmente encontrei o sujeito", disse Laemmle.

No dia seguinte, Marston foi entrevistado por um jornalista do *New York Evening Post* na sede da Universal em Nova York. "O Dr. Marston, que daqui a uma semana deixará de escrever B.Λ., Ph.D. e LLB após o nome — já que Hollywood é meio sensível com essas coisas — será a autoridade psicológica por trás de todos os filmes por vir de uma das grandes produtoras", informou o *Post*. "Ele acaba de assinar contrato para ser diretor de um novo escritório de utilidades públicas da empresa. Sua função será testar o valor emotivo das tramas e tratamentos, fazer os filmes passarem pelo trajeto do escrutínio científico. Isso significa revolução para a boa e velha escola de cinema do sangue e trovão, da lama e emoção."

"O filme tem que ser fiel à vida", Marston disse. "Se o filme retratar uma emoção falsa, ele instrui quem o assiste a reagir anormalmente. É falso mostrar o homem como líder e ditador na vida amorosa. As mulheres sempre deviam ser retratadas como líderes. É ela quem controla e direciona o romance. É possível que ela utilize sua suposta submissão a um homem das cavernas para conseguir segurá-lo com mais firmeza. Mas o filme deve mostrar que o charme do homem das cavernas só funciona como desafio para a mulher querer enlevar esse bicho difícil!"

Ele era loquaz ao demonstrar sua teoria das emoções e explicou como a aplicaria nos filmes da Universal.

"Temos expectativa de demonstrar a verdadeira mecânica da emoção do amor, com aspectos interessantes da submissão, da dominação e do enlevo", ele disse. "As pessoas aceitam a verdade quando ela se aplica à sua própria experiência. O que elas querem é um romance exitoso, e aceitarão qualquer coisa que os ajude a alcançar este estado."

Ele explicou que Hollywood lhe ofereceu um laboratório maior do que lhe ofereceram em Harvard.

Da esquerda para a direita: Carl Laemmle Jr., Elizabeth Holloway Marston, Moulton ("Pete") Marston, William Moulton Marston e Carl Laemmle em 1929, quando os Marston e Olive Byrne (não retratada) chegaram a Hollywood

"Filmes são a única variedade de estímulo emocional no qual o experimentador pode controlar as emoções daqueles que assistem", disse Marston. "Não se pode fazer isto com outro meio. Espero apresentar estes problemas emocionais às plateias a partir de uma série de metas educativas que demonstrem a mecânica da emoção e também deixando que os espectadores escrevam seus próprios finais para os filmes."

Marston, à direita, no set de *Arte diabólica*, no Universal Studios, em 1929

O repórter concluía: "Arrependimento algum tinge este otimista cientista na sua deserção do laboratório e das salas de aula pelo estúdio de cinema. Ele está se dedicando a uma obra maior."[14]

Marston acabara de finalizar um período de docente na NYU, onde ofereceu uma disciplina durante o semestre de outono como professor adjunto.[15] Na primeira semana de janeiro, ele foi à Washington Square desocupar sua sala, e lá, seguindo até a Grand Central Station enquanto aguardava o trem para voltar a Darien, foi entrevistado por um estudante para o jornal da universidade — uma publicidade que o próprio Marston arranjou, sem dúvida. Ele explicou que o novo emprego envolveria aprovar todas as tramas antes de as câmeras rodarem. "Desta maneira", disse, "um *scenario* terá que ser psicologicamente firme antes de ser entregue aos técnicos de cinema para a produção em si". Ele aprovaria também cada filme após a produção e antes da distribuição. "Não há outra organização", disse Marston, "nem mesmo a Igreja, com um equipamento tão poderoso para servir psicologicamente ao público quanto a produtora de cinema".[16]

Em janeiro de 1929, Marston, Holloway, Byrne e Moulton, com 5 meses, embarcaram no trem que cruzaria o país. (Todos chamavam o bebê de "Pete".) Deixaram Huntley para trás. Pararam em Chicago, onde ficaram na casa da tia de Marston, Claribel, a qual, segundo Holloway, "estava tão decidida em levar seus amigos a conhecer o 'GRRANDE doutor Marston' que o bebê, minha companhia e eu fomos totalmente negligenciados". (Por "minha companhia", Holloway referia-se a Byrne.)[17]

Na Califórnia, eles alugaram uma casa em um morro com vista para Los Angeles. Marston dirigia um Modelo T até a Universal City. Holloway voltou a trabalhar para a *Encyclopaedia Britannica*; fazia-o por correio. E Byrne cuidava do bebê Pete.[18]

O título de Marston era diretor do Escritório de Interesse Público. O plano era que ele trabalhasse em regime probatório durante alguns meses, com a possibilidade de assinar um contrato de cinco anos. No entanto, primeiramente, segundo a *Variety*, "ele terá que provar aos rapazes do oeste que uma trama não deveria ter um final feliz simplesmente porque é um choro só nos cinco rolos e meio que vêm antes". Ele deveria dar apoio em termos de seleção de elenco, edição do roteiro e planos de câmera, além de, no geral, "aplicar a psicologia onde ela fosse necessária".[19]

A primeira ideia de Marston foi fazer um concurso com o público dos cinemas. Ele convenceu Laemmle a oferecer 2 mil dólares em prêmios para as melhores respostas à pergunta: "Por que mulheres sedutoras amam homens rústicos?" Não era um experimento; era um ardil projetado para promover o último filme de Laemmle, *O homem que ri*, uma das primeiras tentativas do produtor de usar o som. O filme, baseado em um livro de Victor Hugo, conta a história de uma garota cega que se apaixona por um homem cujo rosto ficou desfigurado; as feições dele são distorcidas de forma que ele sempre tem um sorriso horrendo no rosto. Trabalhar em Hollywood, disse Marston, permitiria a ele "desvendar a charada do gosto do público". A reação do público à história de amor em *O homem que ri*, disse ele, "lança uma discussão interessante sobre um fenômeno psicológico elementar": por que mulheres lindas amam homens feios? Ele ressaltou, a fim de exemplo, os sheiks árabes e seus haréns. Os sheiks, disse ele, são "homens de meia-idade, morenos, de pele gasta, nariz adunco, lábios finos, com barbas sujas e eriçadas, mas que são objetos de adoração da parte de mulheres cativantes, a quem tratam com crueldade".[20]

Marston conduziu parte de seu estudo para Laemmle em um laboratório de sua própria criação na Universidade da Califórnia, Los Angeles.

Em um dos experimentos, ele apresentou para mil estudantes o filme *Cilada amorosa*, produzido pela Universal em 1929, sem a cena final, ou *"tag"*, que foi adicionada posteriormente, na qual a heroína, uma vedete que foi desprezada pelos parentes endinheirados do marido, tem o prazer de humilhá-los. Ele queria saber como o público lida com filmes que terminam mal.[21]

Marston também tinha sua opinião quanto ao som no cinema. "Não há dúvida de que o som e as falas aumentam o valor de entretenimento de um filme", disse ele a um jornalista de Hollywood. "Há um conflito distinto, contudo, entre elementos pictóricos e sonoros, que não há como se evitar por completo até que se faça filmes tridimensionais."[22]

Marston incitou Laemmle a contratar Pitkin como editor de tramas. "Pois a Bill, que Deus o abençoe, tenho dívida eterna por ter tirado cinco anos da minha idade", Pitkin escreveria mais tarde, "e ao tio Carl igual dívida por encurtar mais cinco anos. Eu tinha 51 quando fui a Hollywood. Não podia ter mais de 41 quando saí, aproximadamente seis meses depois."[23]

Marston gostava de contar a história de um produtor que ligou para a sua sala e pediu ajuda para angariar 10 milhões de dólares para um novo filme. Marston disse que precisaria de algumas semanas para marcar reuniões com nova-iorquinos ricos. Uma hora e 15 minutos depois, o produtor ligou de novo.

"Esqueça aquele plano de que conversamos", disse ele. "Tenho o dinheiro e não precisamos de você para o filme." Pitkin conseguiu o capital enviando um telegrama de meio metro para um amigo de Wall Street.[24]

Marston e Pitkin resolveram escrever um livro juntos. *The Art of Sound Pictures* [A arte dos filmes sonoros, em tradução livre] saiu em novembro de 1929.[25] "Os *talkies* são a única arte que atrairia Leonardo da Vinci, caso estivesse vivo hoje", escreveram Pitkin e Marston. Esta arte, explicavam eles, "é um bebê gigante, desastrado como todo bebê. [...] Não sabemos o que o bebê fará e dirá ao crescer. Mas temos certeza de que deixará sua marca no mundo".[26]

Boa parte do livro é formada por conselhos para aqueles que desejavam ser roteiristas. "Provavelmente nove de cada dez histórias que não conseguem se vender em Hollywood contêm alguma deficiência séria ao tratar do emocional", explicou Marston. E, já que "não há história de sucesso nas telas que contenha apelo emocional universal sem alto teor de excitação erótica", os aspirantes a roteirista precisavam entender a psicologia do sexo, e saber que toda história tem que demonstrar o que ele descreveu como leis psicológicas: os fatos de que "a mulher possui o poder superior do amor", que o amor sempre triunfa sobre a força, que "a excitação é uma emoção predominantemente masculina, e que a submissão no amor pertence ao homem e não à mulher".[27]

Muito de *The Art of Sound Pictures* é um guia de como escapar da censura. Marston e Pitkin dedicaram grande atenção a explicar, ponto a ponto e estado a estado, o que passava e o que não passava pelos censores. *Branding* — "Cena que mostra ferro de marcar gado no fogo, se a aplicação não for mostrada" — vale em Nova York, Ohio e Virgínia, não é permitida na Pensilvânia, Maryland e Kansas. Sexo — "Homem e mulher (casados ou não) caminhando rumo ao quarto, com sugestão de que pensam em intimidades, se não são mostrados depois que a porta se fecha" — depende da ação. Homossexualidade — "Ação de personagens, sugerindo que são transviados, como cena que mostre mulheres se beijando, se mostrada em plano longo" — geralmente não é permitida.[28]

Embora o livro tenha sido propagandeado como "primeiro livro completo e prático sobre como escrever *talkies*", o *New York Times* tratou-o com desprezo: "O que há nos filmes com som que chame a atenção de dois eminentes psicólogos é uma dessas coisas que nunca se vai entender no mundo."[29]

No Universal Studios, Marston teve participação em filmes como *Boêmios*, de 1929. Ele também ajudou os filmes a passarem pela censura, incluindo *Nada de novo no front*, de 1930. Quando o filho de Carl Laemmle, Junior Laemmle, assumiu a Universal, ele a transformou em uma produtora especializada em filmes de terror: é a teoria das emoções de Marston que subjaz o terror psicológico particular ao *Frankenstein* (1931), ao *Drácula* (1931) e ao *O homem invisível* (1933) de Laemmle. Antes de Marston ir para Hollywood, ele também trabalhou para a Paramount. Para *O médico e o monstro* (1931), ele testou a reação da plateia amarrando espectadores a cintas de pressão arterial enquanto assistiam às prévias.[30]

Marston fazia seus concursos, dava orientações, amarrava plateias no amorômetro, perambulava de um set para o outro, bebia com Pitkin, criticava diretores e dava conselhos psicológicos para atores. Muita gente achava que ele vendia disparates.[31] Um dos filmes em que Marston trabalhou antes de ser demitido da Universal foi um mudo sobre um adivinho. Chamava-se *The Charlatan*.[32]

Marston nunca conseguiu o sonhado contrato de cinco anos. Em 1930, a Associação de Produtores e Distribuidores de Cinema dos Estados Unidos adotou o que viria a ser chamado de Código Hays, que proibia que os filmes retratassem qualquer coisa que viesse a "rebaixar os padrões morais daqueles que os assistem", incluindo nudez, partos e homossexualidade. O código só veio a ser aplicado em 1934, mas, à época, o filho e sucessor de Carl Laemmle já havia encontrado um "showman da mente" melhor que Marston para examinar os filmes da Universal.

Quando a Universal começou a exibir as prévias do *Frankenstein* de Carl Laemmle, estrelando Boris Karloff, a produtora trouxe seu rival na detecção de mentiras, Leonarde Keeler, da Keeler, Inc., para testar as reações da plateia. Durante a guerra, os colegas de Marston no Comitê de Psicologia do Conselho Nacional de Pesquisa haviam descoberto que a detecção de falsidade ficava devendo em termos de credibilidade científica. Em *Frye contra o Estado*, os tribunais rejeitaram sem sombra de dúvida sua admissibilidade como prova em casos penais. Porém, em 1921, John Larson, um investigador policial que fizera doutorado em fisiologia pela Universidade da Califórnia, leu um dos artigos acadêmicos de Marston — "Possibilidades fisiológicas no teste de falsidade" — e resolveu que ia descobrir como aplicar a técnica à interrogação policial. Ele contratou Keeler, estudante do ensino médio em Berkeley, como seu assistente. Em 1925, Keeler tentou patentear aquilo que às vezes chamava de emotógrafo, às vezes de respondógrafo, mas que acabou decidindo nomear Polígrafo Keeler (o "poli" era válido porque o aparelho registrava várias coisas: pressão arterial, ritmo cardíaco e assim por diante). Depois que Larson mudou-se para Chicago, para trabalhar com a polícia da cidade, Keeler seguiu-o até lá, e foi trabalhar no Laboratório de Detecção Criminosa Científica, primeiro laboratório forense dos Estados Unidos — fundado por John Henry Wigmore. Em 1931, depois de ajustes no projeto original, Keeler recebeu a patente do polígrafo.[33]

Marston, Holloway, Byrne, o bebê Pete e Walter Pitkin voltaram para Nova York. Marston e Pitkin decidiram fundar a própria produtora: a Equitable Pictures Corporation. Marston, nomeado vice-presidente, tinha 15% das ações. Pitkin sempre tinha mil projetos em andamento, todos ao mesmo tempo. ("Quando você entra na casa de um homem na expectativa de discutir detalhes financeiros de um acordo comercial e encontra-o sentado ao piano com um lápis e uma partitura, compondo uma sinfonia, é bem provável que ache o caso desconcertante", Marston escreveu a respeito dele.)[34] Ele tinha muitas ideias de enredos. Uma vez, em papel timbrado da *Encyclopaedia Britannica*, Pitkin rabiscou a ideia para um filme cuja trama se daria em torno de "A tese de Bill Marston: como uma mulher pode amar e ainda assim pagar as contas? Como ser *economicamente* independente e também *eroticamente* independente?". Seu objetivo seria "mostrar que o amor livre não é a solução".[35]

Marston queria fazer aquele filme — um filme sobre o dilema da Nova Mulher. Queria chamá-lo ou de "A mulher valente", ou de "A garota tonta", em homenagem às suas damas: Holloway e Byrne. Não conseguiu se decidir.

A Equitable Pictures foi consolidada em outubro de 1929, com 10 mil ações ordinárias. Dias depois, o mercado de ações veio abaixo.[36] A

Equitable Pictures foi junto. Essa mulher, uma que podia ser independente tanto econômica quanto eroticamente, teria que aguardar o fim da Grande Depressão. De qualquer forma, ela teria que ser uma super-heroína. E os super-heróis ainda não tinham sido inventados.

VÊNUS CONOSCO

OLIVE BYRNE casou-se com William K. Richard, de Los Angeles, em 21 de novembro de 1928, quando ela tinha 24 anos.[1] Ficou com o nome dele e passou a se chamar Olive Richard. O primeiro filho do casal, Byrne Holloway Richard, nasceu em 12 de janeiro de 1931. Outro menino, Donn Richard, nasceu em 20 de setembro de 1932. Pouco tempo depois, conforme ela disse aos filhos, o pai deles havia morrido. William K. Richard fora um homem muito doente: havia aspirado gás durante a guerra e ficara com problemas respiratórios, dos quais nunca se recuperou. Estranhamente, ela não tinha uma foto sequer do marido.[2]

Ela não tinha fotografias porque William K. Richard nunca existiu. "Olive Richard" era uma ficção. (Daqui em diante, eu a chamarei de "Olive" para evitar confusão com o filho Byrne.) O pai de Byrne e Donn era William Moulton Marston. A data do casamento, contudo, não era mentira. Em novembro de 1928, Olive Byrne começou a usar um par de braceletes largos e justos. Nunca os tirava. A Mulher--Maravilha usa exatamente os mesmos braceletes.

Marston e Olive comemoram o 21 de novembro de 1928 como aniversário de casamento. Assim como acontece em muitas famílias, às

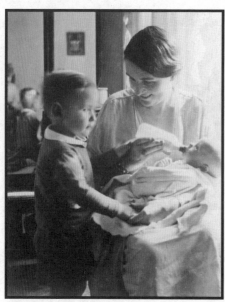

Olive, de braceletes, com Pete e o bebê Byrne, em 1931

vezes deixavam a data passar. Olive escreveu no seu diário em 21 de novembro de 1936: "Aniversário de casamento — que esquecemos totalmente." E, mais uma vez, em 21 de novembro de 1937, amargurada: "De novo esquecemos aniversário de casamento, mas tudo bem."[3]

Em 6 de dezembro de 1928, duas semanas depois do casamento, Marston enviou uma carta extraordinária para o departamento de egressas da Mount Holyoke College, proclamando as realizações de Holloway.

"Você sabia", ele perguntou, que "Betty (vocês a chamavam de Sadie)"

1. Foi secretária de redação da Revista *Child Study* no ano 1925-6.
2. Escreveu muitas matérias interessantes e de sucesso, "*broadsides*", etc. para a Policy Holders Service Bureau, para a Metropolitan Life Ins. Col., 1926-7, e lhe ofereceram muitos atrativos para permanecer com eles quando, em 1927, ela saiu para fazer parte do Dep. Editorial da *Encyclopaedia Britannica*, onde tratou de psicologia, antropologia, medicina, fisiologia, direito e um pouco de biologia?
3. Trabalhou como editora e escreveu uma matéria sobre "Reflexo condicionado" (a sair como artigo assinado na vindoura *Britannica*) até 21 de agosto de 1928, quando saiu para ter um filho de tamanho avantajado, Moulton Marston, que pesou 3 quilos e [rasgo] grama, em 26 de agosto?
4. Que este filho agora pesa 5kg e 200g? (Isso é o mais importante!)

5. Que ela fez sua família mudar-se para a zona rural, a saber, Darien, Conn., em prol de seu grandioso marido, onde residimos todos agora com graus variados de resignação, enfim, viajantes habituais.
6. Que Betty vem fazendo trabalhos de pós-graduanda em Columbia, em psicologia, com vistas ao seu doutoramento?
7. Que ela colaborou sobremaneira com o marido meio devagar da cabeça na escrita de AS EMOÇÕES DAS PESSOAS NORMAIS, publicado recentemente em Nova York e Londres, pela Kegan Paul e pela Harcourt Brace?
8. Que agora ela trabalha como coautora, com a mesma pessoa mencionada anteriormente, em um volume de psicologia geral, a ser publicado no próximo outono pela Prentice-Hall?
9. Que a Ilma. Betty é instrutora de psicologia na Washington Square College da New York University, há alguns anos — e continua neste cargo?
10. Que ela é a melhor esposa e mãe que já existiu?[4]

Marston, à direita, conduz experimentos com Olive Byrne, atrás da tela, com braceletes

O acordo familiar, no qual Marston tinha duas esposas, uma para trabalhar e uma para criar os filhos, envolvia a promoção da carreira de Holloway. Olive Byrne tinha o treinamento psicológico mais atualizado possível para o gerenciamento moderno e científico de crianças. Como ela ficava em casa com Pete, Holloway podia levar uma vida de mulher profissional, desonerada dos deveres da maternidade. E a renda de Holloway sustentara os filhos de Olive, quando eles vieram ao mundo. Marston nunca conseguira manter um emprego por mais de um ano. Ele também precisava da renda de Holloway.

"Muitos colegas de classe podem, assim como eu, depor que ganhar a vida é tarefa difícil; a única coisa que me resta é ter uma esposa, como a minha, que vai trabalhar para sustentá-lo", Marston informou a Harvard em 1930, na ocasião de seu décimo quinto reencontro de turma, quando Holloway estava trabalhando como editora assistente da revista *McCall's*. "Tendo a ideia de ajudá-la, lecionei psicologia nas universidades de Columbia e Nova York, e atuei como 'psicólogo consultor' — você sabe, um daqueles soporíferos que diz a empresários relutantes o que o público realmente acha do troço que eles querem vender, e ouve as confissões de noivas frustradas." Marston tinha salas na Sétima Avenida, nº 723.[5] Todavia, ele passou a maior parte dos anos 1930 sem emprego.

O censo de 1930 registra que Marston e Holloway, ambos com 36 anos, moravam na Riverside Drive, nº 460, com Pete, de um ano, e Marjorie Wilkies Huntley, de 40; Huntley é listada como "locatária".[6] Huntley fazia parte da família, mas ia e vinha; era irrequieta. Ao longo da vida, ela morou em 35 cidades. Por muito tempo foi bibliotecária do Metropolitan Hospital, de Nova York.[7] Olive Byrne e "Olive Richard" não são listadas como integrantes da casa Marston no censo de 1930. Quando ela engravidou, deve ter se mudado para esconder a barriga.

O primeiro filho de Olive foi um garoto de cabelos claros. Ela mantinha um diário no qual registrou sua infância. Na capa, escreveu: "Byrne Holloway Richard, 12 de janeiro de 1931, às 19h57." Ela lhe

Da esquerda para a direita: Marston, Huntley, Pete, Holloway e o bebê Byrne, em 1931

deu seu nome e também o de Holloway, costurando a família. Foi uma mãe coruja e querida. Seu livro sobre Byrne é em parte um livro do bebê, em parte um caderno de anotações laboratoriais, registro de uma mulher que queria ser médica e tivera formação de enfermeira e psicóloga. É a epítome da maternidade científica. Durante o segundo ano do bebê Byrne: "Aprox. 25 de jan.: começou a devolver objetos a adulto ou a colocar objetos de volta no lugar. [...] 7 de fev. Deu atenção sobretudo a palavras em francês que lhe foram ditas por W.M.M. — riu do que ele dizia e tentou repetir 'adieu'."[8]

Olive também tinha seus diários, nos quais usava códigos secretos. "A única reeducação emocional prática consiste em ensinar que existe uma norma do comportamento psiconeural, que não depende de forma alguma de como se comportam os vizinhos, ou do que se pensa que os vizinhos querem que você se comporte", escrevera Marston em *As emoções das pessoas normais*. Mas o problema na maneira como os Marstons viviam era que os vizinhos deles considerariam tudo anormal. Olive resolveu que o melhor era manter a verdade em segredo: na vida particular, ela não queria que seus filhos soubessem — nunca. Mas manter o engodo exigia camadas de falsidade. Por isso ela inventou William

K. Richard, um marido fictício. No seu diário, quando escrevia sobre Marston como marido de Holloway, referia-se a ele por "W.M.M.". Quando escrevia sobre ele como pai dos seus filhos, referia-se a ele por "R" ou "Ri", de "Richard".[9]

Enquanto Olive Byrne criava uma família da forma mais sigilosa possível, Margaret Sanger chegava a outro nível de visibilidade. No período em que os Marston mantinham seus arranjos familiares secretos, Sanger atingia novos patamares de fama como líder internacional do movimento do controle da natalidade. Em 1931, ela depôs no Congresso em prol do que chamava de "Carta de Direitos das Mães". Outorgada a medalha da Associação Americana de Mulheres, Sanger foi festejada pelo *New York Herald Tribune*: "A Sra. Sanger merece esta honraria; merece mais honrarias que um mundo contra cujas trevas da mente ela lutou com bravura e consistência durante vinte anos vai ser capaz de dar. A Sra Sanger trilhou, praticamente sozinha e diante de todo tipo de perseguição, um rastro pelas selvas mais densas da ignorância e do desamparo humanos. Por diversas vezes foi presa, atacada e coberta de lama — e este talvez seja o tributo mais substancioso ao seu gênio pioneiro." Sanger publicou uma autobiografia, chamada *My Fight for Birth Control* [Minha luta pelo controle de natalidade, em tradução livre]. Um resenhista escreveu: "Margaret Sanger é uma das transformadoras da nossa geração."[10]

Marston, enquanto isso, alinhavava um e outro serviço. Dava uma disciplina de psicologia aqui e ali: na Long Island University, na New School, na Rand School e, por fim, na Katharine Gibbs. Em 1931, ele falou com um jornalista sobre mulheres estudantes. "Ele acredita que os sexos mudaram de status profissional", disse o repórter, "que a caça virou caçadora, que os estudantes homens têm mais noção das mulheres do que de si e que a maioria dos homens prefere ser 'mestre infeliz' do que 'escravo feliz'."[11] Talvez fosse Marston quem, naqueles anos, estava sendo o mestre infeliz.

Ele abriu um escritório chamado Hampton, Weeks & Marston. Não deu certo. Explicou o fracasso da seguinte forma: "Fundei uma agência de publicidade na época errada, perdi meu último dólar e fui derrubado pela apendicite e suas complicações, depois comecei a escrever enquanto me recuperava."[12] Decidiu aventurar-se na ficção.

Em junho de 1932, Marston publicou um romance, *Venus with Us: A Tale of the Caesar* [Vênus conosco: Um conto de César, em tradução livre], que se passava na Roma Antiga. A trama trata de Florentia, uma virgem vestal de 16 anos. "A juventude precipitava-se no seu corpo delgado como uma chama de veludo." Ela crescera na

Olive, de braceletes, segura Donn, com Holloway, grávida, atrás dela. Byrne e Pete estão à direita. Natal de 1932, o ano em que Marston publicou *Venus with Us*

versão da Roma Antiga das escolas de freiras em que Olive Byrne fora criada: "Quando era pequena, pouco antes de completar 8 anos, sua mãe a levou ao Altar de Vesta." Antes de conhecer o belo Gaio César, que, no decorrer do livro, começa a recusar este nome para se tornar Júlio César, Florentia sabia muito sobre as mulheres mas pouco sobre os homens: "Acostumada que estava, desde a infância, às delicadas belezas das silhuetas femininas ao seu redor, Florentia via em Gaio uma face e uma figura tão delicadas e igual às de suas companheiras." Ao conhecê-lo, ela é tomada de ardor. "De repente, sua boca fica seca, suas pernas tremem. Um fogo rastejante varre sua pele dos lóbulos das orelhas até os dedos do pé." O amor deles é frustrado por Metala, mulher da ilha de Lesbos, que deixa Florentia acorrentada. Com o desenrolar da trama, diversas mulheres são abduzidas e levadas a Lesbos. Mas César e Florentia ficam indefesos diante do poder de seu amor proibido: "Eles se encontraram; e independente do que o mundo possa dizer, ambos achavam sua relação tão sagrada quanto o Altar de Vesta." Quando Florentia tem uma filha com César, batiza-a Doroteia. Dorothy era o nome predileto de Olive Byrne.

A trama traz uma boa dose de dominância e submissão. "Ah, meu adorado mestre!", berram os personagens. Marston era generoso nos detalhes das correntes dos escravos. "As correntes cerimoniais usadas em espetáculos romanos eram pesadas e complexas. Eram feitas para simbolizar a total sujeição do governante vencido ou de outro distinto cativo; mas também serviam para ornamentar e enfatizar a beleza ou a importância do prisioneiro ali exposto", escreve ele. "Além de faixas de perna e braço, com correntes interligadas, Florentia usava gargantilha e cinto de ouro pesados, com correntes graciosas, laçadas, de conectores talhados à mão caindo de pescoço e cintura até pulsos e tornozelos." A história é uma fantasia erótica autobiográfica — Marston escondendo detalhes da sua vida na ficção —, na qual Olive é Florentia, a "jovem que estremecia de êxtase a cada toque" em sua clausura, e César é um porta-voz das teorias psicológicas de Marston. Quando uma ex-escrava reclama da escravidão, ele responde: "O que a feriu, na minha opinião, não foi ser escrava. Sou da opinião que faz muito bem às pessoas serem compelidas a submeter-se a outras."[13]

Venus with Us era vendido a 2,50 dólares, tinha uma capa escabrosa e mal foi notado.[14] Marston já tentara a ciência. Tentara o direito. Tentara Hollywood. Tentara a publicidade. Tentara a ficção. E ainda assim não tinha encontrado o meio perfeito para sua mensagem: o amor o deixa acorrentado.

CASA DA FICÇÃO

EM 10 DE MARÇO DE 1932, Charles Augustus Lindbergh Jr., o Little Lindy, filho de 1 ano e oito meses do famoso aviador, foi raptado de seu berço. H.L. Mencken chamou o caso de "maior acontecimento desde a Ressurreição". Todo mundo tinha uma teoria. Marston suspeitava que o sequestrador fosse uma mulher desesperada por uma criança. "A mulher normal precisa de e deseja crianças", disse ele à imprensa. Ávido em ajudar nas buscas, ele ofereceu seus serviços: "Escrevi ao cel. Lindbergh, deixando o detector de mentiras e minha experiência à disposição dele." (Lindbergh nunca respondeu à carta de Marston.) Em maio, o bebê foi encontrado morto.

Leonarde Keeler, que substituíra Marston na Universal em 1930, recebeu a patente de sua máquina em 1931 e já estava vendendo polígrafos para delegacias de todo o país. Quando Marston escreveu para Lindbergh oferecendo-se para ajudar e apresentando-se como inventor do detector de mentiras, queria marcar território. Também estava tentando lustrar suas credenciais como "primeiro psicólogo consultor do mundo" — que fazia um aceno a Sherlock Holmes, o primeiro detetive consultor do mundo, e era a forma como Marston gostava de se identificar. Havia motivo

Da esquerda para a direita: Olive Byrne (de braceletes) segurando Donn; Elizabeth Holloway Marston segurando Olive Ann; e Marjorie Wilkes Huntley segurando uma boneca, em 1933

de sobra para crer que o sequestrador era uma mulher, explicou ele aos jornalistas, pois toda mulher anseia por um bebê: "Os braços dela ardem por bebês da mesma forma que os dedos de um escultor nato coçam pela argila e as mãos de um artista com o devido dom ficam impacientes atrás de lápis ou pincel."[1]

Marston achava que entendia muito de dor. Em 1932, tanto Olive Byrne quanto Elizabeth Holloway estavam grávidas. Olive deu à luz um menino, Donn, em 20 de setembro de 1932. Cinco meses depois, em 22 de fevereiro de 1933, Holloway, com 40 anos, deu à luz uma menina. Batizaram-na Olive Ann; todos a chamavam de O.A. Marston tirou uma foto de suas mulheres: as três, de vestidos claros, sentadas em um banco de jardim. Olive segura seu bebê Donn no colo; Holloway segura a bebê O.A.; e Huntley segura uma boneca. Huntley fizera histerectomia.

Marston tinha apelidos para as mulheres do seu lar. Chamava Holloway de "Cutie" [fofinha], Olive de "Docile" [dócil] e Huntley de "Yasmini". Até os apelidos tinham apelidos: Holloway virou Keetsie; Olive virou Dotsie; e Huntley virou Zaz, ou Yaya, ou Zara.[2]

Da esquerda para a direita: Olive Byrne; Marston segurando O.A. e Donn, com Byrne na frente; Holloway e Pete, em Cliftondale, 1934

Holloway voltou ao trabalho imediatamente depois de O.A. nascer. Ela conseguira um emprego na Metropolitan Seguros como assistente do vice-presidente encarregado de hipotecas agrícolas.[3] Agora, Olive Byrne tinha quatro crianças para cuidar; as mais novas tinham apenas cinco meses de diferença. Deve ter sido como criar gêmeos.

Marston procurava qualquer tipo de emprego. Dispunha-se a dar orientação psicológica a qualquer um que pagasse. "Meu trabalho de verdade, contudo", disse ele, "é tentar criar quatro jovens às quatro maneiras distintas que deviam crescer".[4] O apartamento da cidade estava lotado, mas Holloway não podia deixar Nova York; o salário dela sustentava a família inteira. Então, Marston, Olive e as quatro crianças foram para Massachusetts e mudaram-se para a casa na qual Marston havia crescido, na Avon Street de Cliftondale, onde a mãe de Marston morava sozinha. (O pai dele falecera em 1923.) Marston disse à mãe que Olive era a doméstica da família, e viúva.[5]

Eles passavam os verões em Cape Cod, em um celeiro próximo da casa de Ethel Byrne. Não ficavam na casa de Ethel porque, como viria a explicar

A família em Truro, em 1935. Olive Byrne está de bandana

Byrne, o filho de Olive, seu pai e sua avó "nem sempre se bicavam". Ethel nunca gostara de Marston. O irmão de Olive, Jack, e sua esposa, Helen, também passavam os verões em Truro. Jack Byrne adorava sua irmã, mas, como a mãe, não confiava em Marston. "Seu pai gosta muito dos rabos de saia", disse uma vez ao sobrinho Byrne. "Fique de olho nele."[6]

Jack Byrne era escritor e editor de *pulp fiction*. (As *pulps* eram revistas impressas em papel barato, rugoso, de "polpa", ao contrário das *slicks*, as revistas impressa em papel acetinado.) Nos anos 1930, Jack Byrne era editor da Fiction House, uma editora de *pulps* com base em Nova York. Publicava principalmente contos de western e de detetive. Ele publicava a *Action Stories*, a *Fight Stories* e a *Detective Book Magazine*. "Queremos histórias com ação", dizia ele aos escritores. "O interesse pelas mulheres é aceitável, mas não deve sobrepujar os elementos de ação-aventura."[7] Marston pensou um pouco sobre aquilo.

Em fevereiro de 1935, quando Byrne tinha 4 anos e Donn tinha 2, Holloway e Marston adotaram os filhos de Olive Byrne. Os meninos ficaram com o nome de Marston. Byrne Holloway Richard virou Byrne Holloway Marston, com os nomes dos seus três progenitores.[8] Tornarem-se Marstons não prejudicou os laços dos meninos com as parentes pelo lado materno — elas sempre os visitavam —, mas é possível que nem Margaret Sanger nem Ethel Byrne soubessem que Olive havia abrido mão dos seus direitos de mãe. No ano da adoção, a família de Olive disse que ela estava se escondendo.[9]

Olive Byrne abriu mão dos seus direitos legais como mãe em troca da segurança dos filhos. Os Marston adotarem os garotos — dando legitimidade à família — pode ter sido importante para a decisão dos pais de Holloway de ajudá-los financeiramente. No verão de 1935, a família inteira se mudou para Rye, Nova York, para morar em uma grande casa de madeira bruta em um terreno coberto de cerejeiras de muita idade, cercado por 194 mil metros quadrados de terras. Era de bom tamanho para uma família de sete ou, se Huntley aparecesse, oito, e perto o bastante da cidade para Holloway viver lá e pegar o trem para o trabalho todo dia. Batizaram a casa de Cherry Orchard.[10]

Cherry Orchard, a casa dos Marston em Rye, Nova York

A casa tinha dois andares e um sótão. No sótão, ficavam três quartos: um de O.A., um de Huntley e um que Donn e Byrne dividiam. O quarto de Huntley ficava sob o beiral; ela pendurava continhas na porta, enchia o quarto de cristais e queimava incenso. O quarto de Pete ficava no segundo andar, assim como o escritório de Marston, no qual ele tinha um sofá-cama: gostava de escrever deitado. Havia mais três aposentos no segundo andar: o de Holloway, um banheiro e o quarto de Olive; os três aposentos eram conjugados. Marston podia ir de um cômodo ao outro passando pelo banheiro. Dormia nos dois quartos.[11]

Margaret Sanger visitava Cherry Orchard sempre que vinha a Nova York.[12] E Olive levava as crianças — as dela e as de Holloway — para visitar Sanger na casa dela em Fishkill. (As crianças chamavam Sanger de "tia Margaret".) Em agosto de 1935, Olive escreveu a Sanger dizendo que ia adiar uma visita. "No momento, estou tentando conseguir vaga de entrevistadora em uma revista."[13]

Ela conseguiu este emprego de jornalista contratada da *Family Circle*, uma revista feminina semanal que começou a aparecer nas mercearias em 1932.[14] A distribuição era gratuita; a editora tirava o lucro vendendo publicidade para as mercearias que a ostentavam na fila do caixa. Ela logo se tornou a sexta das que viriam a ser conhecidas como Sete Irmãs das revistas femininas, grupo que incluía a *Ladies' Home Journal*, a *Good Housekeeping* e a *McCall's*. O público-alvo da *Family Circle* era as mães dos Estados Unidos que, nos tempos difíceis, consumiam com parcimônia. Sua circulação chegou a mais de dois milhões de leitores, quase todas mulheres, quase todos mães — donas de casa —, que queriam conselhos a respeito de como cuidar dos filhos, dos maridos e dos lares.[15]

O primeiro artigo de Olive Byrne na *Family Circle*, matéria de capa escrita por "Olive Richard", saiu em 1º de novembro de 1935. Era um perfil de William Moulton Marston.

Olive Byrne ao mesmo tempo escondeu tudo sobre sua vida e, como Marston, quase expôs compulsivamente. Ela intitulou a matéria "Detector de mentiras". Fingiu que não o conhecia. "Olive Richard" era mãe de dois filhos, viúva. Ansiosa para ajudar uma amiga cujo filho mais novo é mentiroso inveterado, ela fica curiosa com um aparelho do qual ouviu falar, chamado detector de mentiras: "Então, me decidi por encontrar o homem que o inventou: o Dr. William Moulton Marston, psicólogo e advogado." Ela lhe manda uma carta. "Uma semana depois, embarquei em um trem, guardando na minha bolsa a graciosa carta que recebera deste famoso homem que me convidava a vir visitá-lo. Cheguei à sua grande e sinuosa casa, no alto de um morro." Ela não mencionou que também morava lá. Ao aproximar-se da casa, descreve o cenário:

> No espaçoso gramado lateral, quatro crianças e dois gatos pulavam obstáculos. Quem segurava o obstáculo era um homem enorme com um tufo de cabelos grisalhos. Ele berrava as orientações e ajudava no jogo, adequando a altura do obstáculo ao comprimento das pernas de cada competidor. As crianças me viram primeiro e recuaram, como crianças sempre fazem na presença de uma estranha.

Ela não mencionou que era mãe das crianças.

> Então o homenzarrão me viu e deu um sorriso de boas vindas.
> "Olá", ele disse. "Estava aguardando você."

Ela não mencionou que o conhecia há dez anos e que morava com ele há nove.

> "Veja só, você não é o tipo de homem que eu estava esperando! Já vi muitos psicólogos, mas..."
> "Eu sei", riu o doutor. "Sujeitos esguios, de cara fechada, com QI alto e toda a dignidade dos acadêmicos. Desculpe a decepção, mas é difícil para um homem gordo ter dignidade."

E aqui — logo aqui, nas páginas de uma revista feminina — transparece o amor que ela sente por ele. Talvez tenha sido assim que ela o viu pela primeira vez, no dia em que ela entrou em uma sala de aula em Tufts e o viu sentado à mesa, ou no dia em que ela entrou em uma clínica para estudantes descorçoadas. Ele era rechonchudo, sem dignidade, engraçado e querido. Ela o achou maravilhoso.

> Este célebre cientista é o ser humano mais genuíno que já conheci. Ele não é gordo — quer dizer, não no sentido comum. Ele é simplesmente grande para todos os lados. Caminhamos pelo jardim e pelo terreno. O doutor fez perguntas a respeito do meu trabalho e da minha pessoa, e eu lhe disse mais em 15 minutos do que eu teria dito à minha amiga mais íntima em uma semana. Ele é o tipo de pessoa a quem se confia coisas sobre si que você mal percebe.

Ela deve ter sentido, desde o momento em que o conheceu, que ele a conhecia, que ele a entendia, que tinha carinho por ela.

Na matéria, ele a leva ao seu escritório, no segundo andar da casa, com janelas que dão para o jardim.

> "Posso ver o detector de mentiras?", perguntei.
> "Está olhando para ele", riu o doutor.

Ele lhe explica a ciência da detecção de mentiras, insistindo que contar uma mentira altera o ritmo cardíaco da pessoa e eleva a pressão arterial.

> "Mas não me parece possível", protestei. "Eu não conseguia *sentir* a mínima alteração no meu batimento cardíaco se eu lhe dissesse que o nome da minha mãe é Grace e não Ethel."
> "Quer tentar?", perguntou o Dr. Marston.

Marston então prende uma cinta de pressão arterial ao braço dela — a máquina que, nos experimentos que realizaram juntos, Olive Byrne geralmente cuidava.

"Me conte o que você fez na noite passada — verdade ou mentira, o que você preferir."

Parei um minuto para pensar. Então decidi ser espertinha. Eu iria misturar verdade e mentira e ver se ele distinguia qual era qual.[16]

Quase todas as matérias que Olive Byrne escreveu para a *Family Circle* seguem esta fórmula. Um problema se apresenta. Nossa intrépida repórter decide visitar o psicólogo consultor mais famoso do mundo. Ela pega um trem até a casa dele. Passa uma ou duas horas com o homem, sendo a Watson para aquele Holmes. Então, ela apimenta seu relato do tempo que passa com ele com curiosidades: Marston tinha quatro filhos; o nome da mãe de Olive era Ethel — mas apenas ilhas de verdade em um oceano de mentiras. *Eu iria misturar verdade e mentira e ver se ele distinguia qual era qual.*

O problema que ela traz talvez seja sua própria timidez. "Olive Richard" encontra-o tirando férias em Cape Cod.

O doutor, que perdera 13 quilos e estava com um bronzeado vivaz, me recebeu com a cordialidade de sempre. "Então você está preocupada com sua timidez", ele disse quando falei do que me incomodava. "Que sorte a sua! Se você souber usá-la, a timidez é um grande recurso para a personalidade."

Ela falou de seu acanhamento — "Falar com quem não conheço era um horror" —, mas não mencionou que o apelido que ele tinha para ela era "Dócil". Apenas mencionou que era assim que ele a fazia se sentir.

Ninguém consegue se sentir tímida na presença do Dr. Marston. Ele é do tipo que dispensa artificialidades sociais e faz você se sentir totalmente à vontade. Eu disse: "Você é a pessoa mais surpreendente do mundo."[17]

Em outra, o problema que ela o apresenta diz respeito a uma menina que não sabe até onde pode ir com um homem antes do casamento.

O Dr. Marston pescou um cachimbo de sua gaveta bagunçada, preencheu-o e queimou três fósforos até acender. "Até que ponto a menina pode ir?", ele repetiu. "Não sei. Não sou nem detetive da polícia de costumes, nem vedete. Mas posso lhe dar uma noção básica de até onde gostaria que minha filha fosse quando chegar à idade de capturar homens."

"Isso vai servir", concordei, divertindo-me em pensar como a filha do doutor vai lidar com papai quando ela tiver alguns anos a mais.

(À época, O.A. tinha só 3 anos.)

"Bom, primeiro a menina precisa entender até onde se pode ir, e as consequências de cada passo. Então, ela deve decidir até onde tem que ir com um homem específico para fazer ele sentir o desafio dela, e em que ponto deve parar para que ele não pense que ela está se submetendo a ele."[18]

Talvez o problema fosse uma mulher que estava tendo "problemas conjugais". Para discutir este dilema, nossa repórter encontra o Dr. Marston para um almoço no Algonquin Club.[19] Quem sabe o problema não seja o amor em si? Não importa o dilema que "Olive Richard" lhe traz, o Dr. Marston a encanta, infinita e absolutamente.

Boa parte do que Olive Byrne escreveu para a *Family Circle* é puxação de saco. ("Puxa Richard", seu irmão Jack a chamava.)[20]

Pois são tantas que vêm me perguntando sobre os livros do Dr. William Moulton Marston que achei melhor ler seu *As emoções das pessoas normais* mais uma vez e refrescar a memória. O Dr. Marston, psicólogo da FAMILY CIRCLE, é, como devem saber, provavelmente a maior autoridade do país na análise das emoções, tendo escrito o verbete sobre este assunto para a *Encyclopaedia Brittanica*.[21]

Ao seu modo manhoso, parte destas matérias, porém, é penetrante. Havia muitas maneiras para Olive Byrne aprender a escrever para uma revista. Ela escrevera para o jornal da faculdade em Tufts. Aprendia rápido. Provavelmente lera o *How to Write Stories*, de Walter B. Pitkin. Ela datilografava os artigos para revistas de Marston. Também conversava com seu irmão. Ela escreve um perfil dele para a *Family Circle*. "Olive Richard", ávida para escrever *pulp fiction*, vai visitar Jack Byrne, editor da Fiction House, para lhe pedir conselhos de escrita.

"Ora, ora", falou arrastado o Sr. Byrne, nova-iorquino surpreendentemente jovem e bem-apessoado com um cintilar irlandês nos olhos azuis, "será que você consegue, mocinha? O mundo *pulp* é habitado estritamente por homens machos, e as meninas têm que saber o seu lugar."

Ele então lhe explica que se publicam duzentas *pulps* por mês, dos quais 43 são revistas de detetive, 41 são westerns e cinco são de histórias românticas, embora mesmo esse número ínfimo de historinhas de amor, na opinião dele, já seja demais.

"O mundo *pulp* está ficando mariquinhas", lamentou o Sr. Byrne. "Mesmo eu tenho que admitir que, nos últimos cinco anos, o apelo romântico tornou-se parcela integral da fórmula dos contos. É uma mudança que considero horrível. Independente disto, nossas revistas têm maior apelo ao homem macho, que gosta de dramas fortes, rápidos e direto na cara; de heróis musculosos e corajosos, e de heroínas insinuantes, medrosas e fracas."

A matéria incluía um box que listava as regras de Byrne para a escrita: "ENTÃO VOCÊ QUER ESCREVER PARA AS PULPS! Tudo bem — é só seguir os conselhos de Jack Byrne, editor chefe da Fiction House." Nossa jornalista nunca fala que o entrevistado é o seu irmão. Mas ela se permite dizer, em uma piscadela para ele, que é um picareta consumado.

Quando pedi ao Sr. Byrne para me contar algo pessoal, ele me olhou com uma cara de absoluta decepção.

"Mas eu não tenho lhe dito tudo sobre mim? Sou um produto 100% *pulp*."[22]

Assim como ela. Na *Family Circle*, Olive Byrne escrevia seu próprio tipo de *pulp*: *pulp* mulher, *pulp* mãe, *pulp* dona de casa. Suas matérias na *Family Circle* são incrivelmente lúdicas — cheias de ficções e ambições. Marston escreveu um romance, mas, nos anos 1930, era Olive Byrne, e não Marston, quem estudava as regras da *pulp fiction*. Ela era um produto 100% *pulp*: leitora ávida de ficção, estudiosa da *pulp* e, à sua modesta maneira, uma escritora ousada.

"Me esforçando para escrever o texto da *Family Circle*", ela anotou no seu diário no início de 1936. "Não sou uma autora." Se ao menos ela pudesse dizer a verdade, pensava com frequência, a verdade sobre sua vida. "Ideia de história da família em mente", ela confiou ao diário algumas semanas depois. "Como eu *queria* poder escrever." Perdendo a autoconfiança, ela se voltou para Marston, pedindo a ele para escrever por ela. "Arranjei uma ideia nova de coluna — Ri vai escrever sob o meu nome — para a *Family Circle*." Com Marston, a tentação sempre fora esta: esconder-se atrás dele. Mas o grosso do que ela publicara com sua assinatura na *Family Circle* era seu próprio texto. Às vezes, a escrita não surgia fácil: "Comecei a trabalhar em uma matéria para a *Family Circle*, não fui muito longe." Às vezes, era um tédio: "Provavelmente vou trabalhar em uma matéria para a *Family Circle* — ah, tá." Às vezes, ela procrastinava: "Fiquei enrolando com a matéria da *Family Circle*." Mas ela também sabia que parte do que escrevia era bom.

"Terminei a matéria para a *Family Circle*", ela informou. "Não ficou ruim."[23]

O DUQUE DA FARSA

"DETECTOR DE MENTIRAS", o perfil de William Moulton Marston por Olive Byrne na *Family Circle*, apareceu nas mercearias em 1º de novembro de 1935. Em 21 de novembro, Marston disse à imprensa que um advogado chamado Lloyd Fisher convidara-o a administrar um exame no detector de mentiras em seu cliente, Bruno Richard Hauptmann. Hauptmann fora preso em 1934 pelo assassinato do bebê Lindbergh. No início de 1935, em um julgamento que deixou todo o país atento, ele fora considerado culpado e sentenciado à pena capital. Fisher entrara com apelação e, em 15 de outubro, Hauptmann recebeu suspensão de execução enquanto a Suprema Corte dos Estados Unidos avaliava a requisição para renovar o caso. Em 16 de outubro, Harold G. Hoffman, governador de Nova Jersey, visitou Hauptmann na cadeia; começara a suspeitar que ele era inocente. "Utilizando o detector de mentiras", Marston disse ao *Washington Post*, "podemos descobrir novos fatos a respeito do sequestro e assassinato."[1]

Leonard Keeler também queria aplicar um exame em Hauptmann. Por conta da decisão *Frye*, os resultados de um exame como este não eram admissíveis em tribunal, mas tinham peso na detecção de criminosos; o polígrafo patenteado de Keeler tornara-se rotineiro em interrogatórios policiais. (Também fazia sucesso entre empresários, que o usavam para testar a fidelidade dos funcionários.)[2] Ao contrário do que Marston havia dito à imprensa, porém, o advogado de Hauptmann não o convidara para aplicar um exame do detector de mentiras. "O Sr. Lloyd Fisher, questionado sobre o informe, respondeu que nunca tinha ouvido falar do Dr. Marston", relatou um jornal.[3] Em janeiro de 1936, Marston levou o seu detector de mentiras ao governador; Hoffman estava avaliando o pedido de clemência de Hauptmann. "Da minha parte", o governador disse ao *New York Times*, "gostaria de fazer um exame de pressão arterial". Marston disse que o exame levaria pelo menos duas semanas e que, pelos seus serviços, ele cobraria aproximadamente cem dólares por dia.[4] Marston nunca aplicou o exame, e o governador nunca deu clemência a Hauptmann. O prisioneiro morreu na cadeira elétrica em 3 de abril de 1936.

No entanto, em questão de poucas semanas, Marston, um detector de mentiras desempregado, conseguira mais mídia do que tivera em anos. Decidiu dedicar-se à escrita de um livro sobre a detecção de falsidade enquanto o interesse pelo caso do bebê Lindbergh estava em alta. "Ainda espero encontrar um ser humano vivo cuja mente contenha informações sobre o sequestro Lindbergh", ele disse. "Se esta pessoa existe, seu conhecimento oculto pode ser lido como se impresso pelo detector de mentiras."[5]

O livro de Marston sobre o assunto, *The Lie Detector Test* [O exame no detector de mentiras, em tradução livre], saiu em 10 de março de 1938. Ele escreveu uma dedicatória no exemplar para seu filho de 7 anos: "Para Byrne Marston — Para ajudá-lo a sempre contar a verdade. Com amor, papai."[6] Seu editor enviou um exemplar a J. Edgar Hoover, diretor do FBI, buscando endosso.[7] Hoover não era avesso a fornecer frases para divulgação — "Herbert A. Philbrick realizou um dever patriótico ilustre na sua apresentação destemida da verdade em *I Led 3 Lives* [Levei 3 vidas, em tradução livre]", escreveu ele na quarta capa do dossiê de um agente duplo. No caso de Marston, porém, ele se negou.[8] Em vez disso, ele abriu uma ficha para Marston.

Boa parte de *The Lie Detector Test* dedica-se a reforçar a afirmação de Marston de que foi ele quem descobriu a ciência da detecção de mentiras. Keeler patenteara o polígrafo, mas Marston repudiou sua realização, comentando: "Nunca existiu, tampouco há de existir uma 'máquina' que detecte mentirosos — o que detecta as mentiras é um exame científico realizado pelas mãos de um especialista."[9] (Quando perguntavam a Marston "Onde está o detector de mentiras?", ele costumava responder: "*Eu* sou o detector de mentiras!") O escritório de Hoover encarregou um agente do FBI de revisar o livro do psicólogo. O agente relatou, em memorando com data de 11 de maio de 1938: "O livro é típico de todo o trabalho de autoria do doutor Marston, dado que é escrito de maneira extremamenteególatra e que o único propósito da obra parece ser determinar como verdade que o doutor Marston foi o primeiro a usar o exame de pressão arterial na detecção de falsidade."[10]

The Lie Detector Test também inclui um capítulo sobre James A. Frye. "O Caso Frye provou-se um entrave inicial para a aceitação do exame de falsidade como prova no processo judicial", afirmava Marston. (Nada podia estar mais longe da verdade; o caso Frye acabou com essa possibilidade.) Marston também afirmava que Frye fora condenado por homicídio culposo, em vez de homicídio doloso, como resultado de seu teste no exame do detector de mentiras. "No que diz respeito a Jim Frye, o teste indubitavelmente salvou sua vida", declarou Marston.[11] O que também era mentira. Frye fora condenado pelo crime menor não porque seus advogados haviam tentado, sem sucesso, fazer Marston ser introduzido como depoente perito, mas porque, em sua confissão, Frye afirmara que a arma com que o homicídio fora cometido disparara acidentalmente; nada no julgamento determina que o assassinato foi premeditado, requisito para a condenação por homicídio doloso.

Ninguém entendia disto melhor que o próprio Frye. Depois da condenação, ele passou oito anos em Leavenworth. Então foi transferido para uma penitenciária na Virgínia, onde trabalhou como telefonista. Ao longo de todo este tempo, sustentou que era inocente. Em 1934, entrou com um pedido de perdão. "Minha incapacidade de provar um álibi foi a única causa da minha condenação", escreveu na petição de clemência. A petição foi negada. Frye também acreditava que o apelo falhara porque Mattingly e Wood haviam ignorado outros erros no julgamento a favor de apoiar a tentativa de Marston de ter suas provas consideradas admissíveis. Como Frye destacou: "Houve mais de cem objeções no julgamento, mas ainda assim objeções feitas em relação ao 'detector de mentiras' foram apresentadas a uma Corte superior." Em uma petição de clemência que requereu em 1936, Frye incluiu uma cópia de "Detector de mentiras", o perfil de Marston que Olive Byrne publicou na *Family Circle*. Esta petição também foi negada. Frye recebeu liberdade condicional em 17 de junho de 1939, após passar mais de 18 anos na prisão. Depois da sua soltura, ele entrou com várias petições por um perdão presidencial. Lamentava que seus advogados houvessem sustentado o argumento na credibilidade de Marston. Também suspeitava que havia sido o preconceito que contribuíra para a sua condenação: "Estamos em Washington, e a questão de raça tem papel importante, mesmo nos tribunais." Suas petições foram negadas. Frye faleceu em Washington em 1956. Está enterrado no Cemitério Nacional de Arlington.[12]

Muito de *The Lie Detector Test* é sobre falsidade nos assuntos do coração. "Apesar das mulheres recorrerem à falsidade com mais frequência que os homens em situações sociais", Marston escreveu, "descobri que o sexo mais amável é mais ávido e ansioso para abolir falsos pretextos que ameacem relações íntimas ou o bem-estar dos filhos."[13] Sabia disto, disse, a partir dos experimentos com o exame do detector de mentiras, mas também a partir da experiência como psicólogo consultor. Pacientes vinham com frequência à casa da Rye, para desagravo das crianças. "De alguma forma, uma residência familiar áspera cheia de gente teve que

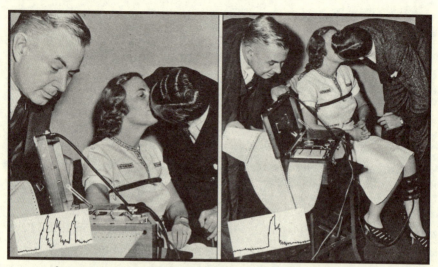
Os testes com o "detector de amor" de Marston na *Look*, 6 de dezembro de 1938

ser convertida em uma reserva campestre tranquila, como uma casa de descanso rural para quem sofria dos nervos", lembrou-se Byrne Marston. "Dizia-se às quatro crianças que hoje papai vai receber um cliente e o silêncio absoluto era necessário. Um sedã preto aparecia na entrada, seguia lentamente e dele saía um ser de meia-idade, soturno, de olhar cabisbaixo, que então sumia na biblioteca com papai, que nestas ocasiões estava bem-vestido, usando seu melhor terno. Depois de uma ou duas horas, o cliente saía e papai voltava à sua regata sem mangas e a gritaria usual começava a se elevar."[14]

Marston geralmente diagnosticava as dores do coração como produto do engodo. "Na sua maioria, os casos que me são trazidos como psicólogo consultor por amor ou ajuste matrimonial, há autoengodos a se desvendar, assim como tentativas de lograr outros", explicava Marston na sua obra. "Por trás de tais conflitos está quase sempre o cerne psicológico purulento da desonestidade."[15]

Ávido para vender seu livro, Marston envolveu-se em uma série de táticas de divulgação. Armava eventos para a imprensa nos quais aplicava exames

Scribla corre à Fábrica das Mentiras, onde centenas de escravas trabalham noite e dia escrevendo intrigas, falsidades, inverdades, divulgam notícias falsas e camuflam personalidades.
"Todos os escravos que estão escrevendo planos do rapto da *Mulher-Maravilha*, levantem-se!"
"Louro quer mentira!"

"O Duque da Farsa", *Wonder Woman* nº 2 (outono de 1942)

de "detector de amor" em belas meninas. Ressuscitou seus experimentos das loiras-versus-morenas.[16] Comprou um estande na Feira Mundial de 1939 em Nova York. Pete, de 11 anos, ajudou-o a construir uma engenhoca que conectava o aparato de detecção de mentira a um espetáculo de estilo circense. "Você apertava um botão e acendia uma luz", disse Pete. "Parecia um termômetro gigante. Meu pai adorou."[17] Ele se gabava com os jornalistas que pretendia fundar um Birô da Verdade, que seria afiliado ao FBI.[18] Estava nas revistas. Estava nos jornais. Estava na rádio CBS. Estava tão ocupado, disse "Olive Richard" aos leitores da *Family Circle*, que ela mal conseguia manter a conversa em dia:

> Ofereço minhas sinceras escusas àqueles que escreveram e ainda não receberam o auxílio do Dr. William Moulton Marston, o psicólogo da FAMILY CIRCLE, nem o meu. No último inverno,

208 ★ A HISTÓRIA SECRETA DA MULHER-MARAVILHA

LIE DETECTOR "TELLS ALL"...
REVEALS STARTLING FACTS ABOUT RAZOR BLADES!

Hundreds of Men from All Walks of Life Take Amazing Tests that Disclose Important Truths about Shaving

WHAT are the facts about razor-blade quality? That's what Gillette wanted to know. And that's why Gillette retained Dr. William Moulton Marston, eminent psychologist and originator of the famous Lie Detector, to conduct scientific tests that reveal the whole truth. Truck drivers, bank presidents... men in every walk of life... take part in this investigation. Strapped to the Lie Detector... the same instrument used by police... these men shave while every reaction is measured and recorded.

Results Are Amazing

Now, men, here are the facts. The Gillette Blade is proved superior in every respect to various blades competitively tested. You get shaves that are: (1) Easier. (2) Faster. (3) Free from emotional disturbances that can upset and irritate you for hours to come.

Read the whole story. Weigh the evidence. Then see for yourself. Try the Gillette Blade and learn what a big difference it makes when you shave with a blade that's precision-built to fit your razor exactly.

Dr. William Moulton Marston

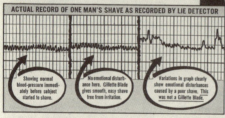
ACTUAL RECORD OF ONE MAN'S SHAVE AS RECORDED BY LIE DETECTOR

Showing normal blood-pressure immediately before subject started to shave.

No emotional disturbance here. Gillette Blade gives smooth, easy shave free from irritation.

Variations in graph clearly show emotional disturbances caused by a poor shave. This was not a Gillette Blade.

9 OUT OF 10 MEN TESTED BY DR. MARSTON EXPRESS PREFERENCE FOR GILLETTE BLADES. Not knowing which blade is which, each subject shaves one side of his face with a Gillette Blade... the other with a blade of competitive manufacture, while the Lie Detector accurately charts the reactions. In more than 9 out of every 10 cases, the shaver chooses Gillette as the superior blade. At the same time the Lie Detector proves this blade is far easier on the face.

ATTENTION! CONSUMER ORGANIZATIONS AND MEN EVERYWHERE

Dr. William Moulton Marston's scientific shaving tests are being conducted to reveal the truth about razor-blade quality. Gillette invites consumer organizations and individuals to observe—and participate in—this research. Address your inquiries to Gillette Safety Razor Company, Boston, Mass.

Now Let Dr. Marston Give You the Benefit of this Sweeping Investigation

"In conducting exhaustive shaving tests for Gillette I have discovered that the quality of a man's shave has a marked effect upon his mood and general attitude for hours to come. I cannot too strongly emphasize the psychological importance of this.

Bad Shaves Upset Nerves!

"Many subjects who came to me in a cheerful frame of mind actually went out grouchy and irritable because they had shaved one side of their faces with inferior razor blades. This shows how vital it really is to use the best blades obtainable. The results of my study make it possible for me to state flatly... and back my statement with positive proof... that Gillette Blades are far superior in every respect to competitive blades tested."

DR. MARSTON PROVES CONCLUSIVELY that a Gillette Blade is easier on your face and shaves you in much less time. The critical eye of the camera reveals that this blade also gives you a much cleaner shave. Shown above (left) is a section of a man's face shaved with a Gillette Blade in a Gillette Razor, (right) another section shaved by another method. Now decide for yourself which gives the clean, close, long-lasting shave you want.

GILLETTE'S NEW BRUSHLESS SHAVING CREAM is better in five ways! (1) Softens whiskers double quick, (2) soothes the skin, (3) stays moist on your face, (4) speeds shaving and (5) never clogs razor or drains! Men say it is the finest shaving cream they have ever tried. Gillette Brushless—made with peanut oil. A large tube costs only 25¢!

Gillette Blades
PRECISION-MADE TO FIT YOUR GILLETTE RAZOR EXACTLY

Revista *Life*, 21 de novembro de 1938

tivemos uma temporada de gripe. (O Dr. Marston ficou doente pelo menos duas vezes.) Contudo, o motivo principal pelo qual estive incapaz de ficar em dia com ele ultimamente é que muitos outros têm sido mais rápidos que eu.[19]

Em 21 de novembro de 1938, Marston apareceu em um anúncio da revista *Life*, endossando as lâminas de barbear Gillette. Ele tinha grande apreço pelo poder da propaganda, mesmo que, da mesma forma, tivesse também grande dose de cinismo sobre isso. Em meados dos anos 1930, o poder da publicidade começava a se fazer sentir no campo da política. Em 1934, depois que Upton Sinclair foi derrotado em sua campanha para novo governador da Califórnia, ele tachou o complô publicitário que o derrotou de "fábrica de mentiras". Marston tinha praticamente a mesma opinião. Um dos adversários mais sinistros da Mulher-Maravilha, o Duque da Farsa, tem uma agência de publicidade chamada Fábrica de Mentiras. Suas funcionárias — escravas — operam uma máquina chamada "mentirômetro". A função delas é "escrever intrigas, falsidades, inverdades, divulgar notícias falsas e camuflar personalidades".[20]

O anúncio publicitário da Gillette foi ideia de Marston. Ele abordara a empresa no início de 1938. A campanha foi obra da Maxon's Inc., agência de Detroit. O conceito era que Marston realizasse uma série de testes científicos enquanto homens se barbeavam. Como explicava o anúncio: "Sem saber qual lâmina é qual [...] os homens passam uma lâmina Gillette em um lado do rosto [...] e no outro, a lâmina de um fabricante concorrente." O que se descobriu, afirmava o anúncio, era certeiro: "Nove entre dez homens testados pelo Dr. Marston expressaram preferência pelas lâminas Gillette."[21]

Só que, na verdade, a descoberta não fora inequívoca em nada, como relatou um investigador criminal da polícia de Detroit ao FBI, em 1939. Marston fora convocado a repetir seus testes com creme de barbear na sede da polícia, aos olhos dos policiais; nestas circunstâncias, suas cobaias preferiram as lâminas Gillette apenas 50% das vezes. Outro especialista no polígrafo, John Larson, colega de Keeler, foi chamado para tentar replicar os resultados iniciais pró-Gillette de Marston, mas não conseguiu. Larson alegou que Marston então tentou suborná-lo para falsear os resultados, dizendo-lhe que "ele ia tirar por volta de 30 mil dólares da sua parte neste esquema". Um agente do FBI chamado John Bugas investigou o caso e enviou um relatório a Hoover. Ao fim do relatório, Hoover rabiscou uma anotação: "Sempre achei este camarada Marston um impostor e aí está a prova."[22]

O MANDO FEMININO AFIRMA-SE FATO

EM 10 DE NOVEMBRO DE 1937, Marston convocou uma coletiva de imprensa e emitiu uma previsão: as mulheres, um dia, vão dominar o mundo. A matéria rodou pela Associated Press, correu por todo o continente e saiu em jornais de Topeka a Tallahassee. "Mulheres serão as líderes daqui a mil anos!", proclamava o *Chicago Tribune*. O *Los Angeles Times* informava: "O mando feminino afirma-se fato."[1]

É óbvio que a ideia não surgiu do nada. Betty Boop concorreu à presidência em um filme lançado em 1932. Outras campanhas eram mais sérias. "As mulheres dos Estados Unidos poderiam converter este país em matriarcado se quiserem asseverar seu poder", a advogada Lillian D. Rock comunicou aos jornalistas em 1935, ano em que fundou a Liga pela Presidenta e Vice-Presidenta. E ela

De *Wonder Woman* nº 7 (inverno de 1943)

não estava falando de um mundo daqui a mil anos. Os Estados Unidos teriam uma presidenta eleita em vinte anos, dizia Rock. "Tenho certeza." Afinal, era a época de Eleanor Roosevelt. Em 1935, três anos antes de o Superman surgir nos quadrinhos, Rock referia-se às mulheres que julgava mais capazes de concorrer à presidência como "supermulheres". Ela achava que Mary Woolley, presidenta de Mount Holyoke, seria uma candidata particularmente forte. Uma presidenta norte-americana talvez estivesse a vinte anos de distância, pensou Rock, mas ela esperava que os norte-americanos "elegessem uma vice-presidenta em 1936 ou 1940."[2]

Ela não estava só. "Ao longo da década seguinte", escreveu Louis Howe, secretário de Franklin D. Roosevelt, na *Woman's Home Companion* em 1935, "não apenas a possibilidade, mas a conveniência de eleger uma mulher como presidenta dos Estados Unidos tornar-se-á uma discussão que se faz com seriedade. E se os debates continuarem como são agora — humanitários, educação etc. — não foge ao reino da possibilidade que uma mulher possa não só ser candidata, mas também eleita, tendo por base que as mulheres entendem mais que os homens destes temas".[3]

Marston, porém, era mais teatral. Fez sua declaração em uma coletiva de imprensa de duas horas ocorrida no Harvard Club de Nova York, na qual tanto falou de suas qualificações como um dos psicólogos mais influentes de mundo que o *New York Times* o identificou, erroneamente, como "ex-diretor do laboratório psicológico de Harvard".[4]

O matriarcado, disse Marston, era inevitável. "Amazonas ignoradas dominarão os homens daqui a mil anos, diz psicólogo", informou o *Washington Post*. "As mulheres têm o dobro do desenvolvimento emocional e da capacidade amorosa dos homens", explicou Marston. "E ao desenvolverem mais capacidade para o sucesso mundano quanto já tem capacidade para o amor, elas claramente virão a dominar os negócios, a nação e o mundo." Seria uma raça de amazonas: "Nos próximos cem anos, teremos o princípio de um matriarcado americano — uma nação de amazonas no sentido psicológico, não físico", ele previu. "Em quinhentos anos, haverá uma grande batalha dos sexos. E em mil anos as mulheres com certeza vão dominar este país."[5]

Os argumentos de Marston quanto à superioridade feminina baseavam-se em séculos de escritos femininos e tendiam fortemente para a filosofia do movimento feminino do século XIX, cuja ênfase estava na superioridade moral da mulher — sua natureza "angelical". Quando Carrie Chapman Catt explicou por que as mulheres mereciam o direito ao voto, ela disse, entre outras coisas, que as mulheres eram mais calorosas, por serem maternais, e deviam votar porque traziam um ponto de vista distinto para os problemas sociais.[6] Nos anos 1930, também era este o raciocínio de Louis Howe. No entanto, as feministas do século XX tendiam a desviar-se de argumentos pró-direitos que se baseassem em ideias sobre diferença, preferindo as ideias de igualdade. Em 1933, quando Inez Haynes Gillmore, do Partido Nacional da Mulher, autora de *Angel Island*, produziu um levantamento de um século de ativismo político feminino, intitulou-o *Angels and Amazons* [Anjas e amazonas, em tradução livre][7]. Mas o argumento de Gillmore, que às vezes também era o de Marston, era que ser anja era terrível. (Quando Steve Trevor chama a Mulher-Maravilha de "anjinha", ela fica chateada. "O que é um anjo?", ela questiona. "Prefiro ser uma mulher.")[8]

Uma das feministas do século XX que continuava advogando com base nos argumentos do século XIX da suposta superioridade feminina era Margaret Sanger. "Ela dizia que as mulheres eram muito, muito incríveis, ela achava que eram a força do futuro", sua neta diria posteriormente. "Foram estas palavras que ela usou: 'As mulheres são a força do nosso futuro.' Elas cuidam da cultura, da tradição, dos papéis e preservam o que é bom. Os homens geralmente destroem."[9] As mulheres eram o futuro da raça, pensava Sanger. Marston era da mesma opinião.

A coletiva de imprensa durante a qual Marston previu o matriarcado fez parte da promoção de um novo livro, *Try Living* [Tente viver, em tradução livre], coleção de ensaios de autoajuda que ele publicara anteriormente em revistas popularescas como a *Rotarian*.[10] "Acabei de datilografar 'TRY LIVING'", Olive Byrne escreveu em seu diário em 10 de julho de 1937. "Parece bom."[11] O livro foi lançado em 1º de outubro.[12] Marston argumenta, em *Try Living*, que é possível encontrar a felicidade fazendo o que se ama. Na sua coletiva de imprensa sobre o matriarcado, ele listou seis pessoas famosas e de sucesso cuja vida ilustrava esta fórmula; o *Times* relatou: "Elas são — em ordem de importância das suas contribuições para a humanidade, na opinião de Marston — Henry Ford, a Sra. Margaret Sanger, o presidente Roosevelt, Thomas E. Dewey, Helen Hayes e o prefeito La Guardia."[13]

Nos anos 1930, Margaret Sanger era a feminista mais famosa do mundo. "Quando a história da nossa civilização for escrita, será uma história biológica que terá Margaret Sanger como heroína", H.G. Wells disse em 1935. Em Londres, ela se encontrou com Jawaharlal Nehru; na Índia, debateu com Mahatma Gandhi.[14] Em 1937, foi destaque na *Time* e na *Nation;* na *Life*, sua história de vida foi contada em uma reportagem fotográfica de quatro páginas. Ela conquistou o que chamou de "maior VITÓRIA jurídica no movimento pelo controle de natalidade": depois de participar de um congresso em Zurique, ela conseguiu trazer pessários japoneses — diafragmas — para os Estados Unidos; eles foram apreendidos e destruídos pela alfândega, mas o advogado de Sanger apelou da decisão. Em *Estados Unidos contra Um pacote de pessários japoneses*, o Segundo Circuito de Apelação decidiu que a contracepção não se opunha a leis anti-obscenidade se fosse receitada por um médico; a decisão efetivamente retirou a contracepção da categoria de obscenidade. Em 1937, a Associação de Medicina dos Estados Unidos finalmente aprovou o controle de natalidade.[15] O matriarcado, Marston disse aos jornalistas, era uma inevitabilidade.

No ano em que Margaret Sanger obteve sua maior vitória até então e que William Moulton Marston fez uma coletiva de imprensa sobre o mando das amazonas, Olive Byrne estava datilografando os livros dele e criando os seus filhos, enquanto Sadie Elizabeth Holloway pagava as contas dele.[16] Cherry Orchard definitivamente não era um matriarcado.

Da esquerda para a direita: Byrne, O.A., Marston, Donn e Pete, em Cherry Orchard, 1938

Holloway trabalhava o dia inteiro. Pegava o trem das sete da manhã para ir à cidade e o das sete da noite para voltar para casa. Marston, apesar de todo vigor e das publicações, trazia poucos honorários, e nunca fixos. O que Olive Byrne ganhava na *Family Circle* não devia ser grande coisa. Contando Huntley, Holloway tinha que sustentar sete pessoas. Em 1936, ela preencheu uma pesquisa sobre egressas de Mount Holyoke:

"Você administra sua casa?"

"Sim."

"É sua ocupação principal?"

"Não."

"Como você passa seu tempo: faz trabalho voluntário, se envolve com a igreja, com artes, esportes?"

Holloway rabiscou duas palavras: "Nenhum lazer."[17]

Um dia, Olive Byrne perguntou a todas as crianças o que queriam ser quando crescessem. Pete, com 8 anos, disse que queria ser escritor. Byrne, aos 5, queria ser psicólogo. Donn, de 4, queria ser mãe. E O.A., aos 3, queria ser médica.

Uma semana depois, Marston perguntou a O.A. se ela era menino ou menina. O.A. disse: "Ah, acho que menino."[18]

As crianças sabiam qual das mulheres era sua mãe — Pete e O.A. eram de Holloway (chamavam-na de Keets) e Byrne e Donn de Olive (Dots). Todas elas ouviam que o pai de Byrne e de Donn era um homem chamado William Richard e que ele havia morrido. Nem todas acreditavam. Donn, que tinha as mesmas feições de Marston, tinha suas desconfianças. E Pete uma vez entrou no quarto de Olive enquanto ela e seu pai estavam fazendo sexo. Disseram-lhe que papai estava doente e Dotsie estava ajudando-o a ficar melhor.[19] Quando o pesquisador do censo apareceu, foi informado que Huntley era uma "inquilina" e que Olive era "cunhada".[20]

Se alguém fizesse perguntas sobre a família, as crianças deviam mudar de assunto. ("Os comos e os porquês do acordo familiar nunca eram discutidos com as crianças — nunca", Pete explicou mais tarde.)[21] Em casa, todos entendiam muito bem que Olive era mãe de Byrne e de Donn. Contudo, Holloway, que os adotara, também era mãe deles.[22] "Isso foi ficando meio confuso", disse O.A., no mínimo porque ela e Donn estavam na mesma série no colégio. "Como ele pode ser seu irmão se tem só seis meses a mais que você?", as crianças lhe perguntavam.[23] Mas a lorota de que Olive era uma serviçal é a que os filhos de Holloway aceitaram por décadas. "Ela era a governanta", O.A. insistiu em entrevista, ao alto de 1999, "e cuidava das tarefas mundanas como compras e essas coisas".[24] Eles podem ter contado essa história, mas não era assim que viviam.

Em 4 de novembro de 1937, uma semana antes de William Moulton Marston anunciar ao mundo a inevitabilidade do matriarcado, O.A., com 4 anos, disse a Olive Byrne: "Eu queria ser sua filha."

"Você é."

"Então você me dá banho toda noite e Keetie dá no Pete."[25]

Uma vez, chateada com a mãe, O.A. gritou com ela: "Eu não queria ter saído de você — eu preferia ter saído da Dotsie!"[26]

Não deve ter sido fácil.

"Pra que servem mamães, papais e Keeties?", perguntou O.A.

Olive respondeu, baixinho: "Nem eu sei dizer."[27]

Marston passava a maior parte do tempo no seu escritório no segundo andar. Lá mantinha seu detector de mentiras e um cinzeiro de latão. Trabalhava principalmente deitado no sofá-cama, vestindo apenas cuecas, regata sem manga e pantufas. Gostava de tirar cochilos por lá. Quando fazia frio, ele usava um blusão de lã azul desbotado, manchado de queimaduras de cigarro, e calças de linho folgadas. Estava enorme. Pesava mais de 130 quilos. (Holloway lhe trouxe um livro de dietas chamado *Eat and Reduce* [Comer e reduzir, em tradução livre]; não teve efeito algum.)[28] Quando ele se levantava, o assoalho rangia. Fumava cigarros Philip Morris, que comprava em latas com cinquenta cigarros — as crianças usavam as latas para fazer fortes para os soldadinhos de brinquedo. Ele bebia uísque de centeio e *ginger ale*, dia e noite. O piano, no primeiro andar, ficava logo abaixo do seu escritório. Se alguém tocasse, ele batia no chão e berrava: "Estou escrevendo!"[29]

Ele escrevia para a *Esquire*. Escrevia para a *Rotarian*. Em 1939, escreveu uma matéria para a *Your Life* chamada "Quais são os *seus* preconceitos?", uma discussão contra a intolerância. "Os tolerantes são os mais felizes", ele insistia, então "por que não se livrar dos preconceitos dispendiosos que o detém?" Ele listou os "Seis tipos de preconceito mais comuns":

1. Preconceito contra estrangeiros ou raças que supostamente possuem características desprezíveis.
2. Preconceitos religiosos.
3. Preconceitos de classe.
4. Preconceito contra a franqueza sexual.

5. Preconceito masculino contra homens de sucesso, e preconceito feminino contra mulheres sedutoras.
6. Preconceito contra pessoas sem cerimônia e não conformistas.[30]

As crianças passavam bilhetes por baixo da porta do seu escritório. Marston tinha um bloco de papel de carta com o timbre "Memorando do escritório do Dr. W.M. Marston". Costumava arbitrar discussões. Em um memorando, escrito com giz de cera vermelho, ele negociou uma trégua entre Byrne, de 9 anos (cujo apelido era Whoopsie Doodle, às vezes reduzido a Dood, porque ele adorava cair de um cavalo de balanço e gritar: "Whoopsie Doodle!") e Olive Ann, de 7 (cujo apelido era Doggie, porque uma vez ela fora um cachorro em uma peça teatral no colégio).

"Memorando do escritório do Dr. W.M. Marston:
Caro Dodd — não me interessa quem fez o quê. Gostaria apenas que nossa Doggie ficasse tranquila sentando no sofá como deseja. Harmonizem-se, por favor! Abraço, papai."

No verso do memorando, Byrne replicou:

"Ok! Se você disser para ela parar de discutir com Pete e parar de me incomodar. Byrne Marston."[31]

Marston escreveu um poema para Pete: "Para o jantar, Moulton Marston chegou atrasado / Mas veio correndo para casa, eu flagro / Dotsie disse: 'Você chegou bem na hora / De ficar bem mais magro.'"[32]

As crianças Marston eram muito amadas. Olive as mimava; Holloway tinha orgulho delas. O quarto tomado de incenso de Huntley, no sótão, era o lugar onde as crianças podiam ir quando precisavam de silêncio. Marston ditava as regras.[33] Seus diários e cartas são recheados de histórias de festas de aniversário, presentes e viagens para visitar os colégios, assistindo Byrne fazer cambalhotas aos 6 anos e tocar trompete aos 8. Ele carregava O.A. nos ombros.[34] "Sete abraços de boa-noite OOOOOOO e um beijo de boa-noite X", escreveu Marston, ao encerrar uma carta a Byrne, que havia viajado para um acampamento de verão. "Estou sussurrando: 'Eu te amo.'"[35]

"Passei a noite montando a casa de bonecas de O.A.", escreveu Marston no seu diário na Véspera de Natal de 1938. Pela manhã, as crianças acordaram às sete e abriram suas meias, penduradas na biblioteca. Depois do café da manhã, abriram seus presentes embaixo da árvore. "Pete gostou mais dos esquis", Marston escreveu no diário. "Dood, das marionetes, Donn, dos bichinhos da fazenda (e do seu saco de pancadas, quase tanto quanto) e O.A. não deu a menor atenção à casa de bonecas. Dia feliz."[36]

Marston era dedicado e afetuoso. Talvez afetuoso até demais. Toda noite, ele insistia que O.A. entrasse no seu escritório, dissesse "Boa noite, papai" e lhe desse um beijo na boca. Toda noite, ela se recusava. "Pelo amor de Deus", Olive dizia, "corra lá, dê logo um beijo nele e acabe com isso."[37] Era um horror.

Nos fins de semana, Holloway trabalhava no jardim e levava O.A. à cidade, às compras ou ao balé. "Keets está tentando acompanhar para aprender a andar de bicicleta e usa a de O.A., mas vive esquecendo que está apertando os freios e levou um tombo no sábado", Olive escreveu a Byrne em um verão.[38]

Nos domingos, Marston fazia o que chamava de Clube Dominical dos Cinco. Em vez de mandar as crianças à igreja, elas discutiam o sentido da vida.[39] Marston convocou o primeiro encontro do Clube Dominical dos Cinco em 23 de junho de 1935, quando as crianças tinham 7, 4, 3 e 2 anos; mas só os mais velhos, Pete e Byrne, se pronunciaram.

"Perguntei a eles o que era Deus", Marston escreveu no diário.

Byrne: "Uma enormíssima engrenagem."

Pete: "Todas as leis que existem."[40]

O Clube durou anos. "Nós odiávamos", Byrne escreveu posteriormente. "As mulheres juntavam todos e nos levavam, arrastados, até o escritório do papai". Era menos debate e mais doutrinação. "O propósito da reunião era inculcar os princípios e as teorias do pai, principalmente amor vs. força", disse Byrne. As crianças, naturalmente, brigavam e se estapeavam, e a insistência de Marston de que elas deviam se amar — que O.A. devia responder a um cutucão nas costelas com um beijo — não descia bem.[41] Ainda assim, eles engoliam a mistureba de aquarianismo, psicologia e feminismo. "Era a filosofia de que as leis do planeta Terra são forças amarradas pelo amor, e que o amor está amarrado à sabedoria", disse O.A., e que as "mulheres poderiam ter mais controle usando a força com o amor ao seu redor ou o amor com a sabedoria ao seu redor."[42]

Marston administrava testes de QI a cada filho. "QI 173!", escreveu a respeito de Byrne no seu diário. Prontamente informava às crianças os números, que desciam, por categoria, de Byrne a Donn, de Pete a O.A. e provocava em todos aflição sem fim. Ele resolveu que Byrne deveria pular duas séries.[43]

As crianças defendiam-se destas forças da cisão formando um laço. No verão de 1939, quando tinham 11, 8, 7 e 6 anos, lançaram um jornal da família chamado *The Marston Chronicle*. Pete era o editor chefe, Byrne era o editor de artes e desenhista, e Donn e O.A. cuidavam das notícias. (Olive Byrne datilografava.) As manchetes eram informadas por Donn:

BYRNE PERDE DENTE

Rye, 18 de julho. Byrne perdeu um dente inferior da frente e espera que as fadas lhe deixem dez centavos embaixo do travesseiro esta noite.

BRIGA DE CACHORRO

Lucky, nosso novo cachorrinho, foi mordido por outro cachorro em uma briga. Levamos ele no veterinário que disse que as feridas são superficiais.

Pete escreveu um conto chamado "Quem chega primeiro é atendido primeiro", sobre um garoto que quer ir à Feira Mundial; O.A. colaborou com um cartum. E Byrne escreveu uma tira em quadrinhos, de 12 quadros: "As aventuras de Bobby Doone" estrelava seu alter ego, um garoto que sai em uma viagem de carro até a casa de sua avó em Massachusetts, onde ele brinca com a baioneta do bisavô e se mete em muita encrenca ao quebrá-la.[44] No caso, era a baioneta da Guerra da Secessão do capitão Moulton, guardada em um armário na casa de infância de William Moulton Marston, em Cliftondale.

Sheena, Rainha da Selva, na *Jungle Comics* nº 20 (outubro de 1940), publicada pela Fiction House, na qual Jack Byrne, irmão de Olive, era editor

As crianças estavam crescendo na era de ouro das revistas em quadrinhos. As tirinhas, ou *"funnies"*, haviam começado a aparecer nas páginas dos jornais nos anos 1890. As revistas em quadrinhos, porém, datam apenas dos anos 1930. Elas foram mais ou menos inventadas por Maxwell Charles Gaines (todos chamavam-no de Charlie), um ex-diretor de escola primária que trabalhava de vendedor da Eastern Color Printing Company em Waterbury, Connecticut, quando teve a ideia de que as páginas de tiras que saíam nos jornais de domingo podiam ser impressas a preço baixo, grampeadas e vendidas como revistas, ou *"comic books"*. Em 1933, Gaines começou a vender as primeiras revistas de quadrinhos em bancas; elas chamavam-se *Funnies on Parade* [Desfile de tirinhas, em tradução livre].

De início, as revistinhas eram só tiras recortadas e coladas; logo, viraram algo mais. Gaines entendia os quadrinhos como uma nova arte, cuja relação com a tira de jornal era similar à dos primeiros filmes com a fotografia.[45] As revistas em quadrinhos também eram como um longa-metragem.

A *Detective Comics* apareceu em 1937. Superman, escrito e desenhado por Jerry Siegel e Joe Shuster, estreou na *Action Comics* nº 1 em junho de 1938. Superman era imbatível; logo, seu gibi já alcançava a venda de um milhão de exemplares por mês.[46]

O irmão de Olive Byrne, Jack, também começou a publicar quadrinhos na Fiction House, começando pela *Jumbo Comics* em setembro de 1938. A edição inaugural incluía uma personagem criada um ano antes, em Londres, por Will Eisner e S.M. Iger: Sheena, a Rainha da Selva — uma versão feminina de Tarzã. A Fiction House de Jack Byrne logo ficou conhecida por suas heroínas invencíveis e poderosas — e também pelas escritoras e desenhistas mulheres. Em uma época em que a maioria das editoras não tinham sequer uma mulher, a Fiction House empregava mais de vinte artistas do sexo feminino.[47]

A popularidade dos quadrinhos foi aumentando. Gaines, que não tendia a contratar mulheres a não ser como secretárias, começou a publicar a *All-American Comics* em 1939. No mesmo ano, o Superman virou o primeiro personagem de quadrinho a ter uma revista dedicada só para ele; além disso, suas histórias eram contadas no rádio também.[48] A primeira história de Batman apareceu na *Detective Comics* nº 27, em maio de 1939. Três meses depois, Byrne Holloway Marston desenhou o primeiro capítulo de "As aventuras de Bobby Doone".

Em 1939, quase toda criança nos Estados Unidos lia revistas em quadrinhos. Uma modalidade de escrita que não existia há poucos anos parecia ter tomado conta do país. As revistinhas eram baratas — geralmente dez centavos cada — e as crianças podiam comprar com o próprio dinheiro. Eram vendidas em todo lugar: mercearias, bancas, farmácias. As crianças trocavam. Liam às pilhas. Os pais ficavam estupefatos.

Em março de 1940, a Fiction House de Jack Byrne publicou uma HQ chamada "Amazona, the Mighty Woman" [Amazona, a mulher poderosa, em tradução livre] na *Planet Comics*. Ela conta a história de uma "mulher de força e beleza inigualáveis" chamada Amazona: "Ela e seu povo são os sobreviventes de uma super-raça que pereceu durante a última era do gelo." Ela é descoberta por um jornalista norte-americano chamado Blake Manners, único sobrevivente de uma expedição polar. E se apaixona por ele: "Amazona, fascinada pelo belo estranho, não quer que ele vá embora." No entanto, ele quer voltar para os Estados Unidos. "Ela enfim convence Blake a levá-la consigo para a civilização." Amazona liberta seu navio usando sua "surpreendente força" para remover o gelo do casco. De volta aos Estados Unidos, descobre-se que ela é bastante feroz e que se irrita com facilidade. Quando um taxista a chama de "docinho", ela dá uma pancada nele e deixa seu táxi destruído, dizendo-lhe: "Vou mostrar como eu sou 'docinha'!"[49] As amazonas estavam em alta.

De "Amazona, a mulher poderosa", *Planet Comics* nº 3 (maio de 1940), também publicada pela Fiction House

"Sei por observação no meu próprio lar que as crianças leem os ditos *funnies* manhã, tarde e — infelizmente — noite", escreveu Olive Byrne. Ela contou 84 revistas em quadrinhos distintas que as crianças liam e trocavam.[50]

Ler quadrinhos era uma forma de obter um momento de quietude em Cherry Orchard, algo geralmente difícil de se encontrar. Marston era grandão, espalhafatoso, bebia muito e trovejava quando se irritava. Certa noite, na mesa de jantar, insatisfeito, ele gritou: "Pelo menos ainda consigo ter ereções!"[51]

Marston era a pessoa mais ruidosa da casa e também a mais ridícula. "Já chega, Bill", Holloway dizia quando Marston começava um sermão. E então ela esperava, em silêncio, até ele acabar.

As crianças liam os gibis. Holloway trazia o dinheiro. Huntley queimava incenso no sótão. Olivia cuidava de todos e encontrava tempo para escrever para a *Family Circle*. E William Moulton Marston, o último dos Moulton do Castelo Moulton, o detector de mentiras que declarava que o mando feminino era fato, era mimado e contentado. Quando ele ficava irritado, aos gritos e berros, as mulheres iam aos ouvidos das crianças e sussurravam: "O melhor a fazer é ignorá-lo."[52]

"[Há] um grande movimento em curso — o crescimento do poder da mulher", escreveu William Moulton Marston a seu editor, Sheldon Mayer, em carta de fevereiro de 1941 anexada a seu primeiro roteiro. "Deixe esse tema como está ou largue o projeto." Para criar a personagem, Marston escolheu Harry G. Peter, o qual, assim como Marston, tinha laços com os movimentos sufragista e feminista da Era Progressista. Em 1911, Marston era calouro em Harvard quando a universidade proibiu a sufragista britânica Emmeline Pankhurst de palestrar no campus. Elizabeth Holloway, com quem Marston casou-se em 1915, fora sufragista na Mount Holyoke College, e Marjorie Wilkes Huntley, bibliotecária que começou a morar esporadicamente com os Marston por volta de 1918, havia acompanhado mulheres às urnas. Olive Byrne, que conheceu Marston em 1925, era filha de Ethel Byrne, que em 1917 foi a primeira feminista nos Estados Unidos a fazer greve de fome, depois que ela e a irmã, Margaret Sanger, foram presas por abrir a primeira clínica de controle de natalidade do país.

Nos anos 1910, Harry G. Peter colaborara com ilustrações para "A mulher moderna", a página editorial pró-voto feminino da revista *Judge*; ele era desenhista da equipe e colega da cartunista feminista Lou Rogers, cujo trabalho viria a influenciar como Peter desenharia a Mulher-Maravilha. Em 1941, Peter preparou esboços e os enviou a Marston; Marston gostou de tudo, menos das sandálias.

A Mulher-Maravilha fez uma estreia extravagante nas bancas dos Estados Unidos no momento em que o país entrava na Segunda Guerra Mundial, primeiro na *All-Star Comics* nº 8 (dezembro de 1941 – janeiro de 1942) e depois na capa da *Sensation Comics* n. 1 (janeiro de 1942). As duas revistas eram publicadas por Maxwell Charles Gaines. As histórias eram creditadas a "Charles Moulton", pseudônimo inventado a partir dos nomes do meio de Gaines e Marston. A Mulher-Maravilha apareceu em todas as edições da *Sensation Comics*, sempre como história de abertura e em todas as capas. Em março de 1942, a Organização Nacional pela Literatura Salutar colocou a *Sensation Comics* na lista de "Publicações Reprovadas para a Juventude". Gaines correspondeu-se com o bispo encarregado da lista e perguntou por quê. O bispo respondeu: "A Mulher-Maravilha não está decorosamente vestida."

Peter apresentou este desenho de um uniforme alternativo da Mulher-Maravilha, que tinha grande influência das ilustrações de Alberto Vargas – cujas "Garotas Varga" saíam todo mês na revista *Esquire* e eram colecionadas como pin-ups pelos leitores. Este desenho de Peter parece ter sido inspirado numa Garota Varga com trajes patrióticos que saiu na *Esquire* do Quatro de Julho de 1942. Um bilhete, aparentemente de Marston, ressalta que a gola da frente única ficaria datada muito rápido. Mulher-Maravilha chegou a adotar botas vermelhas de cano alto e short justo, abandonando a saia de sua estreia. Este visual, porém, foi deixado de lado na maior parte do tempo.

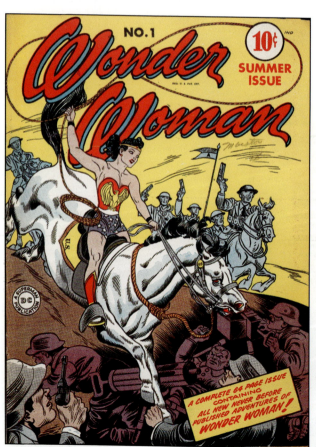

"Renomado psicólogo revela-se autor da campeã de vendas 'Mulher-Maravilha'", Marston escreveu em comunicado à imprensa no verão de 1942, proclamando a estreia da série *Wonder Woman*. "A única esperança que a civilização tem é de maior liberdade, evolução e igualdade das mulheres em todos os campos de atividade humana", escreveu Marston, explicando que pretendia que a Mulher-Maravilha "[estabelecesse] entre as crianças e os jovens, um modelo de feminilidade forte, livre e corajosa; para combater a ideia de que as mulheres são inferiores aos homens, e para inspirar meninas à autoconfiança e às realizações no atletismo, nas funções e profissões monopolizadas pelos homens." Mulher-Maravilha foi a primeira super-heroína a ter revista própria.

"Se bem alimentados, os milhões da Europa lutarão mais do que nunca pela vitória aliada!"
"Será um prazer levar-lhes cápsulas de comida! Se é que vamos todos!"
"Eu ia fazer uma votação, mas parece que é unânime!"
"Infelizmente, como sou secretária e membra honorária, tenho que ficar aqui. Mas estarei com vocês em espírito!"

Em abril de 1942, Gaines fez uma pesquisa entre os leitores: "Mesmo sendo mulher, a MULHER-MARAVILHA poderia fazer parte da Sociedade da Justiça?" Nos primeiros 1.801 questionários devolvidos, 1.265 meninos e 333 meninas disseram "Sim"; 197 meninos e apenas 6 meninas disseram "Não". A Mulher-Maravilha entrou na Sociedade da Justiça na edição de agosto-setembro de 1942 da *All-Star Comics*. As histórias da Sociedade, porém, não eram escritas por Marston, mas por Gardner Fox, que relegou a Mulher-Maravilha ao papel de secretária, como nesta história da *All-Star Comics* nº 14 (dezembro de 1942 – janeiro de 1942).

"Sim, eu vou acorrentá-la sempre que eu sair de casa!"
"Que emocionante! Você vai me acorrentar ao fogão. Que típico homem das cavernas!"

Mesmo enquanto Gardner Fox limitava o papel da Mulher-Maravilha a responder correspondência e fazer as minutas das reuniões, Marston, nas histórias que escrevia, criticava aquilo ao que dava o nome de "escravidão doméstica", como em "O retorno de Diana Prince", da *Sensation Comics* nº 9 (setembro de 1942). O tema, assim como a iconografia, saiu diretamente das autoras e ilustradoras sufragistas e feministas dos anos 1910 que tanto influenciaram Marston e Peter.

A Mulher-Maravilha, à beira do campo, inicia o jogo com uma captura espetacular. "Isso aí, Mulher-Maravilha!"

Elizabeth Holloway jogou hóquei sobre a grama na faculdade; Olive Byrne jogava basquete. Entre 1942 e 1944, a editora adjunta da *Wonder Woman* foi Alice Marble, campeã de tênis. Marston exibia a vida atlética da Mulher-Maravilha sempre que podia. Aqui, em "O Conde da Cobiça", da *Wonder Woman* nº 2 (outono de 1942), ela joga beisebol. Em outras histórias de Marston, ela joga hóquei no gelo e tênis; também faz natação e mergulho. Ela chega a fundar uma rede de academias de ginástica.

"Você está amarrado ao meu laço mágico e tem que me obedecer! Diga-me tudo – toda a verdade!"

Marston também utilizou a Mulher-Maravilha para dar destaque ao trabalho que empreendia com a detecção de mentiras. Ele começou a pesquisar o assunto no terceiro ano de faculdade, utilizou-o como tema de sua dissertação de doutorado em 1921, no Departamento de Psicologia de Harvard, e continuou pelo resto da vida. Em 1923 os jornais já referiam-se a Marston como "O Inventor do Mentirômetro". Em 1938, Marston publicou o livro *O exame do detector de mentiras*, marcando terreno na invenção do que viria a ser o polígrafo. Em "O Duque da Farsa", da *Wonder Woman* nº 2 (outono de 1942), a Mulher-Maravilha usa seu laço mágico para obrigar um vilão a contar a verdade. Assim como seus braceletes, o laço mágico foi dado à Mulher-Maravilha na Ilha Paraíso, antes de ela deixar a terra das amazonas para viajar à "América, última cidadela da democracia e dos direitos iguais para as mulheres!".

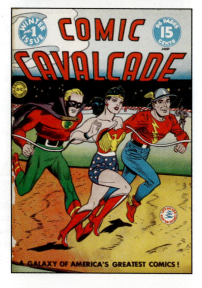

Fora Superman e Batman, nenhum dos super-heróis da DC Comics chegava perto da popularidade da Mulher-Maravilha. Ela era a atração principal da revista *Sensation Comics*; fazia participação regular na *All-Star Comics*; e na *Comics Cavalcade*, trimestral, ela era, de longe, a estrela principal: estava em todas as capas e tinha a história principal de cada edição, incluindo esta, a primeira, *Comic Cavalcade* nº 1 (dezembro de 1942 – janeiro de 1943).

A Sociedade da Justiça fez sua primeira reunião no inverno de 1940. "Cada um é herói por si só, mas quando a Sociedade da Justiça chama, eles são apenas membros jurados a preservar a honra e a justiça!" Os fãs que se afiliassem à Sociedade da Justiça Júnior receberiam certificados de filiação pelo correio, assinados pela secretária Mulher-Maravilha. Da *All-Star Comics* nº 14 (dezembro de 1942 – janeiro de 1943).

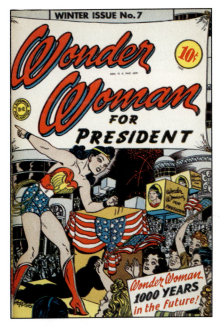

"Sinceramente, a Mulher-Maravilha é manipulação psicológica em prol do novo tipo de mulher que, creio eu, deveria dominar o mundo", Marston escreveu. Ele conseguiu transmitir a mensagem numa história da *Wonder Woman* nº 7 (inverno de 1943), na qual Diana Prince torna-se presidenta dos Estados Unidos. Já existia uma Liga para a Presidenta, fundada em 1935, que tinha esperanças de levar a primeira mulher à Casa Branca em 1940. Em 1937, Marston preparou uma coletiva de imprensa na qual anunciou que as mulheres um dia dominariam o mundo.
"As mulheres têm o dobro do desenvolvimento emocional e da capacidade amorosa do homem", explicou. "E ao desenvolverem mais capacidade para o sucesso mundano quando já têm capacidade para o amor, elas claramente virão a dominar os negócios, a nação e o mundo." Marston achava que o reinado feminino anunciaria uma era de paz, argumento que as sufragistas haviam usado na tentativa de garantir o direito de voto às mulheres.

A Mulher-Maravilha age depressa – sem conseguir romper as amarras com o laço mágico, ela arranca a árvore do chão. "Estou apegada a esta árvore! Vou levá-la comigo."

O preparo atlético da Mulher-Maravilha manifestava-se com mais frequência nas suas diversas maneiras de escapar de correntes e cordas, como em "Uma Espiã na Ilha Paraíso", da *Wonder Woman* nº 3 (fevereiro-março de 1943). Retratar mulheres acorrentadas estava em muitos dos cartuns pelo voto feminino nos anos 1910, quando as mulheres queriam emancipar-se adquirindo o direito ao voto.

"Ah, eu estou bem! Ouvi dizer que você está fazendo todo mundo passar pelo exame do detector de mentiras. Quer que eu faça?"
"Ha! Ha! Gostaria de colocar o detector de mentiras para descobrir se você é ou não é a Mulher-Maravilha!"

Identidades secretas estão no cerne de todos os gibis de super-heróis, mas para Marston, que havia trabalhado com o Serviço de Inteligência Militar dos Estados Unidos durante a Primeira Guerra Mundial, a identidade secreta de Diana Prince, secretária do Serviço de Inteligência, é uma sacada especial para a Mulher-Maravilha. Marston tinha um detector de mentiras na sua casa e gostava de conduzir exames em convidados. Aqui, em "Vitória no mar", da *Sensation Comics* nº 15 (março de 1943), Steve Trevor propõe conduzir um exame do detector de mentiras em Diana Prince.

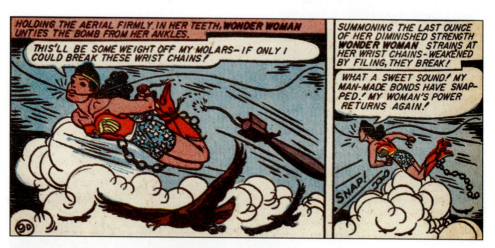

Segurando o cabo com firmeza entre os dentes, a Mulher-Maravilha desamarra a bomba de seus tornozelos.
"Se eu conseguir partir estas correntes do pulso, vai tirar um peso dos meus molares!"
Invocando seus últimos resquícios de força, a Mulher-Maravilha reluta com suas correntes e – desbastadas pela fricção – elas se quebram!
"Que som mais doce! Minhas amarras humanas se partiram! Meus poderes de mulher voltaram!"

A Mulher-Maravilha é amarrada em quase todas suas aventuras, geralmente com correntes. O *bondage* nos gibis da Mulher-Maravilha provocou celeuma entre o comitê consultivo editorial de Gaines, mas Marston insistia que a Mulher-Maravilha tinha que ficar acorrentada ou amarrada para depois se soltar – e, simbolicamente, emancipar-se. "Meus poderes de mulher voltaram!", ela berra, aqui, em "Os Barões da Borracha", *Wonder Woman* nº 4 (abril-maio de 1943).

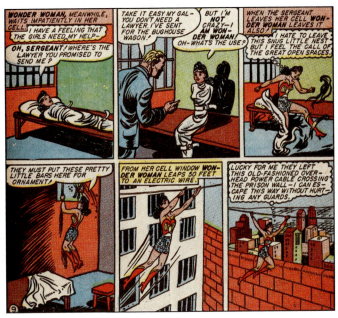

A Mulher-Maravilha, enquanto isso, aguarda impaciente em sua cela.
"Tenho a sensação de que as meninas precisam de minha ajuda..."
"Oh, sargento! Onde está o advogado que você me prometeu?"
"Relaxe, garota! Você não precisa de advogado. Já mandei chamar o camburão do hospício!"
"Mas eu não sou maluca! Eu sou a Mulher-Maravilha! Ah, por que insistir?"
Quando o sargento sai da cela, a Mulher-Maravilha também sai!
"Odeio ter de deixar este ninho tão cômodo, mas sinto o espaço aberto me chamar."
"Acho que essas barras são para decoração!"
Pela janela da cela, a Mulher-Maravilha salta 15 metros até um fio de luz.
"Minha sorte é que deixaram esse cabo de força antigo cruzando o muro da prisão – assim posso escapar sem ferir guardas."

Em 1943, Gaines pediu a uma de suas editoras, Dorothy Roubicek, para propor uma solução que pudesse responder aos integrantes do comitê consultivo editorial que reclamavam do *bondage* nos gibis da Mulher-Maravilha, mas que também agradasse Marston, que insistia na importância destes temas para o argumento feminista. Depois de reunir-se com Roubicek, Gaines enviou a Marston a "lista de métodos que se pode usar para manter mulheres confinadas ou presas sem o uso de correntes", elaborada por Roubicek. Marston continuou irremovível. "Por favor agradeça à Srta. Roubicek pela lista de ameaças", ele escreveu a Gaines, seco. Independente disto, em "Vitória no mar", *Sensation Comics* nº 15 (março de 1943), a Mulher-Maravilha está numa camisa de força e é trancada na cadeia – o tipo de apuro que Roubicek achava melhor.

Na primavera de 1943, a Mulher-Maravilha já era lida por milhões de americanos e, apesar de ser apenas secretária da Sociedade da Justiça, ela tinha grande destaque na capa de cada uma das revistas em quadrinhos em que aparecia, incluindo a *All-Star Comics* nº 16 (abril-maio de 1943), com arte de Frank Harry. Continuou sendo a única mulher da equipe.

Quem é o maligno Doutor Psycho? Conhecido como o homem de mil faces onde quer que seu gênio maligno ataque, este monstro detesta as mulheres! Com astúcia bizarra e seus conhecimentos tenebrosos do oculto, o Doutor Psycho prepara-se para acabar com as mulheres independentes dos EUA modernos e voltar aos dias dos sultões e dos mercados de escravas, das correntes e do cativeiro.
Mas o astuto e ardiloso Psycho não cogitava a Mulher-Maravilha! Ao aceitar o desafio do médico louco, a doce garota amazona luta para impedir a perseguição ao sexo frágil que ameaça até as colegas sedutoras de Afrodite com grilhões da vergonha e ameaça a terra inteira com o castigo eterno.
Bela como Afrodite, sagaz como Atena, mais forte que Hércules e mais veloz que Mercúrio, a Mulher-Maravilha vem da Ilha Paraíso, onde mulheres fascinantes governam supremas para trazer encanto e felicidade ao mundo dos homens!
Você vai amar a Mulher-Maravilha mais do que nunca ao acompanhar esta corajosa menina e suas empolgantes provações em "A batalha pelo feminino".
Marte, o deus da guerra, atual governante do mundo, recebe informações desagradáveis de sua secretária-escrava.
"Aqui está o relatório que o senhor pediu: oito milhões de norte-americanas estão envolvidas na guerra – até 1944 serão dezoito milhões!"
"Cães do Hades! Mulheres! Isso cheira a coisa de Afrodite!"

Em "A batalha pelo feminino", *Wonder Woman* nº 5 (junho-julho de 1943), a Mulher-Maravilha enfrenta seu arqui-inimigo, Doutor Psycho, que era tanto fascista (aqui, um monstro com as cabeças de Mussolini, Hitler e Hirohito) quanto, sobretudo, opositor dos direitos das mulheres. Doutor Psycho foi inspirado no mentor de Marston em Harvard, o psicólogo Hugo Münsterberg, com o qual Marston estudou de 1912 a 1916. Münsterberg, que dirigiu o Laboratório Psicológico de Harvard, era contra o sufrágio feminino e acreditava que mulheres íntegras e moralistas tinham muito a fazer em casa antes de votar, e que toda mulher que *comparecesse* às eleições seria facilmente corruptível, de forma que "o maquinário político adquiriria força renovada e revoltante a partir da debilidade destas mulheres em resistir à pressão política". Sem falar que "a política poderia ressaltar desavenças entre marido e mulher". "A batalha pelo feminino" da Mulher-Maravilha, contra o Doutor Psycho, é a batalha de Marston contra Münsterberg.

Um silêncio pasmo cai sobre a plateia quando Washington dirige-se a todos.
"As mulheres vão perder a guerra para a América! As mulheres não poderiam ter as responsabilidades que têm hoje!"
"Mulheres não devem fazer artilharia, torpedos, peças de avião – não se pode lhes confiar segredos nem deixar que sirvam nas forças armadas. Mulheres trairão o país com sua fraqueza, quando não com sua perfídia!"

Em maio de 1942, Franklin Delano Roosevelt criou a Unidade Auxiliar Feminina do Exército. Cento e cinquenta mil mulheres alistaram-se no Exército, assumindo cargos que liberaram mais homens ao combate. "A Unidade Auxiliar Feminina do Exército parece ter sido a realização final do sonho feminino da igualdade total com os homens", Margaret Sanger escreveu no *New York Herald Tribune*. Em "A batalha pelo feminino", de 1943, momento que o envolvimento das norte-americanas na guerra era crucial, tanto em campo doméstico quanto no exterior, o Doutor Psycho disfarça-se de George Washington e tenta convencer os EUA de que "as mulheres trairão o país devido a suas fraquezas".

"Ah, eu odeio quando me amarram. Podem me soltar, por favor?"
"É claro que não, minha cara! Não se pode confiar liberdade a mulher alguma – você devia saber muito bem! Rá! Rou! Rá!"

Enquanto isso, também em "A batalha pelo feminino", Doutor Psycho amarra sua esposa, Marva, no seu laboratório psicológico – bastante similar a Hugo Münsterberg, que amarrava alunas de Radcliffe a máquinas do Laboratório Psicológico de Harvard. Doutor Psycho insiste que "Não se pode confiar liberdade a mulher alguma!".

"Por qua perderr tempo com prisioneirra? Esto é Mulher-Maravilha, mais perigosa que tois exércitas! Nosso bomba erra ela – agora tem que matar ela rápida!"
"M—Mas Herr comandante—"
"Você é muita mole, Capitan! Executarrei a princesa eu mesma! Donnervetter! Ela rebate os balas com braceletas!"
"Você atira bem, Nasti, mas aposto que ficaria indefeso sem sua arma!"
"Então pensa que eu sou frraca! Toma isto!"
"Se esse é o seu melhor, é mais fraco do que eu pensei!"
"Quando as amazonas lutam, nós damos socos com sustância. assim!"
"Ugh! Aah-unf!"

A participação feminina na guerra aumentou, e a da Mulher-Maravilha também. Em "O Invasor Invisível", *Comic Cavalcade nº3* (verão de 1943), ela desafia militares alemães e vence. Depois, é promovida a "General Mulher-Maravilha". "As mulheres estão ganhando poder no mundo do homem!", a heroína relata a sua mãe Hipólita, em fins de 1943.

"O homem pode bater em sua esposa com um porrete do tamanho do dedão! As mulheres não podem matricular-se em cursos de ensino superior, nem falar em público, nem ganhar dinheiro fora em negócios malremunerados, nem processar por salário ou danos!"

Toda edição da *Wonder Woman* incluía um encarte de quatro páginas chamado "Mulheres-Maravilha da história": a biografia de uma mulher excepcional. O sentido desta série era celebrar as vidas de mulheres heroicas e explicar a importância da história feminina. "Mesmo neste mundo emancipado, as mulheres ainda têm muitos problemas e ainda não atingiram todo seu potencial de crescimento e evolução", escreveu a editora adjunta da *Wonder Woman*, a lenda do tênis Alice Marble, em carta enviada para mulheres de todo o país. "*Wonder Woman* simboliza a primeira vez que esta ousadia, esta força e engenhosidade são destacadas como qualidades femininas. Isto só poderá ter efeito duradouro sobre as mentes daqueles que hoje são meninos e meninas." O perfil de Susan B. Anthony saiu na *Wonder Woman* nº 5 (junho-julho de 1943), mesma edição de "A batalha pelo feminino".

Na *Sensation Comics* nº 20 (agosto de 1943), Etta Candy, a melhor amiga da Mulher-Maravilha, e suas colegas de irmandade da Holliday College alistam-se na Unidade Auxiliar Feminina do Exército, seguindo o conselho que a Mulher-Maravilha dera à esposa encarcerada do Dr. Psycho: "Mas o que fará uma garota tão fraca?", Marva perguntara à Mulher-Maravilha. "Ficar forte!", respondia a heroína. "Tenha seu próprio sustento: junte-se à WAACS ou à WAVES e lute pelo país!"

A princesa amazona, ao recobrar a consciência, descobre-se engenhosamente aprisionada.
"Ora, ora – Mulher-leopardo, você de novo."
"Você é minha prisioneira! Se tentar partir seus grilhões, vai puxar este disjuntor sobre sua cabeça e eletrocutar-se!"

Mulheres como a esposa do Doutor Psycho, Marva, que cometiam o erro fatal de submeter-se a um homem maligno, consistiam em um tipo de mulher desequilibrada. A Mulher-Leopardo, que gostava de fazer outros sofrerem, era o outro tipo. Em "O submarino secreto", *Sensation Comics* nº 22 (outubro de 1943), Mulher-Leopardo descobre uma nova maneira de acorrentar a Mulher-Maravilha.

"Eu ordeno, Neófita, que me conte o maior segredo de seu coração pueril!"
"E-Eu sempre quis dançar, grande mestra magnata! Mas nunca aprendi!"

Marston conheceu Olive Byrne em Tufts em 1925, quando ele era professor de psicologia e também diretor de uma clínica de saúde mental para alunos. A irmandade de Byrne em Tufts, a Alpha Omicron Pi, aparece na HQs da Mulher-Maravilha como a irmandade de Etta Candy, Beeta Lambda, e a clínica de saúde mental é a "Clínica da Diversão". Gay, resgatada pela Mulher-Maravilha depois de tentar afogar-se nas cataratas do Niágara, redescobre o sentido da vida ao entrar na irmandade de Etta, da mesma forma que aconteceu com Olive Byrne. À esquerda: "A Fundação da Diversão", *Sensation Comics* nº 27 (março de 1944). Olive Byrne mudou-se para a casa de Marston e da esposa no verão de 1926. (Marston deu opção à esposa: ou ele a deixava ou Byrne morava com eles.) As duas mulheres tiveram, cada uma, dois filhos de Marston. Byrne e Marston definiram que seu aniversário de casamento seria 21 de novembro de 1928, dia em que Byrne começou a usar braceletes grossos nos pulsos – os mesmos que usa a Mulher-Maravilha.

Em 1944, a Mulher-Maravilha ganhou uma tira de jornal com distribuição da King Features. Das centenas de revistas em quadrinhos em circulação na época, não havia outro super-herói, fora Superman e Batman, que houvesse feito o grande salto das revistas para os jornais, com sua gigantesca circulação diária. Marston estava com tanto serviço que contratou uma assistente, uma estudante sua de 19 anos chamada Joye Hummel. Para comemorar a chegada aos jornais, Gaines pediu para seus artistas desenharem um quadro em que Superman e Batman, emergindo da primeira página de um diário, chamam a Mulher-Maravilha, que pula para a página: "Bem-vinda, Mulher-Maravilha!" Outro anúncio que promovia a tira saiu na *Sensation Comics* nº 32 (agosto de 1944).

Mesmo com o aperto da pressão dos críticos, Marston continuou a amarrar e acorrentar a Mulher-Maravilha, como em "Meninas subaquáticas", da *Sensation Comics* nº 35 (novembro de 1944). Gaines convidou Lauretta Bender para seu conselho consultivo editorial. Enviou-lhe exemplares dos gibis; Roubicek então a entrevistou e fez um relatório a Gaines: "Ela não acredita que a Mulher-Maravilha tenha tendências para o masoquismo ou para o sadismo. No mais, ela acredita que mesmo que fosse este o caso – não se pode *ensinar* tais perversões a crianças – só se pode despertar o que é inerente à criança. Contudo, ela fez a seguinte reserva: que se as escravas usassem correntes (e apreciassem) sem propósito algum, não haveria sentido em acorrentá-las."

"Homens acorrentaram meus braceletes! Pelo decreto de Afrodite, minha força amazona se foi!"

"Venha, minha cara – vamos nos casar agora mesmo – já tenho a licença e *não vou* esperar."
"Bom, tudo bem, Steve! Eu mal posso acreditar! Mas... Estou pronta para ser sua esposinha bem comportada!"

Em "A noiva amazona", *Comic Cavalcade* nº 8 (outono de 1944), a Mulher-Maravilha aceita o pedido de casamento de Steve – até que ela desperta e percebe, aliviada, que foi tudo um pesadelo. O psiquiatra Fredric Wertham achava o feminismo da Mulher-Maravilha repulsivo: "Quanto à 'feminilidade pungente', quais são as funções nos quadrinhos que as mulheres possuem 'em pé de igualdade com homens'? Elas não trabalham. Elas não são donas de casa. Elas não criam a família. O amor materno está totalmente ausente... Mesmo quando a Mulher-Maravilha adota uma menina veem-se conotações lésbicas." Lauretta Bender, psiquiatra rival de Wertham e especialista em violência infantil, discordava. As HQs da Mulher-Maravilha traziam "um conceito acentuadamente avançado de feminilidade e masculinidade", ela escreveu, admirando o quanto "as mulheres nestas histórias são postas em pé de igualdade com homens e gozam das mesmas variedades de funções." Wertham queria banir os quadrinhos. Bender achava que os gibis ajudavam as crianças a crescer.

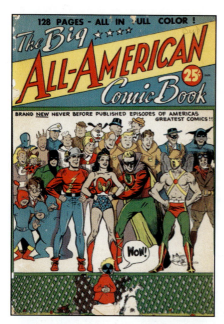

O destaque da Mulher-Maravilha na linha de quadrinhos de Gaines é bem ilustrado por sua posição central na capa de uma publicação especial, *The Big All-American Comic Book*, de 1944.

Em agosto de 1944, Marston sofreu uma queda e passou um mês no hospital; foi diagnosticado com poliomielite. Nunca mais andou. Em 1945, a Mulher-Maravilha chegava a dois milhões e meio de leitores por mês, mas Marston começou a achar difícil manter o ritmo de roteiros. Com a guerra chegando ao final e Marston confinado a sua cama, suas histórias começaram a ficar mais domésticas e consideravelmente menos controversas. A Mulher-Maravilha passa por Mamãe Noel na capa da *Sensation Comics* nº 38 (fevereiro de 1945).

"A Mulher-Maravilha, desde o princípio, foi uma personagem baseada na pesquisa científica", Marston gostava de dizer, e aqui, em "A conquista de Vênus", *Wonder Woman* nº 12 (primavera de 1945), a personagem está a meio caminho entre trajes e revela a professora universitária que tem por dentro. Marston, na época, queria marcar território científico com sua heroína. Em "Por que 100.000.000 de americanos leem quadrinhos", publicado em 1944 na *The American Scholar*, revista da Sociedade Phi Beta Kappa, Marston, cobrindo-se da mais pomposa prosa acadêmica, insistia que as revistas em quadrinhos são uma forma elevada de literatura: "A fantasia contada em imagens livra-se dos detritos obstaculares da arte e do artifício e toca os delicados pontos dos desejos e aspirações universais humanos, costumeiramente escondidos sob longo revestimento acumulado de desonestidade e dissimulação." Ele queria dizer mais ou menos a mesma coisa que Bender, quando esta dizia que os quadrinhos eram os contos de fadas modernos.

A maioria dos super-heróis não sobreviveu ao período de paz. A Mulher-Maravilha ficou entre os poucos que conseguiu. Ela continuou sendo personagem central da Sociedade da Justiça muito depois da guerra, como aqui, em "O dia que se perdeu no tempo", da *All-Star Comics* nº 35 (junho-julho de 1947), com arte de Irwin Hasen. Publicada há mais de sete décadas, a Mulher-Maravilha é um dos super-heróis de maior durabilidade na história. Superman e Batman foram os únicos outros que duraram tanto.

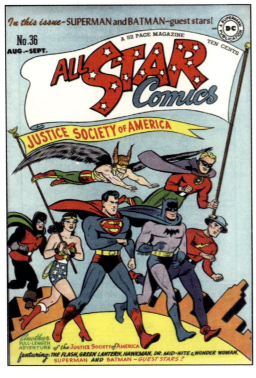

Marston faleceu em maio de 1947. Gaines morreu em um acidente de barco três meses depois. Ainda em 1947, Joye Hummel casou-se e pediu demissão; Sheldon Mayer, editor da Mulher-Maravilha, deixou o posto. Dorothy Roubicek e Alice Marble também haviam abandonado os quadrinhos. Mas a Mulher-Maravilha seguiu em frente. Dois anos após o fim da guerra, ficou evidente que Mulher-Maravilha, Batman e Superman eram os únicos super-heróis que ainda sobreviviam – ou, neste caso, marchavam, na capa de *All-Star Comics* nº 36 (agosto-setembro de 1947), com arte de Win Mortimer.

"Meu pai ordenou que eu enganasse aquelas mulheres."
"Você, filha, deve tornar-se líder das mulheres. Você deve convencê-las de que não precisam de direitos políticos e que votem em tudo que eu ditar."
"Vai ser fácil!"

Em 1948, a viúva de Marston, Elizabeth Holloway Marston, insistiu que a DC Comics a contratasse como nova editora da Mulher-Maravilha. A DC Comics, porém, nomeou Robert Kanigher como editor. Kanigher odiava a criação de Marston e, na forma como tratava o personagem Duque da Farsa, deixou clara a sua crença de que a igualdade política era um erro – e que facilmente podia ser desfeito. Em "A filha da trapaça", *Comic Cavalcade* nº 26 (abril-maio de 1948), escrita por Kanigher, o Duque e a sua filha, Lya, conspiram para revogar os ganhos políticos das mulheres.

Em 1947, Dorothy Roubicek, editora da Mulher-Maravilha, casou-se com o escritor de quadrinhos William Woolfolk, e juntos eles criaram Moon Girl, imitação da Mulher-Maravilha, que aparece detendo foguetes na capa da *Moon Girl* nº 3 (primavera de 1948). "Como equipe, eles estão preparados para lançar um produto de qualidade e forte concorrente da Mulher-Maravilha", Holloway alertou à DC. "O que eles não possuem é a psicologia de vida de Marston, injetada em cada página de *WW*." Moon Girl não durou.

"Ursula – eu ordeno que você deixe o mundo do passado e adentre o mundo do presente!"

Uma capa memorável, incomum para a era Kanigher, retrata a Mulher-Maravilha trazendo uma mulher de trajes vitorianos – assim como de convenções vitorianas – para o mundo moderno. Capa da *Wonder Woman* nº 38 (novembro-dezembro de 1949).

Depois da guerra, a Mulher-Maravilha acompanhou as centenas de milhares de norte-americanas que haviam trabalhado durante a guerra e, chegada a paz, ouviram que não só seu trabalho não era mais necessário, mas que também ameaçava a estabilidade da nação ao enfraquecer os homens. Ela também não era mais desenhada por Harry G. Peter, que falecera em 1958. Esta capa da *Sensation Comics* nº 94 (novembro--dezembro de 1949) é típica da era Kanigher. A Mulher-Maravilha ficava mais fraca a cada ano. Na década de 1950, ela virou *baby-sitter*, modelo e estrela de cinema. Estava louca para casar com Steve. Kanigher também abandonou o encarte "Mulheres-Maravilha da história"; substituiu-o por uma série sobre casamentos, chamado "Matrimônio *à la mode*".

Wonder Woman nº 178 (setembro-outubro de 1968) marca o princípio do que é conhecido como "Era Diana Prince", durante a qual, como explicou Joanne Edgar na revista *Ms.* em 1972, "ela abriu mão de seus poderes sobre-humanos de amazona, assim como dos braceletes, do laço mágico e do avião invisível. Tornou-se um ser humano. Diana Prince, agora vestindo terninhos de boutique e túnicas, passou a ter emoções convencionais, a ser vulnerável aos homens, a ter um conselheiro (um homem, é óbvio, chamado I Ching), e as habilidades de karatê, kung fu e jiu-jitsu. Em outras palavras, ela tornou-se uma James Bond fêmea, mas sem as façanhas sexuais deste".

A Mulher-Maravilha foi repensada de diversas maneiras durante o movimento pela libertação feminina. Em julho de 1970, a Editora Subterrânea da Libertação Feminina, de Berkeley, Califórnia, lançou uma revista em quadrinhos underground chamada *It Aint Me Babe*. A capa da primeira edição trazia Mulher-Maravilha marchando com personagens femininas contra as tramas clichê. Em uma das histórias da edição, Veronica larga Archie para ficar com Betty, Petunia Porco diz para Gaguinho preparar o próprio jantar e Supergirl manda Superman passear.

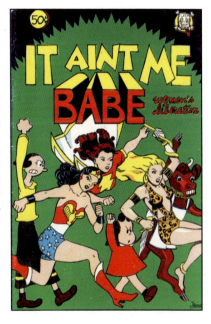

Em dezembro de 1972, a DC Comics publicou *Wonder Woman* nº 203, a "Edição Especial! Libertação Feminina", escrita por um autor de ficção científica chamado Samuel R. Delany e que fora projetada como primeiro capítulo de uma trama de seis partes. Na primeira história, Diana Prince acaba com os planos de um dono de magazine que explora as funcionárias. A heroína iria encarar outros antifeministas em cada uma das outras cinco histórias. "Outro vilão era um tutor acadêmico que achava que lugar de mulher era em casa", Delany explicou posteriormente. "Terminava com uma gangue de capangas tentando destruir uma clínica de abortos que tinha uma equipe de cirurgiãs. A Mulher-Maravilha ia entrar em cada uma dessas batalhas e sair vitoriosa." Só uma destas histórias foi publicada.

Em 1972, as editoras da *Ms.* estamparam a Mulher-Maravilha na capa da primeira edição regular da revista. Elas esperavam fazer uma ponte entre o feminismo dos anos 1910 e o feminismo dos anos 1970 com a Mulher-Maravilha dos anos 1940, o feminismo de suas infâncias. "Revendo aquelas histórias da Mulher-Maravilha dos anos 1940 hoje", disse Gloria Steinem, "fico estupefata com a força da mensagem feminista". Apesar de toda controvérsia e ambiguidade, a Mulher-Maravilha é melhor entendida como elo perdido na história da luta pela igualdade das mulheres, um encadeamento de fatos que começa com as campanhas pelo sufrágio feminino dos anos 1910 e termina com o ritmo conturbado do feminismo um século depois.

★ PARTE TRÊS ★

ILHA PARAÍSO

"Talvez a esfera mágica conceda seu desejo! Enfim, vejamos o que acontece
quando um homem concorrer à presidência com uma mulher em 3004!"
"Oh, mãe! Que empolgante!"

De "As Mulheres-Maravilha dos Estados Unidos do amanhã", *Wonder Woman* nº 76 (inverno de 1943)

SUPREMA

TUDO COMEÇOU com uma arma. Em 1º de setembro de 1939, o exército alemão invadiu a Polônia. Dois dias depois, a Grã-Bretanha e a França declararam guerra à Alemanha. Na edição de outubro de 1939 da *Detective Comics*, Batman matou um vampiro disparando balas de prata bem no seu peito. Na edição seguinte, Batman atirou em dois capangas do mal. Quando Whitney Ellsworth, o diretor editorial da DC, deu uma primeira olhada no esboço da história seguinte, Batman estava atirando de novo. Ellsworth fez que não e disse: sem armas.[1]

Batman estreara na *Detective Comics* em maio de 1939, mesmo mês em que a Suprema Corte dos Estados Unidos emitiu a decisão de *O Estado contra Miller*, um caso de referência no controle de armas de fogo. O caso dizia respeito à constitucionalidade do Decreto Nacional das Armas de Fogo de 1934 e o Decreto Federal de Armas de Fogo de 1938, que efetivamente baniu metralhadoras por meio da taxação proibitiva e regulamentou a propriedade de pistolas introduzindo os requisitos de licença, período de espera e autorização de porte. A National Rifle Association apoiou a legislação (na época, a NRA era uma organização de esportistas). Os fabricantes de armas, no entanto, desafiaram-na, tendo

"Batman
Somente na 'Detective Comics'
Não perca uma edição do novo e intrigante
personagem em suas incríveis aventuras!!"

De "Batman luta contra o dirigível
da morte", *Detective Comics* nº 33
(novembro de 1939)

por base que o controle federal de armas ia contra a Segunda Emenda. O procurador-geral do presidente Roosevelt disse que a Segunda Emenda não tinha nada a ver com o direito individual de portar armas, mas sim com defesa pessoal. O tribunal concordou por unanimidade.[2]

Enquanto a guerra devastava a Europa, o desarmamento aplicado ao Cavaleiro das Trevas foi o indulto da *Detective Comics* ao adorado ideal norte-americano de separação entre vida militar e civil. Super-heróis não eram soldados; eram civis. E então, no fim de 1939, um dos criadores de Batman inventou uma nova origem para o herói: quando Bruce Wayne era criança, seus pais haviam sido mortos a tiros na sua frente. Não se tratava mais de Batman não usar armas, ele não suportava armas.[3] Foi o ódio a armas que criou o Batman.

A nova origem de Batman mitigou os críticos, mas ficou longe de os deter. Em 8 de maio de 1940, o *Chicago Daily News* declarou guerra às revistas em quadrinhos. "Vendem-se 10 milhões de dólares destes folhetins de sexo/terror todo mês", escreveu Sterling North, o editor literário do jornal. "Se não quisermos uma próxima geração ainda mais feroz que a atual, pais e professores de todo o país devem unir-se para destruir a revista de 'quadrinhos'." Vinte e cinco milhões de leitores exigiram reproduções do artigo de North no qual ele chamara os quadrinhos de "desgraça nacional".[4]

Em junho de 1940, a Alemanha conquistou a França. Boa parte desta encrenca com os quadrinhos tinha a ver com o Superman, que muitos à época começaram a encarar como fascista. As revistas em quadrinhos iam "originar uma geração de soldados nazistas", previu o poeta Stanley Kunitz no *Library Journal*. Em setembro de 1940, a *New Republic* publicou um texto chamado "A chegada do Superman", do romancista Slater Brown. "Superman, belo como Apolo, forte como Hércules, cavalheiresco como Lancelot, rápido como Hermes, encarna todos os atributos tradicionais de um herói divino", escreveu Brown, mas, na Alemanha, "não foram as crianças que abraçaram o mito vulgarizado do Superman com tanto entusiasmo; foram os mais velhos." A revista *Time* viria a fazer a pergunta que Kunitz e Brown começaram a circular: "Os quadrinhos são fascistas?"[5]

No meio dessa controvérsia, Olive Byrne propôs uma matéria ao seu editor da *Family Circle:* quem melhor para esclarecer às mães dos Estados Unidos se quadrinhos são um perigo para as crianças do que o Dr. William Moulton Marston? Ela conseguiu a pauta. Sua matéria foi publicada em outubro de 1940. Começou, como sempre começavam suas matérias, com a ficção de que ela tinha viajado até a casa de Marston para entrevistá-lo, neste caso, incomodada com "horrendas visões da justiça hitlerista".

"Você entende alguma coisa de revistas em quadrinhos?", ela perguntou.

Ah, e como ele entendia. "O Dr. Marston me disse que vinha fazendo pesquisa nesta área há mais de um ano — e que *havia lido quase todas as revistas em quadrinhos publicadas neste período!*" Havia mais de cem revistas em quadrinhos nas bancas da nação, que chegavam a um número entre 45 milhões de leitores por mês, segundo ele.

"Mas você acha que esses gibis fantasiosos são boa leitura para crianças?", ela perguntou.

Geralmente sim, disse Marston. Eles eram puro sonho realizado: "E os dois sonhos por trás do Superman são certamente os mais sólidos; na verdade, são nossas aspirações nacionais do momento — fazer crescer a imbatibilidade do poder nacional, e usar este grande poder, quando o tivermos, para proteger gente inocente, amante da paz, do mal aniquilador e implacável. Você não acha, nem por um instante, que seria errado imaginar a realização destas duas aspirações nos Estados Unidos da América, acha? Então, por que seria errado ou danoso para as crianças imaginarem as mesmas coisas para si quando leem *Superman?*"

"Mas e quanto aos outros quadrinhos?", ela reforçou. "Alguns são cheios de torturas, sequestros, sadismo e outras crueldades."

"Infelizmente, isto é verdade", admitiu Marston. "Mas existem uma ou duas regras elementares que são producentes para distinguir o sadismo de uma aventura empolgante nos quadrinhos. A ameaça de tortura é inofensiva; mas se a tortura em si é mostrada na revista, temos sadismo. Quando uma adorável heroína é amarrada ao tronco, quem acompanha os quadrinhos sabe que o resgate vai aparecer em cima da hora. O desejo do leitor é salvar a garota, não vê-la sofrer. Uma pessoa amarrada ou acorrentada não sofre vergonha nos quadrinhos, e o leitor, portanto, não está sendo ensinado a gostar de sofrer."

Convencido por todos os argumentos do professor, "Olive Richard" sai de casa e, a caminho do trem, compra o último exemplar de *Superman.*[6] Charlie Gaines leu a matéria de Olive Byrne e ficou tão impressionado que decidiu contratar Marston como psicólogo consultor.[7]

Para defender-se do achaque aos gibis, Gaines precisava de especialistas. George Hecht, editor da *Parents' Magazine*, anunciou planos para publicar *True Comics*. "Toda página desta nova revista em quadrinhos é recheada de ação e empolgação", prometeu a também editora da *Parents'* Clara Savage Littledale. "Mas os heróis não são criaturas impossíveis. São reais." Sua primeira edição incluía histórias sobre Winston Churchill e Simón Bolívar. Mas a *True Comics* se distinguia porque era supervisionada por um comitê consultivo editorial composto por especialistas: professores, principalmente historiadores, educadores e até o perito em opinião pública George Gallup.[8]

Gaines decidiu formar seu próprio comitê consultivo. "'Doc' Marston é, há muito tempo, defensor das revistas em quadrinhos corretas, e agora faz parte do Conselho Consultivo Editorial de todos os Quadrinhos 'D.C.

Superman'", ele proclamou em memorando aos seus funcionários, anexando um exemplar da matéria de Olive Byrne na *Family Circle*.[9] A DC também decidiu estampar as revistas nas quais apareciam o Superman e o Batman com um logotipo que dizia: "Uma publicação DC" ou "Uma publicação Superman-DC". Em outubro de 1941, em mensagem na *More Fun Comics*, Gaines disse aos leitores (e aos pais destes) que o logotipo da editora — um círculo que continha as letras *DC*, a sigla de *Detective Comics* — devia ser considerado não só marca de qualidade, mas também marca de endosso do comitê consultivo editorial, cujos integrantes incluíam Robert Thorndike, professor de psicologia educacional em Columbia; Ruth Eastwood Perl, outra psicóloga; C. Bowie Millican, que lecionava literatura na New York University; Gene Tunney, tenente-comandante da marinha dos Estados Unidos e diretor de uma organização católica juvenil; e Josette Frank, especialista em literatura infantil e diretora executiva da Associação Norte-Americana de Estudos da Criança (ela trabalhara com Holloway na *Child Study* nos anos 1920).[10] Embora Gaines tivesse indicado Marston ao comitê de início, Frank pediu a Gaines para retirá-lo, dado que ele já havia contratado Marston como roteirista.[11]

Como psicólogo consultor da DC Comics, Marston convencera Gaines que o que ele precisava mesmo para se opor à crítica aos quadrinhos era de uma super-heroína. Em algumas versões dessa história, a ideia foi de Holloway. "Vamos lá, vamos fazer uma Supermulher!", ela teria dito a Marston, segundo o filho deles, Pete. "Não dê bola para os meninos."[12] No entanto, a própria Holloway provavelmente diria que não tinha nada a ver com a Mulher-Maravilha: "Sempre tive o meu trabalho e a minha remuneração, ou seja, não havia tempo sobrando para Mulher-Maravilha, e isso não era nem mesmo necessário", ela escreveu. Uma super-heroína podia ter sido ideia de Olive Byrne, mas ela seria a última pessoa no mundo a pedir crédito. De qualquer forma, Marston, que em uma coletiva de imprensa de 1937 previra que as mulheres iriam dominar o mundo e elegera Margaret Sanger a segunda pessoa mais importante do planeta (ela perdia apenas para Henry Ford) conforme suas "contribuições para a humanidade", sabia muito bem quem tinha em mente para uma super-heroína.[13]

De início, Gaines se opôs. Toda heroína de *pulp* e de quadrinhos, disse a Marston, fora um fracasso. "Mas elas não eram *super-mulheres*", Marston retrucou. "Elas não eram superiores aos homens." Uma super-heroína, insistiu Marston, era a melhor resposta aos críticos, já que "a maior afronta dos quadrinhos era um machismo de gelar o sangue." Ele explicou:

Falta ao herói masculino, por melhor que seja, as qualidades do amor materno e o carinho que são tão essenciais à criança normal quanto o sopro da vida. Imagine que o ideal da criança é ser um super-*homem* que utiliza seu poder extraordinário para ajudar os fracos. O ingrediente mais importante da felicidade humana ainda está em falta: o *amor*. É inteligente ser forte. É grandioso ser generoso. Mas é afeminado, conforme regras exclusivamente masculinas, ser carinhoso, amável, afetuoso e sedutor. "Ah, isso é coisa de menina!", esbraveja nosso pequeno leitor de gibis. "Quem quer ser uma *menina*?" E aí é que está: nem as meninas vão querer ser meninas enquanto nosso arquétipo feminino não tiver robustez, força e poder. Ao não quererem ser meninas, elas não querem ser carinhosas, submissas, amantes da paz como são as boas mulheres. As qualidades fortes das mulheres são desprezadas por conta das fracas. A solução óbvia é criar uma personagem feminina com toda a força do Superman e todo o fascínio de uma boa e bela mulher.[14]

Ao apresentar este argumento, Marston trançou mais de um século de retórica dos direitos da mulher, suas próprias ideias sobre a psicologia e, inevitavelmente, sua maracutaia sem par. Gaines se convenceu.

"Bom, Doc", disse Gaines, "eu fiquei com o Superman depois que todo *syndicate* do país o recusou. Vou dar uma chance à sua Mulher-Maravilha! Mas você mesmo que vai ter que escrever a história. Depois de seis meses de publicação, sua mulher vai passar pelo voto dos nossos leitores. Se eles não gostarem, não vou poder fazer nada."[15]

Em fevereiro de 1941, Marston entregou um roteiro datilografado do primeiro capítulo de "Suprema, a Mulher-Maravilha". Gaines passou Marston a Sheldon Mayer, o mesmo editor do Superman. Mayer, que crescera no Harlem, desenhava desde criancinha. Ele chegou a escrever a história da sua vida como aspirante a quadrinista em uma revista em quadrinhos chamada *Scribbly*. Vinha trabalhando para Gaines desde 1936, quando colava tiras de jornal nas revistas. Mayer e Gaines comumente trabalhavam noite adentro e, pela manhã, faziam a barba juntos no banheiro do escritório. Mesmo depois de Gaines promover Mayer a editor-executivo, ele ainda o mandava comprar cigarros. Mayer era pequeno e esguio; usava óculos e fumava cachimbo, mas ainda tinha cara de criança.[16]

Mayer tinha 24 anos; Marston tinha 48. A maioria dos roteiristas e desenhistas com quem Mayer trabalhava eram mais jovens que ele. Mayer usava a idade de Marston, sem falar dos seus diplomas de Harvard, contra o próprio Marston. "Quando começamos com a Mulher-Maravilha", Mayer diria mais tarde, "eu sinceramente achei que não fosse durar mais que vinte minutos." Ele achava mais fácil "pegar um ex-vendedor de armarinho com pendor para a escrita" e ensinar quadrinhos a este do que trabalhar com "um cara que já era escritor". No entanto, quanto mais Mayer conhecia Marston, mais gostava dele.[17] Marston era sempre afável.

Na carta que Marston enviou a Mayer com seu primeiro roteiro, ele explicou o "sentido-subjacente" da história:

Homens (gregos) eram capturados por mulheres predadoras em busca de amor até que eles se cansaram e usavam da força para fazer as mulheres prisioneiras. Mas eles tinham medo delas (complexo de inferioridade masculina) e mantinham-nas fortemente acorrentadas para que elas não os enganassem como sempre. A Deusa do Amor aparece e ajuda as mulheres a partirem suas correntes dando-lhes a força maior do verdadeiro altruísmo. Momento em que os homens fazem uma reviravolta e ajudam as mulheres de fato a fugir da escravidão doméstica — como os homens fazem agora. As NOVAS MULHERES, assim libertas e fortalecidas por se autossustentarem (na Ilha Paraíso), desenvolvem enorme poder físico e mental. Mas elas têm que usá-lo em prol de outras pessoas para não voltar às correntes, sua fraqueza.

Pode soar fantasioso, admitiu Marston, mas "é tudo verdade", pelo menos como alegoria, e, de fato, como história, porque sua HQ era pensada para registrar "um grande movimento em curso — o crescimento do poder da mulher". Ele não se importava com a edição de Mayer, embora preferisse ser consultado. "Espero que possa me telefonar a respeito de mudanças na trama, nos nomes, nos uniformes ou na temática", ele disse a Mayer. "Esta é a sua função." No entanto, em relação ao feminismo da história, ele era irremovível. "Deixe este tema como está", ele falou, "ou largue o projeto."[18]

Mayer fez uma mudança: cortou "Suprema". Melhor chamar só de "Mulher-Maravilha". Quanto ao restante, Shelly Mayer achou um monte de baboseira, mas pensou: que seja.

BELA COMO AFRODITE

COMO ELA SERIA? Como a Vênus de Botticelli? A Estátua da Liberdade? Greta Garbo?

"Vou mandar um carbono para Peter, o desenhista", Marston escreveu a Mayer quando lhe despachou o primeiro roteiro. "Avise-me quando o quiser que eu peço para ele passar aí."[1]

Marston contratara seu próprio desenhista: Harry G. Peter.[2] Peter tinha 61 anos, ancião para os padrões dos quadrinhos. "Harry me parecia um senhor de idade", disse Mayer.[3] O editor não aprovou; além disso, achou os desenhos de Peter medonhos. Mas não conseguiu fazer Marston ou Gaines aceitarem outro.[4] Quando Marston contratou Peter, a única experiência que este tinha nos quadrinhos tinha sido desenhar alguns quadros da *True Comics* de George Hecht. (Na primavera de 1941, Peter começaria a desenhar um super-herói chamado Homem de Metal, operário de uma fundição com poderes incandescentes, para a *Reg'lar Fellers Heroic Comics* — mas isso só depois da Mulher-Maravilha.)[5] Gaines deve ter apreciado a ideia de surrupiar um artista de George Hecht, ele o odiava. Em 1941, ele escreveu uma carta a Hecht convidando este e o comitê consultivo editorial da *True Comics*

"Pelos céus! Este homem levou um tiro! Acho que foi atingido pelas balas que o outro homem disparou quando estávamos lutando!"

Tarpé Mills, *Miss Fury*, Tira 285

a almoçar com Gaines e o comitê consultivo editorial da DC Comics para armar um debate público sobre quadrinhos, colocando os especialistas de Gaines a discutir com os de Hecht. "Eu me proponho a assumir as despesas", Gaines disse a Hecht. Enquanto isso, porém, ele ia contratar um dos desenhistas de Hecht para ilustrar a Mulher-Maravilha.[6]

Marston gostava de dizer que a Mulher-Maravilha devia ser vista como "propaganda psicológica com vistas ao novo tipo de mulher que, na minha opinião, deveria dominar o mundo", mas nem ele, nem Gaines parecem ter se importado muito em contratar uma mulher para desenhá-la. A Fiction House empregava dezenas de desenhistas mulheres, mas Gaines só chegou a contratar de fato uma: Elizabeth Burnley Bentley. (Seu trabalho saiu sem crédito, mas ela fazia letreiramento e cenários em *Superman* e *Batman*.)[7] Não foi por falta de opções. Havia cartunistas com experiência editorial, como Lou Rogers; em 1940, ela ilustrava livros infantis. Havia mulheres que desenhavam tiras de jornal diárias. Dalia Messick, usando a alcunha Dale Messick, começou a desenhar *Brenda Starr* em 1940. E havia quadrinistas com experiência. June Tarpé Mills, que havia estudado no Pratt Institute e pago suas mensalidades trabalhando como modelo, começou a desenhar quadrinhos para a *Reg'lar*

Fellers Heroic Comics no fim dos anos 1930. Foi a primeira mulher a criar sua própria heroína. No início de 1941, um *syndicate* a contratou para escrever e desenhar uma tira diária que se chamaria primeiro *Black Fury* e, depois, *Miss Fury*. Miss Fury, esbelta e glamorosa, é uma socialite chamada Marla Drake, que enfrenta o crime vestida como pantera negra. Mills publicava com o nome "Tarpé Mills". ("Seria uma enorme decepção para as crianças descobrir que o autor destes personagens tão viris e tão sensacionais era uma garota", ela disse.) Em 1942, *Miss Fury* aparecia na própria revista em quadrinhos, publicada pela maior rival da DC, a Timely Comics (mais tarde Marvel Comics).[8]

Em vez de contratar uma desenhista mulher que tivesse trabalhado com quadrinhos, Marston contratou um homem. Ele disse que gostava de Peter porque ele sabia "das coisas da vida".[9] Mas a idade de Peter também significava que ele havia testemunhado o movimento sufragista.

Henry George Peter nasceu em San Rafael, Califórnia, em 1880. É bem provável que seu nome tenha vindo do editor de jornais e reformista Henry George, de São Francisco, cuja obra mais famosa, *Progress and*

Da esquerda para a direita: Marston, Harry G. Peter, Sheldon Mayer e Charlie Gaines, 1942

Poverty [Progresso e pobreza, em tradução livre], um levantamento extremamente popular sobre a desigualdade econômica, foi publicado em 1879. Henry George também era defensor ardoroso da educação feminina e do sufrágio feminino. "Em todas as questões políticas", escreveu ele, "as mulheres têm interesse tão objetivo e vital quanto os homens."[10] Se Henry George Peter foi batizado em homenagem a Henry George, então seus pais eram radicais. Tanto Peter quanto o seu irmão mais velho viraram desenhistas. Peter já trabalhava para um jornal quando tinha vinte anos.[11] Assinava seus trabalhos como "H.G. Peter"; às vezes, chamavam-no de Harry; às vezes, chamavam-no de Pete. Talvez ele também tenha trabalhado para o *Bulletin* de São Francisco, mas em 1906 era desenhista da equipe do *San Francico Chronicle*, jornal que, em 1907, publicara a primeira tira diária, *Mutt and Jeff*. Marston posteriormente viria a dizer que Peter trabalhou em *Mutt and Jeff*, mas não se sabe ao certo se ele realmente o fez. O que se sabe é que ele desenhava para o *Chronicle* durante os anos em que suas páginas cobriram de perto o movimento sufragista no estado, comandado pelo Liga Californiana pelo Sufrágio Igualitário. A mulher com quem Peter viria a se casar também era desenhista de jornal e muito provavelmente sufragista.[12]

Adonica Fulton era desenhista na redação do *Bulletin* de São Francisco.[13] Ela estudara no Mark Hopkins Institute of Art. Tanto Peter quanto Fulton tinham influência do ilustrador norte-americano Charles Gibson; fora ele que, nos anos 1890, apresentara a Garota Gibson. A Garota Gibson usava o cabelo armado no alto da cabeça. Era rica, elegante, estilosa

Uma garota Gibson, desenho a bico de pena de Charles Gibson, aprox. 1891

e cheia de desdém. Sua boca fazia um biquinho, seus olhos estavam sempre semicerrados, seus seios eram pesados, sua cintura, apertada. Vê-se a influência de Gibson no trabalho de Peter e também nos primeiros desenhos de mulheres por Adonica Fulton.

Em São Francisco, tanto Peter quanto Fulton eram membros da Liga de Desenhistas de Jornal, organização restrita a "homens e mulheres de destaque a serviço dos jornais e revistas locais". Em 1904, os dois tiveram trabalhos expostos em São Francisco durante uma mostra de desenhistas de jornal, onde os vinte desenhos de Fulton foram destacados como os mais primorosos.[14]

Adonica Fulton, desenho a bico de pena, 1904. De *The Newspaper Artist's Exhibit, San Francisco Call*, 9 de outubro de 1904

Peter e Fulton mudaram-se para Nova York por volta de 1907; foram acompanhar os amigos e também artistas de jornal Rube Goldberg e Herbert Roth. Peter começou a desenhar para o *New York American*. Em 1908, ele fazia ilustrações a bico de pena para a *Judge*. Em 1912, Peter e Fulton se casaram. O namoro foi bastante longo. No ano em que se casaram, ambos completaram 32 anos.[15]

Foi na *Judge* que Peter conheceu a cartunista feminista Lou Rogers. Entre 1912 e 1917, Peter e Rogers ilustraram para a seção pró-sufragista da *Judge* chamada "A mulher moderna". O trabalho de Rogers era mais conhecido que o de Peter. Em 1915, o nome dela saiu em um anúncio da *Judge* que listava "os escritores de humor *real* e os desenhistas de habilidade distinta: a preferência dos nossos leitores"; o nome de Peter não é citado.[16]

Em 1920, Peter começou a trabalhar para a firma de arte comercial Louis C. Pedral, Inc., com sede na Madison Avenue, nº 95. "Ele foi trazido à nossa equipe por conta de sua vasta experiência como desenhista

Detalhe de Harry G. Peter, "Seeing Miss America First", *Judge*, 27 de fevereiro de 1915

no preto e branco e colorista de imaginação infinita", proclamou a empresa.[17] Em 1925, Peter e Fulton estavam morando em uma casa que tinham comprado em Staten Island. Aparentemente, eles não tiveram filhos, e tampouco se sabe se Adonica Fulton Peter continuou a trabalhar como desenhista.[18] Nos anos 1930, a arte comercial, assim como outros negócios, entrou em declínio. Os tempos difíceis levaram Peter aos quadrinhos. Para a Mulher-Maravilha, ele trouxe, entre outras coisas, a experiência de desenhar cartuns sufragistas.

Exatamente na época em que Marston e Peter deviam estar reunindo-se com Gaines e Mayer para conversar sobre o visual da Mulher-Maravilha, um novo super-herói fez sua estreia: o Capitão América.[19] Ele logo se tornou o personagem mais popular da Timely Comics.

Marston queria que o "significado-subjacente" das suas histórias em quadrinhos, o de "um grande movimento em curso — a escalada do poder

Harry G. Peter, "Dia de faxina", *Judge*, 6 de fevereiro de 1915, da página sufragista da *Judge*

da mulher", fosse encarnado no comportamento, nas vestes e nos poderes da Mulher-Maravilha. Ela teria que ser forte e independente. Todos concordaram com os braceletes (inspirados nos de Olive Byrne): ajudava Gaines no seu dilema de relações públicas, pois ela podia usar os braceletes

Captain America Comics nº 1
(março de 1941)

para deter balas; era bom para a questão das armas de fogo. Além disso, esta nova super-heroína teria que ser linda; ela usaria uma tiara, como a coroa que se dá à Miss América. Marston queria que ela se opusesse à guerra, mas teria que se dispor a lutar pela democracia. Na verdade, ela teria que ser superpatriota. O Capitão América vestia uma bandeira dos Estados Unidos: colante azul, luvas vermelhas, botas vermelhas e, no torso, listras azuis e vermelhas com uma estrela branca. Assim como o Capitão América — *por causa* do Capitão América —, a Mulher-Maravilha também teria que vestir vermelho, branco e azul. Mas, de preferência, teria que vestir poucas roupas. Para vender mais, Gaines queria que sua supermulher fosse o mais nua possível.

Peter recebeu suas instruções: desenhe uma mulher poderosa como o Superman, sensual como a Miss Fury, com as roupas mínimas de Sheena, a rainha da selva, e tão patriota quanto o Capitão América. Ele fez uma série de esboços e enviou-os a Marston.

"Caro Dr. Marston, eu botei esses dois aqui na pressa", Peter escreveu, enviando junto desenhos em lápis de cor da Mulher-Maravilha usando uma tiara; braceletes; minissaia azul com estrelinhas brancas; sandálias e um bustiê vermelho com uma águia-americana de asas estendidas sobre os seios. Ele explicou: "A águia é difícil de fazer em perspectiva ou em perfil, não aparece muito bem — os calçados parecem os usados por uma estenógrafa. Acho que a ideia pode ser incorporada a alguma engenhoca romana. Peter."

Marston respondeu, acrescentando comentários ao desenho. "Caro Pete — acho a menina com a mão levantada muito bonita. Gostei da saia, das pernas, do cabelo. Braceletes ok + botas. Acho que vai dar certo."

Fazendo uma flecha para as sandálias delicadas, atarantado, ele acrescentou: "Não para as sandálias!" Olhando para a cintura à mostra, perguntou: "Não precisamos colocar uma faixa vermelha na cintura como cinto?"[20]

Depois, ao que parece, Marston fez mais uma sugestão. E se a Mulher-Maravilha fosse mais parecida com uma garota Varga, como as que apareciam todo mês na *Esquire* (revista para a qual Marston escrevia com regularidade)? A garota Varga, apresentada na *Esquire* em outubro de 1940, era

Garota Varga do Quatro de Julho, Alberto Vargas, *Esquire*, julho de 1942

esbelta, tinha as pernas compridas e a boca aberta. O cabelo ficava caído, as unhas eram bem cuidadas, as pernas ficavam à mostra e ela estava tão vestida quanto as modelos de biquíni que estampavam as capas. A Mulher-Maravilha, com suas botas de cano alto, tem o corpo de quem poderia estar no calendário anual de pin-ups da *Esquire*. As meninas Varga ficavam no limite do permissível para os padrões dos anos 1940: em 1943, os Correios dos Estados Unidos declararam que a *Esquire* trazia conteúdo de "caráter obsceno, lúbrico e lascivo".[21] A Mulher-Maravilha passaria pelo mesmo tipo de encrenca.

Peter enviou outro desenho para Marston, em caneta, nanquim e aquarela. A Mulher-Maravilha, portando seu laço, usa botas vermelhas em vez de sandálias, short azul em vez de saia, uma frente única vermelha, justa, com lapelas brancas e um cinto com a inscrição "WW". Marston gostou das botas e do short curto, mas ficou em dúvida em relação à blusa. "Esta gola pode ficar datada", ele escreveu no desenho.[22] Seu uniforme acabou ficando muito próximo da que a garota Varga do Quatro de Julho de 1942 veste.[23] A Mulher-Maravilha, da forma como Peter acabou por desenhá-la, é muito diferente de qualquer um dos

Harry G. Peter, estudo para a Mulher-Maravilha, 1942

O Capitão Steve Trevor, jovem e brilhante oficial do serviço de inteligência militar, cai com seu avião enquanto cruza mares solitários e some em nevoeiro e espuma.

De "A origem da Mulher-Maravilha", Wonder Woman nº 1 (verão de 1942)

seus primeiros desenhos femininos. Ela é menos uma garota Gibson e mais uma garota Varga, com uma boa dose de Lou Rogers: as sufragistas viraram pin-ups.

Peter trabalhava sobretudo sob orientação de Marston. O controle de Marston sobre o produto final é sugerido, em parte, nos roteiros em si, nos quais Marston ditava o layout de página, os quadros e as opções de cor. Sob um recordatório que diz: "O capitão Steve Trevor, jovem e brilhante oficial do serviço de inteligência militar, cai com seu avião enquanto cruza mares solitários e some em nevoeiro e espuma", Marston explicou o que Peter deveria desenhar: "O avião de Trevor caindo de bico em um mar coberto por névoa densa, um espirro de água no ponto que o avião atinge o mar. Trevor é arremessado para fora do avião e cai, braços e pernas debatendo-se, indefesos, ao lado do avião, mar adentro." O último quadro mostra exatamente isso. (Marston sugeriu que Trevor deveria berrar ao cair: "Aqui ninguém vai me salvar — é o meu fim!" Isso foi cortado, ou por Peter, ou por Mayer.)[24] Os roteiros de Marston também traziam instruções para outros desenhistas que iam trabalhar com Peter, letreiristas e coloristas: "MM joga nele um pote de comprimidos *roxo* — atenção, *colorista*!"[25]

Assim que Marston e Gaines se acertaram quanto ao visual da Mulher--Maravilha e Mayer aprovou o roteiro, Peter iniciou os trabalhos desenhando uma história de nove páginas chamada "Apresentando a Mulher--Maravilha". Desde o começo, ela era uma mulher dos mistérios: "Com cem vezes a capacidade e a força dos nossos melhores atletas homens e mais fortes lutadores, ela aparece do nada para vingar injustiças ou corrigir as maldades! Bela como Afrodite; sagaz como Atena; dotada da velocidade de Mercúrio e da força de Hércules — nós a conhecemos como Mulher-Maravilha. Mas quem pode nos dizer quem ela é ou de onde veio?" (Marston escondeu sua própria identidade também, publicando Mulher-Maravilha com o nome "Charles Moulton", pseudônimo inventado a partir do nome do meio de Maxwell Charles Gaines e do seu.)

Em "Apresentando a Mulher-Maravilha", Marston e Peter tratavam da origem de sua personagem em uma página dupla. Para a garotada que lia gibis, era uma história totalmente inédita. No entanto, havia saído direto das páginas da ficção utopista e feminista dos anos 1910. Hipólita, rainha da Ilha Paraíso, relata à sua filha, Diana, a história da raça feminina:

> Nos tempos da Grécia Antiga, muitos séculos atrás, nós, amazonas, éramos a nação mais avançada do mundo. Em Amazonia, as mulheres governavam e tudo ia bem. Um dia, Hércules, o homem mais forte do mundo, não mais suportando os que o provocavam dizendo que não poderia conquistar as amazonas, selecionou os mais fortes e cruéis entre seus guerreiros e desembarcou nas nossas margens. Desafiei-o ao combate pessoal — porque eu sabia que com o meu CINTURÃO MÁGICO, que me foi dado por Afrodite, deusa do amor, eu não teria como perder.

Hércules, derrotado, arma um plano para roubar o cinturão mágico de Hipólita. Todas as amazonas tornam-se escravas dos homens, acorrentadas e agrilhoadas, até que, com a ajuda de Afrodite, fogem da Grécia e se estabeleceram na Ilha Paraíso. "Pois foi condição de Afrodite que deixássemos o mundo dos homens e tivéssemos um mundo de nossa criação!", Hipólita diz a Diana. "Afrodite também decretou que devemos sempre usar estes braceletes talhados por nossos apreensores, para lembrar que devemos nos manter para sempre longe dos homens."

A paz delas é interrompida quando o capitão Steve Trevor cai de avião na ilha. "O perigo mais uma vez ameaça o mundo inteiro", Afrodite diz a Hipólita. "Os deuses decretaram que este militar norte-americano caísse na Ilha Paraíso. Vocês devem levá-lo de volta aos Estados Unidos — para ajudar a combater as forças do ódio e da opressão." Atena, a deusa da sabedoria e da guerra, concorda. "Sim, Hipólita, a liberdade e a independência dos Estados Unidos precisam ser preservadas! Você deve enviar com ele sua amazona mais forte e mais sábia — a melhor das suas maravilhosas mulheres!"

Hipólita organiza um torneio para descobrir a mais forte e sábia das amazonas. Diana vence. "E assim Diana, a Mulher-Maravilha, abdicando do seu direito à vida eterna, deixa a Ilha Paraíso para levar o homem que ama de volta à América — a terra que ela aprende a amar e proteger, e adota como sua!" Sua mãe lhe costura um uniforme vermelho, azul e branco.[26]

Na Mulher-Maravilha, Marston criou uma personagem para responder às objeções de cada um dos críticos de quadrinhos. Ela é forte, mas não é uma valentona: "Enfim, em um mundo destruído pelas aversões e guerras dos homens, surge uma *mulher* para quem os problemas e feitos masculinos não passam de brincadeira." Ela odeia armas: "Balas nunca resolveram os problemas humanos!" Ela é implacável, mas sempre poupa suas vítimas. "A Mulher-Maravilha nunca mata!" Acima de tudo, ela acredita nos Estados Unidos: "América, a última cidadela da democracia e dos direitos iguais para as mulheres!"[27] A Mulher-Maravilha deixou a Ilha Paraíso para enfrentar o fascismo com o feminismo.

A Mulher-Maravilha fez sua estreia em "Apresentando a Mulher-Maravilha", em *All Star Comics* n° 8. A revista chegou às bancas no outono de 1941 e ficou nelas até o fim da data estampada na capa, dezembro de 1941 — janeiro de 1942, exatamente quando os Estados Unidos estavam entrando no que viria a ser a guerra mais mortífera da história. Em 12 de dezembro de 1941, cinco dias após o bombardeio de Pearl Harbor, Marston escreveu uma carta para Franklin Delano Roosevelt. "Caro senhor", ele principiava. "Tenho a honra de oferecer-lhe meus serviços em condição militar ou civil, no que minha formação e experiência como advogado e psicólogo forem úteis, enquanto esta guerra durar." Ele acreditava que podia contribuir de várias formas: "Sugiro, respeitosamente, que minha qualificação de maior utilidade na emergência presente seja a de especialista em detecção de mentiras." Marston, que realizara pesquisas para o exército durante a Primeira Guerra Mundial, queria se inscrever para servir na Segunda. À sua carta ao presidente, ele anexou um exemplar de seu livro de 1938, *The Lie Detector Test*, assim como seu verbete no *Who's Who*. Acrescentou: "Também sou advogado, escritor, palestrante, consultor de publicidade e relações humanas e tenho experiência com redação e coordenação de comunicação." Ele não mencionou que era o criador da Mulher-Maravilha. Para concluir: "Com minha promessa pessoal de lealdade e devoção à maior causa nesta terra."[28]

A Casa Branca encaminhou a carta de Marston ao FBI. Ninguém ligou para ele. Em vez disso, Leonarde Keeler e seu polígrafo comercial foram postos em uso durante o conflito, primeiro para interrogatório de prisioneiros e depois na seleção de funcionários e cientistas norte-americanos que trabalhavam na bomba atômica. Durante a Segunda Guerra Mundial, passar por um exame do detector de mentiras virou etapa essencial para obter a habilitação de segurança nacional dos Estados Unidos, o juramento de lealdade propriamente dito. Entre interrogatórios policiais, testes de fidelidade de funcionários, interrogatórios de prisioneiros de guerra e habilitações de segurança, os exames de falsidade foram aplicados a milhões de pessoas nos Estados Unidos durante o curso do conflito — apesar de o exame não ser utilizado em nenhum outro lugar do mundo e não detectar de fato a falsidade, como fora a conclusão de um estudo realizado pelo Conselho Nacional de Pesquisa já em 1941.[29]

Marston combateu na guerra não com seu detector de mentiras, mas nas páginas dos gibis. Em "Quem é a Mulher-Maravilha?", publicada na *Sensation Comics* em janeiro de 1942, Mulher-Maravilha deixa a Ilha Paraíso e vai para os Estados Unidos no seu avião invisível, transportando Steve Trevor de maca, ferido e enfaixado. Em Washington, ela enfrenta gângsters e corre mais rápido que os carros. Para ficar de olho em Steve, ela troca de lugar com uma enfermeira em um hospital militar. A enfermeira, a "insípida Diana Prince" por acaso é igual a ela. (Em outra versão desta história, Mulher-Maravilha reclama de ser enfermeira: "Em Amazonia, eu sou médica.")[30] Então, Diana Prince larga a enfermagem e vira secretária no Serviço de Inteligência dos Estados Unidos. Ela é excelente em tomar notas e é uma datilógrafa veloz. "Diana datilografa na velocidade da luz!"[31]

Olive Byrne também era uma datilógrafa superveloz. A Mulher-Maravilha usava os braceletes de Olive Byrne. E, na casa grande e barulhenta de Cherry Orchard, foi Olive Byrne quem bateu os primeiros roteiros de Marston.

"Datilografei a história do Bill", ela escreveu em seu diário em 1941. "Super-mulher, 48 páginas!!!"[32]

Nós a conhecemos como Mulher-Maravilha. Mas quem pode nos dizer quem ela é ou de onde veio, ninguém sabe!

A SOCIEDADE DA JUSTIÇA DA AMÉRICA

A CHARLIE GAINES tudo parecia uma diversão legítima, válida, desarmada e superpatriota. Em março de 1942, contudo, a Organização Nacional pela Literatura Salutar botou a *Sensation Comics* na lista negra de "Publicações reprovadas para a juventude". A lista era utilizada em cruzadas decorosas cidade a cidade: os cruzados deviam visitar jornaleiros e pedir para que eles tirassem determinados títulos da prateleira.[1] A Mulher-Maravilha foi banida.

Censurar a literatura infantil, assim como banir a discussão da contracepção, estava entre as muitas cruzadas que travava a nêmesis de Margaret Sanger, Anthony Comstock. Em 1884, quando Comstock estava em campanha contra a obscenidade, ele também atacou as publicações baratas em um livro chamado *Traps for the Young* [Armadilhas para os jovens, em tradução livre]. "Nossa juventude está em perigo", alertava Comstock. "Estão amaldiçoados, moral e mentalmente, por uma literatura que é a desgraça do século XIX."[2] Nos anos 1930, em boa parte seguindo o mesmo espírito, um comitê de bispos católicos formou a Legião da Decência para protestar contra o sexo, a nudez e a violência no cinema, imprimindo listas de filmes aprovados pela Igreja. Porém, no momento em que um mal estava sendo reprimido, outro surgia: as histórias em quadrinhos, a mídia que tomou suas modalidades de narrativa de empréstimo do cinema. E assim, em 1938, o comitê de bispos católicos fundou a Organização Nacional pela Literatura Salutar, cujo parecer era de que revistas em quadrinhos eram uma desgraça para o século XX.[3]

Em 1942, quando a última lista saiu, Gaines escreveu uma carta para o bispo John F. Noll. "Embora eu fique contente em ver que revistas de quadrinhos no geral foram eliminadas da lista da O.N.L.S.", escreveu ele, "fico, obviamente, bastante preocupado em ver a *Sensation Comics* na lista." Ele lembrou ao bispos as credenciais impecáveis dos integrantes do comitê consultivo editorial. E tinha apenas uma pergunta.

"Os senhores fariam o favor de me orientar, assim que lhes for conveniente, qual dos cinco pontos do seu 'Código para a Leitura Imaculada' foi violado por o que quer que apareça na *Sensation Comics*?"[4]

"Praticamente, o único motivo pelo qual a *Sensation Comics* foi colocada na lista de proibições da O.N.L.S. foi que ela viola o Ponto Quatro do Código", retornou o bispo. "A Mulher-Maravilha não está decorosamente vestida."[5]

Gaines não deu muita bola para essa objeção, tampouco exigia alguma reação. Ele não ia fazer a Mulher-Maravilha se vestir mais. E estava determinado a não abandoná-la. Em vez disso, ele tinha planos para que ela se afiliasse à Sociedade da Justiça.

A Sociedade da Justiça da América, uma liga de super-heróis, fez sua primeira reunião na *All Star Comics* nº 3, no inverno de 1940, com nove membros fundadores: Joel Ciclone, Falcão da Noite, Espectro, Homem-Máscara, Senhor Destino, Homem-Hora, Lanterna Verde e Eléktron. "Cada um é herói por si só, mas quando a Sociedade da Justiça chama eles são apenas membros jurados a preservar a honra e a justiça!"[6]

A Sociedade da Justiça era um ótimo recurso para promover super-heróis já com nome e testar novos antes de eles ganharam mais páginas em um título próprio. Superman e Batman eram membros honorários; só tinham que aparecer se a situação ficasse medonha. No verão de 1941, em *All Star Comics* nº 6, Joel Ciclone também foi promovido à afiliação honorária à Sociedade, o que abriu caminho para Johnny Trovoada tornar-se membro regular.[7] A estreia da Mulher-Maravilha, "Apresentando a Mulher-Maravilha", em *All Star Comics* nº 8, se deu em uma edição que incluía uma história na qual o Lanterna Verde vira membro honorário da Sociedade; o Homem-Hora pede licença temporária; o Dr. Meia-Noite e o Astro viram membros; e Gavião Negro é eleito diretor.[8]

A rotatividade na Sociedade da Justiça era alta, mas nunca se via *uma* integrante. Assim que a Mulher-Maravilha estreou, Gaines deu ordens para que seus roteiristas e desenhistas encontrassem lugar para ela na próxima aventura da Sociedade. A Mulher-Maravilha faz sua primeira aparição não como membro eleita, mas como uma "convidada especial em emergência nacional" na *All Star Comics* nº 11. A emergência nacional, é claro, era o ingresso dos Estados Unidos na guerra: assim que os japoneses bombardearam Pearl Harbor, todos os membros da Sociedade da Justiça decidiram se alistar nas forças armadas.

"Vou me alistar no exército dos Estados Unidos!", proclama o Falcão da Noite. "Vocês vão precisar de outro diretor!"

Falcão da Noite não se alista como Falcão da Noite, mas como seu alter ego, o arqueólogo Carter Hall. Eventualmente, contudo, ele decide revelar-se ao seu superior. "Eu sou o Falcão da Noite e faço parte do seu pelotão!" Então sai voando para um barco a vapor a caminho das Filipinas, onde encontra Diana Prince; ele a reconhece na mesma hora.

"Diana Prince! Ora, você deve ser a Mulher-Maravilha!"

"Como você sabia?"

"A Sociedade da Justiça tem como saber de muita coisa!"

Diana começa a usar o uniforme de Mulher-Maravilha e integra-se ao combate. "Mulher-Maravilha apresentando-se para o combate, senhor!", ela diz a um oficial do exército depois de capturar soldados inimigos. "Olha os japinhas que eu peguei!"[9]

	M<10	F<10	M 10-12	F 10-12	M>12	F>12	TOTAL M	TOTAL F	TOTAL
MULHER-MARAVILHA	37	27	128	123	112	73	277	223	450
INCRÍVEL	1	0	12	6	5	0	18	6	24
GAROTO AZUL	5	0	12	4	5	2	22	6	28
PANTERA	1	0	15	4	1	4	17	8	25
FANTASMA ALEGRE	1	0	12	2	6	2	19	4	23
PIRATA NEGRO	1	0	6	2	7	0	14	2	16
TOTAL	46	27	185	141	136	81	367	249	**616**

* M<10, meninos com menos de 10 anos; F<10, meninas com menos de 10; M 10-12, meninos dos 10 aos 12; F 10-12, meninas dos 10 aos 12; M>12, meninos com mais de 12; F >12, meninas com mais de 12

Resultados da pesquisa entre leitores, 1942

Pesquisa entre leitores da Sociedade da Justiça. *Sensation Comics* nº 5 (maio de 1942)

Gaines tinha outros planos para sua garota estrelada. Em *Sensation Comics* nº 5, ele incluiu uma promoção: exemplares gratuitos da edição seguinte da revista aos mil leitores que preenchessem primeiro uma cédula e a enviassem ao editor. Sob influência da ascensão das consultas de opinião pública e da pesquisa de mercado, Gaines conduzia este tipo de levantamento o tempo todo, tanto para avaliar o seu público quanto para promover os seus quadrinhos. O levantamento questionava: qual dos seis super-heróis desta lista deviam fazer parte da Sociedade da Justiça: Mulher-Maravilha, Incrível, Garoto Azul, Pantera, Fantasma Alegre ou Pirata Negro?[10]

Em março de 1942, a equipe de Gaines tabulou os resultados dos votos conforme idade e gênero: a Mulher-Maravilha foi a primeira opção de todos os grupos.[11] Gaines queria que a personagem entrasse na Sociedade da Justiça e conseguiu exatamente o resultado que desejava. Na cédula, o rosto da Mulher-Maravilha tem quase o dobro do tamanho dos rostos dos outros concorrentes, e o rosto dela, apenas o dela, aparece duas vezes. Gaines havia fraudado a eleição. Mas provavelmente nem precisava.

Apesar de todo o sucesso da Mulher-Maravilha, Gaines ainda estava preocupado com as "Publicações Reprovadas para a Juventude" da Organização Nacional pela Literatura Salutar. Ele contratara Marston, seu psicólogo, para se distanciar da censura, mas acabou encontrando mais censura depois de contratar Marston como escritor. Precisava de outro especialista.

No inverno de 1942, Gaines deu um jeito para que cópias do seu diálogo com o bispo Noll fossem enviadas à Dra. Lauretta Bender.[12] Bender, de 45 anos, era psiquiatra sênior do hospital Bellevue, onde era diretora da ala infantil. Ela também era professora adjunta de psiquiatria na faculdade de medicina da NYU. Era especialista em crianças com perturbações emocionais e agressivas; especializada em crianças com menos de 12 anos, tinha interesse especial por saber se as leituras as deixavam mais angustiadas ou se a leitura as ajudava. Ela mesma só aprendera a ler na quarta ou quinta série; tinha uma dislexia forte, deficiência que,

Lauretta Bender com o marido, Paul Schilder, e os dois filhos, aprox. 1939

disse depois, conseguia explicar seu interesse em estudar o que as crianças absorviam da leitura. Ao fazer o discurso de oradora na formatura de ensino médio em Los Angeles, em 1916, ela falou sobre a importância da instrução feminina: "Temos mãos que precisam trabalhar, cérebros que precisam pensar e personalidades que precisam se desenvolver." Quando decidiu ir para a faculdade, sua mãe a admoestou: "Lugar de mulher é em casa." Bender, contudo, a ignorou e foi para Stanford e depois para a Universidade de Chicago, onde fez pós-graduação em patologia. Ela obteve sua formação em medicina em Iowa em 1926. Durante um ano na clínica psiquiátrica Henry Phipps, no hospital Johns Hopkins, ela conheceu Paul Schilder, um psicanalista vienense e colega de Freud. Na primavera de 1930, Schilder deixou Baltimore para virar diretor da clínica psiquiátrica do hospital Bellevue em Nova York; Bender acompanhou-o no outono seguinte. Quatro anos depois, ela foi nomeada diretora da ala infantil do hospital e, nos próximos dois anos, em 1936, ela e Schilder se casaram.[13]

Entre 1930 e 1940, Bender acompanhou os casos de aproximadamente 7 mil crianças levadas ao Bellevue. Em 1936, ela e dois colegas publicaram um estudo envolvendo 83 crianças internadas no hospital devido a problemas de comportamento; os psiquiatras haviam mostrado às crianças cenas de agressividade em Flash Gordon e outras tiras, depois fizeram perguntas do tipo: "É certo bater em alguém que xinga você?"[14]

Em 1940, Schilder, com 54 anos, foi atropelado ao voltar para casa após visitar Bender e a filha de oito dias deles no hospital. Bender, agora viúva com três filhos — Michael, de 3 anos; Peter, de 2; e a bebê Jane — logo despertou grande interesse por saber como as crianças lidam com a perda traumática de um pai.[15] Ao observar seus filhos, ela percebeu que haviam histórias que eles simplesmente não conseguiam tolerar. "O mais velho não aceita nada que se interponha em uma história, mesmo do Pedro Coelho, que, se você lembrar, entrou em um jardim onde seu pai se acidentou nas mãos da enxada de um fazendeiro e que foi parar em uma torta de coelho. Eu tive que tirar ele aos gritos de um show de marionetes com essa imagem." Seu segundo filho, porém, consolara-se com as revistas em quadrinhos, principalmente as que continham histórias de crianças que perdiam os pais. Bender explicou: "Acho que para ele é a tentativa de encontrar uma solução do mistério da vida e da morte e como o pai de uma criança pode deixá-la mesmo antes de a criança conhecer o pai." A filha dela, que nunca teve a chance de conhecer o pai, começou a criar suas próprias histórias em quadrinhos assim que tinha idade para escrever. Ela escreveu uma história de homicídio, disse Bender, "na qual a cabeça ensanguentada de uma pessoa que sofrera violência caía no colo de um ente querido, seja lá quem fosse, e havia uma tentativa de acalmá-la". A história deixou a professora de Jane preocupada, mas Bender achou que tudo estava bem: "É o jeito que ela tem de resolver seu problema."[16]

Gaines nada sabia disso. Mas o que ele sabia — provavelmente através de Marston — era que em 1941, Bender havia escrito para uma revista científica, junto a Reginald Lourie, médico residente sob sua supervisão, um artigo muito interessante chamado "O efeito das revistas em quadrinhos na ideologia infantil". Bender e Lourie informaram os resultados de um estudo que eles haviam realizado na esteira do debate público que começara em 1940, quando Sterling North chamara os quadrinhos de desgraça nacional. Como psiquiatras pediátricos, eles eram naturalmente fascinados por quadrinhos. "Qualquer pessoa que tem contato com crianças de idade escolar, especialmente as que trabalham com elas, mais cedo ou mais tarde toma consciência da extensão com que a leitura constante de revistas em quadrinhos invadiu o pensar, as atividades diárias e os jogos delas", explicavam. Eles queriam saber se as histórias em quadrinhos realmente afetavam o comportamento infantil. "Elas conduzem ao nervosismo?", eles perguntavam. "Conduzem à violência?"

Bender e Lourie trataram destas questões relatando quatro casos de crianças trazidas ao hospital Bellevue devido a problemas de comportamento. Todas haviam sofrido grandes traumas de infância. Tessie, de 12 anos, havia assistido ao seu pai, um homicida condenado, se suicidar. A mãe estava morrendo de câncer. Ela decidira chamar a si mesma de Shiera, nome de uma garota dos quadrinhos que sempre é resgatada, no último minuto, por Joel Ciclone. Bender e Lourie decidiram que ler quadrinhos era uma forma de autoterapia: "A criança assoberbada estava tentando descobrir, via quadrinhos, um método para esclarecer a confusão de sua pessoa", escreveram. "Ao identificar-se com a heroína que é sempre resgatada em situações de perigo, ela temporariamente alcançou uma fuga das próprias dificuldades." Kenneth, de 11 anos, passara a maior parte da vida em lares adotivos. Ele também tinha sido estuprado e acreditava que ia morrer. Ficava frenético quando não estava sob medicação, ou se não "usasse a capa do Superman". Ele se sentia seguro com ela — podia sair voando se assim quisesse — e "achava que a capa o protegia de um ataque por trás". Bender e Laurie, que escreviam com determinação, aprovavam os quadrinhos com entusiasmo. "As revistas em quadrinhos talvez sejam mais bem entendidas se as analisarmos como expressão do folclore desta era", explicavam. Elas ofereciam às crianças uma forma de brincar, uma espécie de fantasia, totalmente normal — uma maneira, inclusive, de resolver problemas. Claro que havia caos por todos os lados — homicídios, submissão, tiroteios. Mas tudo era resolvido. "A violência se resolve na maioria das histórias", observavam eles, "mas o seu propósito, da forma como é desempenhado pelo herói, é deter a violência hostil e danosa a outros." Concluíram: "Pode-se dizer que os quadrinhos oferecem a mesma variedade de catarse mental aos seus leitores que Aristóteles afirmava ser atributo do teatro." Eles ficaram incomodados, no entanto, com a "predominância de heróis masculinos".[17] As mulheres nunca eram fortes?

Gaines tinha uma forma de reagir à controvérsia em relação aos quadrinhos — falar com Lauretta Bender. Marston tinha outra. Foi provavelmente por insistência de Marston que a *Family Circle* fez uma reportagem sobre o estudo de Bender e Lourie em abril de 1942, com uma linha de apoio tranquilizadora: "Heróis aptos a todo prodígio — nascidos na fantasia mas amarrados à realidade — não passam de homólogos daquilo com que você mesmo se empolgava quando criança."[18]

Enquanto isso, Marston fazia o possível para refrear seus excessos. "Em anexo, encontra-se um maravilhoso roteiro do melhor escritor do mercado", ele escreveu a Mayer em junho de 1942. "Se você enviar rosas em reconhecimento ao seu apreço, que as mande grandes e brancas, conotando a pureza do texto, o belo e límpido socar, sangrar, guerrear e matar que você e os seus amigos católicos veem como entretenimento bom e salutar para jovens e principalmente a ausência de qualquer cadeira elétrica ou de agulhas, mesmo as de costura, excluídas deste roteiro extraordinariamente virtuoso."[19]

Amarrada ou não, a Mulher-Maravilha vendia que era uma loucura. Ninguém, fora Superman e Batman, chegava perto. Gaines não precisava mais ser convencido. Só para ter certeza, porém, ele realizou mais uma pesquisa. Incluiu um questionário de uma página na

All-Star Comics nº 11 com a pergunta: "A Mulher-Maravilha deveria ter permissão, mesmo sendo mulher, de ser integrante da Sociedade da Justiça?" Gaines, ao relatar as respostas a Bender, comentou: "É surpreendente notar (ou não?) que há pouquíssima antipatia em relação à intromissão de uma mulher no que era um domínio estritamente masculino." Dos primeiros 1.801 questionários devolvidos, 1.265 meninos e 333 meninas disseram "sim"; 197 meninos e 6 meninas responderam que "não".[20]

A Mulher-Maravilha entrou na Sociedade da Justiça na edição de agosto-setembro da *All-Star Comics*. Não foi bem o triunfo que era para ser. Ela foi nomeada secretária da equipe.

O GOLPE DO LEITE

A MULHER-MARAVILHA virar secretária da Sociedade da Justiça não foi ideia de Marston; foi ideia de Gardner Fox. As aventuras da Mulher-Maravilha na Sociedade da Justiça não eram escritas por Marston, mas por Fox, que já havia trabalhado com Batman, criado o Falcão da Noite e ajudado a lançar Joel Ciclone e Homem-Máscara. Assim como as HQs da Mulher--Maravilha por Marston, as de Fox eram editadas por Sheldon Mayer e tinham Charlie Gaines de diretor. No entanto, a Mulher-Maravilha de Fox é inútil e fraca. Ela quase nunca sai da sede da Sociedade da Justiça. No verão de 1942, quando todos os super-heróis homens partem para a guerra, a Mulher-Maravilha fica para trás para cuidar do correio. "Boa sorte, garotos", ela grita para eles. "Queria poder ir junto!"[1]

Em dezembro de 1942, quando os homens estão prestes a partir em missão para cuidar da Europa devastada pela guerra, a Mulher--Maravilha permanece no QG e explica: "Tenho que ficar aqui, mas estarei com vocês em espírito!" Dois meses depois, a Mulher-Maravilha é a única que aparece para a reunião da Sociedade da Justiça; os homens estão ocupados demais. Entediada, ela decide reunir "todas as namoradas dos membros da Sociedade" para elas saírem atrás dos meninos.

Um olhar melancólico toma os belos olhos da Mulher-Maravilha "Boa sorte, garotos! Queria poder ir junto!"

De Gardner Fox, "A ameaça do Dragão Negro", *All-Star Comics* nº 12 (agosto-setembro de 1942)

"É a oportunidade da vida, garotas!" Mas, ao fim, elas não salvam ninguém; acabam encurraladas e precisando que alguém as salve.[2]

Na rara ocasião em que acontece alguma ação de verdade no QG da Sociedade da Justiça, Fox se livra da Mulher-Maravilha antes que algo de interessante ocorra. "Senhores!", ela grita no início de uma história do verão de 1943. "As minutas de todas as reuniões da Sociedade da Justiça foram *roubadas*!"

"Tem certeza de que você não levou o caderno para casa, para datilografar as últimas?", pergunta o Falcão da Noite.

"É claro que tenho!", esbraveja a Mulher-Maravilha. "Mas vou em casa conferir, só por garantia."

Então ela sai e passa o resto do episódio fora. A história tem cinquenta páginas; Fox dispensa a Mulher-Maravilha em dois quadros.[3]

Marston ficou furioso. Em abril de 1942, ele reclamou com Mayer. Quando Fox enviou o novo roteiro, Marston insistiu que iria reescrevê-lo. "Peço a vocês para perceber a verdade universal no meu roteiro a respeito de: guerra e mulheres que domam homens porque elas amam mais a paz e o amor que o combate", Marston escreveu a Mayer quando entregou o próprio roteiro, no qual a Mulher-Maravilha pilota um foguete no espaço.[4]

A Mulher-Maravilha de Fox era uma secretária que trabalhava de maiô. A Mulher-Maravilha de Marston era uma feminista da Era Progressista,[5] encarregada de enfrentar o mal, a intolerância, a destruição, a injustiça, o sofrimento e até a tristeza em nome da democracia, da liberdade, da justiça e dos direitos iguais para as mulheres. Em 1942, enquanto a Mulher-Maravilha de Fox estava ocupada datilografando as minutas de reuniões da Sociedade da Justiça, a Mulher-Maravilha de Marston estava convocando boicotes, greves e comícios.

Em HQ publicada na *Sensation Comics* em julho de 1942, a Mulher-Maravilha descobre que a Companhia Internacional do Leite vem cobrando preços extorsivos pelo leite, o que acarreta na desnutrição das crianças dos Estados Unidos. A história saiu direto de um jornal da Hearst em que Harry G. Peter havia trabalhado nos anos 1910. Em 1919, e mais uma vez em 1926, Hearst usara seus jornais para dizer que o político Al Smith era "um dos bandidos do leite", pois havia mancomunado-se com o sindicato dos leiteiros para aumentar o preço do produto; a extorsão estava matando bebês.[6] "Não pode ser justo privar crianças pobres do leite!", Diana Prince berra quando ela confronta Alphonso De Gyppo, presidente da Companhia Internacional do Leite, em 1942. Raptada pelo capanga de Al de Gyppo, Diana está prestes a ser afogada em um gigantesco tanque de leite. ("Que desperdício de alimento nutritivo para os bebês!", ela pensa.) Depois que consegue fugir, ela veste sua roupa de Mulher-Maravilha e convoca uma "manifestação gigantesca contra o leite extorsivo". Milhares de mães pobres e filhos marcham pelas ruas, comandados pela Mulher-Maravilha e pelas meninas da Holliday College, que carregam uma faixa dizendo: "A COMPANHIA INTERNACIONAL DO LEITE ESTÁ DEIXANDO AS CRIANÇAS DA AMÉRICA COM FOME!!" Ao compor o quadro no qual a Mulher-Maravilha comanda a tropa, cavalgando um cavalo branco, Peter pegou de empréstimo uma famosa série de fotografias de um desfile pelo sufrágio que se deu em Washington em 1913; Inez Milholland Boissevain comandou a procissão, vestindo uma tiara dourada e cavalgando um cavalo branco.

Marston atualizou a história da Era Progressista sobre o sindicato dos leiteiros ao transformá-lo em parte de uma conspiração alemã (em si um eco de outra matéria dos anos 1910) liderada pela baronesa Paula

Inez Milholland Boissevain comandando um desfile pelo sufrágio na capital Washington, 3 de março de 1913

von Gunther, agente dos nazistas. "Gastei 7 milhões de dólares para tirar o leite da boca das crianças da América!", a baronesa diz à Mulher-Maravilha depois de acorrentá-la a um vagão de trem com 40 mil litros de leite. "Sua próxima geração sairá mais fraca, mais pobre! A Alemanha, em vinte anos, conquistará seus jovens sem leite e dominará este país!" A Mulher-Maravilha liberta-se das correntes que a amarram, impede que o vagão saia dos trilhos ("Assim eu salvo milhares de litros de leite para as crianças da América!") e captura a baronesa. O preço do leite cai.[7]

A aventura seguinte da Mulher-Maravilha também teve inspiração no ativismo trabalhista da Era Progressista, incluindo fatos tais como a greve dos operários da indústria têxtil em Lawrence, Massachusetts, em 1912. (Margaret Sanger havia se envolvido naquela greve; Ethel Byrne provavelmente também. Sanger foi a Washington depor no Congresso sobre os estragos que a indústria têxtil havia causado às vidas de mulheres e crianças. Sanger também ajudara a organizar funcionários de hotéis e restaurantes em Nova York e tecelãs em Paterson,

A Mulher-Maravilha *lidera um grande manifestação contra o cartel do leite.*
"A *Companhia Internacional do Leite* está deixando as crianças da américa com fome!!"

A Mulher-Maravilha derruba o cartel do leite. De "O golpe do leite", *Sensation Comics* nº 7 (julho de 1942)

Nova Jersey.)[8] Em *Sensation Comics* nº 8 (agosto de 1942), a Mulher--Maravilha descobre que mulheres que trabalham na rede de lojas de departamento Bullfinch, propriedade da ricaça Gloria Bullfinch, recebem um salário de fome. "Nós, as garotas da Bullfinch, ganhamos só onze dólares por semana", reclama a amiga de Diana, Molly. Cinquenta meninas são demitidas por insubordinação. O restante entra em greve. No piquete em frente à loja, elas carregam placas que dizem: "NOSSO TRABALHO PESADO É QUE FAZ GLORIA SER GLAMOROSA", "LOJA BULLFINCH É INJUSTA COM AS MENINAS" e "PASSAMOS FOME ENQUANTO GLORIA BULLFINCH JANTA COM OS BILIONÁRIOS!". As grevistas são demitidas. A Mulher-Maravilha visita Gloria Bullfinch na mansão desta e a amarra com seu laço mágico. Usando os poderes hipnóticos do laço, a heroína diz a Gloria Bullfinch que ela é uma garota

A greve das empresas de tecidos em Lawrence, 1912

chamada Ruth Smith e a convence a conseguir um emprego nas lojas Bullfinch. Enquanto isso, a Mulher-Maravilha descobre que o vilão por trás da exploração das funcionárias é o noivo de Gloria Bullfinch, o príncipe Guigi del Slimo. Gloria, depois de trabalhar na sua própria loja como Ruth Smith, é despertada pela perfídia de Del Slimio, momento em que ela lhe dá um soco e grita: "Eu queria socá-lo que nem a *Mulher-Maravilha*!" Então, ela assume a gerência da loja e faz uma declaração: "Meninas, a partir de agora, seus salários serão o dobro!"[9]

A seguir, em uma história da *Sensation Comics* de setembro de 1942, a Mulher-Maravilha envolve-se com maridos sem coração. A Diana Prince real — a sósia da Mulher-Maravilha — volta a Washington casada com um homem chamado Dan White e com um filho recém-nascido. Seu marido é grosso e ciumento, além de desempregado. Em um quadro, Diana White, usando um avental, está cozinhando enquanto o bebê faz "gugu, dadá" em um berço na sala de estar. Quando ela diz ao marido que gostaria de voltar ao trabalho, ele entra na sala enfurecido.

Na frente da loja, Diana encontra grevistas em piquete
Hum... Acho que vou ver Gloria Bullfinch hoje à noite.
"Nosso trabalho pesado é que faz Gloria ser glamorosa"
"A loja Bullfinch é injusta com meninas"
"Passamos fome enquanto Gloria Bullfinch janta com os bilionários!"

Diana Prince ajuda funcionárias grevistas de uma loja de departamentos.
De "A perfídia da magazine", *Sensation Comics* nº 8 (agosto de 1942)

"Deixe-me voltar ao trabalho! Por favor, Dan!"

"Não! Esposa minha *não precisa* trabalhar."

"Mas, Dan, estamos no último dólar e o bebê *tem* que comer."

Então, ela sai do apartamento, vestindo seu uniforme de enfermeira do exército, atrás de emprego. Ela vai ver Diana Prince para pedir sua identidade de volta — e seu emprego também. A Mulher-Maravilha aceita o trato, mas, ao visitar o apartamento dos White, Dan a confunde com a esposa.

"Então? Conseguiu o emprego? Se tiver conseguido, eu vou..."

"Ora, como você é difícil! Não, ainda não tenho emprego, mas..."

"Você não vai ter emprego nenhum — eu vou dar um jeito nisso! Você fica aqui nessa sala de agora em diante."

"E vai fazer o quê? Me trancar aqui?"

E então ele a acorrenta ao fogão e diz: "Vou acorrentar você sempre que eu sair!"

Segue-se muito melodrama, incluindo o rapto de Diana White por agentes nazistas que também haviam conspirado para destruir a carreira de Dan White. No fim, a Mulher-Maravilha salva tudo e todos, inclusive o casamento. Diana Prince, que consegue seu emprego de volta, conta a Diana White: "Mas eu tenho inveja do seu, de esposa e mãe."[10]

Nesta história, a Mulher-Maravilha não tem uma só identidade secreta, mas duas. Ela era Diana Prince, mulher trabalhadora, e também Diana White, sua sósia, mãe e esposa: Elizabeth Holloway e Olive Byrne, juntas. Marston deixou registrada, mais de uma vez, a defesa do emprego para mulheres. "A bondade mais verdadeira para qualquer mulher", escreveu ele na revista *Tomorrow* em 1942, "é dar a ela oportunidade de autoexpressão em alguma área construtiva: trabalhar, não em casa, com o fogão e a esponja de lavar louça, mas fora, independente, no mundo dos homens e dos negócios."[11]

A Mulher-Maravilha valoriza sua independência. Conforme a lei amazona, ela não pode se casar; mas também não quer casar, apesar da insistência de Steve Trevor. "Flamas chamejantes!", grita Trevor. "Por que essa moça tão bonita sempre arranja problema? Se pelo menos tivesse casado *comigo*, ela já estaria em casa fazendo o meu jantar!"[12] Mas a Mulher-Maravilha está contente por não ter que ficar em casa preparando jantar. Ela tem outros trabalhos a fazer. Também é cuidadosa em relação a deixar os homens exercerem algum poder sobre ela. Sabe que se deixar um homem prender correntes aos seus braceletes, perderá toda a força. Quando isto acontece, ela sucumbe ao desespero. "Estes braceletes... são a maior força e fraqueza de uma amazona! Que tola fui de deixar um homem fundir correntes a eles! É isso que faz a menina perceber o quanto ela precisa se cuidar no mundo do homem."[13] Por outro lado, ela precisa dos braceletes. O perigo, ilustrado em uma história chamada "A amazona liberta", é que, sem os braceletes, a Mulher-Maravilha fica violenta, selvagem, perigosa. Quando a vilanesca Mavis remove os braceletes, a Mulher-Maravilha fica louca: "Estou totalmente fora de controle! Estou livre para *destruir* como um *homem*!"[14]

Durante a guerra, os vilões da Mulher-Maravilha costumavam ser alemães, como os inimigos que gritam: "*Molher-Marravilha! As balas non a machucon!*" Muitas vezes também eram japoneses. O racismo de Mulher-Maravilha é o racismo difuso nas revistas em quadrinhos dos anos 1940. Negros e mexicanos falam em dialeto. "Mai essas mala são uns pezo!", reclama um cabineiro de trem, negro. "Si, si! Para mina antiga, muy pronto!", grita Pancho, um mexicano. Apesar dos escritos do próprio Marston condenando o preconceito, incluindo o antissemitismo, suas revistas em quadrinhos geralmente trazem vilões gananciosos, de nariz adunco, como os Homens-Toupeira que construíram uma prisão secreta sob a Ilha Paraíso em que usam as amazonas de escravas.[15]

Rapidamente transformando-se em Mulher-Maravilha, a amazona encontra Dellie pelo caminho mais rápido
"Meu sinhô Jizuis! A *Muié-Maravía!*"

De "A terra dos desadultos", *Sensation Comics* nº 31 (julho de 1944)

No entanto, o que o rei dos Homens-Toupeira e todos vilões da Mulher-Maravilha compartilham é sua oposição à igualdade feminina. Contra cada um, a Mulher-Maravilha luta pelos direitos das mulheres de trabalhar, de concorrer a cargos políticos e de ser líder. Quando a Mulher-Maravilha descobre o mundo perdido dos incas, ela diz que a filha do chefe deveria ficar com o trono: "É hora destes incas perdidos serem governados por uma *mulher*!"[16]

Em maio de 1942, Roosevelt criou a Unidade Auxiliar Feminina do Exército (WAAC, na sigla em inglês). Cento e cinquenta mil mulheres alistaram-se no exército, ocupando vagas que não teriam envolvimento em combate e liberando homens para o front. "A Unidade Auxiliar Feminina do Exército parece ter sido a realização final do sonho feminino

O general Standpat recupera-se a tempo de entregar medalhas.
"Pelos atos heroicos, eu louvo estes bravos soldados — ahm — estas bravas *mulheres* — arrunf!"
"Não se esqueça de um beijinho em cada bochecha, general — determinação do exército para as WAACS!"
As aventuras da Mulher-Maravilha *estão todos os meses na* Sensation Comics

"A moça armada", *Sensation Comics* nº 20 (agosto de 1943)

da igualdade total com os homens", escreveu Margaret Sanger. Mas ela achou que foi um sucesso incerto. "O governo, contudo, outorga esta honra com condicionalismos." Sanger ficou ultrajada que o governo recusou-se a dar contraceptivos para as WAACs e adotou uma política de repudiar toda mulher que ficasse grávida. Ainda assim, ela achou que era útil, pois era muito esclarecedor. "Este novo exército das mulheres é ótimo", declarou Sanger, "um verdadeiro teste do movimento feminino. Nunca antes a luta pela igualdade da mulher ficou restrita a uma só questão real: sexo."[17]

Na época, Sanger também estava consternada com a direção que a Federação pelo Controle de Natalidade da América estava tomando. Em 1942, opondo-se à recusa enérgica de Sanger, a organização mudou de nome e passou a chamar-se Federação Americana do Planejamento Familiar, afirmando que o termo "controle de natalidade" era radical demais. "Não teremos avanços por causa deste título; isto eu lhes garanto", Sanger alertou. "Nosso progresso até o momento se deu porque o movimento pelo Controle de Natalidade foi construído sobre fundações fortes de verdade, justiça, direito e de bom senso comum." Durante a Segunda Guerra Mundial, as líderes do Planejamento Familiar defenderam que limitar o tamanho da família fazia parte do esforço para vencer a guerra. Sanger, porém, acreditava que o melhor argumento a favor da contracepção tinha a ver com os direitos das mulheres. "Um direito democrático que número cada vez maior de mulheres tem e usa durante esta guerra, e que foi negado à maioria na última", escreveu Sanger em 1942, "é que agora elas podem decidir por si se terão ou não bebês."[18]

Durante a guerra, Sanger lutou para passar esta mensagem. Os homens que coordenavam o Planejamento Familiar nos anos 1940 não queriam ouvir falar de direitos das mulheres. Mas Marston, em seus quadrinhos, apresentou uma proposta, em um comunicado à imprensa sobre a Mulher-Maravilha, que poderia ter sido escrito por Sanger: "A única esperança para a civilização é a maior liberdade, desenvolvimento e igualdade para as mulheres."[19]

AS MULHERES-MARAVILHA DA HISTÓRIA

EXCETO PELO SUPERMAN E PELO BATMAN, nenhum dos super-heróis da DC fazia tanto sucesso quanto a Mulher-Maravilha. Ela era a principal atração da revista *Sensation Comics;* aparecia com regularidade na *All-Star Comics;* e, na trimestral *Comic Cavalcade,* era, de longe, a estrela: estava em todas as capas e sua história era sempre a principal da edição. Em julho de 1942, ela virou a primeira super-heroína a ter sua própria revista em quadrinhos. "A resposta à minha nova atração, *Mulher-Maravilha,* na *Sensation Comics,* foi tão boa", escreveu Gaines a Lauretta Bender, "que vou publicar uma *Mulher-Maravilha Trimestral* apenas com histórias desta personagem, como já é o caso de Superman e Batman."[1]

Foi um bom período para amazonas. *By Jupiter* [Por Júpiter, em tradução livre], que viria a ser a comédia musical de maior longevidade de Richard Rodgers e Lorenz Hart, estreou na Broadway em junho de 1942. Baseada em uma farsa chamada *O marido da guerreira,* a peça conta a história de soldados gregos enviados para roubar o cinturão sagrado de Diana; Ray Bolger interpreta o marido desafortunado de Hipólita. "We're here to fight the Amazons!", cantam os homens. "They're only women but we hear / they wield a mighty wicked spear!" [Viemos lutar com amazonas! / São só mulheres, mas ouvimos / Que são malignas com uma lança!, em tradução livre.] Marston levou Holloway para assistir. Ele achou a peça muito engraçada.[2] O sucesso também não fez mal às vendas das revistas da Mulher-Maravilha.

Com o lançamento da revista *Mulher-Maravilha*, Marston decidiu que era chegada a hora de revelar um grande segredo. Preparou um comunicado à imprensa com o título "Renomado psicólogo revela-se autor da campeã de vendas *Mulher-Maravilha*, história em quadrinhos infantil":

> Ontem, após anunciar que, a partir de 22 de julho, a famosa heroína dos gibis "Mulher-Maravilha" terá uma revista inteira dedicada às suas aventuras, M.C. Gaines, editor da *All-American Comics*, à Lexington Avenue nº 480, também divulgou oficialmente e em primeira mão que o autor de "Mulher-Maravilha" é o Dr. William Moulton Marston, psicólogo de renome internacional e inventor do famoso exame do "detector de mentiras".

No comunicado, Marston explicou que a Mulher-Maravilha foi pensada como alegoria. "Assim como o seu protótipo masculino, Superman, a Mulher-Maravilha é dotada de enorme força física — mas, ao contrário do herói, ela pode ser ferida." Marston prosseguia: "A Mulher-Maravilha tem braceletes soldados aos pulsos; ela pode usá-los para repelir balas. Porém, se deixar algum homem soldar correntes a estes braceletes, ela perde o seu poder. Isso, segundo o Dr. Marston, é o que acontece a todas as mulheres que se submetem à dominação masculina." *Mulher-Maravilha* era uma forma de propaganda feminista, insistia Marston: "A 'Mulher-Maravilha' foi concebida pelo Dr. Marston para estabelecer, entre as crianças e os jovens, um modelo de feminilidade forte, livre e corajosa; para combater a ideia de que as mulheres são inferiores aos homens, e para inspirar meninas à autoconfiança e às realizações no atletismo, nas ocupações e profissões monopolizadas pelos homens."³ Ela não foi criada para ser uma super-mulher; foi criada para ser todas as mulheres.

A primeira edição de *Mulher-Maravilha* detinha-se nas suas origens. "Acho que coloquei TUDO com exceção do rabo do gato", Marston escreveu a Mayer ao lhe enviar o primeiro roteiro.⁴ Também na primeira edição da revista, foi apresentada uma seção de quatro páginas, no meio da revista, chamada "Mulheres-Maravilha da história": a biografia feminista.⁵

Tudo começou quando Gaines conheceu Alice Marble, de 29 anos, a maior tenista do mundo. Marble vencera o Open feminino solo dos Estados Unidos em 1936, 1938, 1939 e 1940; o de dupla feminina em todos os anos de 1937 a 1940; e o de duplas misto em 1936, 1938, 1939 e 1940. Aí aposentou-se da competição. Apresentada a Gaines em um evento social em que todos estavam falando da imensa popularidade de Superman e Mulher-Maravilha, Marble fez uma pergunta.

Alice Marble, em *Wonder Woman* nº 1 (julho de 1942)

"Por que vocês não fazem as Mulheres-Maravilha da vida real, as mulheres que fizeram história?"

"Tais como?"

"Clara Barton, Dolley Madison, Eleanor Roosevelt."

Gaines pediu a Marble para fazer pesquisa e escrever roteiros. Então, lhe deu uma mesa e um cargo: editora adjunta. Colocou uma fotografia dela na primeira edição de *Mulher-Maravilha*. Também lhe pagou um bom dinheiro. Ela viria a dizer, posteriormente, que recebeu 50 mil dólares para escrever as "Mulheres-Maravilha da história".[6]

Cada capítulo de "Mulheres-Maravilha da história" de Marble perfilava uma mulher diferente. Um das funções da série era festejar a vida de mulheres heroicas e explicar a importância da história feminina. Outro era promover a revista. Em julho de 1942, Gaines enviou a mulheres de destaque de todo o país pacotes contendo a primeira edição de *Mulher-Maravilha*, um envelope devidamente endereçado e selado, e uma carta, com a assinatura de Marble, buscando indicações de mulheres a perfilar. "Como você provavelmente já percebeu na própria experiência de vida", escreveu Marble, "mesmo neste mundo emancipado, as mulheres ainda têm muitos problemas e ainda não atingiram todo o seu potencial de crescimento e evolução. *Mulher-Maravilha* simboliza a primeira vez que esta ousadia, esta força e engenhosidade são destacadas como qualidades femininas. Isto só poderá ter efeito duradouro sobre a mente daqueles que hoje são meninos e meninas."

A primeira Mulher-Maravilha da história foi Florence Nightingale, explicou Marble, e Clara Barton[7] seria a próxima. No entanto, em relação a outras a incluir, Marble disse que isto cabia às mulheres da América: "Realizarei um levantamento nacional entre mulheres de destaque no comércio e na vida pública e profissional, para assegurar-me de quais famosas dos tempos antigos e modernos deveriam ser incluídas."[8]

À terceira edição, *Mulher-Maravilha* vendia mais de meio milhão de exemplares.[9] É difícil saber quantas respostas Marble recebeu do seu levantamento nacional, mas as mulheres cujas biografias saíram nas páginas da revista nos anos 1940 foram cientistas, escritoras, políticas, assistentes sociais, médicas, enfermeiras, atletas e aventureiras: Soujourner Truth, Abigail Adams, Madame Curie, Evangeline Booth, Lillian D. Wald, Madame Chiang Kai-shek, Susan B. Anthony, Joana d'Arc, Jane Addams, Julia Ward Howe, Helen Keller, Lucretia Mott, Elizabeth Blackwell, Sarah Bernhardt, Amelia Earhart, Maria Mitchell, Carrie Chapman Catt, Dolley Madison, Sacagawea, Elizabeth Barrett Browning, Dorothea Dix, Nellie Bly, Jenny Lind e Fanny Burney. Era como as *True Comics* de Hecht — histórias em quadrinhos que viravam livros de história —, mas, neste caso, sobre a história das mulheres. Gaines pediu que a seção fosse grampeada à parte, como um gibi de quatro páginas independente, e distribuiu centenas de milhares de exemplares em escolas públicas.[10] Anúncios em revistas de *Mulher-Maravilha* destacavam como ela celebra a história da mulher: um anúncio trazia uma menina de trancinhas deitada no chão, lendo *Mulher-Maravilha* e sonhando como seria ao crescer; bustos de doze Mulheres-Maravilha da história estão dispostos pela borda do anúncio, representando a gama que a imaginação da menina acabou de conhecer.[11]

É difícil saber quem escreveu "Mulheres-Maravilha da história". Embora Marble tenha sido listada no expediente de *Mulher-Maravilha* como "editora adjunta", ela não podia ter escrito "Mulheres-Maravilha da história" durante muito tempo.[12] Marble casou-se com um capitão do exército em 1942, pouco antes de ele ser enviado ao front. Em 1944, quando estava grávida de cinco meses, foi atropelada por um motorista bêbado e perdeu o bebê. Pouco depois, recebeu a notícia de que seu marido morrera em um acidente de avião na Alemanha. Marble tentou se matar. Em 1945, deixou o país para servir aos Estados Unidos como espiã na Suíça.[13] Ela ajudou a lançar "Mulheres-Maravilha da história" e permitiu que Gaines utilizasse seu nome e rosto; porém, não poderia ter contribuído mais que isso.

Marston teve pelo menos um dedo em "Mulheres-Maravilha da história". Ela escolhia qual biografia sairia em qual edição. "Vou mudar de Joana d'Arc para Mme. Kai-shek em MM6", ela disse a Gaines em 1943.[14] Talvez ele tenha escolhido as mulheres a perfilar. E talvez até tenha escrito algumas das biografias. Marston, que, quando calouro em Harvard, achava história uma disciplina assustadoramente tediosa, adquirira fascínio pela história feminina. Ele explicou como mudou de ideia em uma história da Mulher-Maravilha chamada "As provações da Rainha Boadiceia".

"Quem dá bola para velhas corocas de 1.900 anos atrás?", um menino chamado Bif pergunta a Diana Prince. "E ainda mais *mulher* — mulheres são umas mariquinhas!"

"Você acha que as mulheres são mariquinhas porque não sabe da força que elas têm", responde Diana. E, então, ela se transforma na Mulher-Maravilha e leva-o em uma viagem ao passado para convencê-lo de que a história é fascinante.[15]

Há grande probabilidade de que "Mulheres-Maravilha da história" tenha sido escrita por Dorothy Roubicek, a primeira editora mulher da DC.[16] Roubicek nasceu em 1913, no Bronx, filha de imigrantes tchecos e russos. Cresceu em Long Island e casou-se com um homem chamado Irving Taub logo depois de concluir o ensino médio. Eles se mudaram para a Flórida, onde ela deu à luz um filho quando tinha 23 anos. Mais tarde, voltou a Nova York com a criança, mas sem o marido, e foi morar com os pais. Conseguiu emprego de estenógrafa antes de Mayer a contratar como editora em 1942, quando tinha 29. Atendia por "Srta. Roubicek"; mesmo durante a guerra, era difícil uma mulher casada conseguir serviço. Ela trabalhou lado a lado com Gaines e principalmente com Mayer, também em Superman. Começou a trabalhar com a Mulher-Maravilha quando a personagem entrou na Sociedade da Justiça. Roubicek costuma levar o crédito pela ideia da kryptonita, em 1943. Reza a lenda que ela achava que o Superman devia ser mais vulnerável. Ela pode ter tirado essa ideia de seu trabalho com a Mulher-Maravilha, que envolvia consultas frequentes e demoradas com Lauretta Bender.[17]

Depois da aula...
"Você vai rodar nessa disciplina..."
"Deixe que eu converso com ele, Erna. Você não gosta de história, Bif?"
"Acho um saco. Quem dá bola para velhas corocas de 1.900 anos atrás? E ainda mais *mulher* — mulheres são umas mariquinhas!"
"A história lhe dá tédio porque não lhe é *real*. Você acha que as mulheres são mariquinhas porque não sabe a força que elas têm. Se a *Mulher-Maravilha* o levasse aos primeiros tempos da Inglaterra..."
"A *Mulher-Maravilha?* Hã? Ela é só um mito!"
"Então você acha que a *Mulher-Maravilha* é tão irreal quanto seus livros de história! Espere aqui! Eu a vi no corredor..."
"Olá, Bif!"
"Ai! — Moça — você é *real* mesmo — e *como!*"
"Então, Bif, agora você gosta de história?"
"Pode crer! Quero saber muito! Quando você *vive* a história ela é empolgante — principalmente quando trata de mulheres heroicas como Boadiceia e *você, Mulher-Maravilha!*"
A Mulher-Maravilha *está em todas as edições de* Sensation Comics*!*

De "As provações da Rainha Boadiceia", *Sensation Comics* nº 60 (dezembro de 1946)

AS MULHERES-MARAVILHA DA HISTÓRIA ★ 277

Mulheres-Maravilha da história
na versão de Alice Marble
Editora adjunta

Mulher Guerreira Maravilha!
Susan B. Anthony
(1820-1906)
Chamada de "maior mulher do nosso século, talvez de todos os tempos", esta combatente indômita
da liberdade e da justiça deu início ao movimento feminino com resultados mais duradouros
do que qualquer guerra ou revolução desde o princípio da história!
Os EUA tiveram três grandes emancipadores. George Washington consolidou 4 milhões de colonos no
país Estados Unidos Da América. Abraham Lincoln libertou 4 milhões de negros da escravidão.
E Susan B. Anthony quebrou os grilhões das amarras jurídicas, sociais e econômicas de milhões de americanas.
Corajosa, ousada, generosa e sincera, esta Mulher-Maravilha levou seu sexo à vitória e tornou-se
"A libertadora das mulheres"
Susan nasceu em uma família quaker bem de vida em Adams, Massachusetts... Um dia, chegou em casa e
descobriu que o pai perdera a fortuna. Oficiais de justiça iam levar os bens da família....
"Você não pode levar minhas roupas e as de Susan!"
"Suas roupas... Ha, ha! A mulher casada não tem nada. Estes vestidos eram propriedade do seu marido...
Agora são dos credores!"

"Mulheres-Maravilha da história: Susan B. Anthony", Wonder Woman nº 5 (junho-julho de 1943)

Independente de quem as tenha escrito, "Mulheres-Maravilha da história" tinha consistência total da esperança de Marston, ao criar a Mulher-Maravilha, de "combater a ideia de que as mulheres são inferiores aos homens, e para inspirar meninas à autoconfiança e às realizações no atletismo, nas ocupações e profissões monopolizadas pelos homens."[18] As biografias faziam da Mulher-Maravilha a última em uma linhagem de mulheres lutando pela igualdade. A "Mulher-Maravilha da história" na edição de junho-julho de 1943 de *Mulher-Maravilha* é Susan B. Anthony. Um dos quadrinhos a retrata segurando uma chave, prestes a destravar os grilhões de uma mulher acorrentada. A legenda diz: "Os Estados Unidos tiveram três grandes emancipadores. George Washington consolidou 4 milhões de colonos no país Estados Unidos da América. Lincoln libertou 4 milhões de negros da escravidão. E Susan B. Anthony quebrou os grilhões das amarras jurídicas, sociais e econômicas de milhões de americanas. Corajosa, ousada, generosa e sincera, esta Mulher-Maravilha levou seu sexo à vitória e tornou-se 'A libertadora das mulheres'". A biografia de Anthony explica em quatro páginas como o movimento pelos direitos das mulheres surgiu do empenho abolicionista feminino. Anthony é retratada discursando em Seneca Falls em 1848, diante de uma faixa onde está escrito "DIREITOS DA MULHER"; ela declara: "Os negros têm que ser libertados, mas persiste outra forma de escravidão. Prevalece a ideia antiquada de que a mulher é bem e posse do homem! Muitas injustiças e conflitos da sociedade moderna advêm desse relacionamento falso entre homem e mulher!"[19]

A campanha pelo sufrágio, de 1848 a 1920, é muitas vezes considerada a "primeira onda" do movimento feminista, e a libertação feminina, nos anos 1960 e 1970, foi a "segunda onda". Entre estes pontos, acredita-se que o mar estava calmo.[20] No entanto, houve agitação feminista de sobra nos anos 1940: nas páginas de *Mulher-Maravilha*.

A edição da revista que trazia a biografia de Susan B. Anthony, chamando-a de "libertadora das mulheres", também continha uma história intitulada "A batalha pelo feminino". Ela começa com Marte, o deus da guerra, furioso em ver tantas norte-americanas auxiliando na guerra. Tanto a história quanto os desenhos apoiam-se fortemente no uso que as sufragistas fizeram do deus da guerra como personagem clichê em cartuns dos anos 1910; Marte aparece com frequência acorrentando mulheres às misérias da guerra. Na Primeira Guerra Mundial, as sufragistas sugeriram que a guerra era o que mantinha as mulheres no estado de escravidão. Na Segunda Guerra Mundial, Marston sugeriu que as contribuições das mulheres para a guerra estavam ajudando a emancipá-las, para enorme desalento de Marte.

"Há 8 milhões de norte-americanas envolvidas com a guerra — até 1944 serão 18 milhões!", informa uma das escravas de Marte, arrastando corrente e maça.

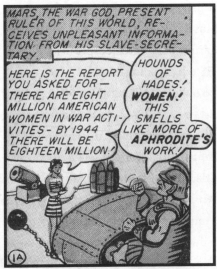

Marte, o deus da guerra, governante atual deste mundo, recebe informações indesejáveis de sua secretária-escrava.
"O relatório que o senhor pediu: há 8 milhões de americanas envolvidas com a guerra — até 1944 serão 18 milhões!"
"Cães do Hades! Mulheres!
Isto cheira a obra de *Afrodite!*"

De "A batalha pelo feminino", *Wonder Woman* nº 5
(junho-julho de 1943)

"Se as mulheres obtiverem poder na *guerra*, elas escaparão por completo do domínio masculino!", troveja Marte. "Elas vão alcançar a horrenda independência! [...] Mulheres são os espólios naturais da guerra! Elas têm que ficar em casa, escravas à mercê do vencedor! Se as mulheres tornarem-se guerreiras como as amazonas, serão mais fortes que os homens e darão fim à guerra!"

Ele obriga o Duque da Farsa a dar um basta ao que se passa. O duque pede a ajuda do Dr. Psycho, que, a partir das ferramentas que desenvolveu no laboratório psicológico, faz George Washington levantar-se dos mortos e dirigir-se a uma plateia aturdida.

"Tenho uma mensagem para vocês! Um alerta!", diz Washington. "As *mulheres* vão perder a guerra para a América! As mulheres não poderiam ter as responsabilidades que têm hoje! Mulheres não devem fazer artilharia, torpedos, peças de avião — não se pode lhes confiar segredos nem deixar que sirvam nas forças armadas. *Mulheres vão trair o país com sua fraqueza*, quando não com sua perfídia!"

A Mulher-Maravilha, assistindo a tudo dos bastidores, grita: "Ele está a serviço do Eixo!" Para derrotar o Dr. Psycho, ela invade o laboratório deste por uma claraboia. Capturada, ela é presa. O Dr. Psycho tranca-a em uma jaula presa a uma parede. Ela acaba sendo resgatada por Etta Candy, e, depois disso, liberta a esposa de Psycho, Marva, a qual ele vendou e acorrentou a uma cama.

"Submeter-se ao domínio do meu marido cruel acabou com a minha vida!", grita a Marva emancipada. "Mas o que fará uma garota tão fraca?"

"Ficar forte!", incita a Mulher-Maravilha. "Tire seu próprio sustento — aliste-se nos WAACS ou WAVES e lute pelo seu país!"[21]

Etta Candy seguiu o conselho ao pé da letra. No verão de 1943, na história principal da *Comic Cavalcade*, Etta e as meninas da Holliday College vestem uniformes da WAAC e viram agentes especiais do serviço de inteligência. "Auxiliar Etta Candy apresentando-se para o serviço", diz ela, saudando a general Mulher-Maravilha.[22] "As mulheres estão ganhando poder no mundo dos homens!", a Mulher-Maravilha relata a Hipólita em fins de 1943. Hipólita, contente, mostra à Mulher-Maravilha o que virá pela frente: Etta Candy descobrirá o segredo da vida eterna, receberá por isto um diploma honorário e será professora de saúde pública na faculdade Mulher-Maravilha; além disso, uma mulher será eleita presidenta dos Estados Unidos. Isso, contudo, levará a uma batalha dos sexos (a batalha dos sexos que Marston descreveu em 1937, quando organizou a coletiva de imprensa e previu o mando feminino). Incapaz de suportar o governo das mulheres, um acadêmico ranzinza chamado Professor Másculo funda um novo partido político, o Partido do Mundo do Homem, no ano 3000.

E então Diana Prince, depois de anos de serviço fiel ao seu país, finalmente chega ao seu cargo mais elevado... "Juro solenemente que cumprirei com fidelidade meus deveres como Presidenta dos Estados Unidos."

"Mulheres-Maravilha dos Estados Unidos do amanhã", *Wonder Woman* nº 7 (inverno de 1943)

"Os homens deste país não aguentam mais a opressão feminina!", alerta o senador Maccho à presidenta em reunião na Casa Branca. "O Partido do Mundo do Homem exige direitos do macho!"[23]

"Milhares de homens estão afiliando-se ao novo partido do Professor Másculo", diz o Steve Trevor do futuro à Diana do futuro. "Eles vão eleger um *presidente* — ele vai dar mais *força* ao governo!"

O Partido do Mundo do Homem indica Steve Trevor como candidato. Diana é sua oponente. Trevor vence, mas descobre que o Professor Másculo fraudou a eleição. Trevor então é sequestrado e tem que ser resgatado pela Mulher-Maravilha. Logo depois, Diana Prince torna-se presidenta.[24]

Marston queria que as crianças que lessem seus quadrinhos imaginassem uma presidenta dos Estados Unidos. Nisso, ele estava consideravelmente à frente da opinião pública. Em 1937, quando Gallup perguntou aos norte-americanos "Você votaria em uma candidata à presidência?", apenas 33%

do país disse sim.[25] Marston promover a Mulher-Maravilha como modelo de literatura feminista levou a uma reação pequena mas estridente entre conservadores — escritores que queriam colocar a Mulher-Maravilha na sua posição de mulher. "Uma esposa para Superman" foi o título do editorial que saiu no *Hartford Courant*, em reação ao comunicado à imprensa no qual Marston revelara que era criador da Mulher-Maravilha. "Figura não menos importante que o inventor do famoso detector de mentiras, o Dr. William Moulton Marston, de Harvard, emergiu das regiões nebulosas nas quais supõe-se que os psicólogos pendurem o chapéu para criar uma nova personagem de quadrinhos", comentavam os editores. O que, pensavam eles, a Mulher-Maravilha faria da vida? "Ela seria, é claro, do tipo que enfrenta o dia com vigor, preparando um café da manhã substancioso, diligentemente botaria as crianças no uniforme escolar, daria jeito na casa e em si mesma e partiria para o centro a cumprir o seu emprego tipicamente masculino." E "ao fim do dia, ela teria perdido pouco — se é que algum — do seu vigor. Depois da louça lavada, ela estaria pronta para acompanhar o marido a um filme ou uma palestra, onde iria fulgurar com ideias e interlóquios noite adentro." É claro que "um homem que a tivesse como esposa seria uma sujeito de sorte. A única pergunta é: ele aguentaria o ritmo?".[26]

Marston tinha uma resposta para isso. Em "A noiva amazona", HQ publicada na *Comic Cavalcade* do outono de 1944, a Mulher-Maravilha perde sua força amazona. Steve Trevor, sentindo sua fraqueza, convence-a a se casar com ele.

"Sinto-me fraca!", ela grita depois que Steve a defende de um vilão.

"Sua linda! Você é só uma *mulher*, afinal", ele responde, erguendo-a do chão. "Vai precisar de um homem que a proteja!"

"Não", ela protesta. "Afrodite proíbe que nós, amazonas, deixemos *qualquer* homem nos dominar. Somos nossas próprios mestras." De repente, ela fraqueja. "Mas eu confesso: amo quando você manda em mim."

"Ama? Ora, sempre quis que você dissesse isso! Querida, case comigo!"

"Sua linda! Você é só uma *mulher, afinal* — vai precisar de um homem que a proteja!"
"Não! Afrodite proíbe que nós amazonas deixemos qualquer homem nos dominar: somos nossas *próprias* mestras. Mas confesso: *amo* quando você *manda* em mim!"
"Ama? Ora, sempre quis que você dissesse isso. Querida, case-se comigo!"
"Não, não, Steve! *Não posso!*"
"Mas você *precisa* que eu cuide de você, garotinha!"
"Eu... Vou casar com você, Steve... Você é tão forte, tão lindo... Não consigo resistir!"
Mais tarde, na sala de Steve...
"Steve, querido, agora que vamos nos casar, *por favor:* você me deixa ser sua secretária?"
"Bom... Talvez. Sente aqui à máquina de escrever e vejamos quão rápido você consegue datilografar!"
"O lugar de toda mulher é em casa, e meninas não deviam fazer serviço de homem. Deviam ocupar-se de cuidar da casa para os maridos!"

De "A noiva amazona", *Comic Cavalcade* nº 8 (outono de 1944)

De volta ao escritório, a Mulher-Maravilha implora a Trevor para que ela possa servi-lo de outras formas. "Steve, querido", ela diz, "agora que vamos nos casar, *por favor*: você me deixa ser sua secretária?"

"Bom... talvez", responde Trevor, recostando-se na cadeira, soltando baforadas do cachimbo. "Sente aqui à máquina de escrever e vejamos quão rápido você consegue datilografar. O lugar de toda mulher é em casa, e meninas não deviam fazer serviço de homem. Deviam ocupar-se de arrumar a casa para os maridos!"

Ele consegue uma licença para casar. "Estou pronta para ser sua esposinha bem-comportada!", ela berra, curvando-se diante dele.

Felizmente, descobre-se, ao final que tudo isso foi um pesadelo, do qual a Mulher-Maravilha enfim desperta.[27] Ela então retoma seu trabalho de salvar o mundo e torná-lo mais igualitário.

"Venha, minha cara — vamos nos casar agora mesmo — já tenho a licença e *não vou* esperar!" "Bom, tudo bem, Steve! Eu mal posso acreditar! Mas... Estou pronta para ser sua esposinha bem comportada!"

De "A noiva amazona", *Comic Cavalcade* nº 8 (outono de 1944)

SAFO SOFREDORA!

"**RENOMADO PSICÓLOGO** revela-se autor da campeã de vendas 'Mulher-Maravilha'", Marston mancheteou no seu comunicado à imprensa no verão de 1942. Olive Byrne conseguiu encaixar um matéria armada na *Family Circle*. Em texto publicado na edição de 14 de agosto de 1942 da revista, "Olive Richard", preocupada com a guerra, diz que se deparou com uma edição de *Mulher-Maravilha* e que lembrava vagamente de ter lido que a princesa amazona havia sido criada pelo seu psicólogo predileto.

"'Bem', pensei. 'Se Marston está inventando gibis enquanto Roma pega fogo, deve haver um motivo.'"

Curiosa em saber mais, ela toma o rumo até a casa dele em Rye.

"O doutor não estava nem um pouco diferente", ela informa. "Estava lendo um gibi, o qual logo dispensou com uma risada e pôs-se galantemente de pé, manobra de ampla magnitude para este Nero Wolfe dos psicólogos."

"Olá, olá, minha Mulher-Maravilha!", ele a chama.

"Que ideia é essa de *me* chamar de Mulher-Maravilha?", ela quer saber. (Eles se divertiam bastante naquele jogo de gato e rato. Era uma diversão inebriante.)

Ele explica a Olive que os braceletes dela foram a inspiração para os braceletes da Mulher-Maravilha. Ele lhe entrega um exemplar da revista. Olive fica deslumbrada.

"Abri a revista e vi: 'Esta garota sensacional, mais forte que Hércules, mais bela que Afrodite', e assim por diante, e lembrei que meus filhos ficaram discutindo se ela dava conta de todo o exército japonês de uma vez só ou se teria que ir de mil em mil. O doutor reluziu quando lhe contei isso, e disse: 'Isso mesmo, as crianças adoram.'" (Os filhos dela, os filhos *dele*, os filhos deles.)

"Os pequenos e moços satisfazem seus desejos lendo gibis", ele diz a ela. "Se eles enlouquecem com a Mulher-Maravilha, quer dizer que desejam uma garota bela e empolgante, que seja mais forte que eles."

"A Mulher-Maravilha", Marston lhe diz, "é a Nova Mulher."

"O benefício mais ilustre que a humanidade teve com a Primeira

Mulher-Maravilha, *no porta-malas, sente o fio detonador amarrado aos seus pulsos!* "Agora entendi! A corda que me estrangula não deixa que eu solte minhas pernas! Tenho que partir minha corda do pulso e explodir a mina!"

De "O anjo da guarda dos Estados Unidos", *Sensation Comics* nº 12 (dezembro de 1942)

Guerra Mundial foi o grande impulso à força feminina — física, econômica, mental", ele diz. "As mulheres com certeza emergiram de uma proteção falsa, como um harém, e começaram a tomar o trabalho dos homens. Para grande surpresa delas próprias, descobriram que podiam ser tão fortes quanto os homens — em alguns aspectos, até mais fortes." Disse Marston, que não era nenhum mestre em haréns, é claro.

Diz Olive: "Já me sinto a Mulher-Maravilha."[1]

Lou Rogers, em *Why Should Women Vote?* [Por que as mulheres deviam votar, em tradução livre], 1915, coleção de cartuns sobre o voto feminino

A força da mulher era um dos temas da Mulher-Maravilha. O *bondage* feminino era outro. (Para a *Family Circle*, Olive Byrne certa vez escreveu sobre os conselhos de Marston para um casamento feliz. O título é "Está pronta para se amarrar?")[2] Não há uma revista com a Mulher-Maravilha, às vezes nem mesmo uma página, que não tenha uma cena com alguém amarrado. De episódio em episódio, a Mulher-Maravilha é acorrentada, amarrada, amordaçada, enlaçada, atada e agrilhoada. Ela é presa em uma jaula elétrica. É ensarilhada em uma camisa de força, dos pés à cabeça. Seus olhos e sua boca são tapados com fita. Ela é amarrada com cordas, confinada em uma caixa de vidro e jogada no oceano. É trancada em um cofre de banco. É amarrada a trilhos de trem. É prensada contra a parede. Em uma ocasião, para ser totalmente amarrada mas ainda conseguir andar, seus pés agrilhoados são soldados a patins. "Grande cinturão de Afrodite!", ela grita. "Já cansei de ser amarrada!"[3]

E não é só a Mulher-Maravilha. *Toda* mulher nos gibis da *Mulher--Maravilha* é amarrada. Diana Prince é acorrentada ao fogão. As meninas da Ilha Paraíso são vendadas, assim como as garotas alegres da Holliday College. Soldam grilhões aos seus pulsos. São amarradas a cadeiras. Nos subterrâneos, são escravizadas em covis sujos. Na superfície, são amarradas com cordas. Elas se arrastam pelo chão, encoleiradas feito cães. As mulheres sempre escapam, mas antes são amarradas. E embora esta mesma iconografia estivesse de fato em proeminência nos cartuns e protestos feministas e pelo sufrágio nos anos 1910 — nos quais as mulheres são acorrentadas, presas com cordas e amordaçadas, como representação alegórica da sua falta de direitos e liberdades — há muito mais por trás disso.

Nos seus roteiros, Marston descrevia cenas de *bondage* com detalhes cuidadosos, íntimos, com precisão extrema, para que Peter desenhasse exatamente conforme as especificações: "As cativas amazonas saem marchando conduzidas pelos gregos", escreveu ele em um dos primeiros roteiros. "As mulheres usam correntes imensas nos tornozelos e pulsos e entre os dois, e os pescoços também ficam acorrentados para a marcha. O escravo grego condutor estala o chicote. Outro grego cutuca uma prisioneira com a lança. As mulheres se curvam frente aos socos etc."[4] Na primeira história de *Mulher-Maravilha* nº 2, a Mulher--Maravilha viaja "a um país devastado onde os homens de Marte estão aprisionando todo mundo". Ela também é levada como prisioneira. No roteiro, Marston deu atenção especial, quase amorosa, à descrição do *bondage* da Mulher-Maravilha, dando instruções detalhadas do quadro no qual Mulher-Maravilha é feita prisioneira.

Em close, MM de corpo inteiro. Faça as correntes com minúcia — os homens de Marte são peritos! Coloque um gargantilha de metal na MM com uma corrente que sai do quadro, como se ela estivesse acorrentada a uma fila de prisioneiras. As mãos dela estão enganchadas sobre o seio com faixas *duplas* nos pulsos, nos braceletes de amazona e no outro conjunto. Entre estes passa uma corrente curta, mais ou menos da extensão de uma algema — é isso que a impede a unir as mãos. Então bote uma outra corrente, mais pesada, *maior* entre as pulseiras, que paira em um laço comprido até logo acima dos joelhos. Nos tornozelos mostre um par de braços e mãos, que vêm de fora do quadro, unindo seus tornozelos. Este quadro todo vai perder o sentido e estragar a história a não ser que essas correntes sejam desenhadas *exatamente* como as descrevo aqui.

Mais à frente, nesta mesma história, Mulher-Maravilha é obrigada a combater outra prisioneira feminina durante um torneio de escravas. No roteiro, a atenção minuciosa de Marston aos detalhes prossegue, com insistência, como se ele já tivesse se deparado com resistência ao tema: "Apenas aqui as duas moças têm as duas mãos amarradas para trás, não se esqueça."

"Ah! — Eu *não consigo* partir estas correntes!"
"Eu *falei* que ela não conseguiria!"
"Ha ha ha! Está rindo agora, *Tama*?"

De "O sumiço de Tama", *Sensation Comics* nº 33 (setembro de 1944)

A Mulher-Maravilha *se rende e imediatamente é acorrentada.*
"Estes soldados de Marte não me reconhecem, ou então me prenderiam com mais força."

Este quadro e os dois próximos vêm de "O deus da guerra", *Wonder Woman* nº 2 (outono de 1942)

Puxando a gola de ferro da parede, ela segura a corrente entre os dentes. A condução óssea amplifica sua audição, e ela consegue ouvir as palavras de Marte.
"Por Afrodite! Consigo ouvir tudo."

Depois de derrotar a prisioneira, a Mulher-Maravilha é amarrada a um pilar: "Mostre MM acorrentada por um tornozelo a um pilar grosso. A corrente do tornozelo é comprida, mas bastante espessa." Então, ainda amarrada ao pilar, ela é atacada por um dos guerreiros de Marte. Marston descreve para Peter como retratar esta surra: "Close de MM ainda caída de cara no chão. A tábua está prestes a atingir suas nádegas. O guerreiro *não* aparece neste quadro, apenas o instrumento agressor. Mostre a tábua descendo com linhas de movimento e estrelinhas etc.'" (Peter atendeu o pedido, omitindo apenas as estrelinhas.) Depois da surra, a Mulher-Maravilha derrota o guerreiro de Marte, mas é presa mais uma vez. "Mostre MM acorrentada no início da sequência. Uma corrente vai desde a sua gola de metal até um parafuso na parede, que é todo de aço." Esforçando-se para ouvir um diálogo na sala ao lado, valendo-se da amplificação da "condução óssea", ela pega as correntes pelos dentes: "Close de MM, cabeça e ombros. Ela segura a corrente do pescoço entre dentes. A corrente fica firme entre os dentes e a parede, onde está presa a um parafuso de aço."

O marciático esperto chega e, em seguida, dá um salto para trás. Mulher-Maravilha, sem perceber que sua corrente do tornozelo foi encurtada, pula atrás dele e leva uma rasteira dos grilhões!
"Ha ha! Você está à minha mercê!"
A tábua cai e Mulher-Maravilha *rememora seus tempos de infância e o braço direito forte da mãe!*
"Ai! Mereci essa por deixar ele me enganar! Mas *homem* nenhum vai me dar palmadas..."

Perto do final da história, a Mulher-Maravilha ganha sua própria escrava. "Lembre-se de açoitá-la todos os dias!", Marte diz a ela. A menina dá a Mulher-Maravilha um chicote. A Mulher-Maravilha diz: "Deixe de ser absurda — eu não vou açoitá-la! Conte-me sua história!" A menina então explica: "As mulheres de Marte não têm direitos." No final, a Mulher-Maravilha liberta a escrava. "Maldita seja, Mulher-Maravilha!", grita Marte. Fica difícil entender como esta história apoia os direitos femininos.[5] É o feminismo como fetiche.

"A noção que Marston tinha da supremacia feminina era a capacidade de submeter-se à dominação masculina", disse Mayer.[6] Ele tentou, sem muito sucesso, refrear Marston. Como já se esperava, o *bondage* logo levou a problemas com o conselho consultivo e, em especial, com Josette Frank, que trabalhara com Holloway na *Child Study* em 1925 e que agora era conselheira contratada do Comitê do Livro Infantil da Associação Norte-Americana de Estudos da Criança.

Em uma época em que muitas bibliotecárias e professoras estavam em pânico com as revista em quadrinhos, o Comitê do Livro Infantil de Frank normalmente fazia relatórios favoráveis das cento e poucas revistas em quadrinhos que resenhava por ano, sugerindo que, por serem "leitura fácil", os quadrinhos serviam como ponte que conduzia as crianças à literatura mais sofisticada.[7] Sidonie Gruenberg, diretora da Associação de Estudos da Criança, gostava muito de gibis; achava que críticos como Sterling North eram ranzinzas e desinformados.[8] Frank era quase da mesma opinião, embora não tolerasse a Mulher-Maravilha. Em fevereiro de 1943, ela mandou uma carta para Gaines.

"Como você sabe, nunca fui grande entusiasta desta personagem", ela lhe lembrou. "Sei que sua circulação prova que muitos outros *são* entusiastas. Entretanto, estas histórias deixam-no passível a críticas consideráveis de grupos tais como o nosso, em parte com base no uniforme da mulher (ou na falta do mesmo), e também nas sandices envolvendo mulheres acorrentadas, torturadas etc. Gostaria que o senhor desse atenção séria a estas críticas."[9]

Gaines encaminhou a carta a Marston.

"Pelo amor de Deus", Marston retornou a Gaines. "Não deixe uma pessoa desta formação (ou falta da mesma, pelo menos neste assunto), que é inimiga jurada das histórias da Mulher-Maravilha, minha e também sua, dado que ela previu que esta personagem ia fracassar e você esfregou na cara dela que não, bagunce o coreto!" Frank, disse ele, era peso-pena. "Para cada crítica que ela faz", ele promete a Gaines, "eu lhe trarei meia dúzia de autoridades reais, pais, professores, educadores, psicólogos de reputação nacional; [...] jornalistas importantes como Pitkin etc. que consideram a Mulher-Maravilha uma história em quadrinhos salutar e construtiva, boa para as crianças em todos os aspectos."

Dorothy Roubicek também se opusera às torturas da Mulher-Maravilha. "Rá!", disse Marston. "O segredo da atração feminina", ele disse a Gaines, é que "as mulheres *apreciam* a submissão — gostam de serem amarradas."[10]

(Para registro, Byrne, filho de Marston, tem quase certeza de que quando o pai falava da importância de ser amarrada, era apenas em termos metafóricos. "Nunca vi nada disso na nossa casa", Byrne Marston me revelou quando questionei. "Ele não amarrava as moças no pé da cama. Elas nunca permitiriam.")[11]

Marston ficou irritado. Na sua opinião, ele entendia, sendo um "psicólogo de renome internacional", que o segredo da atração feminina é ela gostar de submissão e *bondage*. Ele já não tinha explicado a Gaines? E daí que mulheres como Josette Frank e Dorothy Roubicek não entendiam isso? Por que ele tinha que responder a elas? Do que *elas* entendiam?

"É óbvio que não espero que a Srta. Roubicek vá entender", Marston prosseguiu. "Afinal, dediquei toda a minha vida a desvendar princípios psicológicos. A Srta. R. está nos quadrinhos há pouco mais que seis meses, não é? E, na psicologia, nunca se envolveu."

Quanto às acusações de sadismo: "Amarrar ou acorrentar nossa bela heroína, nos gibis, ou heróis como Flash Gordon *et al.*, *não* é sadismo, porque estes personagens não sofrem e tampouco sentem vergonha." A Mulher-Maravilha ensina o prazer da submissão à autoridade amorosa: "Esta, meu caro amigo, é a única e verdadeira contribuição das minhas histórias da Mulher-Maravilha à educação moral dos pequenos. A única esperança de paz é ensinar às pessoas cheias de viço e força desmesurada a *apreciar* as amarras — a *apreciar* a submissão à autoridade dócil, à autoridade sábia, não simplesmente tolerar qualquer submissão. As guerras só terão fim quando os humanos *gostarem de ser amarrados*."[12]

Gaines ficou incomodado. Perguntou a Roubicek o que ela achava; não havia dúvida de que ele a contratara para ter uma mulher a quem pedir opinião. Roubicek disse que achava uma boa ideia manter a Mulher-Maravilha distante da Ilha Paraíso, onde aconteciam as safadices mais sérias. Ela achava que a heroína devia ser mais parecida com

Dorothy Roubicek, esboço, 1943

o Superman e que, assim como ele não pode voltar ao planeta Krypton, a Mulher-Maravilha não poderia voltar à Ilha Paraíso.

"Acredito que seria para nosso benefício destacar a MM como uma espécie de SUPERMAN mulher e dar a ela os mesmos tipos de leviandades para jogar", Roubicek disse a Gaines. Ela poderia lutar com brutamontes e nazistas, não com deuses da Grécia Antiga. Ela também sugeriu que Josette Frank talvez ficasse mais aliviada se a Mulher-Maravilha usasse saia. Avisou a Gaines: "Tem ocorrido uma tendência de destacar a MM como figura bastante sexy, e creio que isso deveria ser evitado sempre — ela devia ser mostrada como uma garota tipicamente americana. O uniforme pode ser um dos motivos pelos quais ela gera essa impressão, e, em anexo, vai um esboço do tipo de traje que eu sugiro — feminino e ainda assim não repreensível, como as calças curtas e justas que ela usa podem ser consideradas." Roubicek esboçara um traje possível; parece muito com a saia que a Mulher-Maravilha vestiu na sua primeira aparição, na *All-Star Comics*. Gaines enviou tudo a Marston, com um bilhete que dizia: "Doc, ela fez isso sem nem saber como chegou perto do uniforme original!"[13] A Mulher-Maravilha continuou com seus minishorts.

Dias depois de Roubicek enviar o memorando a Gaines, Alice Marble recebeu a carta de um homem de Pittsburgh, de 26 anos e com diploma universitário, chamado Francis J. Burke. Burke declarava-se fã da carreira de Marble no tênis. "Mas não lhe escrevo para falar de tênis", ele prosseguiu. "A senhora atuar como editora adjunta da Mulher-Maravilha surpreende-me, porque eu a considerava uma 'mulher do mundo' e, como tal, capaz de perceber perversões sexuais quando elas se descortinam diante dos seus olhos." Ele se referia, explicando-se, à representação na Mulher-Maravilha de "personagens com correntes e laços, particularmente com personagens que são acorrentadas e amarradas *por meninas bonitas*." Burke confessou estar entre os "leitores que são obcecados por imagens e fantasias de correntes-e-cordas", mas questionava se esse tipo de coisa deveria estar em uma revista em quadrinhos para crianças. Ele passou a dar um relato detalhado de uma garota em idade escolar, conhecida sua — ele a chamou de "Violet" — que, inspirada pela Mulher-Maravilha, vestia-se como a heroína e liderava uma sociedade secreta de estudantes de ensino médio que se chamavam de "Meninas-Maravilha"; elas se vestiam com roupas elaboradas, amarravam meninos e os espancavam.[14]

Gaines resolveu que era melhor pedir a opinião de Lauretta Bender. Ao contrário de Josette Frank, que não tinha formação em medicina nem um doutorado, Bender, uma das psiquiatras de maior renome no país, não poderia ser facilmente repudiada por Marston em relação à sua perícia. Bender tratou a carta de Burke como a de um "coração perdido". Gaines também enviou a Bender uma coleção completa de gibis da Mulher-Maravilha, pedindo a ela "qualquer sugestão que a senhora tenha para eliminar aspectos indesejáveis".[15] Deu a ela algumas semanas para ler os gibis, e então enviou Roubicek ao hospital Bellevue para entrevistá-la a respeito da coisa toda, tanto das preocupações de Josette Frank quanto das afirmações de Marston.

Em memorando a Gaines, Roubicek informou a reação de Bender: "Ela não acredita que a Mulher-Maravilha tenha tendências para o masoquismo ou para o sadismo. No mais, ela acredita que mesmo que fosse o caso — não se pode *ensinar* perversões a crianças —, só se pode despertar o que é inerente a elas. Contudo, ela fez a seguinte reserva: se as escravas usassem correntes (e apreciassem) sem propósito algum, não haveria sentido em acorrentá-las." De fato, a aprovação dela foi tremenda. Bender *gostava* da Mulher-Maravilha, assim como da forma como Marston lidava com o feminismo. Além disso, observou Roubicek, "ela acha que o uniforme da Mulher-Maravilha é perfeito do jeito que está". Acima de tudo, "ela acredita que o Dr. Marston está resolvendo muito bem este 'experimento', como ela diz. Ela acredita que ele leva ao público a questão real em jogo no mundo (e o que ela crê que talvez seja causa direta do conflito atual). Tal questão seria que a diferença entre os sexos *não é* um problema sexual, tampouco uma luta pela superioridade, mas sim um problema na relação de um sexo com o outro." Roubicek resumiu: "A Dra. Bender acredita que deviam deixar estas histórias do jeito que estão." Bender também enviou uma carta a Gaines, dizendo a ele que achava a Mulher-Maravilha fascinante, já que as implicações psicológicas das aventuras da personagem "atingem o cerne da masculinidade e da feminilidade, assim como da violência e da submissão".[16]

A visão que Bender tinha da Mulher-Maravilha alinhava-se com as ideias que tinha de revistas em quadrinhos e de fantasia em geral. Bender acreditava que a fantasia "é um aspecto construtivo da maneira como a criança explora a realidade, experimentalmente, ou do seu relacionar progressivo entre si e a realidade, de seus erros e acertos em resolver os problemas da realidade." E ela acreditava que gibis, "assim como o folclore de outros tempos, servem como maneira de estimular a vida fantasiosa da criança e assim ajudá-la a resolver os problemas

individuais e sociológicos inerentes ao viver". Quanto à Mulher-
-Maravilha, Bender tinha o seguinte a dizer: "Ela é um ser humano bom,
mas comum, até que veste o uniforme e torna-se capaz de superar qualquer resistência física. Ela pode ajudar os necessitados. Pode fazer um
navio de guerra ou uma bomba em pleno voo mudar de curso. Ela pode
se fazer minúscula e oferecer-se para brincar com uma criança solitária.
Seu poder de atrair e manter encontra-se em um laço, que seu autor,
William Moulton Marston, diz que representa a 'atração amorosa'. Nem
sempre somos convencidos por seus símbolos, talvez por ele ser ciente
demais dos mesmos. No entanto, a 'Mulher-Maravilha' representa uma
boa tentativa de resolver os problemas muito convenientes do conceito
que a menina tem de si como mulher e da sua relação com o mundo."[17]

Gaines ficou imensamente aliviado. Apesar disso, nem todo o conselho consultivo de Gaines concordava com Bender. W.W.D. Sones, professor na Faculdade de Educação da Universidade de Pittsburgh, escreveu
a Gaines para dizer que, embora não se preocupasse com o uniforme da
Mulher-Maravilha (ela tinha pernas "atléticas" e não "hollywoodianas",
a seu ver), achava que havia um excesso de "correntes e cordas", muito
embora "seja verdade que não estejam em jogo nem crueldade, nem sofrimento". Ainda assim, ele achava que as explicações de Marston — os
disparates sobre submissão — eram picaretagem. "O propósito social que
ele afirma está propenso a objeções muito sérias", escreveu Sones. "É
exatamente esta submissão que ele afirma querer estimular que possibili-
ta o domínio de ditadores. Do ponto de vista de ideias sociais, o que queremos nos Estados Unidos e no mundo é cooperação, e não submissão."[18]

Gaines decidiu manter Frank e Sones de lado, e depositou a confiança
em Marston e Bender. E aí, em setembro de 1943, Gaines recebeu a carta
que temia. Ela vinha de John D. Jacobs, sargento da 291ª Infantaria das
Forças Armadas dos Estados Unidos, designado ao forte Leonard Wood,
Missouri. A carta era endereçada a "Charles Moulton". Gaines a abriu.
"A revista de quadrinhos *Mulher-Maravilha* me é de interesse tal qual
não pude encontrar em outras 'leituras' de volumes como este", iniciava

Jacobs. "Sou desses homens diferentes, talvez desprezíveis, que extraem extremo prazer erótico apenas ao imaginar uma bela garota, acorrentada ou amarrada, ou mascarada, ou que use saltos exageradamente altos ou botas de cano longo — na verdade, todo tipo de restrição ou pressão que existir." Ele perguntava: "Compartilharíamos do mesmo interesse por cordas e grilhões?" Queria saber também se o criador da Mulher-Maravilha possuía algum dos itens retratados nas histórias, como "a máscara de couro, ou a gargantilha de ferro do Tibete, ou a algema-tornozeleira grega? Ou você simplesmente 'concebe' esses objetos?"[19]

Gaines encaminhou a carta a Marston, com um bilhete.

"Essa era uma das coisas que eu temia (mesmo que não consiga dar muita confiança)", escreveu ele. Algo precisava ser feito. Ele então anexou, para uso de Marston, um memorando escrito por Roubicek contendo uma "lista de métodos que se pode usar para manter mulheres confinadas ou presas sem o uso de correntes. Cada um deles tem diversas variações — o que nos permite, como lhe contei na nossa conferência da semana passada, reduzir estas correntes no mínimo em 50% a 75% sem interferir de forma alguma na emoção que estas histórias provocam nem nas vendas das revistas."[20]

Marston respondeu a Gaines em carta.

"Tenho a carta do nosso sargento na qual ele expressa seu entusiasmo por mulheres com corrrentes — mas e daí?" Como psicólogo clínico praticante, ele disse, estava indiferente. "Algum dia farei para você uma lista de todos os itens femininos com que se sabe que várias pessoas ficam excitadas: cabelos, botas, cintos, seda, luvas, meias, cintas-ligas, calcinhas, costas nuas, suores, seios etc. etc.", ele prometeu. "Não se pode ter uma personagem feminina realista, em qualquer forma de ficção, sem tocar nas fantasias eróticas de muitos leitores. O que é ótimo, devo acrescentar."

Reduzir as correntes e cordas em 50% ou 75%? Marston se recusou. Ele tinha certeza que sabia as fronteiras que não devia cruzar. As fantasias eróticas inofensivas são extraordinárias, ele disse. "As que você tem que ficar de olho são as torpes — as fixações eróticas danosas, destrutivas, mórbidas — o sadismo real, a morte, a sanguinolência, as torturas nas quais o prazer está na dor real da vítima etc. Estas são 100% ruins e não terei parte nelas." Ele acrescentou, para encerrar: "Por favor, agradeça à Srta. Roubicek pela lista de ameaças."[21]

Quatro meses depois, Josette Frank se demitiu do comitê consultivo editorial.

"Edições recentes omitiram chicotadas, mulheres acorrentadas sob tortura e outras atrações repreensíveis", ela disse a Gaines, mas "cheguei à conclusão relutante de que o tema básico desta personagem é que é ofensivo, e não sua minúcia, ou em acréscimo às suas minúcias." Ou seja, "a temática dos homens contra as mulheres e das mulheres contra os homens está longe de ser apropriada como conteúdo infantil." Sem falar que a coisa toda era "cheia de antagonismos e perversões sexuais significativas". Não havia outra opção para ela além de se demitir.[22]

Mais uma vez, Gaines enviou as reclamações de Frank a Marston. E, mais uma vez, Marston as renegou. Ele destacou que ninguém chega a ser açoitado ou torturado nos seus gibis. E, em relação às *perversões* da revista, "sinceramente, não sei ao que ela se refere", insistiu Marston. "Provavelmente a minha noção básica de mulheres enfrentando a dominação, a crueldade, a selvageria e o belicismo masculinos com o controle do amor apoiado na força seja o que ela chama de 'antagonismo sexual'." Quanto ao *bondage*: "Minha personagem como um todo tem como alvo fazer a distinção nas mentes de crianças e adultos entre os laços amorosos e os laços masculinos com a crueldade e a destruição; entre submeter-se ao superior amado ou à divindade e submeter-se a gente como os nazistas, japas etc.", explicou ele. "Se isso é errado ou perigoso, toda a minha carreira de psicólogo consultor baseia-se na malícia e em concepção errônea."[23] Assim chegava-se ao cerne da questão: será que toda a sua carreira de psicólogo baseava-se em uma concepção errônea?

Gaines voltou-se mais uma vez a Bender. Ele fez com que quinhentos exemplares de suas revistas da DC fossem enviados à ala infantil do hospital Bellevue: um presente para os pacientes.[24] (Bender costumava levar um ou dois exemplares para seus filhos em casa.)[25] E então mandou Roubicek a Bellevue para entrevistar Bender mais uma vez.

"Em essência, ela concorda com o Dr. Marston que as histórias não podem ser nocivas a crianças e que ele está simplesmente apresentando-as como solução para um problema social premente no mundo atual — no caso, a luta entre homem e mulher para esclarecer suas respectivas posições no mundo", relatou Roubicek. "Ela diz que não existe uma luta sexual no sentido genital, e não há dúvida de que a Srta. Frank vê nestas histórias parte do seu próprio desnorteamento em relação a estes problemas, da mesma forma que muitas crianças farão se tiverem esses problemas." Bender, porém, tinha certeza que "CRIANÇAS não veem essas conotações sexuais." Roubicek concluiu dizendo que, felizmente, "ela acredita que esta controvérsia não deveria nos incomodar".[26]

Gaines queria entender que influência as revistas em quadrinhos teriam sobre as crianças que as liam, mas nem a psicologia, nem a psiquiatria tinham uma resposta definitiva à questão. Gaines provavelmente não queria ir a fundo. Ele não estava em condições de abrir mão da Mulher-Maravilha. No dia em que Josette Frank pediu demissão, Gaines e Marston assinaram um contrato para a Mulher-Maravilha virar tira de jornal, com distribuição da King Features. Entre centenas de revistas em quadrinhos em publicação, não havia outro super-herói de gibi, fora o Superman e o Batman, que tivesse feito o salto gigantesco das revistas para a distribuição nos jornais, com sua vasta circulação diária. Para comemorar, Gaines fez seus artistas desenharem um quadro no qual o Superman e o Batman, erguendo-se da primeira página de um jornal, chamam a Mulher-Maravilha e esta pula para a página: "Bem-vinda, Mulher-Maravilha!"[27]

"Bem-vinda, Mulher-Maravilha!"
"Que bom que está conosco. Boa sorte!"

A Mulher-Maravilha ganha sua tira de jornal. De "Wonder Woman Syndication",
Independent News (abril de 1944)

Gaines tinha outras boas-vindas a dar. Ele convidou Lauretta Bender a assumir o posto de Frank no comitê consultivo. Ela aceitou.[28]

O próprio Marston escreveu as tiras de jornal; Harry G. Peter desenhava.[29] As tiras eram mais comportadas que os gibis, mas a Mulher-Maravilha ainda estava, como sempre, apta a ser amarrada. Em um anúncio que a King Features publicou para persuadir jornais a comprar a tira, o nome dela é escrito com uma corda.

Da *Editor and Publisher*, 6 de maio de 1944

SUPERPROF

NA PRIMAVERA DE 1944, Marston estava aproveitando o sucesso desenfreado pela primeira vez desde a promessa de genialidade dos seus tempos de estudante em Harvard. A Mulher-Maravilha tinha 10 milhões de leitores. Com dinheiro no bolso, ele alugou uma sala no 14º andar de um prédio da Madison Avenue, nº 331, na rua 43. A placa na porta dizia MARSTON ART STUDIO.[1]

Marston tinha tanto trabalho — os roteiros de *Sensation Comics*, *All-Star Comics*, *Comic Cavalcade* e *Mulher-Maravilha*, e agora mais uma tira de jornal diária — que precisou de uma assistente. Decidiu contratar uma aluna da disciplina de psicologia que lecionava na Katharine Gibbs School. A prova final, a ser feita em casa, exigia das estudantes escrever oito pequenos textos respondendo a lembretes que tratavam da teoria das emoções de Marston. As questões sugerem que a maior parte do que Marston

Joye Hummel, aprox. 1945

ensinava às jovens que estudavam na Gibbs era como ser mais confiante no trabalho. (Por exemplo, pergunta 6: "Recomende à Srta. F. como superar o medo de falar com o vice-presidente da empresa, encarregado da sua repartição, e com o qual ela tem diversas oportunidades de contato se assim desejar; também dizer à Srta. F. por que estes contatos lhe trariam benefícios.") Olive Byrne corrigia as provas. Uma delas estava tão boa que Olive achou que o próprio Marston havia escrito. Ela lhe entregou a prova, escrita por uma jovem muito bonita chamada Joye E. Hummel.[2]

Em março de 1944, algumas semanas antes da data de formatura de Hummel, Marston a convidou para tomar chá com ele e Holloway no Harvard Club de Nova York. Disse que gostaria de contratá-la para auxiliar nos roteiros. Hummel tinha 19 anos. Ele esperava que ela pudesse ajudar a escrever as "gírias" em voga. Ela ficou surpresa e encantada. "Sempre tive muita imaginação", disse.[3]

Marston instalou Hummel no escritório da rua 43 com a Madison, onde ele mesmo "lidava pessoalmente com cada aspecto da produção, até o momento de enviar à gráfica", segundo Holloway. Todo esse trabalho, Holloway disse depois, era supervisionado por Marjorie Wilkes Huntley, que "era secretária executiva do estúdio de arte, conhecia cada etapa do processo, além do background e da história".[4] Hummel não lembra de Huntley por lá com frequência. Harry G. Peter ia todos os dias, e Hummel se dava com ele. Peter fumava cachimbo; estava sempre com ele pendurado no canto da boca.[5] Era famoso por se vestir mal. Hummel certa vez teve que salvá-lo de uma ala de caridade no hospital Bellevue; ele fora tido como indigente depois de ser atendido porque estava com um osso de galinha entalado na garganta.[6] Hummel e Peter raramente ficavam sozinhos no escritório. Peter empregava três artistas: uma colorista chamada Helen Schepens e um casal que fazia o letreiramento. Marston também ia lá com frequência, assim como seus filhos. Huntley levava O.A. ao estúdio; O.A. adorava assistir a Peter trabalhando. "Ele me colocava em um banquinho e dizia que, se eu fosse uma monstrinha educada, podia ficar assistindo a ele desenhar", O.A. disse. "Eu podia passar oito horas só sentada ali." Peter mal falava. "Ele era mais do estilo Thurber", Byrne Marston disse a respeito do desenhista. "Arguto, mas não de falar muito."[7]

De início, Hummel datilografava os roteiros de Marston. Logo, ela começou a escrever os próprios. Isso exigia um pouco de estudo. Para ajudar Hummel a entender a ideia por trás da Mulher-Maravilha, Byrne lhe deu um presente: um exemplar do livro de Margaret Sanger, *Woman and the New Race*. Byrne disse que era tudo de que ela precisaria.[8]

A vida em Cherry Orchard era mais agitada que o silêncio do Estúdio de Arte Marston. Marston adorava fazer festas em casa. Pete Marston, quando atingiu a idade para tirar carteira de motorista, acabou ficando com a tarefa de chofer dos bêbados que não conseguiam voltar para casa. Holloway nunca bebia. Ficava agarrada a um copo alto cheio de água e um pinguinho de uísque, fingindo que bebericava. Olive Byrne bebia até cair. Ela e Marston foram a uma reunião do Alcoólicos Anônimos certa vez, juntos. (O AA foi fundado em 1935.) Não se afiliaram.[9]

Sempre que tinha convidados, Marston levava o detector de mentiras. "Se você os visitasse em casa, uma das coisas que eles sempre faziam era você passar pelo detector de mentiras", lembrou Sheldon Mayer, "não porque não confiassem em você, mas porque queriam se divertir às suas custas." Na DC Comics, Mayer e Marston "brigavam que nem cão e gato", mas "se você fosse à casa dele", disse Mayer, "você era o convidado, e ele era o anfitrião mais agradável, mais notável, com aquele bando de crianças queridas, de várias esposas, todos morando juntos como uma família grande e feliz — todo mundo feliz, gente honesta, boníssima. E o que eu amava naquelas crianças é que elas adoravam me ver tocar piano, e eu tocava muito mal, mas elas não estavam nem aí porque não tinham ouvido para música."[10]

Mayer e a esposa mudaram-se para Rye. Ele passava bastante tempo em Cherry Orchard. Fazia desenhos para as crianças. Uma vez fez um *flipbook* para O.A. Cantava músicas obscenas para as crianças. Ao tom de "Sing a Song of Sixpence", ele cantava: "The king was in his counting house, counting out his money. The queen was in her parlor, eating bread and honey. The maid was in the kitchen, explaining to the groom: 'The vagina, not the rectum, is the entrance to the womb!" [O rei estava na casa de contagem, contando seu dinheiro. A rainha estava em sua sala de estar, comendo pão e mel. A criada estava na cozinha, explicando ao noivo: 'É pela vagina, não pelo reto, que se entra no útero!, em tradução livre.][11]

Gaines, apesar de todos os seus problemas com o *bondage* em Mulher-Maravilha, também se afeiçoara a Marston e à família inteira. Era um dos motivos pelos quais topava as cordas e correntes. Assim como Mayer, Gaines ficou perplexo com o acordo familiar dos Marston, mas era apaixonado pelas crianças. Quando O.A. teve apendicite, Gaines a visitou no hospital e levou para ela um macaco de pelúcia; ela o batizou de Charlie.[12]

Em Cherry Orchard, contando Marston, Holloway ("Keets"), Olive ("Dots"), Huntley ("Yaya") e as quatro crianças, havia oito moradores, sem contar os animais de estimação. "Agora temos seis gatos e um cachorro!", Marston relatou ao Byrne de 13 anos no verão de 1944, quando ele estava no acampamento de férias. "Dots quer se livrar dos novos bichanos antes de vocês voltarem para casa, mas pensei em deixá-los para você ver, por isso eles ficarão até chegar. Se conhecer crianças no acampamento que morem perto daqui e queiram bichanos, pode prometer-lhes um." E também: "A ninhada de Hedy Lamarr está bem grande", Marston escreveu a Byrne. "Não se vê Fuzzy há vários dias — Yaya acha que ele morreu. Molecat vai ter outra família."[13]

Hedy Lamarr, Fuzzy e Molecat eram coelhos. Eles tinham coelhos em Cherry Orchard há anos. "Hoje tivemos uma crise doméstica na família, que é da natureza de um comentário grave da minha parte, sua sobrinha", Olive Byrne informou uma vez a Margaret Sanger. "Há quatro semanas tínhamos dois coelhos, há três semanas, por intervenção divina, o número aumentou para oito. Papai coelho foi rapidamente retirado da cercania da mãe e desde então leva uma vida solitária.

Contudo, hoje nos foram apresentados mais dez — o pai aparentemente fez uma despedida afetuosa."[14]

Lamentando-se, Marston informou ao filho Byrne em 1944: "Tive que dar o descanso final ao coitado do Manquinho, o coelho paralítico"; ele assegurava que havia feito um serviço rápido. "Os outros coelhos estão prosperando", ele prosseguiu. "Hedy Lamarr saiu ontem e chegou ao jardim, mas Peter logo a pegou; é uma coelha muito mansa e ficou lambendo as parte doídas do Manquinho até os últimos momentos — uma ótima mãe." (Marston escreveu um roteiro completo sobre Mulher--Maravilha e um coelho, mas este nunca foi publicado.)[15]

Quando O.A., aos 11 anos, estava no Acampamento Po-Ne-Mah em Connecticut, Marston levou todos para visitá-la. "Donn e Pete foram (com as duas mamães e o pobre papai)", ela informou a Byrne, acrescentando que O.A. virara perita em pingue-pongue. Marston escrevia para Byrne a cada poucos dias e enviava caixas com quitutes — incluindo gibis. "A Mulher-Maravilha vai muito bem — foi vendida para vários jornais, incluindo um em Honolulu e um do Rio de Janeiro, Brasil.[16] Vou enviar mais gibis se você quiser e o acampamento autorizar. (Mas você não precisa ler MM se não quiser — diga que gibis quer.)" Pela primeira vez na vida, Marston escrevia material que seus filhos talvez quisessem ler de verdade. Ele adorava pedir a opinião deles. Realizava suas próprias pesquisas informais. "Alguma vez, quando você lembrar", ele pediu a Byrne, "escreva-me o que você e outros garotos preferem em nossas revistas em contraste com as revistas D-C (não *MM*, mas outras revistas D-C)."[17]

Marston tinha alta estima por sua vida não conformista, a vida familiar com "as duas mamães e o coitado do papai". Quanto mais as crianças cresciam, mais Marston queria contar a Donn e Byrne que não era apenas seu pai adotivo, mas seu pai biológico. Olive Byrne recusava-se. Em dado momento, ela ameaçou se matar se alguém lhes contasse.[18]

"Olive Richard vem me intimidando há anos", Marston explicou em matéria que escreveu para a *Family Circle* em 1943. "Decidi que algo tinha que ser feito sobre isso". Ele e "Olive Richard" trocaram de papéis. Quando "Olive Richard" vem à sua casa mais uma vez, ele a ameaça. Diz que ela é uma indolente.

"Vou lhe dizer umas coisas, Sr. Psicólogo!", ela responde. "Você acha mesmo que eu escrevo essas matérias só por passatempo? Tenho dois filhos — você já os analisou, disse que eles têm Q.I.s altos e que se adaptam maravilhosamente aos ambientes do colégio e da casa. Você acha que esta boa adaptação ocorreu por acaso? Ou acha que eu me esforcei para que fosse assim?"

"Você me deixa fascinado", diz Marston.

"Acha que eu estou mentindo, não é?"

O sentido real da matéria era dar a Marston uma chance de inundar Olive Byrne de ternura nas páginas da revista: "Esta jovem é uma mãe de fato notável. Odeio admitir publicamente, pois ela estará insuportável de convencida da próxima vez que me entrevistar. Mas o fato é que ela tem tudo que uma mãe precisa ter."[19]

Porém, se Marston tinha tudo que queria — uma casa repleta de crianças e bichos, o número exato de mulheres que queria, e uma campeã de vendas desembestada — ele também sentia fortemente o ferrão da censura. E queria algo a mais: queria aplausos acadêmicos. Queria que o mundo soubesse — queria que os catedráticos soubessem, queria que *Harvard* soubesse — que a Mulher-Maravilha era obra de um pesquisador. Então, sentou-se no seu escritório no segundo andar da casa de Rye e tentou explicar. Escreveu uma matéria com o título "Por que 100.000.000 de americanos leem quadrinhos". O texto foi publicado no início de 1944 na *American Scholar*, o diário da Sociedade Phi Beta Kappa.

"O avanço fenomenal de um vício nacional nas histórias em quadrinhos confunde pedagogos e deixa críticos literários sem fôlego", iniciava Marston. "Gibis, dizem eles, não são literatura — falta às tiras aventurescas a forma artística, a substância cerebral e o apelo emotivo a todas menos as mentes mais imbeciloides." Ele se perguntava, porém: "Será que 100.000.000 de americanos são débeis mentais?" Não, é claro que não. Leitores de quadrinhos não eram débeis mentais, tampouco eram seus roteiristas. Eles eram geniais! E os quadrinhos eram geniais também; eram a arte mais elevada: "A fantasia contada em imagens livra-se dos detritos obstaculares da arte e do artifício e toca os delicados pontos dos desejos e aspirações universais humanos, costumeiramente escondidos sob longo revestimento acumulado de desonestidade e dissimulação."[20]

A explicação não caiu bem entre acadêmicos literários. Ela enfureceu particularmente os neocríticos. Cleanth Brooks e Robert Heilman, que, à época, lecionavam ambos na Louisiana State University, opuseram-se à presunção de Marston em apresentar-se como acadêmico e a Mulher- -Maravilha como obra acadêmica. Opuseram-se também ao feminismo do psicólogo. Acima de tudo, opuseram-se ao argumento de Marston de que a popularidade de uma revista em quadrinhos, ou de qualquer coisa que fosse, seria medida da sua qualidade. Em resposta publicada na *American Scholar*, Brooks e Heilman fizeram uma sátira do texto de Marston. Eles davam a entender um elogio do casamento do acadêmico e do popular em Marston, da alta e da baixa cultura: "Aqui não se tem torre de marfim, aqui não se tem sótão intelectual, aqui está o toque do banal: aqui está o reino altivo da pesquisa acadêmica casada à realidade cotidiana." Eles diziam ter realizado um experimento de inspiração marstoniana nas suas salas de aula: "Nas nossas aulas, agora temos a ajuda de duas bonequinhas vestidas de 'Mulher-Maravilha'. Elas passam parte do tempo de pé, graciosamente equilibradas, dos dois lados da mesa do professor. Ao menos uma vez por hora fazemos pausa enquanto as duas beldades fazem um número de dança moderna, e você não tem ideia de como isso anima a aula. Nossas matrículas andam uma maravilha. Nosso seminário conjunto sobre misticismo védico cresceu de dois para 367 alunos. Quem ousa dizer que 367 universitários americanos estão errados?"

Eles acrescentam que, na aula sobre misticismo védico, "o clímax de cada hora acontece quando nossas duas queridinhas se alongam e dão tapas na nossa cabeça com charmosos martelos de madrepérola, e ao soar do sinal de encerramento, caímos mortos (não de verdade, é claro). Assim, o inimigo é vencido; quando nossas Mulheres-Maravilha colaboram, no seu fascínio e nos seus sermões altruístas, para uma demonstração convincente de poder. No geral, ajudamos a retirar os grilhões da SUPERIORIDADE MASCULINA, do PRECONCEITO e do MELINDRE da querida mulher." (O texto de Marston fora ilustrado por um desenho de Harry Peter em que a Mulher-Maravilha parte correntes que amarram suas mãos e seus pés. As correntes são legendadas com PRECONCEITO, MELINDRE e SUPERIORIDADE MASCULINA.) Os professores acabaram ganhando uma enorme fama: "Os estudantes daqui votaram em nós, quarenta contra um, em um concurso de popularidade no qual concorremos com um professor que vem usando atletas homens para dar exibições de ginástica durante as aulas." Um dos seus colegas, disseram eles, havia superado Marston ao criar "um novo gibi, o 'Superprof'".[21]

Na noite de 11 de agosto de 1944, uma sexta-feira, Olive Byrne pegou o trem de Rye para Nova York e foi passar a noite na cidade com Holloway e Marston. Foram jantar no Harvard Club. Depois do jantar, foram ao teatro. Assistiram *School for Brides* [Escola de noivas, em tradução livre], farsa sobre um homem casado com várias mulheres, no teatro Royale na rua 45. A peça era muito engraçada, lembrou Holloway. Ela se lembrava de tudo naquela noite: o jantar, a peça, e de berrar com Marston para ele não sair correndo pela rua 44. "Nossa última noite", como ela chamava.[22] Ela lembrava que ele havia corrido porque ele nunca mais correu.

Duas semanas depois, em 25 de agosto, Marston, carregando uma maleta e arrastando uma mala pesada, pegou o trem de Rye para Nova York e foi caminhando da estação até seu escritório na rua 43 com a Madison. Pouco antes das cinco horas, Joye Hummel foi caminhando com ele até a Grand Central para pegar o trem para Boston; ele tinha que ir até lá para resolver assuntos no banco. No trem, adiantou serviço com a Mulher-Maravilha: escreveu uma semana das tiras de jornal. Quando chegou a Boston, Marjorie Wilkes Huntley, que estava visitando Ethel Byrne em Cape Cod, aguardava-o na estação. Marston e Huntley arrastaram a bagagem dele até o apartamento de Carolyn Marston Keatley com bastante dificuldade; Marston estava trêmulo e sentia dores. Quando acordou, na manhã seguinte, sua perna esquerda estava "inexplicavelmente manca e instável". Ao fim do dia, ele estava internado no hospital Deaconess. Não movimentava mais a perna esquerda. Em 28 de agosto, foi levado de ambulância para o hospital Lenox Hill, em Nova York. Havia contraído poliomielite.[23]

Ele passou um mês no hospital e voltou a Cherry Orchard em 25 de setembro. Dentro das suas possibilidades, retomou o trabalho naquela noite. "Quando a dor começou, por volta da meia-noite, concentrei-me na revisão de uma tira da MM", ele escreveu no diário.[24]

De início, Marston usou aparelhos ortopédicos e muletas — aparelhos ortopédicos aparecem em uma história da Mulher-Maravilha

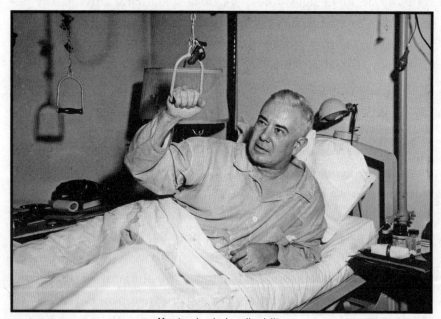

Marston depois da poliomielite

chamada "O caso da menina de aparelho" — mas logo foi confinado a uma cadeira de rodas. Holloway mandou instalar uma rampa na frente de casa e uma roldana nas escadas de dentro para que Marston pudesse ir do carro para casa e do primeiro para o segundo andar. Uma enfermeira, Annette Trainor, visitava-os quase todos os dias. As crianças chamavam-na de Misty (de "Miss T").[25]

Joye Hummel trabalhava para Marston há apenas cinco meses quando ele teve o mal súbito. Ela não tinha como viajar a Nova York para supervisionar a produção de *Mulher-Maravilha*. Hummel trabalhava a semana inteira no Estúdio de Arte Marston com Peter. Nos fins de semana, pegava o trem até Rye para encontrar com o psicólogo em casa. Ela não tinha ideia do acordo de família. Foi-lhe dito que Olive Byrne era uma viúva, cunhada de Marston.

A tira diária nos jornais foi cancelada em 1945. É possível que não tenha sido vendida a muitos jornais; o mais provável é que Marston não tinha mais como produzi-la com velocidade.

Quanto mais fraco Marston ficava, mais Hummel cuidava do texto.[26] "As donzelas aladas de Vênus", primeira história escrita por Hummel, saiu em *Mulher-Maravilha* nº 12, cuja capa dava a data de primavera de 1945. Ela recebia cinquenta dólares por roteiro. Marston também continuou a escrever roteiros. Juntos, ele e Hummel debatiam ideias de trama. "Ele escrevia os roteiros dele", Hummel disse mais tarde. "E eu escrevia os meus. Eu datilografava todos os que eram meus. E então levava para o editor Sheldon Mayer. Ele sempre aprovava os meus mais rápido, porque eu não os fazia tão sensuais."[27]

As histórias de Hummel eram mais inocentes que as de Marston. Ela também começou a escrever *Mulher-Maravilha* bem no momento em que a censura dos bispos católicos, as cartas das fetichistas e a demissão de Josette Frank levaram Gaines a solicitar maior fiscalização do conselho consultivo, incluindo Lauretta Bender. "Tínhamos um grupo de pessoas que eram psicólogos e professores, o que fosse, que supervisionavam o que eu escrevia", Hummel diz. "Eram dez restrições. Coisas que não podíamos colocar em um roteiro de quadrinhos. E, no fim, Mayer dizia: Agora, desafio você a escrever uma boa história."[28]

Marston tinha outro motivo para se preocupar. O ataque mais orquestrado à Mulher-Maravilha aconteceu logo após o Dia da Vitória na Europa. Walter J. Ong, padre jesuíta que escrevera sua tese de mestrado sob orientação de Marshall McLuhan e que estava no princípio do que viria a ser uma longa carreira de teórico literário, havia lido o texto de Marston na *American Scholar* e considerado-o tolo e desprezível. Escreveu uma resposta chamada "Quadrinhos e o superestado". Enviou o manuscrito à *Atlantic Monthly*, à *Harper's*, à *Commonweal*, à *Yale Review* e à *Kenyon Review*. Todas as revistas disseram não.[29] Por fim, Ong plantou seu artigo na edição inaugural de uma nova revista científica chamada *Arizona Quarterly*. Ela saiu na primavera de 1945.

"Nas 25.000.000 de revistas em quadrinhos produzidas mensalmente neste país, cada uma feita para ser lida por uma média de quatro ou cinco indivíduos, e nas 6.000.000.000 de tiras que saem mensalmente nos jornais estadunidenses, está em obra uma massa convoluta de forças psicológicas", escreveu Ong. "O que são todas estas forças, ninguém sabe. Muitos nem se importam." Ong, porém, importava-se, como padre, como teórico literário e como cidadão de uma democracia. Ele acreditava que os gibis do Superman e da Mulher-Maravilha, especificamente, tinham muito em comum com as afinidades culturais do Terceiro Reich, sem falar no helenismo, no paganismo e no totalitarismo.

"O próprio título 'super-homem' — assim como seu formato prévio, inexitoso, *'overman'* — é uma importação que foi trazida ao inglês por George Bernard Shaw a partir de Nietzsche, arauto do nazismo e da nova ordem", escreveu Ong. A Mulher-Maravilha levou a pior: "As histórias da companheira feminina recentemente surgida são, em certo sentido, mais sintomáticas que as do próprio Superman." Ele atribuía a culpa a Marston: "Sua concepção premeditada na mente de um professor de psicologia norte-americano como história em quadrinhos ideal demonstra a fertilidade da ideologia do super-homem fora da Alemanha." Ong achava que a explicação de Marston, de que a Mulher--Maravilha era um remédio para tudo que afligia as revistas em quadrinhos, não tinha nada de convincente. "De fato, embora ele diga que ela é projetada para neutralizar a 'masculinidade de gelar o sangue' nos outros quadrinhos e para introduzir o 'amor' na seara dos gibis, a Mulher-Maravilha é alcunhada pelo seu entusiasmado criador como amazona, enquanto o âmbito das suas atividades exclui a vida que a maioria das mulheres normais poderia desejar." O problema maior de Ong com a Mulher-Maravilha, entretanto, estava em ela ser masculina demais: "Ela é incapaz de sustentar padrões femininos diante da demanda de nivelamento total na ideologia estatal monolítica. Ela, portanto, existe totalmente conforme os padrões masculinos, provendo a partir da sua feminilidade apenas a luxúria que a manada masculina demanda. Isso, obviamente, não é o sexo saudável que visa o casamento e a vida em família, mas um sexo antissocial, o sexo mais sedutor possível, enquanto seu termo normal no casamento é impedido pelas regras básicas já de saída."

Ong lera os quadrinhos da Mulher-Maravilhosa minuciosamente. E lera a obra tanto dos críticos quanto dos defensores da personagem. Ele citava os comentários que se faziam sobre "mulheres acorrentadas", de Josette Frank, em relatório que ela escreveu para a Associação Norte--Americana de Estudos da Criança. Repetia a argumentação de Lauretta Bender, de que revistas em quadrinhos seriam o folclore contemporâneo, e considerou-a ridícula: "Diga apenas que quadrinhos são contos populares que somem com todas as apreensões. Os músculos tensos da mente relaxam." Quem acreditava nisso só podia ser ingênuo, afirmava Ong: pense em como as obras de Wagner foram "roubadas para virar acessórios da civilização oficial do Terceiro Reich", ele sugeria, e fica evidente que "a defesa dos quadrinhos, que adotam como critério de valor último o entusiasmo indiscriminado pelos gostos e desgostos da massa, segue a mesma tradição." Sem dúvida, 100.000.000 de norte-americanos liam gibis, mas não era por isso que quadrinhos seriam automaticamente geniais, ou mesmo folclóricos. Não: eles eram propaganda fascista.[30]

Harry Behn, editor da *Arizona Quarterly*, decidira publicar o texto exaltado de Ong na sua edição de estreia porque imaginou que chamaria atenção da imprensa. "Seu artigo sobre gibis promete ser a maior granada que já soltamos!", Behn escreveu a Ong, informando-o que estava cavando um comentário positivo na *Time* e uma republicação na *Reader's Digest*. A *Time* publicou uma versão condensada com o título "Quadrinhos são fascistas?". Ong recebeu parabenizações de intelectuais católicos em todo o país. "Ri muito quando li que Moulton [sic] é bacharel em artes, bacharel em direito, doutor, e que ele recorreu a meios tão baixos e desprezíveis para convencer o público insuspeito." Aldo Notarianni escreveu da Catholic University: "Mesmo que prossigam as publicações de Superman e imitadores, agora se afirmou em definitivo que a mente católica não foi embalada a aceitar o que, na realidade, é um afronta ao homem."[31]

Quando o texto de Ong saiu de fato, já estava praticamente obsoleto. A Mulher-Maravilha havia perdido força. Com a guerra acabada, e Marston confinado à cama, muitas histórias da personagem estavam sendo escritas por Joye Hummel, e as escritas por Marston haviam amansado.[32] Ele começara a usar as crianças nos roteiros. Em um deles, escrito em 1946, quando Donn tinha 13 anos, um garoto chamado Don, de 13 anos, briga com sua natureza impulsiva em "A batalha dos desejos", na *Comic Cavalcade* no 16. Donn Marston tinha um gênio notoriamente esquentado e era inconsequente. Ele e o irmão Byrne fizeram bombinhas caseiras e, por causa disso, quase foram parar na prisão — a polícia bateu na casa em Rye.[33] Em "A batalha dos desejos", Don, que não sabe controlar sua raiva, está sempre se metendo em encrenca. Nos últimos tempos, vem explodindo coisas. "Seu desejo de dominação é muito forte", a Mulher-Maravilha lhe diz. "Ele controla suas boas ações. Vou mostrar o que está acontecendo na sua mente: uma batalha dos desejos." Então, ela o conecta a uma Máquina de Introspecção. A

Don, com o triunfo das suas boas ações, conta tudo ao seu pai.
"Eu aceito meu castigo, pai."
"Não, filho! Eu lhe dei um castigo muito severo. Mas quero que você ajude aqueles operários todo sábado — assim sua *dominância* será útil!"

De "A batalha dos desejos", *Comic Cavalcade* nº 16 (agosto-setembro de 1946)

máquina mostra que há uma batalha acontecendo dentro da sua mente, entre um homem das cavernas grande e feio chamado Dominação e uma bela anja alada chamada Amor. Dominação captura Amor e puxa uma tesoura. "Oh, não arranque minhas asas!", ela implora. Ele se recusa: "Não confio em você, Amor. Suas asas vão ser cortadas!" (Esta cena saiu diretamente do *Angel Island*, de Inez Haynes Gillmore.) A Mulher-Maravilha corre ao resgate, mas Don aprendeu a lição. "Obrigado, Mulher-Maravilha, por me ensinar a controlar a minha dominação."[34]

Em outra história que Marston escreveu em 1946, quando Olive Ann Marston e suas trancinhas tinham 12 anos, a Mulher-Maravilha conhece uma menina de trancinhas da mesma idade, que também se chama Olive e que está sendo atormentada pelos irmãos mais velhos. A página de abertura diz: "Pobre Olive! Os meninos não a deixam brincar junto com eles. Disseram que ela é muito menininha — uma mariquinhas. Mas depois que a Mulher-Maravilha levou Olive à Ilha Paraíso e fez ela passar pelo treinamento de amazona, ela demonstrou poder e coragem que surpreenderam seus ex-algozes e até salvaram um deles de uma morte terrível! Os meninos tiveram que admitir: as meninas não são pouca coisa, não!" Na trama, Olive está jogando beisebol com os irmãos mas não para de fazer *strikeouts*. A Mulher-Maravilha lhe diz: "Você pode ser tão forte quanto qualquer menino se der duro e fizer treinamento atlético, assim como fazem os garotos."[35]

"Não dê bola, Olive. Na próxima você vai se sair melhor."
"Eu sou tão boa quanto aqueles meninos malvadões!"

De "Armadilha pantanosa", *Sensation Comics* nº 58 (outubro de 1946)

Na época em que as histórias de Marston sobre Olive Ann e Donn foram impressas, Marston estava morrendo e não sabia. Ele havia feito uma cirurgia, em casa, para retirada de uma verruga que se revelara maligna. Nunca lhe disseram que ele tinha câncer. "A família fez todos jurarem sigilo", disse Hummel. "Se ele soubesse, entraria em depressão profunda." Havia também certa preocupação de que ele ficasse violento e de tratamento mais difícil; o temperamento de Marston dava medo. Ele tinha dor quase constante.[36]

O câncer fez metástases nos linfonodos das suas axilas. Utilizaram morfina. Dois dias antes de morrer, ele estava trabalhando na Mulher-Maravilha.[37] "Na noite antes de falecer, ele não conseguia falar direito", Byrne Marston escreveu depois. "Fui vê-lo, ele agarrou a minha mão e sorriu. Apertou minha mão bem fraquinho."[38] Marston faleceu em 2 de maio de 1947.

O.A. estava se vestindo para o colégio quando Joye Hummel foi até o seu quarto no terceiro andar e contou que o pai havia morrido.

Olive Byrne avisou aos filhos. "Não sabia como íamos sobreviver", pensou Byrne Marston. Suas mães enviaram-no a Nova York para entregar o obituário de Marston ao *New York Times*.[39]

"Dr. W.M. Marston, psicólogo, 53", dizia a chamada. "Estava muito ativo nos últimos cinco anos como criador, roteirista e produtor de 'Mulher-Maravilha'", dizia o obituário, mas que sobretudo identificava Marston como "criador, em 1915, do exame de falsidade por meio da pressão arterial sistólica, popularmente conhecido como detector de mentiras". Incluía uma mentira sobre o caso Frye, na versão que Marston contava para si, a versão que ele queria acreditar: "O Dr. Marston, em uma ocasião, ajudou a salvar a vida de um negro acusado de homicídio." Listava a família: "Ele deixa uma esposa: Sra. Elizabeth Holloway Marston; três filhos: Moulton, Byrne H. e Donn R. Marston, e uma filha: a Srta. Olive Marston." Não havia menção a Olive Byrne.[40]

Descanse em paz, Superprof.

A família em 1946. Da esquerda para a direita, Huntley, Byrne, O.A., Pete, Marston, Olive Byrne, Donn e Holloway

A AMEAÇA DOS GIBIS

EM JANEIRO DE 1948, sete meses depois da morte de Marston, Holloway enviou uma carta de três páginas a Jack Liebowitz, diretor da DC. "Contrate-me", ela lhe dizia.[1]

Liebowitz estava em um beco sem saída. A Mulher-Maravilha ficara órfã. Marston falecera em maio de 1947. Em agosto, Charlie Gaines morrera em um acidente de barco enquanto tirava férias em Lake Placid. No mesmo mês, Joye Hummel casou-se com um viúvo que vinha acompanhado de uma filha de quatro anos; Hummel adorava a menina. "Estou pedindo demissão", ela disse a Sheldon Mayer quando voltou da lua de mel. "Não posso abandonar esta criança."[2] Mayer também estava louco para cair fora, mas sentia-se responsável pela família de Marston. "Herdei os filhos dele, herdei mesmo", ele disse mais tarde. "De repente, tornei-me parte da família, porque, bom, por vários motivos, mas principalmente porque, embora eu não aprovasse a abordagem que ele tinha da Mulher-Maravilha, virou minha função substituí-lo nos roteiros, encontrar outra pessoa. E eu era o único que entendia de fato o que ele queria."[3]

Porém, como Holloway tentou ressaltar a Liebowitz em janeiro de 1948, Mayer, na verdade, não era a única pessoa que sabia o que

Marston queria.[4] "Lembre-se de que conheço Bill desde os 12 anos", Holloway rememorou Liebowitz. "Sugeri o experimento original do detector de mentiras e cooperei com ele em funções laboratoriais em Harvard. Minha formação é a mesma dele — bacharel, Mt. Holyoke; bacharel em direito, Boston University e mestrado em Radcliffe. A diferença principal é que insisti que ele finalizasse os trabalhos de doutorado, os quais não fiz por indolência. Lembre-se também de que fui editora a vida inteira e auxiliei materialmente na produção mecânica dos livros de Bill."

Desde a morte do marido, Holloway lhe dizia, ela vinha estudando a Mulher-Maravilha do ponto de vista editorial e comercial, empreendendo "uma revisão cuidadosa do nosso avanço desde 1º de junho". E não estava gostando do que via. Os quadrinhos da Mulher-Maravilha que saíram nos meses após a morte de Marston foram produzidos a partir de ideias de trama e roteiros mal-acabados que Marston e Hummel haviam deixado. Em tempos recentes, a maioria deles tem sido creditada a Robert Kanigher — porque, décadas depois, ele mesmo assumiu o crédito. No entanto, o relatório de Holloway deixa evidente que não foi Kanigher, mas uma miscelânea de autores — que ela considerava ruins — que havia aproveitado a matéria-prima de Marston e Hummel para fechar os roteiros. "Sinceramente, os resultados demonstram incompetência tão grosseira quanto tem sido meu incômodo de ficar de fora, apenas observando", Holloway disse a Liebowitz. As histórias da Mulher-Maravilha haviam ficado mais curtas e o custo de produção da página impressa ficara mais alto. O cronograma de produção era caótico, "quatro episódios em atraso com oito páginas de roteiro em prontidão questionável para os desenhistas".

Havia mais motivo para se preocupar. "No momento também temos que reconhecer a concorrência da Moon Girl", Holloway alertou a Liebowitz. "Ela é roteirizada por um escritor profissional muito inteligente e instruído, em partilha, cuja esposa, pelo menos por curto período, foi editora da Mulher-Maravilha."[5] Dorothy Roubicek casara-se

"Nenhuma arma pode me ferir enquanto eu usar a pedra lunar!"
"-Gulp-"
"Ela não é humana!"

De Dorothy Roubicek Woolfolk e Bill Woolfolk, *Moon Girl* nº 3 (primavera de 1948)

com um escritor de quadrinhos chamado William Woolfolk em 1947; ela largou a DC Comics quando estava grávida de três meses.[6] *Moon Girl* [Menina Lua, em tradução livre] estreou no outono de 1947, publicada pela EC Comics de Charlie Gaines (depois da morte de Gaines, a EC passou a ser gerenciada por seu filho, William). Nem Woolfolk, nem Roubicek aparecem no expediente da revista, mas *Moon Girl* era criação de ambos. "Como equipe, eles estão preparados para lançar um produto de qualidade e forte concorrente da Mulher-Maravilha", Holloway disse a Liebowitz. "O que eles não têm é a psicologia de vida de Marston, injetada em cada página da MM."[7] Moon Girl, independentemente de tudo mais, é notável pelas similaridades com a Mulher-Maravilha. Com cabelos negros e compridos e shorts azuis justos, ela é "uma mulher de força sensacional, velocidade sobre-humana e persistência e amabilidade insuperáveis". Ela é a princesa da lua, enviada aos

Estados Unidos por sua mãe, a rainha, para unir-se ao homem que ama. Ela tem um "foguete lunar" e uma "pedra lunar" que faz com que repila balas e lhe dá "poderes de dez homens comuns". Ela se parece com a Mulher-Maravilha e também soa como ela; está sempre dizendo coisas como "Plutão, me socorra!" e "Que Júpiter nos proteja!". Seu alter ego, Clare Lune, é professora de história. Na segunda edição, publicada no inverno de 1947, "O homem do futuro", um marido assediado, submisso, que vive 3 mil anos no futuro, vai à biblioteca assistir a filmes feitos no século XX e lá se apaixona pela Moon Girl. Ele viaja no tempo para conhecê-la; quer se casar com ela. Ela o espanca, mas ele a captura depois que dá um jeito de roubar a pedra lunar da heroína. Depois, quando ele está fugindo com ela, sua esposa chata aparece, tendo o seguido pelo fluxo temporal para trazê-lo de volta para casa, usando seu "pacificador de marido".[8]

Holloway era ardorosa em defender que Liebowitz a contratasse como editora da Mulher-Maravilha. "Jack, eu *sei* que consigo escritores", ela prometeu. "*Sei* que consigo boas tramas e que consigo produzir uma Mulher-Maravilha de alta qualidade com todas as características que Bill lhe deu, *se eu tiver 100% do seu apoio*." A única maneira de salvar a Mulher-Maravilha, ela insistia, era mantê-la dentro da família. "Jack, se a família Marston não trabalhar com a Mulher-Maravilha", ela disse a Liebowitz, "eu dou dois anos — um para aproveitar o material de Bill, um para ela se esgotar."[9]

Contudo, Liebowitz não deu cem por cento de apoio a Holloway; não lhe deu apoio algum, na verdade. Em vez disso, ele contratou Kanigher, um manifesto não só contra as objeções de Holloway, mas também contra as de Mayer. Mayer nunca gostara das histórias de Kanigher com a Mulher-Maravilha. Da primeira vez que Kanigher entregou um roteiro da heroína a Mayer, o próprio Kanigher conta que "Eu trouxe, ele jogou no chão e ficou pulando em cima. Eu peguei do chão, fui para casa e voltei com outra história. Ele fez de novo: jogou no chão e pulou em cima. Da terceira vez, entrei e ele fez tudo de novo. Aí falei: 'Vai se foder.'" Mas, naquela noite, segundo Kanigher, Mayer ligou e disse que Liebowitz queria uma reunião. "Eu disse: 'Pra quê?' Ele respondeu: para assumir a Mulher-Maravilha." Kanigher foi à reunião. Liebowitz lhe ofereceu o cargo duplo de roteirista *e* editor, com controle total sobre a heroína. Quando Holloway se manifestou, Whitney Ellsworth, diretor editorial da DC, disse a Kanigher: "Vá dar uma acalmada nessa mulher."[10]

Depois daquilo, Holloway foi absolutamente cerceada de todas as decisões editoriais. Resoluta em dar continuidade à visão de Marston, ela enviou a Kanigher um longo documento com o título "Informações para as histórias da *Mulher-Maravilha*". Nele, explicavam-se as origens da Mulher-Maravilha, sua motivação, suas frases prediletas e cada um dos seus truques e apetrechos especiais. ("O avião de MM é invisível. Não é um avião robô.") Lista-se cada um dos personagens coadjuvantes, incluindo vilões e suas histórias. ("Paula tem laboratórios secretos em Washington; na Holliday College, perto de Washington, sob a termelétrica.") Explica a estrutura das histórias: a Mulher-Maravilha tem que aparecer na página 2 ou 3, a ameaça na página 4. Incluía uma lista de interjeições:

FEMININAS (PREFERENCIAIS)	MASCULINAS (EVITAR)
Minerva Misericordiosa	Pelas Barbas de Posseidon
Grande Hera	Pelo Trovão de Zeus
Safo Sofredora	Pelo Martelo de Vulcano
Escudo de Atena	Pelo Fantasma de César
Sábia Atena	Martelos de Hefesto (minha predileta)
Afrodite me socorra etc.	Carruagem de Fáeton

"Bill usava sobretudo interjeições femininas", Holloway instruía a Kanigher. "É um detalhe que ajuda a construir a atmosfera 'mulher'."[11]

"Você, filha, tem que se tornar a líder das mulheres", diz o Duque da Farsa a Lya em uma história da Mulher-Maravilha escrita por Kanigher em 1948. "Você deve convencê-las de que não querem direitos políticos e que tudo que eu ditar, elas devem votar." Lya sorri. "Vai ser fácil!"[12]

Kanigher arquivou e esqueceu as instruções de Holloway. E foi fazer o que bem entendesse com a Mulher-Maravilha.

Mayer pediu demissão. Holloway estava praticamente proibida de entrar na DC. Segundo um dos seus netos: "Os caras da DC se escondiam embaixo da mesa quando ela aparecia."[13] A Mulher-Maravilha saíra das mãos da família.

Holloway enviou a lista de instruções a Kanigher em fevereiro de 1948. Em março, em *Winters contra Nova York*, a Suprema Corte dos Estados Unidos declarou contra uma seção do Código Penal do Estado de Nova York que proibia material impresso que pudesse glamorizar crimes. O tribunal considerou que os termos utilizados no código, como "indecente" e "revoltante", não tinham "significado técnico nem jurisprudencial". Críticos dos quadrinhos acreditavam que a decisão fazia uma distinção enganosa entre obscenidade (que então não era protegida pela Primeira Emenda) e violência (que era). Para se manifestar contra a decisão, um psiquiatra chamado Fredric Wertham organizou um simpósio chamado "A psicopatologia das histórias em quadrinhos". Um dos palestrantes, Gershon Legman, da Associação para o Progresso da Psicoterapia, disse que *Winters contra Nova York* significava que mulheres nuas não podiam ser torturadas nas páginas de uma revista em quadrinhos, mas "se fossem torturadas até a morte devidamente vestidas, seria perfeitamente aceitável para o público infantil". Ele atacava tanto Marston, por ter criado, na Mulher-Maravilha, uma personagem que "lincha suas vítimas", e Lauretta Bender, por fornecer "a justificativa psiquiátrica padrão para estas revistinhas".[14]

Em maio, os quadrinhos foram incriminados em texto escrito por Wertham para o *Saturday Review of Literature*. Trabalhando com crianças no Queens e no Harlem, Wertham começara a ficar preocupado com o efeito de personagens de quadrinhos como a Mulher-Maravilha sobre garotinhas. Ele contava a história de uma menina de 4 anos que morava em um edifício onde todas as outras crianças eram meninos;

Fredric Wertham inspecionando quadrinhos

eles haviam tirado de uma revista em quadrinhos a ideia de que seria divertido machucá-la: "Os meninos do prédio, que tinham entre 3 e 9 anos, batiam nela, espancavam-na com armas, amarravam-na com cordas sempre que possível. Batiam nela com chicotes, que compravam no circo. Empurravam-na da sua bicicleta e roubavam os seus brinquedos. Prendiam-na com as algemas que compraram com cupons que vêm nas revistas em quadrinhos. Levaram-na a um terreno baldio e usaram-na como alvo de arco e flecha. Fizeram uma lança para assustá-la. Em uma ocasião, cercando-a, puxaram sua calcinha para torturá-la (como eles mesmos disseram). Agora a mãe amarra a calcinha da menina com um laço em torno do pescoço para que os meninos não a puxem."[15]

Wertham, nascido em Nuremberg em 1895, recebeu seu diploma de medicina na Alemanha em 1921; no ano seguinte, imigrou para os Estados Unidos. Era um liberal, apoiador ardoroso particularmente da igualdade racial, e defensor do controle das armas de fogo. Nos anos

1930, havia trabalhado lado a lado com Clarence Darrow; em casos que envolviam crimes, Wertham muitas vezes depôs em prol de negros indigentes. Em 1930, Margaret Sanger abriu uma clínica de controle de natalidade no Harlem com apoio de W.E.B. DuBois. ("Quem confina as mulheres à criação dos filhos é um bárbaro reacionário", disse DuBois.)[16] Dois anos depois, Wertham começou a abrir clínicas de saúde mental nas proximidades. Começou a trabalhar no hospital Bellevue em 1934. Entre 1936 e 1940, o marido de Lauretta Bender, Paul Schilder, diretor da Clínica de Higiene Mental de Bellevue, foi chefe de Wertham. Em 1938, Wertham defendia no *Journal of Criminal Law and Criminology* de John Henry Wigmore que a psiquiatria tinha muito a contribuir com o direito, pois psiquiatras podiam entender as forças que contaminavam as mentes infantis e transformavam-nas em criminosas. Com isso, ele queria dizer, em parte, que psiquiatras podiam decidir que tipo de leituras podia proibir entre as crianças. No ano em que Schilder faleceu, 1940, Wertham deixou o hospital Bellevue para virar diretor de serviços psiquiátricos do hospital do Queens, onde iniciou o que viria a ser chamado de Clube Hookey, um grupo de terapia para crianças delinquentes. Em 1946, ele fundou a Clínica Lafargue, no Harlem.[17]

O racismo, a exploração sexual de mulheres e a exaltação das armas de fogo nos quadrinhos incomodavam Wertham mais do que qualquer outra coisa, embora ele também fosse obcecado com o que considerava a promoção que os quadrinhos faziam de formas de "perversão" sexual, incluindo a homossexualidade. Um pouco de suas reservas com relação aos quadrinhos, porém, tinha a ver com Lauretta Bender, que era a rival profissional de Wertham e sua *bête noire*. Quando ele chamava os conselheiros da indústria de quadrinhos de "psicodivas", queria referir-se especificamente a Bender: "O fato de psiquiatras infantis endossarem gibis não prova que estas revistas estejam em estado salutar", ele disse. "Prova apenas o estado insalutar da psiquiatria infantil." Mesmo as crianças perturbadas do Clube Hookey tinham como ver que quem participava do conselho consultivo de uma editora de quadrinhos era indigno de confiança. "Você falaria mal dessas revistinhas se elas lhe dessem um cheque de mil dólares?", segundo ele, fora o comentário de um garoto de 14 anos. "Eles dão dinheiro a essa gente por baixo dos panos para que elas escrevam: 'Aprovado pelo Dr. Fulano de Tal: Leitura de qualidade para crianças.'"[18]

Ao fim dos anos 1940, dezenas de cidades e estados haviam promulgado leis que proibiam ou restringiam a venda de revistas em quadrinhos. Em 1950, o Congresso organizou um conjunto de audiências sobre a delinquência juvenil, dirigidas por Estes Kefauver. O herói nos quadrinhos é quase sempre "um homem branco atlético, puro e norte-americano", Wertham ressaltou, enquanto que "os vilões, por outro lado, são de origem estrangeira, judeus, orientais, eslavos, italianos, de raças de pele escura".[19] Pouca gente interessada em acabar com a indústria de quadrinhos ficava tão perturbada com o racismo das revistas quanto Wertham. O interesse de Kefauver, por sua vez, era a relação entre os quadrinhos e a delinquência juvenil. "É da minha crença que os quadrinhos não aguçam as crianças para a atividade criminosa", Lauretta Bender escreveu a Kefauver antes do início das audiências. "Encontrei uma relação entre quadrinhos e delinquência nas crianças, mas esta relação é positiva, pois os quadrinhos podem ser e são usados por crianças como meio de aliviar conflitos, tumultos, frustrações, ansiedades e também podem provar-se liberação extra de agressividade. Desta forma, o uso que as crianças fazem dos quadrinhos pode ser comparado ao uso que os adultos fazem da literatura de todas as formas, da arte, da música, do teatro, do cinema etc., no sentido em que estes nos ajudam a melhor entender a vida, os problemas dos outros, as concepções sociais e fazem toda a gente se unir na compreensão mútua."[20]

Wertham tentara tirar o crédito de Bender ressaltando, durante o seu depoimento, que "os peritos em quadrinhos que se tornaram mais conhecidos do público admitiram ao Comitê de Criminalidade do Senado dos Estados Unidos que foram empregados pela indústria criminosa das revistas em quadrinhos".[21] No relatório final, Kefauver foi incapaz de demonstrar que quadrinhos levavam crianças a cometer atos de violência. Wertham ficou furioso, chamando a conclusão de Kefauver de "maior publicidade que a indústria das revistas criminosas em quadrinhos já obtiveram".[22] Bender ficou satisfeita, tendo correspondido-se com Whitney Ellsworth, na DC Comics, para lhe dizer que achava que as audiências de Kefauver não haviam provado, em termos da correlação entre histórias em quadrinhos e delinquência juvenil, nada além de que "evidentemente, não há prova de que esta influência seja negativa".[23]

Wertham percebeu que a única maneira que tinha de triunfar nesta luta contra a indústria dos quadrinhos era desabonar Bender. Ele compilou uma lista à qual deu o título "Peritos pagos pela indústria dos quadrinhos posam de pesquisadores independentes". A primeira na lista, como lacaia nº 1 da indústria de quadrinhos, era Bender. "Na folha de pagamento dos quadrinhos criminosos desde 1941", escreveu Wertham. "Em privado, gabou-se de criar os três filhos com dinheiro dos quadrinhos criminosos."[24]

"O Dr. Wertham está à solta mais uma vez", uma amiga escreveu a Bender em outubro de 1953. "Ele escreveu um livro."[25] O novo livro de Wertham, *Seduction of the Innocent* [A sedução do inocente, em tradução livre], foi publicado na primavera de 1954. Em 1951, Wertham depora em nome da Associação Nacional pelo Progresso das Pessoas de Cor, em um caso de dessegregação escolar no estado de Delaware. Em estudo que realizara na clínica Lafargue, Wertham descobriu que a segregação escolar era psicologicamente danosa. (A obra de Wertham, assim como seu depoimento em prol da ANPPC, foi citado, em 1954, em *Brown contra o Conselho de Educação*.)[26] Ele voltou a este argumento na sua invectiva contra os quadrinhos. Relatava, a partir das suas anotações, as histórias de crianças com as quais havia trabalhado na sua clínica no Harlem, citando, por exemplo, uma menina negra de 12 anos que lia sete ou oito revistas em quadrinhos por dia, incluindo *Mulher-Maravilha*. Ela dizia:

Acho que eles não fazem gente de cor direito. Do jeito que eles fazem eu nunca vi — o cabelo e o nariz grande e o inglês que elas falam. Eles nunca falam inglês como nós. Eles fazem tão escura — sério, eu nunca vi gente assim. Criança branca deve achar que toda pessoa de cor é assim, e não é.

Wertham dava atenção especial aos três super-heróis mais famosos. "Este grupo Superman-Batman-Mulher-Maravilha é uma formação muito especial dos quadrinhos criminosos", ele explicava. Um dos argumentos-chave era que os quadrinhos promoviam a homossexualidade. Batman e Robin moravam juntos ("é o sonho realizado de dois homossexuais"); eles se amam. "Às vezes, Batman vai parar na cama, ferido, e o jovem Robin é visto sentado ao seu lado." Até a casa deles é gay: "Eles moram em aposentos suntuosos, com belas flores em grandes vasos." Eles compartilham a mobília: "Às vezes, são mostrados em um sofá, Bruce reclinado e Dick sentado ao seu lado, sem o casaco, de gola aberta, e sua mão sobre o braço do amigo." O problema não era Bruce e Dick serem amantes; era que eles faziam os meninos virarem gays. "Esse tipo de história do Batman pode estimular crianças a terem fantasias homossexuais", Wertham alertava.[27] A princesa amazona, por sua vez, conseguia ser pior. "A contraparte lésbica do Batman encontra-se nas histórias da Mulher-Maravilha", Wertham afirmava, aproveitando a oportunidade para atacar Bender: "A *Psychiatric Quarterly* lamentou em editorial que 'a participação de uma terapeuta infantil renomada como suposta defensora de uma série [...] que retrata a aversão extremamente sádica de todos os homens em estrutura evidentemente lésbica."[28]

Wertham contava a história de Edith, 14 anos e delinquente juvenil. "O ideal dela é a Mulher-Maravilha", ele explicava. "Não há dúvida de que esta menina vivia em circunstâncias sociais difíceis. Mas ela foi impedida de triunfar sobre estas devido à corrupção específica do seu desenvolvimento de caráter pela sedução dos quadrinhos. A mulher nela sucumbiu à Mulher-Maravilha." Para Wertham, a heroína era possivelmente a pior de todas as personagens de revistas em quadrinhos. Ela podia ser corrupta; suas revistas eram racistas; ela era "a versão lésbica do Batman", e as meninas da Holliday College eram "gays". Lauretta Bender havia escrito que os quadrinhos da Mulher-Maravilha retratavam "um conceito acentuadamente avançado de feminilidade e masculinidade" e que "as mulheres nestas histórias são postas em pé de igualdade com homens e gozam das mesmas variedades de funções". Wertham achava o feminismo na Mulher-Maravilha repulsivo. "Quanto à 'feminilidade avançada', quais são as funções nos quadrinhos que as mulheres têm 'em pé de igualdade com homens'? Elas não trabalham. Não são donas de casa. Não criam a família. O amor materno está totalmente ausente... Mesmo quando a Mulher-Maravilha adota uma menina veem-se conotações lésbicas."[29]

Seduction of the Innocent foi publicado em 19 de abril de 1954. Dois dias depois, o Subcomitê do Senado sobre Delinquência Juvenil, encabeçado por Kefauver, convocou audiências em Nova York.[30] William Gaines depôs no primeiro dia das audiências. Após a morte do pai, Gaines havia lançado uma linha de quadrinhos de terror, que incluía *The Vault of Horror* [A câmara do terror, em tradução livre] e *Tales of Terror* [Contos de horror, em tradução livre]. Em 1952, ele começara a publicar a revista *Mad*. "Do que temos medo?", Gaines questionou durante as audiências. "Temos medo dos nossos filhos?" No segundo dia das audiências, Wertham depôs e disse exatamente do que ele tinha medo, voltando a cada um dos argumentos que levantara em *Seduction of the Innocent*. "Comparado à indústria dos quadrinhos, Hitler era principiante", disse. Bender depôs no dia seguinte. Assim como William Gaines, Bender, que sempre subestimava Wertham, teve dificuldade em levar a sério as críticas que ele fazia aos quadrinhos. Ela disse que achava os quadrinhos de terror "indizivelmente bobos". Tentou, sem sucesso, voltar a atenção do comitê para o cinema e a televisão em vez dos quadrinhos, ressaltando que ela ouvira crianças na sua clínica que entraram em pânico assistindo a filmes de Walt Disney. Se havia algo de danoso para as meninas na cultura popular norte-americana, para Bender, não era a Mulher-Maravilha; era Walt Disney. "As mães sempre são mortas ou internadas em hospícios nos filmes de Disney", ela disse.

"Você diria que a leitura excessiva de quadrinhos de crime e de terror é sintomática de desajuste emocional?", questionaram Bender.

Apenas se a evidência fosse armada, ela respondeu: "É concebível, e estou certa de que se for feito o devido levantamento, mais cedo ou mais tarde alguém pode encontrar um incidente no qual uma criança pode ser levada a dizer que tirou a ideia de um ou outro gibi." Porém, ela acreditava que Wertham havia obtido o que se podia chamar de confissões falsas.[31]

Não interessava o que Bender havia dito ou não dito. Haviam armado para ela. Em carta escrita a Kefauver em 1950, respondendo a um questionário que ele a enviara, Bender havia revelado seu papel como integrante do comitê consultivo editorial da DC Comics e seu estipêndio mensal, que, à época, era de 150 dólares.[32] Incitado por Wertham, a meta de Kefauver ao chamar Bender a depor era desaboná-la, fazendo a defensora da indústria dos quadrinhos com as credenciais mais expressivas virar uma "apologista paga" da indústria, dado que recebia dinheiro da DC Comics desde 1944.[33]

No rescaldo das audiências, a Associação Norte-Americana de Revistas de Quadrinhos adotou um código novo, baseado no Código Hays. Segundos seus termos, as revistas em quadrinhos não poderiam trazer crueldade alguma: "Todas as cenas de terror, sanguinolência excessiva, crimes sangrentos ou repulsivos, perversão, concupiscência, sadismo, masoquismo não serão permitidas." Não poderia haver safadeza: "Relações sexuais ilícitas não podem ser sugeridas nem retratadas. Cenas de amor violento, assim como de anormalidades sexuais, são inaceitáveis." Não poderia haver nada fora do convencional: "A maneira como se trata histórias de amor romântico deve enfatizar o valor do lar e a santidade do casamento." E não poderia haver nada que não fosse hétero: "Perversões sexuais ou qualquer inferência às mesmas é absolutamente proibida." Jack Liebowitz desfez o comitê consultivo da DC Comics e montou um novo; Bender não fazia mais parte dele.[34]

A maioria dos super-heróis não sobreviveu ao período de paz ou ao código. A Sociedade da Justiça fechou as portas em 1948. A *Sensation Comics* foi cancelada em 1953. A Mulher-Maravilha continuou existindo, mas os leitores mal a reconheciam. Robert Kanigher odiava a personagem, que chamava de "a Mulher-Maravilha original, aquele ser grotesco e inumano".[35] E também não gostava da arte de Harry G. Peter; começou a botá-lo para escanteio. A primeira capa de *Mulher--Maravilha* desenhada por alguém que não Peter saiu em 1949. Trazia Steve Trevor carregando uma Mulher-Maravilha sorridente, tolinha, indefesa, para atravessar um riacho. Em vez das botas vermelhas metidonas e de cano alto, ela usa sapatilhas de bailarina amarelas e graciosas.[36] Peter faleceu em 1958.

Nos anos 1950, a Mulher-Maravilha seguiu as centenas de milhares de mulheres nos Estados Unidos que haviam trabalhado durante a guerra para depois ouvir, quando a paz chegou, que não apenas seus serviços não eram mais necessários, mas que elas ameaçavam a estabilidade da nação por enfraquecer os homens. Ao fim da Segunda Guerra Mundial, o número de mulheres norte-americanas que trabalhava fora de casa havia subido 60%; três quartos dessas mulheres eram casadas, e um terço tinha filhos em casa. O trabalho feminino fora crucial no período de guerra. "Praticamente não se encontra mais solteiras", informou a revista *Fortune* em 1943. "Restam as donas de casa como nova fonte potencial de operárias." Ao final da guerra, três quartos das mulheres que trabalhavam queriam manter os empregos; pouquíssimas conseguiram. Elas foram informadas que deviam pedir demissão, para dar lugar aos homens que voltavam do serviço militar. Cortou-se o salário delas. As fábricas que tinham creche durante a guerra acabaram com o serviço. Disseram às solteiras para casar; disseram às casadas para ter filhos. As trabalhadoras foram para o altar e depois para a maternidade.[37]

A Mulher-Maravilha virou babá, modelo e estrela de cinema. Ficou louca para casar com Steve. Começou a dar conselhos às mal-amadas ao virar colunista de jornal, respondendo dúvidas de corações solitários.

Mulher-Maravilha
De Charles Moulton

Mulher-Maravilha — bela como Afrodite, sábia como Atena, mais forte que Hércules, mais veloz que Mercúrio — inesperadamente é encarregada de um fardo no qual corre de um perigo escaldante a outro, ao responder às estranhas súplicas que enchem sua mesa diariamente; mas o problema mais fantástico de todos, que parece precisar de solução, lhe é dado pelo homem que ela ama, em seu novo cargo de....
"*Mulher-Maravilha*, editora romântica"
"*Mulher-Maravilha*, até agora você respondeu a todo pedido de ajuda de corações partidos. Agora eu lhe suplico que resolva meu problema, aceitando casar-se comigo!"
"Oh... Steve!"

Robert Kanigher, "Mulher-Maravilha, editora romântica", *Wonder Woman* nº 97 (março de 1950)

Em 1950, Kanigher matou Etta Candy. ("Etta Candy! Que absurdo!", ele dizia.) Também acabou com "Mulheres-Maravilha da história"; substituiu a seção por uma série sobre casamentos, chamada "Matrimônio à la mode".[38]

Nos anos 1950, as mulheres foram para casa. Os direitos femininos se esconderam. E os homossexuais foram perseguidos. Não existe "um teste rápido, tipo raios X, para descobrir esse negócio?", perguntou a senadora Margaret Chase Smith durante audiências sobre homossexualidade em 1950. No Departamento de Relações Internacionais, um ex-funcionário do FBI ficou encarregado de livrar a administração pública de homossexuais realizando exames com detector de mentiras. Quem não passava era obrigado a pedir demissão. Entre 1945 e 1946, mil supostos homossexuais empregados pelo Departamento de Relações Internacionais e até 5 mil funcionários do governo federal perderam o emprego.[39]

Marston, Holloway e Byrne haviam levado uma vida secreta, enrustida. Ela tinha seu preço.

AMOR PARA TODOS

OLIVE BYRNE e Elizabeth Holloway Marston viveram juntas pelo restante de suas vidas. Eram inseparáveis.[1]

Cada um de seus quatro filhos conta histórias distintas sobre a família, como costumam fazer os filhos de qualquer família. Pete diz que o pai era como um trem desembestado e que a mãe intimidava qualquer um. Byrne diz que a mãe lembrava muito Jane Eyre. Donn nunca perdoou nenhum dos pais pelas mentiras. O.A. prefere não dizer o que pensa.

Olive Byrne nunca contou aos filhos que Marston era seu pai. Deixou algumas pistas, porém. "Você teve uma infância curiosa", ela escreveu ao filho Byrne em 1948, quando ele era calouro em Harvard. Mesmo que não tenha admitido mais que isso, ela admitia o seguinte: não fora fácil ter aquela vida experimental com William Moulton Marston. "Me esforcei muito para minimizar os fanatismos dele no que dizia respeito a vocês, crianças", ela lhe disse. Mas ela só conseguiu até certo ponto. "Tudo isso para dizer que devemos ser tolerantes conosco e permitir-nos alguns desvios da linha reta que nos propomos a seguir. Além disso, devemos outorgar a mesma prerrogativa aos outros."[2]

Em 1948, sem conseguir que a DC Comics a contratasse, Holloway, que tirara licença por luto, voltou ao trabalho na Metropolitan Seguros. Olive Byrne achou outro tipo de emprego. "Estou trabalhando para nossa clínica local do 'centro de saúde materna'", comunicou ela a Margaret Sanger, "e fico muito embevecida quando falam de você. Por algum motivo, acham que você é contemporânea de Florence Nightingale." Era como se Sanger houvesse vivido em outro século, uma Mulher-Maravilha da História. Olive Byrne tentou explicar ao pessoal da clínica que Sanger estava viva e bem, mas nunca contou a nenhum deles que ela era sua tia. "Tenho medo que criem muita expectativa comigo!"[3]

Pete, que entrara em Harvard, mas trancou a matrícula após o primeiro ano, casou-se moço e começou família. O.A. fez o mesmo depois de trancar o terceiro ano de faculdade. Tanto Byrne quanto Donn Marston formaram-se em Harvard; Margaret Sanger ajudou a pagar a instrução deles. Suas mães eram inseparáveis, mas as crianças distanciaram-se. Olive Ann tirou o "Olive" do nome; Byrne Holloway Marston tirou o "Holloway".

Em 1952, Holloway e Olive Byrne — "as senhoras", como as crianças passaram a chamar — mudaram-se da casa de Rye. "Então, você vai deixar o ninho", Sanger escreveu à sua sobrinha ao ouvir a notícia. "É o que devemos fazer todos. Mas foi base e raiz maravilhosa para essas crianças crescerem."[4] Olive Byrne e Holloway acomodaram-se em um apartamento em Nova York. Marjorie Wilkes Huntley morava com elas de vez em quando. Durante os períodos em que as três moravam juntas, Holloway e Huntley dividiam o quarto; Olive dormia em outro.[5]

Nos anos 1950, Margaret Sanger voltara-se à pergunta de como seria lembrada. Ela vinha organizando os seus documentos, preparando-os para a Biblioteca do Congresso e para a Smith College, decidindo quais papéis manter e quais jogar fora.[6] Uma das coisas que Sanger queria muito era apagar a irmã Ethel da história da sua vida. Em 1952, Sanger vendeu os direitos de um filme baseado na sua autobiografia. Então, escreveu uma carta a Ethel Byrne, afirmando que o roteirista queria fazer uma leve alteração nos fatos em torno da fundação do movimento pelo controle de natalidade, em relação aos julgamentos que as mulheres haviam sofrido em 1917. No filme, Sanger disse à irmã: "Eu que devia fazer a greve de fome." Ethel Byrne não seria mencionada; seria como se ela nunca tivesse existido. Sanger pediu à irmã para assinar um documento afirmando que concordava que o filme não "retrataria a mim e nem a qualquer parte da minha vida" e que, no final, ficaria aparente "que a Sra. Sanger foi quem fez a famosa greve de fome, não eu". Ethel Byrne achou o documento a "coisa mais engraçada do mundo", segundo Olive. Ela jamais o assinou. O filme nunca foi produzido.[7]

Muito similar à maneira como Sanger desejava poder apagar do registro histórico que fora Ethel Byrne, não ela, que entrara em greve de fome, ela manteve bem escondidos seus laços com a super-heroína dos quadrinhos criada por William Moulton Marston. Talvez não os achasse importante. Talvez os achasse vergonhoso. Talvez não tocar no assunto estivesse entre as coisas que Sanger fazia para ajudar a manter em segredo o acordo de família de Olive Byrne, para evitar escândalos para Olive e as crianças e para não prejudicar a própria causa. Independentemente do motivo, não há parcela da história de vida de Sanger, da forma como ela contava — da forma como ela a preservou — em que tenha mencionado a Mulher-Maravilha.

Ethel Byrne faleceu em 1955. Nos últimos anos de vida, ela morou com o filho, Jack.[8] Olive sentia por ela pouco mais que amargura. "Durante anos, eu não consegui me fazer perdoar a mãe por deixar Jack e eu na situação que ela achava tão terrível", ela disse a Sanger. O funeral foi medonho. "O agente funerário não a conhecia", Olive Byrne escreveu a Sanger, "por isso frisou o cabelo e a maquiou toda, deixou de um jeito que ela não se parecia com ninguém que conhecemos." Olive Byrne espalhou as cinzas da mãe em Truro.[9] Então selecionou documentos dela para entregar à tia, para incluir nos documentos que Sanger estava

AMOR PARA TODOS ★ **337**

preparando para doar à Smith College. Poucos dos papéis de Ethel Byrne ainda existem.[10]

Em 1953, Olive Byrne conseguiu um emprego na Victor Chemical Works, em Nova York. "O emprego não é dos melhores e exige pouquíssima inteligência", ela escreveu a Sanger. "Dessa última parte eu gosto, já que cansei de ser gênia na pia da cozinha." Sanger sugeriu que Olive cogitasse um cargo na *Life,* na *Time* ou na *Reader's Digest.*[11] Olive disse que achava melhor trabalhar para o Dr. Abraham Stone, diretor da Escritório de Pesquisa Margaret Sanger em Nova York. O escritório era a divisão de pesquisa clínica da Federação do Planejamento Familiar; uma regra contraceptiva baseada em diafragma e espermicida fora desenvolvida ainda nos anos 1930.[12] Nos anos 1950, Sanger e Stone fizeram pressão pelo desenvolvimento de um contraceptivo oral.[13] Acabou que Olive Byrne nunca assumiu o emprego no escritório; em vez disso, em 1955, Sanger a contratou como secretária particular.[14]

Nos anos 1950, as clínicas da planejamento familiar forneciam sobretudo orientações para casais. Sanger tinha pouco a ver com a organização que ela e Ethel Byrne haviam fundado, quando abriram a primeira clínica de controle de natalidade em 1916. Sanger perdera a paciência com elas ainda em 1942, quando deixaram de chamar-se Federação pelo Controle de Natalidade da América. "Se eu lhes dissesse ou escrevesse que o nome 'planejamento familiar' seria o fim do movimento", Sanger escreveu ao ex-diretor nacional do planejamento familiar, em 1956, "é porque foi e provou-se verdade. O movimento então era uma luta, um avanço, sem tolices, na batalha pela liberdade dos pais e das mães mais pobres e pela liberdade biológica e o avanço da mulher. A F.P.F. deixou tudo isso para trás."[15]

Independente disto, Sanger tinha um bom número de projetos a gerenciar e uma boa dose de correspondência para responder, e deve ter achado apropriado sua sobrinha tornar-se secretária temporária. Em 1955, Olive Byrne e Elizabeth Holloway Marston foram fazer uma visita prolongada a Tucson, estabelecendo-se na casa de Sanger para que ela pudesse tratar dos negócios desta enquanto ela viajava pela Ásia. "Fico muito contente que a sua amiga Betty Marston esteja aí com você e sem dúvida você retornará com ela a Nova York", Sanger escreveu a Olive. Toda vez que Sanger viajava, Olive e Holloway viajavam até Tucson e ficavam na casa dela. Sanger, embora receptiva, era bastante minuciosa quanto à disposição de quem dormia onde: "Você e Betty podem vir e ficar aqui no quarto com duas camas — não no meu quarto."[16]

Em 1956, Olive escreveu a Sanger para lhe dizer que seu filho Byrne havia noivado.

"Ele entende de controle de natalidade?", Sanger perguntou. "Ele e a noiva deveriam ir de mãos dadas ao consultório do Dr. Stone ou ao Escritório M.S. e ficar a par das técnicas contraceptivas."[17]

"Estou bastante certa de que Byrne tem bom conhecimento de CN", escreveu Olive, achando graça.[18] (Byrne Marston estava especializando-se em obstetrícia.)

Na noite de véspera do casamento, Olive e Holloway organizaram o jantar de ensaio.[19] Stuart, filho de Sanger, sua esposa e as duas filhas adolescentes do casal, Margaret e Nancy, também moravam em Tucson, na casa ao lado da de Sanger. Donn, filho de Olive Byrne, em visita às mães no Arizona, conheceu Margaret, neta de Margaret Sanger e prima dele em segundo grau. Apaixonaram-se. Donn Marston estava estudando direito. "Terei grande estima pelo seu Clarence Darrow", Sanger escreveu a Olive ao saber da notícia. "Era hora de termos algo assim na nossa família."[20]

Em 1957, Sanger, que ficara doente, difícil e obcecada pelo seu legado, apareceu na televisão em entrevista com Mike Wallace. Foi uma experiência que arrasou sua reputação. Ela passou por paranoica, hostil e de espírito fraco — foi intimada por Wallace e ficou desconcertada com as perguntas. Repetidamente, Wallace tirava o foco do diálogo sobre o trabalho de Sanger e voltava-se para a sua vida pessoal. Ela não havia abandonado o primeiro marido? Não havia abandonado os filhos?

E a troco do quê? Ele fazia pressão: "Será que as mulheres nos Estados Unidos ficaram independentes demais — que seguiram a deixa de mulheres como Margaret Sanger e negligenciaram a vida familiar em prol da carreira?"[21]

A saúde de Sanger piorou. Holloway aposentou-se em 1958. No ano seguinte, ela e Olive Byrne mudaram-se para Tucson para cuidar de Sanger. "Que ideia maravilhosa você e 'Bet' virem para cá e acharem uma casa", Sanger escreveu a Olive.[22]

Em 1960, a pílula anticoncepcional, produto das décadas de apoio de Sanger à pesquisa do controle de natalidade, foi liberada para o grande público; não foi o fim do debate nacional sobre o que, no início da carreira dela, era chamado de "maternidade voluntária". No entanto, Ethel Byrne não havia feito greve de fome e quase morrido em vão. E Olive Byrne, apesar da amargura com a mãe, tinha imenso orgulho da luta que Ethel empreendera para legalizar a contracepção. Em 1965, quando Olive Byrne tinha 61 anos, a Suprema Corte decidiu em *Griswold contra Connecticut* que era inconstitucional proibir a contracepção. Em Tucson, onde ela e Holloway cuidavam de Sanger moribunda, Olive Byrne sentou-se à máquina de escrever e preparou uma carta ao juiz William O. Douglas.

> Caro senhor,
> Ao escrever o parecer majoritário que invalida as leis de controle de natalidade de Connecticut, o senhor dá fim a um desprezo à liberdade individual dos mais perniciosos. É uma satisfação especial para mim porque minha mãe, Ethel Byrne, e Margaret Sanger (sua irmã) abriram a primeira clínica de controle de natalidade no Brooklyn, quarenta anos atrás. Na época, elas foram presas, perseguidas e aviltadas por anos a fio por grupos religiosos e políticos. Tenho certeza de que a Sra. Sanger, no momento bastante debilitada, ficaria em regozijo com este pronunciamento, que coroa os cinquenta anos que ela dedicou à libertação das mulheres

da escravidão nascida da intolerância. Todas as mulheres, em todos os lugares, devem regozijar-se nesta vitória final contra a ignorância e a intolerância.

Cordialmente, Olive Byrne Richard (Sra.)[23]

Margaret Sanger faleceu em setembro de 1996, poucos dias antes de completar 87 anos. O *New York Times* a chamou de "uma das maiores rebeldes da história".[24]

Donn, filho de Olive Byrne, e Margaret, neta de Margaret Sanger, casaram-se em Tucson em 25 de março de 1961. O comunicado do casamento referia-se ao noivo como "filho da Sra. William Kendall Richard, de Tucson". A noiva passou a usar o nome do marido.[25]

Margaret Sanger Marston não estava disposta a aceitar os absurdos da família Marston quanto aos pais fictícios e aos segredos de família. Donn Marston ainda não sabia quem era o seu pai. Sua esposa achava aquilo ridículo e passou a si a função de convencer uma das senhoras a contar a verdade. Finalmente teve sucesso.

"Temos boas notícias a respeito da discussão sobre a paternidade", Margaret Sanger escreveu a Byrne Marston e sua esposa, Audrey, em 1963. "Enquanto Dots e Betty estavam aqui, fiz Betty me contar toda a história. Ela disse que contaria se Donn e Byrne deixassem Dots em paz e não a fizessem mais perguntas sobre o pai. Ela disse que Dots nunca contaria a verdade e disse que, se tentassem fazê-la contar, ela tomaria a morfina que tem guardada. E seria o fim de tudo."

William K. Richard não existia. O pai de Byrne e Donn era William Moulton Marston, disse Holloway. Manter em segredo a identidade do pai dos meninos fora ideia de Olive Byrne; Holloway e Marston haviam sido contra, mas achavam que a decisão devia ser dela. A vida a três fora ideia de Marston, disse Holloway, que insistiu "que W.M.M. estava cem anos à frente", e "que um dia todos vão viver assim". Holloway seguiu por algum tempo nesta linha, dizendo que no futuro todos viveriam do jeito que os Marston viviam na Cherry Orchard, em um dos recônditos mais estranhos da América entreguerras. Ao final da carta da esposa, Donn Marston rabiscou um p.s.: "O que ela (E.H.M.) pensa sobre o assunto W.M.M. é tão disparatado que é quase impossível de registrar."[26]

É impossível registrar boa parte de qualquer vida. Todo casamento, todo amor, é inefável. Assim como mães e pais são, para todo filho, um mistério.

Eles haviam sido imensamente felizes juntos, disse Holloway. "W.M.M. amava Dots de verdade e ela o amava", informou Margaret Sanger Marston. "E Betty amava-o também." A paixão entre eles nunca diminuíra. "O caso prosseguiu até a morte dele", segundo Holloway, "com muito amor para todos." Margaret Sanger Marston ficou aliviada de finalmente ir a fundo no assunto. "Enfim a verdade foi revelada!!"[27]

Holloway tinha apenas um pedido: que nunca mais se tocasse naquele assunto.

EPÍLOGO

GRANDE HERA! VOLTEI!

Revista *Ms.*, julho de 1972

"**MEU NOME É ELIZABETH MARSTON** e entendo tudo sobre a Mulher-Maravilha", disse ela ao adentrar a sede da revista *Ms.*, em Nova York, na primavera de 1972. Tinha quase oitenta anos, era branca como uma folha de papel, esquelética de tão magra e dura como pedra. Na Virgínia, onde morava com Olive Byrne, de 68, ela recebera a carta de uma editora da *Ms.* dizendo-lhe que a revista planejava uma matéria de capa sobre a Mulher-Maravilha na primeira edição oficial. Holloway, imbatível como sempre, pegou um avião para Nova York. Analisou o texto minuciosamente; deu uma espiada nas artes. Conheceu a equipe da revista. "Sendo bastante sincera, todas tendiam para a juventude", ela informou a Marjorie Wilkes Huntley, em carta esbaforida. "Eu lhes disse que estava 100% com elas no que iam fazer e que era para 'atacarem com tudo'!" Huntley, emocionada, correu a mandar uma ordem de pagamento para fazer sua assinatura, subscrevendo, aos 82 anos de idade, "Marjorie Wilkes Huntley (Sra.)".[1]

A *Ms.* era pensada como órgão vital do movimento feminista redivivo. *Mística feminina*, de Betty Friedan, havia saído em 1963. A Organização Nacional das Mulheres foi fundada em 1966. Em 1969,

Ellen Willis e Shulamith Firestone fundaram as Redstockings do Movimento pela Libertação Feminina. O manifesto de Firestone, *A dialética do sexo: Um manifesto da revolução feminista*, foi publicado no ano seguinte, junto ao *Sexual Politics* [Política sexual, em tradução livre] de Kate Millett e à antologia *Sisterhood Is Powerful* [Irmandade é potência, em tradução livre], de Robin Morgan. A revolução também se travava no mundo das revistas. Em março de 1970, 46 mulheres que trabalhavam na *Newsweek* processaram a revista por discriminação. Na *Ladies' Home Journal*, mais de cem mulheres armaram um *sit-in* de onze horas, exigindo creche, contratação de um corpo editorial sênior feminino e uma edição especial da revista que se chamaria *Women's Liberated Journal* [Diário da mulher libertada, em tradução livre]. Firestone subiu na mesa do editor e rasgou exemplares da *Ladies' Home Journal* na frente dele.[2]

A Mulher-Maravilha era parte da revolução. Em julho de 1970, a editora Subterrânea da Libertação Feminina, de Berkeley, lançou um gibi underground chamado *It Aint Me Babe* [Não sou eu, meu bem, em tradução livre]. A capa da primeira edição trazia a Mulher-Maravilha marchando em passeata contra as tramas clichês dos quadrinhos. Nas páginas internas, a Supergirl manda o Superman passear, Veronica larga Archie para ficar com Betty, Petunia Porco diz para Gaguinho preparar o próprio jantar e quando o Carequinha diz para Luluzinha "Menina não entra!", ela tem uma só resposta: "Foda-se essa porra!"[3]

"Foda-se essa porra!"

"Derrubando tudo", *It Aint Me Babe* (julho de 1970)

A Greve Feminina pela Igualdade, que teve escala nacional,

foi realizada em 26 de agosto de 1970, comemorando os cinquenta anos de promulgação da Décima-Nona Emenda. Uma jovem escritora chamada Joanne Edgar ajudou a organizar a paralisação na editora Facts on File. Patricia Carbine entrou em greve na *Look*. Um ano depois, as duas estavam na *Ms.*: Edgar como editora, Carbine como diretora.[4] A *Ms.* era pensada como "revista feminina" — como as Sete Irmãs, que incluíam a *Family Circle* — mas também era uma crítica às revistas femininas: uma revista feminina liberada. Também era uma ramificação da Convenção Política Nacional Feminina, fundada em julho de 1971 por um grupo de mulheres que incluía Friedan, Gloria Steinem, Bella Abzug e Shirley Chisholm, a primeira mulher negra eleita para o Congresso. Uma edição de prévia da revista começou a ser vendida em dezembro de 1971; esgotou em oito dias. Um conglomerado que estava em ascensão aceitou investir um milhão de dólares na revista em troca de 25% das ações. "A Warner Communications ajudou a criar a primeira grande revista nacional sob controle da sua própria equipe", disse Steinem.[5]

No início de 1972, quando as editoras da *Ms.* planejavam a primeira edição oficial da revista, o movimento feminista parecia estar à beira do sucesso duradouro e vertiginoso. Em janeiro, Chisholm anunciou que ia se candidatar a presidente, visando a nomeação do Partido Democrata. Em março, a Emenda dos Direitos Iguais, apresentada ao Congresso originalmente em 1923, passou no Senado. Em junho, Richard Nixon aprovou o Título IX, garantindo que "pessoa alguma nos Estados Unidos poderá, com base no sexo, ser excluída de participar de, ter negado benefícios de, ou estar sujeita a discriminação da parte de qualquer programa ou atividade que receba auxílio financeiro federal." O ano de 1972 foi um divisor de águas legislativo. "Botamos cláusulas de discriminação sexual em tudo", disse Abzug. "Não houve oposição. Quem seria contra os direitos iguais para as mulheres?"[6]

Quando a edição de julho de 1972 da *Ms.* apareceu nas bancas, em junho, Chisholm ainda estava na corrida presidencial. Ela só admitiu a nomeação de George McGovern na Convenção Nacional Democrata, ocorrida em Miami na segunda semana de julho. Quando as delegações estavam a caminho da Flórida, viam nos aeroportos a capa da *Ms.*, o mesmo desenho que Holloway vira quando visitou o escritório da revista: uma Mulher-Maravilha gigante atravessando a cidade sob um faixa que diz: "MULHER-MARAVILHA PARA PRESIDENTA." (Mesmo assim, Holloway não gostou: ela era "feita por um homem que não tinha tato algum", ela escreveu a Huntley.)[7] Ao colocar a Mulher-Maravilha na corrida presidencial, as editoras da *Ms.* tentavam conquistar terreno político: teriam uma revista politizada. Também queriam fazer uma ponte entre o feminismo dos anos 1910 e o feminismo dos anos 1970 com a Mulher-Maravilha dos anos 1940, o feminismo das suas infâncias.[8]

"Revendo aquelas histórias da Mulher-Maravilha dos anos 1940 hoje", disse Steinem, "fico estupefata com a força da mensagem feminista." Steinem, nascida em Ohio em 1934, fora uma apaixonada pela Mulher-Maravilha original quando criança. Ela também teve relação com os quadrinhos quando adulta. Nos anos 1960, enquanto trabalhava para Harvey Kurtzman, o autor que ajudara William Gaines a criar a *Mad*, ela chegou a conhecer Dorothy Roubicek Woofolk, que voltara à DC Comics para editar uma linha de quadrinhos românticos.[9] Na edição de julho de 1972 da *Ms.*, Steinem tinha na pauta tanto uma matéria de capa sobre a Mulher-Maravilha quanto uma matéria sobre mulheres votantes. Não tendo como terminar as duas reportagens no prazo, ela entregou a matéria de capa a Joanne Edgar. Edgar, nascida em Baton Rouge em 1943, também crescera lendo quadrinhos. As crianças da rua, a maioria meninos, costumavam fazer pilhas de gibis na calçada para trocar. Por uma *Superman*, Edgar ficava com três edições de *Mulher-Maravilha*.[10]

"A Mulher-Maravilha teve primórdios feministas, mas, assim como muitas de nós, ficou meio caída quando chegou nos 'cinquenta'", Edgar explicava em sua matéria.

Marston morrera em 1947, mas a Mulher-Maravilha seguiu em frente. Os novos roteiristas, contudo, não entendiam seu espírito e, assim, ela perdeu parte da orientação feminista. Sua força sobre-humana persistiu, mas ela cresceu em violência. Em vez de provar sua superioridade em relação aos homens, ela ficou cada vez mais submissa.

Edgar, assim como Steinem, incomodou-se porque, a partir de 1968 — durante o que se conhece como "Era Diana Prince", quando ela nem era mais chamada de Mulher-Maravilha — a heroína perdera o uniforme e os superpoderes. Porém, segundo Edgar, com a renovação do movimento pelos direitos da mulher, tudo estava prestes a mudar. Em 1971, a DC Comics nomeou Roubicek Woolfolk a nova editora de *Mulher-Maravilha,* e Edgar informou que ela planejava ressuscitar a Mulher-Maravilha de Marston: "A Sra. Woolfolk também planeja reduzir a violência nas tramas e devolver nossa heroína ao heroísmo de suas origens. Quem sabe também à política?"[11]

As fundadoras da *Ms.* depositavam muita fé no poder da Mulher-Maravilha para lançar a revista. A edição de julho de 1972 não apenas trazia "MULHER-MARAVILHA PARA PRESIDENTA" na capa e a matéria de Edgar internamente, mas também um encarte descartável de quatro páginas, reproduzindo "Apresentando a Mulher-Maravilha", da edição de dezembro de 1941-janeiro de 1942 da *All-Star Comics*. Steinem, Edgar e Carbine também decidiram publicar uma antologia especial de histórias da Mulher-Maravilha dos anos 1940 para ampliar a divulgação e angariar assinantes para a *Ms.* Steinem selecionou quais das histórias de Marston ia incluir, tomando toda distância possível da temática *bondage*.[12] *Wonder Woman: A "Ms." Book* [Mulher-Maravilha: O livro da *Ms.*, em tradução livre] saiu no verão de 1972 como publicação da *Ms.*, distribuída pela Warner. "A matéria de capa da *Ms.* sobre a Mulher-Maravilha em julho de 1972 resultou em tantos pedidos dessas histórias *vintage* e fora de catálogo que elas foram reunidas em um volume único e irresistível", afirmavam as editoras. (A desculpa não era sincera; o livro já estava diagramado

De um informe feminista de 1973

antes da primeira edição da revista ser impressa.) Os lucros ficaram com a revista; os formulários para pedido do livro incentivavam fãs da Mulher-Maravilha a assinar a *Ms*.[13]

"Heroína querida e sagaz convocada para ajudar a causa feminista", pronunciou-se o *New York Times*. O *Los Angeles Times* declarou a Mulher-Maravilha "a fábula símbolo do movimento". Em novembro de 1972, durante a semana da eleição presidencial, matérias de agências de notícias sobre o retorno da Mulher-Maravilha saíram em todo o país.[14] Em maio de 1973, a *Ms*. e a Warner começavam a perguntar-se, em conjunto, se poderiam produzir e comercializar uma boneca da Mulher-Maravilha.[15] Em julho de 1973, um coletivo de saúde feminina em Los Angeles exibiu a Mulher-Maravilha segurando um espéculo na capa do informativo que ensinava as mulheres a realizar exame vaginal por conta própria.[16]

Em 1973, o ano em que a Mulher-Maravilha foi nomeada "símbolo da revolta feminista", a Suprema Corte emitiu uma decisão que legalizou o aborto. Mas o mundo pós-*Roe contra Wade* não sustentou o movimento feminista; acabou diminuindo-o. Se 1972 foi o dilúvio legislativo, 1973 foi o começo da seca. Alguns ganhos se perderam; outros provaram-se ilusão. Até a ideia da DC Comics de contratar Dorothy Roubicek Woolfolk para editar uma nova revista em quadrinhos da Mulher-Maravilha e "devolver nossa heroína ao heroísmo das suas origens" provou-se errada.

Dorothy Roubicek Woolfolk chegou a editar uma edição de *Mulher-Maravilha* em 1971 e outra no início de 1972; estas edições não diferem

"Parece que ela devia ir no seu *grupo de apoio feminino!*"
"Isso aí! E a gente *tentou!*
Mas o Ed 'não cai nessa de libertação da mulher...'
E a Sue não quer ficar de mal com ele!
Boa noite, Diana!"

De Samuel R. Delany, "Trama do mal!", *Wonder Woman* nº 203 (dezembro de 1972), a edição especial da "libertação feminina"

em nada do que se publicou na Era Diana Prince.[17] Pela mesma época, Steinem, em visita à DC Comics para selecionar as histórias que queria para republicar no livro da Mulher-Maravilha pela *Ms.*, viu uma das edições da era Diana Prince e questionou: "O que aconteceu com a Mulher-Maravilha? Vocês tiraram dela os superpoderes. Vocês não percebem como isso é importante para as jovens dos Estados Unidos?"[18] Roubicek Woolfolk tomou o partido de Steinem — ela queria que a Mulher-Maravilha reavesse seus poderes — e por isso, aparentemente, foi demitida, na época em que a edição de julho de 1972 da *Ms.* chegou nas bancas.

"Acabei de saber que você não está mais na National Publications e quero dizer que considero isto uma vergonha", escreveu Flora Davis, redatora da equipe da *Glamour*, a Roubicek Woolfolk em 23 de junho. Davis vinha escrevendo uma matéria sobre Roubicek Woolfolk. A *Glamour* cortou o texto. "Gostei de trabalhar com você na matéria sobre a Mulher-Maravilha", Davis disse a Roubicek Woolfolk. "Esperava que fosse um texto sobre como os quadrinhos vinham de forma comedida — e finalmente — tornando-se leitura sadia para crianças, em especial meninas. É uma decepção ter que voltar atrás no que eu disse. Independente do que venha fazendo, desejo sorte na nova carreira. Você é uma das porta-vozes mais bem-articuladas da libertação feminina que já conheci."[19]

Em julho, desempregada, Roubicek Woolfolk escreveu a Steinem para lhe dizer que começara uma turnê de palestras, falando da "libertação feminina e do papel dos quadrinhos", e em cada cidade que ela visitava, a *Ms.* havia esgotado: "Fiquei com a sensação que a capa vivaz da Mulher-Maravilha não fez mal nenhum às vendas."[20]

Roubicek Woolfolk não teve participação, mas, em dezembro de 1972, a DC Comics publicou uma "Edição Especial! Libertação Feminina" da *Mulher-Maravilha*, editada por Dennis O'Neil e escrita por um autor de ficção científica chamado Samuel R. Delany. Deveria ter sido o primeiro capítulo de uma trama de seis episódios; em cada um destes, Diana Prince iria enfrentar um chauvinista.[21] Na primeira história (uma trama dos anos 1940 recauchutada), Diana acaba com o dono de uma magazine que explora as funcionárias. "Outro vilão era um tutor acadêmico que achava que lugar de mulher era em casa", Delany explicou depois. "Terminava com uma gangue de capangas tentando destruir uma clínica de abortos que tinha uma equipe de cirurgiãs." A história da clínica de abortos foi cortada. Só a primeira das seis histórias de "libertação feminina" de Delany chegou a sair.[22]

A indústria de quadrinhos considerava praticamente impossível responder ao movimento feminista. Em 1972 e 1973, a Marvel Comics, ávida em entrar na onda do movimento, criou três "quadrinhos femininos" — *Enfermeira Noturna, Shanna, a Mulher-Demônio* e *A Gata* —, todas duraram menos de meia dúzia de edições.[23] A DC Comics largou as histórias de Delany com Diana Prince. Em vez disso, no início de

Às 12:01, a primeira bala do atirador derruba Dottie Cottonman, editora da Revista da Mulher...

De Robert Kanigher, "A volta da Mulher-Maravilha", *Wonder Woman* nº 204 (fevereiro de 1973)

1973, a Mulher-Maravilha voltou, de uniforme e com todos os poderes, nas "Novas aventuras da Mulher-Maravilha original", escritas e editadas por Robert Kanigher — o qual, no mínimo, não era famoso pela simpatia com o movimento feminista. ("Bob Kanigher era uma chauvinista ferrenho", disse seu assistente em outro momento.)[24] A primeira coisa que Kanigher fez nas "Novas aventuras" foi botar um serial killer para assassinar Dorothy Roubicek Woolfolk. Um quadro mostra-a morta na mesa, caída por cima de uma máquina de escrever. O recordatório diz: "Dottie Cottonman, editora, revista da mulher."[25]

"Quem seria contra os direitos da mulher?", Bella Abzug perguntava em 1972. Muita gente. No fim dos anos 1970 e nos anos 1980, o movimento feminino travou. Os salários nunca chegaram à paridade; os ganhos sociais e econômicos tiveram retrocesso; as vitórias políticas e jurídicas que pareciam estar próximas nunca se concretizaram.[26] Viu-se que mulheres roteiristas, desenhistas e editoras não haviam conseguido entrar nem na indústria de quadrinhos, nem no resto do mercado editorial. Também foi uma época de divisão entre as feministas, em que as radicais atacavam as liberais e as liberais atacavam as radicais em um fenômeno tão amplo que tinha até nome: *trashing*.[27] Ainda em 1970, a fundadora do Novo Teatro Feminista alertava, em carta de missão do Congresso pela União Feminina, que a "ira [feminista], mascarada de radicalismo pseudo-igualitário", estava virando "fascismo anti-intelectual assustador de tão pernicioso".[28]

Nessa batalha, a Mulher-Maravilha não foi pega pelo fogo cruzado; ela era a munição. Em 1967, William Dozier, que havia lançado a série de TV de *Batman* na ABC em 1966, filmou um teste de cena para uma série super-debochada da Mulher-Maravilha chamada *Quem tem medo de Diana Prince?;* o programa nunca foi produzido.[29] No entanto, a revitalização da Mulher-Maravilha na *Ms.* fez a ABC repensar. Em março de 1974, Cathy Lee Crosby estrelou um filme da heroína feito para a ABC-TV. O filme guardava pouca relação com a Mulher-Maravilha dos anos 1940; passava-se nos anos 1970 e foi um fracasso retumbante.[30] No ano seguinte, porém, a ABC lançou *The New Original Wonder Woman* [*A nova Mulher-Maravilha original*, em tradução livre]. Passada nos anos 1940, ela era fortemente baseada nos quadrinhos de Marston, assim como sua música tema:

> *Wonder Woman! Wonder Woman!*
> *All the world is waiting for you*
> *And the power you possess*
> *In your satin tight,*
> *Fighting for your rights,*
> *And the old red, white and blue.*
>
> *Wonder Woman! Wonder Woman!*
> *Now the world is ready for you,*
> *And the wonders you can do:*
> *Make a hawk a dove,*
> *Stop a war with love,*
> *Make a liar tell the truth.*

Wonder Woman!
Get us out from under, Wonder Woman!
All our hopes are pinned upon you![31]

The New Original Wonder Woman durou quatro anos. Para feministas radicais, era como se o movimento feminista tivesse vendido tudo que defendia. Em 1968, as Redstockings do Movimento pela Libertação Feminina protestaram contra o concurso de Miss América em Atlantic City, jogando saltos altos e edições da *Playboy* em uma Lixeira da Liberdade e coroando uma ovelha como nova Miss. A estrela de *The New Original Wonder Woman* era Lynda Carter, vencedora de concursos de beleza que representara os Estados Unidos no Miss Mundo de 1972. Porém, a batalha pela Mulher-Maravilha precedia a estreia de Carter como Mulher-Maravilha. Ainda em julho de 1972, Betty Friedan tomou distância de Gloria Steinem acusando-a de dizer às mulheres que tinham que ser "super-mulheres".[32]

Em maio de 1975, seis meses depois de a ABC exibir o piloto estrelando Carter, as Redstockings fizeram uma coletiva de imprensa para anunciar o lançamento de um relatório de dezesseis páginas. Sua intenção era provar (1) que Gloria Steinem era agente da CIA; (2) que a *Ms.* era tanto manifesto capitalista quanto parte de uma estratégia da CIA para destruir o movimento feminista; e (3) que a Mulher-Maravilha era símbolo da ruína do feminismo.[33] O relatório, impresso como um folder, era ilustrado por um desenho da Mulher-Maravilha com a cabeça de Steinem.[34] As Redstockings culpavam especificamente a *Ms.* pela relação desta com a Warner Communications, citando termos do contrato original — no qual a Warner fornecia a maior parte do financiamento, mas não se tornava acionista majoritária — e questionava: "Que interesse esse conglomerado descomunal poderia ter na libertação feminina a ponto de levá-los a concordar com estas cláusulas que fogem ao padrão empresarial?" As Redstockings queriam saber: por que a Warner gastaria um milhão de dólares para financiar uma revista feminista,

O ataque das Redstockings à *Ms.*, 1975, com Steinem de Mulher-Maravilha

senão dentro de um plano secreto para sabotar o movimento? Até o fato de Diana Prince ser "oficial do serviço de inteligência do exército" parecia, às Redstockings, evidência de que Steinem era marionete da CIA, participante voluntária de uma conspiração para destruir o movimento da libertação feminina. Como as Redstockings disseram: "A Mulher-Maravilha também reflete a postura misantropa das 'feministas liberais' e as matriarquistas que procuram 'modelos' nas heroínas míticas e sobrenaturais, mas ignoram e denigrem as conquistas e lutas de mulheres que têm os pés no chão. É isso que leva à 'mulher liberada', a fala individualista que nega a necessidade de um movimento e conota que, quando as mulheres não têm sucesso, a culpa é delas."[35]

Steinem derrubou cada uma das acusações.[36] "É muita maluquice, não acha?", escreveu Edgar ao diretor da Warner, anexando a declaração das Redstockings.[37] Mas este cisma, assim como muitos outros, provou-se eterno.[38] E, embora a teoria da conspiração das Redstockings fosse de fato maluca, em certo sentido, elas estavam corretas quanto à Mulher-Maravilha. Quem precisa de conscientização e salários iguais quando se é uma amazona de avião invisível?

Uma das tragédias do feminismo do século XX é que parece que a história está sempre sumindo. Em 1969, Shulamith Firestone e um grupo de jovens feministas visitaram Alice Paul, de 84 anos, em Washington. Paul havia fundado o Partido Nacional da Mulher em 1916, fizera greve de fome em 1917 e esboçara a Emenda pelos Direitos Iguais em 1923. Ela levou as visitantes à sua sala de estar, com paredes cobertas por retratos a óleo das sufragistas. Quando pediu às convidadas que identificassem as mulheres nos quadros, elas não sabiam o nome de nenhuma.[39]

Em fins dos anos 1970 e nos anos 1980, em meio às feministas que ficavam de *trashing* entre si, à redução da briga pela igualdade à defesa do aborto e a ascensão da Nova Direita, o movimento da mulher chafurdou. O "dilema feminino" descrito em 1926 — "Há como uma mulher coordenar emprego e lar ao mesmo tempo?" — ainda estava longe de ter solução, meio século depois.[40] A emenda constitucional apresentada por Alice Paul em 1923 nunca foi ratificada; em 1982, a luta pelos direitos iguais havia sido deixada de lado.

Enquanto isso, uma geração de historiadores dedicava-se a nunca mais esquecer os nomes das mulheres cujos retratos pendiam das paredes da sala de Alice Paul. A história feminina teve um explosão: pesquisadoras brilhantes e impetuosas estudaram tudo desde a típica vida feminina até a história das lutas políticas. Em 1970, Anne Firor Scott publicou um compêndio, *Women in American Life* [As mulheres na vida norte-americana, em tradução livre]. A primeira edição de *Notable American Women* [Norte-americanas notáveis, em tradução livre], um dicionário biográfico, saiu em 1971, assim como o livro de referência de Gerga Lerner, *The Woman in American History* [A mulher na história norte-americana, em tradução livre]. A história documentada de Nancy Cott *Root of Bitterness* [Raiz da amargura, em tradução livre] foi publicada em 1972. O histórico do movimento pelo controle de natalidade por Linda Gordon, *Woman's Body, Woman's Right* [Corpo feminino, direito feminino, em tradução livre], saiu em 1976. Elizabeth Pleck e Nancy Cott publicaram *A Heritage of Her Own* [Uma herança só sua, em tradução livre], histórico de seiscentas páginas das mulheres dos Estados Unidos, em 1979.

No entanto, a escrita da história feminina não deu tanta luz à Mulher-Maravilha. A dívida que ela tinha com a boemia, o socialismo, o amor livre, a androginia, o radicalismo sexual e o feminismo do Greenwich Village; a relação de Holloway e Marston com o sufrágio; o acordo de família; Jack Byrne e a Fiction House; os laços da Mulher-Maravilha com Olive Byrne, Ethel Byrne e Margaret Sanger — esta história havia sido esquecida; ela havia sido ocultada, proposital e meticulosamente. Em 1978, o artista David Levine desenhou uma caricatura de Margaret Sanger vestida de Mulher-Maravilha, saltando aos céus de dentro de um diafragma gigante. Ele tentava unir o feminismo de uma era ao de outra. Não tinha ideia que Sanger fora inspiração para a Mulher-Maravilha. E como teria? As origens da Mulher-Maravilha eram uma história abandonada, esperando para ser escrita. Era um segredo de família, trancado no armário.

Às vezes, um segredo ou dois saíam pela fechadura. Nos anos 1970, Holloway por vezes gabou-se de ter ter intimidade com Margaret Sanger. "Passei muito tempo com M.S. na casa dela e na minha", ela contou a Joanne Edgar. "Tive a

Caricatura de Margaret Sanger por David Levine, 1978

fortuna de conhecer muito bem, nos seus últimos anos, Ethel Byrne e Margaret Sanger", ela escreveu ao Departamento de Egressas de Mount Holyoke em 1975, descrevendo-as como "duas mulheres que não precisavam de Libertação Feminina nenhuma". Ela nunca explicou como chegara a conhecê-las, porque aí teria que explicar Olive Byrne. Às vezes, ela citava sua "companheira de muitos anos", mas nunca chamou Olive Byrne pelo nome ou explicou que esta era sobrinha de Sanger.[41] Em 1974, quando uma doutoranda de Berkeley que preparava uma dissertação sobre a Mulher-Maravilha perguntou a Holloway sobre os braceletes da heroína, Holloway a escreveu: "Uma aluna do Dr. Marston usava braceletes compridos e pesados, de prata, nos dois pulsos, um africano e um mexicano. Eles atraíram sua atenção como símbolo do laço amoroso, por isso ele os adotou para as histórias da Mulher-Maravilha."[42] Os braceletes, obviamente, eram de Olive Byrne. E embora seja verdade que Olive Byrne já fora "aluna do Dr. Marston", àquela época, ela morava com Holloway há 48 anos.

Olive Byrne, entrevistada nos anos 1970 e 1980 por historiadoras e biógrafas que estudavam Margaret Sanger — às vezes, em entrevistas de horas — nunca falava de Marston, de Holloway ou da Mulher-Maravilha.[43] Assim era impossível para qualquer figura externa à família conectar Margaret Sanger e a Mulher-Maravilha. E quando jornalistas ou pesquisadores perguntavam a Holloway sobre a heroína, ela dizia para entrar em contato com Marjorie Wilkes Huntley e não chegarem perto de Olive Byrne. "Ninguém sabe mais da produção da Mulher-Maravilha do que Marjorie W. Huntley", ela dizia. "Ela é a pessoa que você indica em caso de dúvida."[44]

Na sua nona década, Marjorie Wilkes Huntley mudou-se para uma casa de repouso em Massachusetts. Colocou um cartaz na parede do quarto que dizia: "Quando Deus fez o homem, Ela estava de brincadeira." Em 1982, Huntley foi entrevistada para um jornal local. Bebendo Guinness em uma cadeira de balanço, ela disse que havia trabalhado para o homem que criou a Mulher-Maravilha; não mencionou Elizabeth Holloway nem Olive Byrne. Huntley faleceu em 1986, um dia depois de completar 97 anos. Deixou instruções. Não queria cerimônia na sua cremação, fora a leitura de um poema: "Oh, minh'alma não é de se intimidar."[45]

Durante muito tempo, ninguém deu muita atenção ao fato de o criador da Mulher-Maravilha também ter sido criador do detector de mentiras. Isto em parte porque Marston publicara seus quadrinhos com o pseudônimo "Charles Moulton", mas principalmente porque os interessados na história dos gibis não são os mesmos interessados na história do polígrafo. (E pouquíssimos nos dois contingentes têm interesse simultâneo pela história dos direitos femininos.) Nos anos 1980, os exames com detector de mentira eram aplicados a 2 milhões de norte-americanos por ano. O governo Reagan tentava prevenir vazamentos solicitando exames aleatórios: exigiu-se que mais de 200 mil funcionários públicos passassem pelo detector de mentiras. Antes da aprovação do Decreto Trabalhista de Salvaguarda de Polígrafos de 1988, que limitou a prática, um quarto de todas as empresas dos país fazia exames com os seus funcionários. O uso do polígrafo explodiu depois do 11 de Setembro, quando virou elemento básico na interrogação de suspeitos de terrorismo e de exames de cidadãos norte-americanos que pediam credenciais de acesso, apesar de um relatório publicado pela

Academia Nacional de Ciências em 2003 demonstrar que o polígrafo não funciona.[46]

Elizabeth Holloway Marston, Olive Byrne e Marjorie Wilkes Huntley nunca passaram por um exame no detector de mentiras e nunca romperam o silêncio. Provou-se impossível erguer o véu de sigilo que a família manteve quanto ao passado da Mulher-Maravilha. Joanne Edgar, ao escrever um texto de revista sobre a história da Mulher-Maravilha em 1972, com prazo apertado, e até

Elizabeth Holloway Marston e Olive Byrne em 1985

Karen Walowit, que escreveu uma dissertação de doutorado em 1974, não tiveram mais êxito que aquele editor na tira da Mulher-Maravilha de 1944, que, procurando a "origem da Mulher-Maravilha", descobre que a busca será tão enlouquecedora que tem um colapso nervoso e vai parar no hospital. A origem secreta da Mulher-Maravilha continuou secreta.

O sigilo levou a uma distorção não só da Mulher-Maravilha, mas também dos rumos da história feminina e da luta pelos direitos iguais. A Mulher-Maravilha não teve início em 1941, quando William Moulton Marston entregou seu primeiro roteiro a Sheldon Mayer. A Mulher-Maravilha teve seu princípio em um dia de inverno em 1904, quando Margaret Sanger puxou Olive Byrne do meio da neve. A luta pelo direitos das mulheres não veio em ondas. A Mulher-Maravilha, um dos super-heróis mais importantes dos anos 1940, foi produto dos movimentos sufragistas, feministas e pró-controle de natalidade dos anos 1900 e 1910 e virou referência dos movimentos pela libertação feminina e feministas dos anos 1960 e 1970. A luta pelos direitos das mulheres tem sido um rio, que avança sem parar.

Olive Byrne faleceu em 1990, aos 86 anos. Ela e Holloway moravam juntas em um apartamento em Tampa, próximo à casa de Byrne, o filho de Olive. Enquanto Olive estava no hospital, moribunda, Holloway caiu e quebrou a bacia; foi internada no mesmo hospital. Ficaram em quartos separados. Haviam vivido juntas 64 anos. Quando Holloway, no leito hospitalar, ficou sabendo que Olive tinha morrido, ela entoou um poema de Tennyson: "Sunset and the evening star / And one clear call for me! / And may there be no moaning of the bar / When I put out to sea."[47]

Byrne Marston espalhou as cinzas da mãe pelo rio Pamet, em Truro. Nenhum jornal publicou seu obituário.[48]

Sadie Elizabeth Holloway faleceu na casa do filho Pete em 1993, com a *Safo* de Wharton na mesa de cabeceira.[49] O *New York Times* publicou seu obituário. O título: "Elizabeth H. Marston, inspiração para Mulher-Maravilha, 100."[50] Era, no máximo, uma meia-verdade.

FONTES E AGRADECIMENTOS

ESTE LIVRO não seria possível sem as cartas, os diários, os livros de memórias e as fotografias inéditas, assim como as lembranças da família de William Moulton Marston, Elizabeth Holloway Marston e Olive Byrne Richard. Sou enormemente grata a Byrne Marston e a Moulton ("Pete") Marston, por compartilharem estes documentos comigo quando visitei suas casas.

No quartel-general do serviço de inteligência, o major Steve Trevor consulta Diana Prince.
"Estou num dilema! Não encontro a *Mulher-Maravilha*!"
"Ora, mas como eu posso ajudar? O que você quer com ela?"

De "O invasor invisível", *Comic Cavalcade* nº 3 (verão de 1943)

Byrne também respondeu a inúmeros e-mails e consultas para checagem de dados, sempre com incrível paciência, franqueza e generosidade. Muito obrigada igualmente a Audrey Marston, Olive Ann Marston Lamott, Margaret Sanger Marston Lampe, Sue Grupposo, Christie Marston e Joye Hummel Murchison Kelly, por terem encontrado-se comigo e por responderem pacientemente minhas várias questões sobre fatos ocorridos décadas atrás. Obrigada a todos os demais que entrevistei, incluindo Allan Asherman, Joe Brancatelli, Patricia Carbine, Donna Woolfolk Cross, Flora Davis, Joanne Edgar, Paul Levitz e Jeff Rovin. Agradecimentos especiais a Joanne Edgar por me enviar fotocópias da sua maravilhosa coleção de cartas de Elizabeth Holloway Marston.

Agradecimentos especiais a Steve Korte, da DC Comics, pela generosidade em compartilhar a riqueza de material à sua disposição e seu conhecimento incomparável da história dos quadrinhos. Dean Mullaney, da Library of American Comics, indicou fontes relativas à publicação da Mulher-Maravilha em jornal. Agradecimentos também a Roy Thomas e a Jean Bails por indicações nos quadrinhos.

Minha gratidão eterna às equipes talentosíssimas nas universidades, arquivos e bibliotecas listadas abaixo, e em especial a Susan McElrath dos arquivos da American University, a Barbara Melony dos Arquivos da Harvard University, a Melissa Kent e Lesley Schoenfeld da Biblioteca da Faculdade de Direito de Harvard, a Fred Burchsted e Gregory Eow da Biblioteca Widener de Harvard, a Linnea Anderson dos Arquivos de História do Bem-Estar Social da University of Minnesota, a Patricia Albright e Leslie Fields dos Arquivos da Mount Holyoke College, a Margaret Kiechefer e Chamisa Redmond da Biblioteca do Congresso, a Janice Goldblum dos Arquivos da Academia Nacional de Ciências, a Ellen Shea e Kathryn Jacob da Biblioteca Schlesinger de Radcliffe, a Maida Goodwin da Coleção Sophia Smith da Smith College, a Kirsten van der Veen, Lilla Vekerdy e Erin Rushing das Bibliotecas da Smithsonian Institution, e a Susanne Belovari e Tim Walsh dos arquivos da Tufts University. Agradeço muito a Esther Katz e Peter Engelman, do Projeto Documentos de Margaret Sanger, pelo auxílio para eu me localizar naquela coleção.

Celestine Warren me ajudou a localizar Lauretta Bender. Simon Leek ajudou a revisar minhas citações de quadrinhos durante as férias escolares. E, na reta final, a sensacional Amy Weiss-Meyer checou minhas afirmações e notas de rodapé com engenhosidade, dedicação e astúcia sem par.

Apresentei versões prévias deste livro na Oficina de Teoria Jurídica da Faculdade de Direito de Yale, nas Palestras Memorial Joanna Jackson Goldman sobre Civilização e Governância Norte-Americana na Biblioteca Pública de Nova York, e a uma turma de graduandos de Harvard. Meu muito obrigada a estes públicos pelas sugestões. Pelos comentários inestimáveis sobre versões do texto e por todo tipo de recomendação, obrigada a Henry Finder, Jane Kamensky, Louis Menand e a Nancy Cott, a quem dedico este livro.

Agradecimentos calorosos ao meu editor, Dan Frank, e a todos da Knopf que ajudaram a transformar minhas páginas em livro: Betsy Sallee, Chip Kidd, Maggie Hinders, Ellen Feldman e Bonnie Thompson. Anke Steineke dividiu as águas. E Tina Bennett, como sempre, é uma super-heroína.

Obrigada a Adrianna Alty, Elise Broach, Lisa Lovett, Liz McNerney, Latif Nasser, Leah Price, Rachel Seidman, Ramie Targoff, Sue Vargo e Denise Webb por ouvirem minhas histórias tresloucadas sobre a Mulher-Maravilha e por me contarem as delas. E obrigado ao meu marido e nossos três filhos, por encherem nossa casa de gibis e de bonequinhos e, acima de tudo, das façanhas cotidianas e ordinárias da ousadia e do amor.

MANUSCRITOS EM POSSE PARTICULAR

Byrne, Olive
Correspondência. Em posse de Byrne Marston.
Diários, 1931-48. Em posse de Byrne Marston.
"Mary Olive Byrne", livro de memórias. Em posse de Byrne Marston.
"Ethel Higgins Byrne, 1883-1955", perfil. Em posse de Byrne Marston.
"John Frederick Byrne, 1880-1913", perfil. Em posse de Byrne Marston.
"Mary Olive Byrne", perfil. Em posse de Byrne Marston.

Kelly, Joye Hummel Murchison

Correspondência. Em posse de Joye Hummel Murchison Kelly.

Diário e Livro de Registros, 1946-47. Em posse de Joye Hummel Murchison Kelly.

Roteiros de Mulher-Maravilha, datilografados. Em posse de Joye Hummel Murchison Kelly

Marston, Byrne

Correspondência. Em posse de Byrne Marston.

"Memories of an Unusual Father", livro de memórias não publicado. Em posse de Byrne Marston.

"Summary of Marston Genealogy". Em posse de Byrne Marston.

Marston, Elizabeth Holloway

"Tiddly Bits: Tales of a Manx Cat", livro de memórias não publicado. Em posse de Pete Marston.

Correspondência. Em posse de Byrne Marston.

Correspondência. Em posse de Joanne Edgar.

Marston, William Moulton

Diários, 1931-48. Em posse de Byrne Marston.

Recortes. Em posse de Byrne Marston.

Correspondência. Em posse de Byrne Marston.

Poesia. Em posse de Pete Marston.

Livro de recortes. Em posse de Pete Marston.

Pitkin, Walter B.

Correspondência. Em posse de John Pitkin.

MANUSCRITOS EM INSTITUIÇÕES

Arquivos da Academia Nacional de Ciências

Documentos do Conselho Nacional de Pesquisa

Arquivos da American University

Catálogos e pronunciamentos, 1921-23

Lester Wood, Histórico Estudantil

Richard V. Mattingly, Histórico Estudantil

William Moulton Marston, Registros de Docentes/Funcionários

Arquivos da Columbia University

Arquivos Centrais, 1895-1971, Sala do Presidente

Departamento de Psicologia, Arquivo Histórico de Cobaias

Olive Byrne Richard, Histórico de Graduação, Departamento do Oficial de Registro

William Moulton Marston, Registro de Nomeação

FONTES E AGRADECIMENTOS ★ **367**

Arquivos da Harvard University

Arquivo de recortes, William Moulton Marston, Pasta Quinquenal
Arthur McGiffert, anotações discentes, 1911-13
Departamento de Psicologia, Registros
Documentos Edward Garrigues Boring
Faculdade de Artes e Ciências, registros de provas finais, 1848-1997
Informes Gerais sobre Cerimônia de Formatura de Harvard, 1911-20
Leonard T. Troland, Requerimento de Ingresso à Pós-Graduação
Registros da Liga Masculina de Harvard pelo Sufrágio Feminino
Registros do Laboratório Psicológico de Harvard
William Moulton Marston, Histórico de Pós-Graduando
William Moulton Marston, Pasta de Graduando
William Moulton Marston, Registros do Departamento de Cargos Docentes de Harvard

Arquivos da Mount Holyoke College

Documentos da Liga Universitária Nacional pelo Sufrágio Igualitário, 1912-19
Documentos Jeanette Bickford Bridges, 1914-86
One Hundred Year Directory
Registros MHC, Vida Estudantil, Atividades Políticas até anos 1930
Sadie Elizabeth Holloway Marston, arquivo de egressa
Sadie Elizabeth Holloway Marston, Histórico, Departamento do Oficial de Registro

Arquivos da Northwestern University

Documentos John Henry Wigmore

Arquivos da Smith College, Coleção Sophia Smith

Documentos da Federação Americana do Planejamento Familiar
Documentos Gloria Steinem, 1940-2000
Documentos Margaret Sanger
Documentos Revista Ms., 1972-

Arquivos de Massachusetts

Metropolitan Seguros
Registros do Metropolitan State Hospital, 1931-69

Arquivos Nacionais, Boston

O Estado contra William M. Marston

Arquivos Nacionais, Washington

Curtis contra Francis, RG 21
Frye contra o Estado, RG 276
James A. Frye, Pedidos de Clemência, RG 204
O Estado contra Bowie, Frye et al., RG 21
O Estado contra Frye, RG 21

368 ★ A HISTÓRIA SECRETA DA MULHER-MARAVILHA

Biblioteca da Brooklyn College
Documentos Lauretta Bender

Biblioteca do Cartum Billy Ireland, Ohio State University
Arquivos Mulher-Maravilha

Biblioteca Houghton, Harvard University
Documentos John Reed

Biblioteca Pública de Boston
Documentos Hugo Münsterberg

Biblioteca Pública de Malden, Malden, Massachusetts
Arquivo de Recortes
The Oracle

Biblioteca Pública de Nova York
Coleção da Feira Mundial de 1939

Biblioteca Schlesinger, Radcliffe
Cartas à *Ms.*, 1970-87
Cartas à *Ms.*, 1970-98
Documentos Clara Savage Littledale
Elizabeth Holloway Marston, Histórico de Pós-Graduanda
Registros da Liga Universitária pelo Sufrágio Igualitário, 1904-20

Coleções e Arquivos Digitais da Tufts University
Alpha Omicron Pi, fotografias
Material de aula, 1922-27, UA039/Aulas, 1858-1997
The 1925 Jumbo Book
The Tufts College Graduate
The Tufts Weekly

Coleções Históricas da Biblioteca da Faculdade de Direito de Harvard
Fichas de Histórico Estudantil Permanente, 1893-1972

Comissão Histórica de Cambridge
Livro de Recortes da Companhia do Elevado de Boston
Registros de Propriedade Imobiliária de Cambridge

DC Comics
Arquivo de Recortes
Arquivos Mulher-Maravilha

Elizabeth Holloway Marston, correspondência
Entrevistas realizadas por Steve Korte
Gardner Fox, roteiros de Mulher-Maravilha
William Moulton Marston, correspondência
William Moulton Marston, roteiros de Mulher-Maravilha

Divisão de Livros Raros e Coleção Especial da Biblioteca do Congresso
Documentos Fredric Wertham
Documentos Margaret Sanger

Manuscritos e Arquivos da Yale University
Documentos Robert M. Yerkes

Michigan State Library
Coleção de Arte em Quadrinhos

Saint Louis University
Coleção de manuscritos Walter J. Ong

Smithsonian Institution, Biblioteca Dibner
Cartas Mulher-Maravilha, 1941-45
Mulher-Maravilha, Sequências selecionadas

University of Minnesota, Arquivos de História do Bem-Estar Social
Coleção da Associação Norte-Americana de Estudos da Criança

University of Virginia, Albert and Shirley Small Special Collections Library
Departamento de Justiça dos Estados Unidos, Arquivo de William Moulton Marston no FBI
Documentos de Rita Mae Brown 1929-2001

ÍNDICE DE QUADRINHOS

ENTRE 1941 E 1948, a Mulher-Maravilha aparecia em quatro revistas em quadrinhos: *All-Star Comics*, *Sensation Comics*, *Comic Cavalcade* e *Wonder Woman*. Entre 8 de maio de 1944 e 1º de dezembro de 1945, a tira de jornal da Mulher-Maravilha saiu em jornais de todos os Estados Unidos, distribuída pela King Features. Há uma coleção completa de todas estas revistas, assim como de provas de impressão da tira de jornal, nos Arquivos da DC Comics na Broadway, nº 1700, Nova York.[1]

Muitas das histórias originais da Mulher-Maravilha foram reproduzidas em duas coleções publicadas pela DC Comics. As histórias da Mulher-Maravilha em revistas de dezembro de 1941 a setembro de 1946 foram reproduzidas em William Moulton Marston e H.G. Peter, *Wonder Woman Archives* (Nova York: DC Comics, Archives Editions, 1998-2012), 7 volumes, enquanto as histórias de dezembro de 1941 a julho de 1943 saíram em *The Wonder Woman Chronicles* (DC Comics, 2010-12), 2 volumes. *The Wonder Woman Chronicles* inclui histórias da Mulher-Maravilha da *Comic Cavalcade*; estas não fazem parte dos *Wonder Woman Archives*. A publicação destas duas antologias ainda está em curso, e nem todas as histórias da Mulher-Maravilha publicadas durante a vida de Marston já foram reproduzidas. Além disso, estas antologias não trazem páginas de anúncios e, ressalto, não trazem o encarte "Mulheres-Maravilha da história", que saía em quatro páginas na *Wonder Woman* e, depois, na *Sensation Comics*, onde normalmente era relegado a duas páginas. A coleção completa das tiras de jornal da Mulher-Maravilha em 1944-1945 foi publicada em 2014 pela Library of American Comics.

A melhor história visual da Mulher-Maravilha está em Les Daniels, *Wonder Woman: The Complete History* (San Francisco: Chronicle Books, 2000). Outra referência bastante útil é Michael L. Fleisher, *The Original Encyclopedia of Comic Book Heroes,* volume 2, *Wonder Woman* (Nova York: DC Comics, 1976, 2007).

Muitos dos roteiros originais de Marston ainda existem, assim como artes originais de Harry G. Peter, sendo que boa parte destes originais está nas mãos de colecionadores particulares. Em 1970, Elizabeth Holloway Marston doou à Biblioteca Dibner do Smithsonian Institution vários roteiros originais da Mulher-Maravilha, na maioria textos datilografados de autoria de William Moulton Marston, incluindo uma versão datilografada de uma das tiras de jornal.[2] Holloway chegou a pensar em vender esse material a colecionadores em 1968, e, em 1969, ainda tinha caixas de roteiros consigo.[3] Joye Hummel Murchison Kelly, que trabalhou com Marston de 1944 a 1947, tem em sua posse mais dezoito roteiros, assim como um diário que ela manteve de 1946 a 1947, registrando que roteiros ela escreveu e quais datilografou para Marston naquele ano. Visitei e entrevistei Kelly na casa desta em 2014. Quando este livro estava no prelo, ela estava generosamente preparando-se para doar estes e outros materiais da Mulher-Maravilha ao Smithsonian.

Vários roteiros da Mulher-Maravilha escritos por Marston mas nunca utilizados enquanto ele era vivo foram publicados entre 1969 e 1974, depois que Elizabeth Holloway Marston os revelou. Alguns destes roteiros são discutidos por Roy Thomas, "Queen Hepzibah, Genghis Khan, and the 'Nuclear' Wars!", *Alter Ego* nº 23 (abril de 2003), 4-17.

Quem escreveu o quê é tema obscuro na história dos quadrinhos. Roteiristas, artistas, editores e copidesques geralmente contribuíam muito nas narrativas. Não era tanto o caso com Marston, que exercia grande controle sobre o texto dos roteiros com a Mulher-Maravilha, principalmente entre 1941 e 1944. As atribuições de autoria datam, na maior parte, de pesquisas realizadas nos anos 1960 e 1970 pelo historiador dos quadrinhos Jerry Bails, que criou um índice de personalidades da dita era de ouro das revistas em quadrinhos. Bails enviou questionários a dezenas de escritores, desenhistas e editores e seus herdeiros, incluindo Elizabeth Holloway Marston. A consolidação desta pesquisa e de dados subsequentes a que se tem acesso mais fácil é o Grand Comics Database, um wiki que funciona em www.comics.org. Nem todas as atribuições do Grand Comics Database são precisas. Diversas histórias creditadas a Robert Kanigher nos anos 1940 não poderiam ter sido escritas por ele. Outros pesquisadores já expressaram dúvidas diversas. Em 1974, depois de se corresponder tanto com Holloway quanto com Murchison, Karen W. Malowit, graduanda de Berkeley que escrevia dissertação sobre a Mulher-Maravilha, fez questionamentos significativos sobre a atribuição de determinados roteiros a Joye Hummel (então Joye Murchison).[4] "A tese de doutorado dela é brilhante", Holloway escreveu em 1976. "Acho que ela é o único ser humano que leu e entendeu cada palavra que Bill Marston escreveu."[5] O trabalho de Walowit é muito bem pesquisado, mas ela se apoiou em informações fornecidas sobretudo por Holloway e Marjorie Wilkes Huntley, compreendendo o papel de Hummel.

No inventário a seguir, as histórias escritas por Joye Hummel Murchison Kelly estão marcadas com JHMK. Histórias atribuídas a Robert Kanigher estão com a marca RK. Em alguns casos, Frank Goodwin substituiu Harry G. Peter como desenhista da Mulher-Maravilha; estas estão marcadas com FG. Após a primeira aparição da Mulher-Maravilha em *All-Star Comics*, Marston não escreveu os episódios da Sociedade da Justiça com participação da heroína. A maioria dessas histórias foi escrita por Gardner Fox, referenciado abaixo como GF. Não sei quem escreveu nenhuma das Mulheres-Maravilha da história que saíram em *Wonder Woman* e, depois, na *Sensation Comics*. Fora esta exceção, nesta lista, todas as histórias foram escritas por William Moulton Marston e toda a arte é de autoria de Harry G. Peter, fora referência em contrário.

Algumas histórias foram publicadas com título, mas muitas delas não. Em diversos casos, títulos usados em antologias e bancos de dados referem-se a títulos determinados por editores das antologias e compiladores de bancos de dados, décadas depois de a história ter sido escrita. Em alguns casos, estes títulos são diferentes dos títulos que foram dados nos roteiros originais. Nas histórias publicadas originalmente sem título, utilizei o título que está no roteiro, caso o roteiro exista; se não há roteiro, usei o título que foi atribuído no Grand Comics Database.

As datas publicadas nas capas de revistas em quadrinhos — as "datas da capa" — geralmente estavam três meses à frente da data real de publicação. Uma revista em quadrinhos cuja data da capa é abril-maio de 1942 deve ter chegado às bancas em fevereiro de 1942. Marston aparentemente enviava seus roteiros três a seis meses antes da data de capa. O roteiro de *Wonder Woman* nº 1, por exemplo, cuja data da capa é verão de 1942, tem a data 18 de abril de 1942. Seu texto da *Sensation Comics* nº 25, com data da capa janeiro de 1944, tem a data 13 de maio de 1943. Alguns roteiros ficaram parados por anos em vez de meses. Outro dos roteiros de Marston, para a *Comic Cavalcade* nº 25, data de capa fevereiro-março de 1948, leva a data 23 de agosto de 1946. Algumas histórias escritas por Marston foram publicadas anos após sua morte.

Uma fonte bastante útil para identificar o atraso entre o projeto de uma edição e sua data da capa é o diário de Marston. "Escritório de Gaines — finalizei arte MM 8", ele escreveu no seu diário na sexta-feira, 30 de julho de 1943, emendando: "Escritório de Pete — esboços de MM 8 finalizados." *Wonder Woman* nº 8 teve março de 1944 como data da capa e sua data de lançamento aproximada foi dezembro de 1943, o que sugere que o projeto deve ter sido finalizado aproximadamente quatro meses antes da distribuição.[6] O diário de Joye-Hummel em 1946-47 também é revelador: deixa claro que ela também, na época, escrevia bem antes da publicação. Hummel demitiu-se poucos meses após a morte de Marston em 1947, mas histórias escritas por ela foram publicadas até 1949. Meu inventário termina com a publicação dos últimos roteiros que se sabe que foram escritos por Marston ou Hummel.

* Observação da edição brasileira: A grande maioria das histórias listadas a seguir, conforme o banco de dados Guia dos Quadrinhos <guiadosquadrinhos.com>, não foi publicada no Brasil. Cabe ressaltar a edição especial *Coleção DC 75 Anos* nº 1 (Panini, novembro de 2010), que reproduz a primeira aparição da Mulher-Maravilha em *All-Star Comics* nº 8, e a *Coleção DC 70 Anos nº 3: As Maiores Histórias da Mulher-Maravilha* (Panini, julho de 2008), que traz mais quatro histórias dos anos 1940. Fora estas duas, algumas poucas edições esparsas dos anos 1970 trouxeram HQs da personagem escritas por Marston. Todas elas estão devidamente referenciadas junto à edição original na lista a seguir. [*N do T.*]

376 ★ A HISTÓRIA SECRETA DA MULHER-MARAVILHA

ALL-STAR COMICS		
Não listei edições da *All-Star Comics* nas quais a Mulher-Maravilha não aparece ou aparece em apenas um ou dois quadros, mas ou não tem falas ou estas são insignificantes. Em todas as histórias listadas aqui, a Mulher-Maravilha é personagem, embora em muitas delas faça apenas participação rápida.		
nº 8	Dez. 1941-Jan. 1942	*Introducing Wonder Woman* ["Apresentando a Mulher-Maravilha", no Brasil em *Coleção DC 75 Anos* nº 1, Panini, 2010]
nº 11	Jun.-Jul. 1942	The Justice Society Joins the War on Japan (GF) ["A Sociedade da Justiça ingressa na guerra no Japão"]
nº 12	Ago.-Set. 1942	The Black Dragon Menace (GF) ["A ameaça do Dragão Negro"]
nº 13	Out.-Nov. 1942	Shanghaied into Space! (GF, reescrita por WMM) ["Sequestrados no espaço"]
nº 14	Dez. 1942-Jan. 1943	Food for Starving Patriots! (GF) ["Alimento para patriotas com fome"]
nº 15	Fev.-Mar. 1943	The Man Who Created Images (GF) ["O homem que criava imagens"]
nº 16	Abr.-Mai. 1943	The Justice Society Fights for a United America (GF) ["A Sociedade da Justiça luta pela América unida"]
nº 17	Jun.-Jul. 1943	The Brain Wave Goes Berserk (GF) ["Onda mental vai à loucura"]
nº 19	Inverno de 1943	The Crimes Set to Music (GF) ["Crimes no compasso da música"]
nº 21	Verão de 1944	The Man Who Relived His Life (GF) ["O homem que reviveu sua vida"]
nº 24	Primavera de 1945	This Is Our Enemy! (GF) ["Nosso inimigo é este!"]
nº 31	Out.-Nov. 1946	The Workshop of Willie Wonder (GF) ["A oficina de Willie Wonder"]
nº 34	Abr.-Mai. 1947	The Wiles of the Wizard (GF; MM desenhada por Irwin Hasen) ["As artimanhas do feiticeiro"]
nº 35	Jun.-Jul. 1947	The Day That Dropped Out of Time (roteiro de John Broome; WW desenhada por Irwin Hasen) ["O dia que se perdeu no tempo"]
nº 36	Ago.-Set. 1947	5 Drowned Men (roteirista desconhecido; MM desenhada por Irwin Hasen) ["Os 5 afogados"]
nº 37	Out.-Nov. 1947	The Injustice Gang of the World (RK; MM desenhada por Irwin Hasen) ["A gangue da injustiça do mundo"]
nº 38	Dez. 1947-Jan. 1948	History's Crime Wave (GF; MM desenhada por Carmine Infantino) ["A onda de crimes da história"]

ÍNDICE DE QUADRINHOS ★ 377

SENSATION COMICS		
nº 1	Jan. 1942	Wonder Woman Comes to America ["A Mulher-Maravilha chega à América", no Brasil em *Coleção DC 70 Anos* nº 3, Panini, 2008]
nº 2	Fev. 1942	Dr. Poison ["Dr. Veneno"]
nº 3	Mar. 1942	A Spy in the Office ["Um espião no departamento"]
nº 4	Abr. 1942	School for Spies ["Escola de espiões"]
nº 5	Mai. 1942	Wonder Woman Versus the Saboteurs ["Mulher-Maravilha contra os sabotadores"]
nº 6	Jun. 1942	Summons to Paradise ["Convocados ao paraíso"]
nº 7	Jul. 1942	The Milk Swindle ["O golpe do leite"]
nº 8	Ago. 1942	Department Store Perfidy ["A perfídia da magazine"]
nº 9	Set. 1942	The Return of Diana Prince ["O retorno de Diana Prince"]
nº 10	Out. 1942	The Railroad Plot ["A trama da ferrovia"]
nº 11	Nov. 1942	Mission to Planet Eros ["Missão ao planeta Eros"]
nº 12	Dez. 1942	America's Guardian Angel ["A anjo da guarda dos EUA"]
nº 13	Jan. 1943	Wonder Woman Is Dead ["A Mulher-Maravilha morreu"]
nº 14	Fev. 1943	The Story of Fir Balsam ["A história do pinheiro de Natal"]
nº 15	Mar. 1943	Victory at Sea ["Vitória no mar"]
nº 16	Abr. 1943	The Masked Menace ["Ameaça mascarada"]
nº 17	Mai. 1943	Riddle of the Talking Lion (FG) ["A charada do leão falante"]
nº 18	Jun. 1943	The Secret City of the Incas (FG) ["A cidade secreta dos incas"]
nº 19	Jul. 1943	The Unbound Amazon (FG) ["A amazona liberta"]
nº 20	Ago. 1943	The Girl with the Gun ["A moça armada"]
nº 21	Set. 1943	War Against Society (FG) ["Guerra contra a sociedade"]

nº 22	Out. 1943	The Secret Submarine ["O submarino secreto"]
nº 23	Nov. 1943	War Laugh Mania ["A febre das risadas"]
nº 24	Dez. 1943	The Adventure of the Pilotless Plane ["A aventura do avião sem piloto"]
nº 25	Jan. 1944	Adventure of Kidnappers of the Astral Spirits ["A aventura dos sequestradores dos espíritos astrais"]
nº 26	Fev. 1944	The Masquerader ["A mascarada", no Brasil em *Superamigos*, 2ª série, nº 2, Ebal, 1977]
nº 27	Mar. 1944	The Fun Foundation ["A fundação da diversão"]
nº 28	Abr. 1944	The Malice of the Green Imps ["A malícia dos Duendes Verdes"]
nº 29	Mai. 1944	Adventure of the Escaped Prisoner ["A aventura do prisioneiro fugitivo"]
nº 30	Jun. 1944	The Blue Spirit Mystery ["Mistério do espírito azul"]
nº 31	Jul. 1944	Grown-Down Land ["A terra dos desadultos"]
nº 32	Ago. 1944	The Crime Combine ["O conchavo do crime"]
nº 33	Set. 1944	The Disappearance of Tama ["O sumiço de Tama"]
nº 34	Out. 1944	Edgar's New World ["O novo mundo de Edgar"]
nº 35	Nov. 1944	Girls Under the Sea ["Meninas subaquáticas"]
nº 36	Dez. 1944	Battle Against Revenge ["A batalha contra a vingança"]
nº 37	Jan. 1945	The Invasion of Paradise Island ["A invasão da Ilha Paraíso"]
nº 38	Fev. 1945	Racketeers Kidnap Miss Santa Claus ["Chantagistas sequestram a senhora Noel"]
nº 39	Mar. 1945	In the Clutches of Nero ["Nas garras de Nero"]
nº 40	Abr. 1945	Draska the Deadly ["Draska, a fatal"]
nº 41	Mai. 1945	The Octopus Plants (JHMK) ["As plantas-polvo"]
nº 42	Jun. 1945	Peril on Paradise Island (RK) ["Perigo na llha Paraíso"]
nº 43	Jul. 1945	Three Pretty Girls (JHMK) ["Três meninas lindas"]

n° 44	Ago. 1945	Chains and Bracelets (RK) ["Correntes e braceletes"]
n° 45	Set. 1945	In the Enemy's Hands (RK?) ["Em mãos inimigas"]
n° 46	Out. 1945	The Lawbreakers' League ["A liga dos infratores"]
n° 47	Nov. 1945	The Terror of the Tycoon Club ["O horrível clube dos magnatas"]
n° 48	Dez. 1945	The Midget Mystery (JHMK) ["O mistério dos anões"]
n° 49	Jan. 1946	The Mystery of Lake Iceberg (JHMK) ["O mistério do lago Iceberg"]
n° 50	Fev. 1946	The Case of the Girl in Braces ["O caso da menina de aparelho"]
n° 51	Mar. 1946	The Crime of Boss Brekel (RK) ["O crime do chefe Brekel"]
n° 52	Abr. 1946	The Brand of Madness (JHMK) ["A marca da loucura"]
n° 53	Mai. 1946	The Case of the Valiant Dog (JHMK) ["O caso do cão valente"]
n° 54	Jun. 1946	The Treachery of Fiendo (JHMK) ["A deslealdade de Fiendo"]
n° 55	Jul. 1946	The Bughuman Plague (JHMK e WMM) ["A praga dos Homens-Insetos"]
n° 56	Ago. 1946	Anti-Atomic Metal ["O metal anti-atômico"]
n° 57	Set. 1946	The Hatchet of Death (JHMK) ["A machadinha da morte"]
n° 58	Out. 1946	The Bog Trap ["Armadilha pantanosa"]
n° 59	Nov.1946	The Blue Snow Man (JHMK) ["O homem de neve azul"]
n° 60	Dez. 1946	The Ordeal of Queen Boadicea ["As provações da Rainha Boadiceia"]
n° 61	Jan. 1947	The Million Dollar Tennis Game ["A partida de tênis do milhão"]
n° 62	Fev. 1947	The Mysterious Prisoners of Anglonia ["Os misteriosos prisioneiros de Anglônia"]
n° 63	Mar. 1947	The Wail of Doom ["O grito da perdição"]
n° 64	Abr. 1947	The Adventure of the Little Cloud People (JHMK) ["As aventuras das mini-pessoas das nuvens"]
n° 65	Mai. 1947	Treachery in the Arctic (JHMK) ["Traição no Ártico"]
n° 66	Jun. 1947	Prisoners of Cops and Robbers ["Os prisioneiros de polícia e ladrão"]

n° 67	Jul. 1947	The Secret of the Bar-L Ranch ["O segredo do rancho Bar-L"]
n° 68	Ago. 1947	The Secret of the Menacing Octopus ["O segredo do polvo ameaçador"]
n° 69	Set. 1947	Mystery Behind A,B,C ["O mistério por trás de A,B,C"]
n° 70	Out. 1947	The Unconquerable Women of Cocha Bamba ["As mulheres imbatíveis de cocha bamba"]
n° 71	Nov. 1947	The Invasion of the Sun Warriors (JHMK) ["A invasão dos guerreiros do sol"]
n° 72	Dez. 1947	The Menace of the Blue Seal Gang (JHMK) ["A ameaça da gangue selo azul"] Wonder Women of History: Louisa May Alcott ["Mulheres-Maravilha da história: Louisa May Alcott"]
n° 73	Jan. 1948	The Witches' Trials (JHMK) ["Os julgamentos das bruxas"]
n° 74	Fev. 1948	The Adventure of the Undersea Cowboys (JHMK) ["A aventura dos caubóis submarinos"] Wonder Women of History: Mary Lyon ["Mulheres-Maravilha da história: Mary Lyon"]
n° 75	Mar. 1948	The Return of Shaggy the Lephrechaun (JHMK) ["O retorno de barbicha, o duende"] Wonder Women of History: Rosa Bonheur ["Mulheres-Maravilha da história: Rosa Bonheur"]
n° 76	Abr. 1948	Murder Referees the Round (JHMK) ["Homicídio na luta"] Wonder Women of History: Margaret Brent ["Mulheres-Maravilha da história: Margaret Brent"]
n° 77	Mai. 1948	Tress's Terrible Mistake (JHMK) ["O grande erro de Tress"]
n° 78	Jun. 1948	The Mistress of Masquerade (JHMK) ["A mestra do baile de máscaras"] Wonder Women of History: Dr. Mary E. Walker ["Mulheres-Maravilha da história: Dra. Mary E. Walker"]
n° 79	Jul. 1948	Land of Mirrors (JHMK) ["Terra dos espelhos"]
n° 80	Ago. 1948	The Swinging Scimitar (RK) ["A cimitarra ameaçadora"]
n° 81	Set. 1948	When Treachery Wore a Green Shirt (JHMK) ["Quando a perfídia vestiu blusa verde"] Wonder Women of History: Clara Schumann ["Mulheres-Maravilha da história: Clara Schumann"]
n° 82	Out. 1948	Brain Pirates from the Inner Moon World (JHMK) ["Neuropiratas do mundo dentro da lua"]

nº 83	Nov. 1948	The Sinister Olympics (RK) ["As olimpíadas sinistras"] Wonder Women of History: Ellen E. Richards ["Mulheres-Maravilha da história: Ellen E. Richards"]
nº 84	Dez. 1948	Bottle Cast Up By the Sea (atribuída a Sheldon Mayer) ["A garrafa lançada ao mar"] Wonder Women of History: Selma Lagerlof ["Mulheres-Maravilha da história: Selma Lagerlof"]
nº 85	Jan. 1949	The Girl Who Wanted to be an Amazon (JHMK) ["A menina que queria ser amazona"] Wonder Women of History: Anna Pavlova ["Mulheres-Maravilha da história: Anna Pavlova"]
	WONDER WOMAN	
nº 1	Verão de 1942	Wonder Woman, Who Is She? ["Miss América, a Mulher-Maravilha", no Brasil em *As aventuras de Diana*, 5ª série, nº 1, Ebal, 1972; e em *Origem dos heróis*, 3ª série, nº 3, Ebal, 1975.] Wonder Woman Goes to the Circus ["Mulher-Maravilha vai ao circo"] Wonder Woman of History: Florence Nightingale ["Mulher-Maravilha da História: Florence Nightingale"] Wonder Woman Versus the Prison Spy Ring ["Mulher-Maravilha contra o círculo de espiões"] The Greatest Feat of Daring in Human History ["A proeza mais ousada da história humana"]
nº 2	Outono de 1942	The God of War ["O deus da guerra"] The Earl of Greed ["O conde da cobiça"] Wonder Woman of History: Clara Barton ["Mulher-Maravilha da história: Clara Barton"] The Duke of Deception ["O Duque da Farsa"] The Count of Conquest ["O conde conquistador"]
nº 3	Fev.-Mar. 1943	A Spy on Paradise Island ["Uma espiã na Ilha Paraíso"] The Devilish Devices of Baroness von Gunther ["Os dispositivos diabólicos da Baronesa von Gunther"] Wonder Women of History: Edith Cavell ["Mulheres-Maravilha da história: Edith Cavell"] The Secret of Baroness von Gunther ["O segredo da Baronesa von Gunther"] Ordeal of Fire ["Provação do fogo"]

n° 4	Abr.-Mai. 1943	Man-Hating Madness ["A loucura anti-homens"]
		Mole Men of the Underworld ["Os Homens-Toupeira do subterrâneo"]
		Wonder Women of History: Lillian D. Wald ["Mulheres-Maravilha da história: Lillian D. Wald"]
		The Rubber Barons ["Os barões da borracha"]
n° 5	Jun.-Jul. 1943	Battle for Womanhood ["A batalha pelo feminino"]
		Etta Candy and Her Holliday Girls ["Etta Candy e suas garotas Holliday"]
		Mars Invades the Moon ["Marte invade a lua"]
		Wonder Women of History: Susan B. Anthony ["Mulheres-Maravilha da história: Susan B. Anthony"]
		The Return of Dr. Psycho ["O retorno do Dr. Psycho"]
n° 6	Outono de 1943	Wonder Woman and the Cheetah ["Mulher-Maravilha e a Mulher-Leopardo"]
		The Adventure of the Beauty Club ["A aventura do clube da beleza"]
		Wonder Women of History: Madame Chang Kai-shek ["Mulheres-Maravilha da história: Madame Chang Kai-shek"]
		The Conquest of Paradise ["A conquista do paraíso"]
n° 7	Inverno de 1943	The Adventure of the Life Vitamin ["A aventura da vitamina da vida"]
		America's Wonder Women of Tomorrow ["Mulheres-Maravilha dos Estados Unidos do amanhã"]
		Wonder Women of History: Joan of Arc ["Mulheres-Maravilha da história: Joana d'Arc"]
		The Secret Weapon ["A arma secreta"]
		Demon of the Depths ["Demônio das profundezas"]
n° 8	Primavera de 1944	Queen Clea's Tournament of Death ["O torneio da morte da Rainha Clea"]
		The Girl with the Iron Mask ["A garota da máscara da ferro"]
		Wonder Women of History: Sister Elizabeth Kenny ["Mulheres-Maravilha da história: Irmã Elizabeth Kenny"]
		The Captive Queen ["A rainha cativa"]

nº 9	Verão de 1944	Evolution Goes Haywire ["A evolução vira confusão"]
		Wonder Woman vs. Achilles ["Mulher-Maravilha contra Aquiles"]
		The Freed Captive ["A cativa liberta"]
nº 10	Outono de 1944	Spies from Saturn ["Espiões de Saturno"]
		Wonder Women of History: Juliette Low ["Mulheres-Maravilha da história: Juliette Low"]
		The Sky Road ["A estrada do céu"]
		Wonder Woman's Boots ["As botas da Mulher-Maravilha"]
nº 11	Inverno de 1944	The Slaves of the Evil Eye ["Os escravos do olho maligno"]
		The Unseen Menace ["A ameaça invisível"]
		The Slave Smugglers ["Os escravagistas"]
		Wonder Women of History: Julia Ward Howe ["Mulheres-Maravilha da história: Julia Ward Howe"]
nº 12	Primavera de 1945	The Winged Maidens of Venus (JHMK) ["As donzelas aladas de Vênus"]
		The Ordeal of Fire (JHMK) ["A provação do fogo"]
		Wonder Women of History: Helen Keller ["Mulheres-Maravilha da história: Helen Keller"]
		The Conquest of Venus (JHMK) ["A conquista de Vênus"]
nº 13	Verão de 1945	The Icebound Maidens (JHMK) ["As donzelas no gelo"]
		The Mystery Maid (JHMK) ["A moça misteriosa"]
		Wonder Women of History: Sojourner Truth ["Mulheres-Maravilha da história: Sojourner Truth"]
		Slaves in the Electric Gardens (JHMK) ["Escravas nos jardins elétricos"]
nº 14	Outono de 1945	Captured by Leprechauns (JHMK) ["Capturada por duendes"]
		The Gentleman Killer Strikes Again (JHMK) ["O assassino cavalheiro ataca mais uma vez"]
		Wonder Women of History: Abigail Adams ["Mulheres-Maravilha da história: Abigail Adams"]
		The Conquest of Shamrock Land (JHMK) ["A conquista da Terra do Trevo"]

nº 15	Inverno de 1945	The First Battle of Neptunia (JHMK) ["A primeira batalha de Netúnia"]
		Wonder Women of History: Evangeline Booth ["Mulheres-Maravilha da história: Evangeline Booth"]
		The Masters of the Water (JHMK) ["Os mestres da água"]
		In the Killer's Cage (JHMK) ["Na jaula do asassino"]
nº 16	Mar.-Abr. 1946	The Secret of the Dark Planet (JHMK) ["O segredo do planeta escuro"]
		The River of Liquid Fire (JHMK) ["O rio de fogo líquido"]
		Wonder Women of History: Marie Curie ["Mulheres-Maravilha da história: Marie Curie"]
		King Pluto's Revenge (JHMK) ["A vingança do Rei Plutão"]
nº 17	Mai.-Jun. 1946	Wonder Woman and the Winds of Time (JHMK) ["Mulher-Maravilha e os ventos da história"]
		Wonder Women of History: Emma Willard ["Mulheres-Maravilha da história: Emma Willard"]
		The Redskin's Revenge (JHMK) ["A vingança dos pele-vermelha"]
		Subterranean Death (JHMK) ["Morte subterrânea"]
nº 18	Jul.-Ago. 1946	The Return from the Dead (JHMK) ["O retorno dos mortos"]
		Wonder Women of History: Hannah Adams ["Mulheres-Maravilha da história: Hannah Adams"]
		The Drugged WAC (JHMK) ["A soldada drogada"]
		Ectoplasmic Death (JHMK) ["Morte ectoplásmica"]
nº 19	Set.-Out. 1946	Invisible Terror (JHMK) ["Terror invisível"]
		Wonder Woman of History: Elizabeth Blackwell ["Mulher-Maravilha da história: Elizabeth Blackwell"]
		The Witchdoctor's Cauldon (JHMK) ["O caldeirão do curandeiro"]
		In the Lair of the Death Ray Criminals (JHMK) ["No covil dos criminosos do raio da morte"]

n° 20	Nov.-Dez. 1946	The Terrors of the Air (JHMK) ["Os terrores aéreos"] Wonder Women of History: Lucretia Mott ["Mulheres-Maravilha da história: Lucretia Mott"] The Rage of Redbeard (JHMK) ["A ira de Barbaruiva"] The Pirates' Galley Slave (JHMK) ["A escrava da galera dos piratas"]
n° 21	Jan.-Fev. 1947	The Mystery of Atom World (JHMK) ["O mistério do mundo atômico"] Wonder Women of History: Annie Oakley ["Mulheres-Maravilha da história: Annie Oakley"] The Tide of Atomic Fire (JHMK) ["A maré do fogo atômico"] Ruler of the Atom World (JHMK) ["O governante do mundo atômico"]
n° 22	Mar.-Abr. 1947	The Color Thief ["O ladrão das cores"] Wonder Women of History: Sarah Bernhardt ["Mulheres-Maravilha da história: Sarah Bernhardt"] The Island of Evil ["A ilha do mal"] Jealousy Visits the Winged of Venus ["O ciúme chega às aladas de Vênus"]
n° 23	Mai. 1947	Siege of the Savage War Maidens ["O cerco das donzelas selvagens da guerra"] Wonder Woman and the Coming of the Kangas ["Mulher-Maravilha e o Ataque dos Kangas"] The Vanishing Mummy ["A múmia desaparecida"]
n° 24	Jul.-Ago. 1947	Tutine, the Tutor of Destruction ["Tutine, tutor da aniquilação"] Wonder Women: Maria Mitchell ["Mulheres-Maravilha: Maria Mitchell"] Challenge of the Mask ["O desafio da máscara"]
n° 25	Set.-Out. 1947	The Curse of Montezuma ["A maldição de Montezuma"] Siege of the Rykornians (JHMK) ["O cerco dos rykornianos"] Wonder Women of History: Dolley Madison ["Mulheres-Maravilha da história: Dolley Madison"] Who'll Adopt Teasy? (JHMK) ["Quem vai adotar Teasy?"] The Judgment of Goddess Vultura (JHMK) ["O julgamento da Deusa Abutra"]

nº 26	Nov.-Dez. 1947	Speed Maniacs from Mercury (JHMK) ["Maníacos velocistas de Mercúrio"]
		Wonder Women of History: Carrie Chapman Catt ["Mulheres-Maravilha da história: Carrie Chapman Catt"]
		The Mistress of the Beasts (JHMK) ["A mestra das feras"]
		The Golden Women and the White Star (JHMK) ["As mulheres de ouro e a estrela alva"]
nº 27	Jan.-Fev. 1948	The Secret of the Kidnapped Dummy (JHMK) ["O segredo da boneca raptada"]
		Wonder Women of History: Sacagawea ["Mulheres-Maravilha da história: Sacagawea"]
		The Legend of Rainbow and Stardust ["A lenda do arco-íris e das estrelas"]
		The Mystical Power of Idea Forms ["O poder místico das formas idealizadas"]
nº 28	Mar.-Abr. 1948	Villainy Incorporated ["Corporação da vilania", no Brasil em *Coleção DC 70 Anos* nº 3, Panini, 2008]
		Trap of Crimson Flame (JHMK) ["Armadilha da chama rubra!", no Brasil em *Coleção DC 70 Anos* nº 3, Panini, 2008]
		Wonder Women of History: Elizabeth Barrett Browning ["Mulheres-Maravilha da história: Elizabeth Barrett Browning"]
		In the Hands of the Merciless ["Em mãos impiedosas!", no Brasil em *Coleção DC 70 Anos* nº 3, Panini, 2008]
nº 29	Mai.-Jun. 1948	Ice World's Conquest (JHMK) ["A conquista do mundo do gelo"]
		Tale of the Tigers ["O conto dos tigres"]
		Wonder Women of History: Dorothea Lynde Dix ["Mulheres-Maravilha da história: Dorothea Lynde Dix"]
		The Treasure Hunt (JHMK) ["A caça ao tesouro"]
nº 30	Jul.-Ago. 1948	The Secret of the Limestone Caves (JHMK) ["O segredo das cavernas de calcário"]
		Wonder Women of History: Nellie Bly ["Mulheres-Maravilha da história: Nellie Bly"]
		The Song of the Sirens (RK) ["A canção das sereias"]
		A Human Bomb (RK?) ["Uma bomba humana"]

COMIC CAVALCADE

A *Comic Cavalcade*, assim como a *All-American Comics*, era uma antologia: "A galáxia dos melhores gibis dos Estados Unidos". A revista trazia histórias de Mulher--Maravilha, Joel Ciclone, Lanterna Verde, Scribbly, Mutt & Jeff e outros. As histórias da Mulher-Maravilha eram sempre as primeiras, e ela sempre aparecia na capa. Apenas o primeiro volume de *Comic Cavalcade Archives* foi publicado. Ele reproduz as edições 1 a 3. Algumas histórias da Mulher-Maravilha estão incluídas em *The Wonder Woman Chronicles*, mas não todas.

n° 1	Dez. 1942-Jan. 1943	Mystery of the House of the Seven Gables ["Mistério da casa das sete torres"]
n° 2	Primavera de 1943	Wanted by Hitler, Dead or Alive (FG) ["Procurada por Hitler, viva ou morta"]
n° 3	Verão de 1943	The Invisible Invader ["O invasor invisível"]
n° 4	Outono de 1943	The Purloined Pressure Coordinator ["O furto do estabilizador de pressão"]
n° 5	Inverno de 1943	Mystery of the Crimson Flame ["O mistério da chama escarlate"]
n° 6	Primavera de 1944	The Mystery of Countess Mazuma ["O mistério da Condessa Mazuma"]
n° 7	Verão de 1944	The Vulture's Nest ["O ninho do abutre"] Etta Candy and Her Holliday Girls ["Etta Candy e suas garotas Holliday"]
n° 8	Outono de 1944	The Amazon Bride ["A noiva amazona"]
n° 9	Inverno de 1944	The Subsea Pirates ["Os piratas subaquáticos"]
n° 10	Primavera de 1945	The Great Blue Father ["Grande pai azul"]
n° 11	Verão de 1945	The Cheetah Returns (JHMK) ["A volta da Mulher-Leopardo"]
n° 12	Outono de 1945	Rebellion on Paradise Island (JHMK) ["Rebelião na Ilha Paraíso"]
n° 13	Inverno de 1945	The Underwater Follies (JHMK) ["As loucuras submarinas"]
n° 14	Abr.-Mai. 1946	The Severed Bracelets ["Os braceletes partidos"]
n° 15	Jun.-Jul. 1946	Flaming Fury (JHMK) ["Fúria flamejante"]
n° 16	Ago.-Set. 1946	The Battle of Desires ["A batalha dos desejos"]
n° 17	Out.-Nov. 1946	The Valkyries' Prey ["A presa das valquírias"]

nº 18	Dez. 1946-Jan. 1947	The Menace of the Rebel Manlings (JHMK) ["A ameaça dos homenzinhos rebeldes"]
nº 19	Fev.-Mar. 1947	The Battle for Eternal Youth ["A batalha pela juventude eterna"]
nº 20	Abr.-Mai. 1947	The Buddha Wishing Ring ["O círculo de orações de Buda"]
nº 21	Jun.-Jul. 1947	The Siege of the Flying Mermaids ["O cerco das sereias voadoras"]
nº 22	Ago.-Set. 1947	The Captives of Saturnette ["Os prisioneiros de Saturneta"]
nº 23	Out.-Nov 1947	Siege of the Iron Giants (JHMK) ["O cerco dos gigantes de ferro"]
nº 24	Dez. 1947-Jan. 1948	Empress of the Sea-Brigands ["A imperadora dos salteadores do mar"]
nº 25	Fev.-Mar. 1948	Hatred of Badra ["O ódio de Badra"]
nº 26	Abr.-Mai. 1948	Deception's Daughter (RK) ["A filha de Farsa"]
nº 27	Jun.-Jul. 1948	Anti-Electric ["Anti-Elétrica"]
nº 28	Ago.-Set. 1948	The Sinister Countess Hatra ["Hatra, a condessa sinistra"]
nº 29	Out.-Nov. 1948	Machine of Schemes (JHMK) ["Máquina de maquinações"]

[Roteiro não utilizado: *The Cheetah's Thought Prisoners — Os prisioneiros do pensamento da Mulher-Leopardo]

THE BIG ALL-AMERICAN COMIC BOOK

1944	Denny the Demon Had Plans ["Os planos que Denny, o Demônio tinha"]

Este volume é uma edição especial que não faz parte de uma série. Contém dezesseis histórias, incluindo as de Lanterna Verde, Joel Ciclone e Falcão da Noite. A história da Mulher-Maravilha é a primeira.

NOTAS

ABREVIAÇÕES UTILIZADAS NAS NOTAS

ADM	Annie Dalton (Moulton) Marston
BHRM	Byrne Holloway Richard Marston
EHM	(Sadie) Elizabeth Holloway Marston
JE	Joanne Edgar
JHMK	Joye Hummel Murchison Kelly
JHW	John Henry Wigmore
LB	Lauretta Bender
MCG	Maxwell Charles Gaines
MPM	Moulton ("Pete") Marston
MM	Mulher-Maravilha
MS	Margaret Sanger
MSML	Margaret Sanger Marston Lampe
MWH	Marjorie Wilkes Huntley
OBR	Olive Byrne "Richard"
WMM	William Moulton Marston

Nota referente à abreviação de nomes femininos

Nas notas, usei abreviações com os últimos nomes de casadas das mulheres, em vez de nomes prévios, independentemente da maneira como me refiro a elas no texto principal. Chamo Joye Hummel Murchison Kelly, no texto principal, por seu nome de solteira, "Joye Hummel", antes de 1947, ano em que ela se casou com Dave Murchison. Depois da morte do primeiro marido, ela se casou com Jack Kelly. Nas notas, abrevio seu nome como "JHMK" em todas as ocorrências. Da mesma forma, refiro-me no texto principal à esposa de Donn Marston, durante o casamento deles, por "Margaret Sanger Marston", mas como após a morte dele ela se casou com um homem de sobrenome Lampe, mantive a utilização consistente da abreviação "MSML" nas notas. Olive Byrne nunca se casou, mas assinava profissionalmente "Olive Richard" e usava as iniciais "OBR" em seus documentos. Sadie Elizabeth Holloway Marston excluiu o nome "Sadie" após o casamento, e passou a usar as iniciais "EHM" em seus documentos. Os filhos delas costumam referir-se às duas mulheres ou por estas iniciais, OBR e EHM, ou pelos apelidos que Marston usava com elas, Dotsie (ou Dots) e Keetsie (ou Keets). Portanto, utilizei as iniciais nas notas, e no texto me refiro a OBR como "Olive" e a EHM como "Holloway" — solução imperfeita, mas que me pareceu a melhor forma de evitar confusão com outros Marston e Byrne.

Nota relativa ao uso de DC Comics como abreviação

A invenção da "DC Comics" como marca é inseparável da criação da Mulher-Maravilha. A DC Comics, Inc. tem suas origens na fundação, em 1934, da National Allied Publications. Uma editora afiliada, a Detective Comics Inc., foi fundada em 1937. Outra afiliada, a All-American Publicatons, foi fundada em 1938 por Maxwell Charles Gaines e Jack Liebowitz. Superman estreou na *Action Comics* em 1938; Batman estreou na *Detective Comics* em 1939. Em 1940, tentando rechaçar críticos que acusavam seus gibis campeões de venda de fazerem mal a crianças, Gaines contratou William Moulton Marston como psicólogo consultor e também o convocou para o recém-inaugurado Comitê Consultivo Editorial. "'Doc' Marston é, há muito tempo, defensor das revistas em quadrinhos corretas e agora faz parte do Conselho Consultivo Editorial de todos os quadrinhos 'D.C. Superman'", Gaines escreveu em memorando. Também em 1940, a DC decidiu estampar as revistas nas quais o Superman e o Batman apareciam com um logotipo que dizia "Uma publicação DC" e, depois, "Uma publicação Superman-DC". ("DC" era abreviação de "Detective Comics"). O logotipo deveria servir como um selo de qualidade. Nesse meio-tempo, Marston convenceu Gaines de que a melhor forma de rechaçar os críticos seria criar uma super-heroína. Gaines aceitou fazer um teste, ainda que relutantemente. Marston enviou seu primeiro roteiro da Mulher-Maravilha em fevereiro de 1941. Em outubro de 1941, Gaines anunciou aos leitores: "O 'DC' no alto das capas de nossas revistas é o indicativo das melhores revistas." A Mulher-Maravilha estreou naquele mesmo mês, em uma edição da *All-Star Comics* com data de dezembro de 1941-janeiro de 1942. Contratar Marston, apresentar o logotipo como selo de aprovação, criar um conselho consultivo e criar a Mulher-Maravilha foram todos elementos de um projeto único e simultâneo: defender os quadrinhos da crítica. Em 1944, a National Allied Publications e a All-American Publications, assim como outras empresas, fundiram-se para criar a National Periodical Publications. Em 1977, a National Periodical Publications mudou oficialmente de nome e tornou-se DC Comics, Inc., nome pelo qual era conhecida, informalmente, há décadas. Em prol do leitor, optei por referir-me à editora de quadrinhos de Superman, Batman e Mulher-Maravilha como "DC Comics" desde o início, que também é a forma como, a partir de 1940, a editora dessas revistas era conhecida popularmente.

Todas as citações a tiras e revistas em quadrinhos da Mulher-Maravilha são escritas por WMM, fora referência em contrário.

NOTAS ★ **391**

1. HARVARD TEM MEDO DA SRA. PANKHURST?

1. Henry W. Moulton, *Moulton Annals*, ed. Claribel Moulton (Chicago: Edward A. Claypool, 1906), 13-14, 310, 324-27, 405-6; Sir Walter Scott, *Tales of the Crusaders* [*Contos dos cruzados*], ed. J.B. Ellis (1825; rep.: Edimburgo: Edinburgh University Press, 2009), vol. 3, *The Talisman*, capítulo 6, pp. 56-58. Annie Moulton deu aulas na escola primária de Amesbury em 1876; há um certificado de sua nomeação em posse de MPM. O avô de WMM, Henry William Moulton, faleceu em 1896. O Castelo Moulton foi demolido pelos novos proprietários do terreno por volta de 1900. O pai de WMM, Frederick W. Marston, era o filho mais velho de Frederick A. Marston e Theresa Maria Cotton. Ele nasceu em Stratham, New Hampshire, em 10 de dezembro de 1860 e faleceu em 23 de janeiro de 1923. "Summary of Marston Genealogy", documentos não publicados de BHRM.

2. O primeiro prêmio de Marston foi um livro que ele ganhou aos 7 anos, *Rollo in Switzerland*, de Jacob Abbott (Nova York: Mershon, 1898), que traz a inscrição "William Moulton Marston, 30 de junho de 1899, livro dado como premiação", em posse de MPM. A biblioteca de WMM está cheia de livros que ganhou das tias, incluindo *Rollo's Tour in Europe*, de Jacob Abbott (Nova York: Burst, s.d.), com a inscrição "William Moulton Marston. Da tia Claribel, 9 de maio de 1896", em posse de MPM.

3. BHRM, "Memories of an Unusual Father", documento datilografado não publicado, 2002, em posse de BHRM, 2.

4. WMM, *Try Living* (Nova York: Thomas Y. Crowell, 1937), 2-3.

5. EHM, "Tiddly Bits: The Tale of a Manx Cat", documento datilografado não publicado, em posse de MPM.

6. Pode-se acompanhar a passagem de WMM pelo ensino médio nos volumes de 1910 e 1911 da *Oracle*, publicados pela Sociedade Literária do Colégio Malden e mantidos na Biblioteca Pública de Malden, em Malden, Massachusetts. O encontro da sociedade literária no qual leu-se o artigo de título "O sufrágio feminino" aconteceu em 23 de setembro de 1910.

7. WMM, Histórico de graduando, Arquivos da Harvard University, USIII 15.88.10.

8. WMM, *Try Living*, 2-3.

9. Id., 2. WMM conta a mesma história, com adornos, em OBR, "To Be or Not", *Family Circle*, 21 de janeiro de 1938.

10. Harvard University, *Harvard University Catalogue, 1911-1912* (Cambridge: publicação da universidade, 1911), 328, 401. Durante o primeiro ano de faculdade, Marston morou na Hancock Street nº 185 (p. 94).

11. Charles Homer Haskins, "History: One of a Series of Lectures Given to the Freshman Class in Harvard College", *Historical Outlook* 16 (1925): 195-97. Para um empreendimento contemporâneo similar, ver Allen Johnson, *The Historian and Historical Evidence* (Nova York: Charles Scribner's Sons, 1926, 1930).

12. WMM, *Try Living*, 3.

392 ★ A HISTÓRIA SECRETA DA MULHER-MARAVILHA

13. Na história, o composto químico em si não é identificado, mas os homens que encontram o cadáver sentem cheiro de nozes — ou seja, castanhas ou amêndoas: "Precisamente no meio do gabinete jazia o corpo de um homem, contorcendo-se de dor, remexendo-se em espasmos. Aproximaram-se dele na ponta dos pés, viraram-no sobre as costas e viram a face de Edward Hyde. Vestia roupas demasiado largas para si, trajes do porte do médico; as linhas do rosto ainda traziam a aparência de vida, embora toda a vida já o houvesse abandonado; e da ampola partida à mão e o cheiro forte de nozes que pairava no ar, Utterson percebeu estar diante do corpo de um suicida." Robert Louis Stevenson *Dr. Jekyll and Mr. Hyde* [*O médico e o monstro*] (Londres: Longman, Green, 1886), 84.

14. Há um retrato pormenorizado de Palmer, com mais idade, em W.A. Macdonald, "George Herbert Palmer at 90", *Boston Evening Transcript*, 19 de março de 1932. Ver também George Herbert Palmer, *The Life of Alice Freeman Palmer* (Boston: Houghton Mifflin, 1908) e Ruth Bordin, *Alice Freeman Palmer: The Evolution of a New Woman* (Ann Arbor: University of Michigan Press, 1993). Bordin diz que o compromisso de Alice Freeman Palmer com o voto feminino era insignificante (p. 6), mas a Associação Nacional pelo Sufrágio Feminino contava com o apoio dela e publicou em panfleto um texto de sua autoria chamado "O progresso no sufrágio igualitário". NWSA, *Handbook of the National Woman Suffrage Association* (Washington, DC: Stormont and Jackson, 1893), 60, 84.

15. George Herbert Palmer, prefácio de *Odyssey* [*Odisseia*] (1884; ed. rev.: Boston: Houghton Mifflin Company, 1921), V. O prefácio foi escrito para a edição de 1891. Foi Palmer quem contratou James, mas este o considerava pedante, e Jane Addams achava o estilo reformista de Alice Freeman Palmer aristocrático. Ver Louis Menand, *The Metaphysical Club: A Story of Ideas in America* (Nova York: Farrar, Straus and Giroux, 2001), 358, 312-15.

16. "O que perfaz o professor é o fervor em criar acadêmicos", pensava Palmer, "e repetidamente acontece de vermos que o grande acadêmico não tem nada deste fervor." George Herbert Palmer, *The Ideal Teacher* (Boston: Houghton Mifflin, 1910), 9. George Herbert Palmer, *The Autobiography of a Philosopher* (Boston: Houghton Mifflin, 1930), 131-36; a citação vem da p. 133. Quanto a Dewey e este princípio, ver Steven Fesmire, *John Dewey and Moral Imagination: Pragmatism in Ethics* (Bloomington: Indiana University Press, 2003). Para saber mais sobre Palmer, ver as recordações de seus colegas mais jovens em *George Herbert Palmer, 1842-1933: Memorial Addresses* (Cambridge: Harvard University Press, 1935). WMM, *Try Living*, 3.

17. O conjunto completo das anotações de Filosofia A de Palmer no outono de 1911 foi feito por um colega de WMM, um calouro chamado Arthur McGiffert. Arthur McGiffert, aprox. 1913, anotações de aula, 1911-1913, HUC 8911.400, Arquivos da Harvard University. Os trechos citados anteriormente vêm das seguintes datas de aulas (as referências de página correspondem às páginas no caderno de McGiffert): 10 de outubro de 1911, p. 7; 14 de outubro de 1911, p. 10; 9 de novembro de 1911, p. 33; 19 de dezembro de 1911, pp. 67, 71.

18. "The Declaration of Sentiments", 1848, em Elizabeth Cady Stanton, *A History of Woman Suffrage* (Rochester, NY: Fowler and Wells, 1889), I:70-71.

NOTAS ★ **393**

19. Paula Bartley, *Emmeline Pankhurst* (London: Routledge, 2002), 98.

20. G.K. Chesterton, "The Modern Martyr", *Illustrated London News*, 8 de fevereiro de 1908.

21. John Reed, "The Harvard Renaissance", manuscrito não publicado, Documentos John Reed, Biblioteca Houghton, Harvard University, MS Am 1091: 1139, pp. 57, 62-65; "Woman Suffrage Movement", *Harvard Crimson*, 2 de novembro de 1911; "Harvard Men's League for Woman Suffrage", *Harvard Crimson*, 2 de dezembro de 1911; Liga Masculina de Harvard pelo Sufrágio Feminino, arquivos, Arquivos da Harvard University, HUD 3514.5000. As listas de membros não existem mais. Ver também Christine Stansell, *American Moderns: Bohemian New York and the Creation of a New Century* (New York: Metropolitan, 2000), 229. Quanto ao destaque do debate sobre voto feminino em campi universitários nesta época, ver Barbara Miller Solomon, *In the Company of Educated Women: A History of Women and Higher Education in America* (New Haven, CT: Yale University Press, 1985), 111-12.

22. "Mrs. Kelley on 'Suffrage'", *Harvard Crimson*, 1º de novembro de 1911. Sobre Kelley, ver Kathryn Kish Sklar, *Florence Kelley and the Nation's Work: The Rise of Women's Political Culture, 1830-1900* (New Haven, CT: Yale University Press, 1995).

23. "Woman Suffrage Movement", *Harvard Crimson*, 2 de novembro de 1911.

24. Reed, "Harvard Renaissance", 66.

25. "Is Harvard Afraid of Mrs. Pankhurst?", *Detroit Free Press*, 1º de dezembro de 1911; "Harvard and the Suffragettes", *Atlanta Constitution*, 11 de dezembro de 1911; e Editorial, "Disorder at Harvard", *New York Times*, 5 de dezembro de 1911. Ver também "Harvard Boys Will Hear Mrs. Pankhurst", *San Francisco Chronicle*, 1º de dezembro de 1911; "Harvard Is Split over Mrs. Pankhurst", *Atlanta Constitution*, 1º de dezembro de 1911; e "Harvard Bars Suffragette", *New York Times*, 29 de novembro de 1911. "Deverá nossa universidade assumir, diante desta nova fase da batalha pela liberdade política, a mesma atitude cega e reacionária a que se agarrou — para a própria desgraça — ao longo da luta pela abolição da escravatura humana na América?", questionou Oswald Garrison Villard, egresso de Harvard, em carta enviada à Harvard Corporation. Villard era filho de Fanny Garrison Villard, fundadora do Partido Feminino da Paz, e neto do abolicionista William Lloyd Garrison. Também era editor do *New York Evening Post*. "A Graduate's View of the Discussion over Mrs. Pankhurst", *Harvard Crimson*, 4 de dezembro de 1911, e "Villard Criticises Harvard", *New York Times*, 4 de dezembro de 1911.

26. "Harvard Split on Suffrage", *New York Times*, 30 de novembro de 1911. Ver também "Harvard and Mrs. Pankhurst", *Boston Daily Globe*, 5 de dezembro de 1911.

27. "A Graduate's View", *Harvard Crimson*, 4 de dezembro de 1911; "Villard Criticises Harvard", *New York Times*, 4 de dezembro de 1911; "Mrs. Pankhurst's Lecture", *Harvard Crimson*, 6 de dezembro de 1911; "Students Fight to Hear Mrs. Pankhurst", *New York Tribune*, 7 de dezembro de 1911; e "Jeers for Mrs. Pankhurst", *New York Times* 7 de dezembro de 1911.

28. "Crowd to Hear Her", *Boston Daily Globe*, 7 de dezembro de 1911. Ver também "Growth of Woman Suffrage", *Harvard Crimson*, 7 de dezembro de 1911.

29. WMM, *Try Living*, 3.

30. Arthur McGiffert, AB 1913, anotações de aula, 1911-1913, Filosofia A, sem data, prova do meio do ano letivo, p. 98.

31. WMM, *Try Living*, 3. Ao escrever, em 1937, Marston foi incrivelmente preciso ao lembrar de suas notas em Harvard em 1911. Ele realmente tirou nota máxima no outono de 1911, em Filosofia A: História da Filosofia Antiga, lecionada por George Palmer. Ele estava entre o minúsculo punhado de alunos que se sobressaía na difícil disciplina. A média do curso aparentemente era C-. Devolução de Notas de 1911-1912, Filosofia A (Professor George Herbert Palmer), Faculdade de Artes e Ciências, Registros de Notas, 1848-1997, Arquivos da Harvard University, UAIII 15.28, caixa 85. Segundo as devoluções de provas finais, ele tirou B+ em História 1 (um B no histórico).

32. "Apresentando: a Mulher-Maravilha", *All Star Comics* nº 8, dezembro de 1941-janeiro de 1942. "Dr. Veneno", *Sensation Comics,* fevereiro de 1942. O texto entre parênteses vêm da tira de jornal da Mulher-Maravilha, agosto de 1944.

2. A DECLARAÇÃO AMAZONA DA INDEPENDÊNCIA

1. De EHM para Departamento de Egressas da Mount Holyoke College, 26 de fevereiro de 1987, Arquivos da Mount Holyoke College. EHM, "Tiddly Bits".

2. "Apresentando: a Mulher-Maravilha", *All Star Comics* nº 8 (dezembro de 1941-janeiro de 1942). E "A Mulher-Maravilha chega à América", *Sensation Comics* nº 1 (janeiro de 1942).

3. "Um espião no departamento", *Sensation Comics* nº 3 (março de 1942).

4. Um exemplar de John Ruskin, *Sesame and Lilies* (Nova York: A.L. Burt, s.d.), com a dedicatória "Sadie E. Holloway, de sua mãe, 8 de maio de 1909", em posse de MPM. A citação é do capítulo "Dos jardins de rainhas". Várias pistas sugerem que EHM nasceu em 8 de maio de 1893, embora a mesma às vezes informasse que nasceu em fevereiro daquele ano.

5. "Amazonian Declaration of Independence", 4 de julho de 1851, em pasta com o título Vida estudantil MHC, Geral, Atividades políticas até os anos 1930, Arquivos da Mount Holyoke College. Subsequentemente, a declaração foi publicada no *Springfield Republican* e no *Boston Evening Transcript*, 11 de julho de 1851. Entre as queixas: "Eles não vão nos autorizar a votar em nenhuma das nossas governantes civis, mesmo que tenhamos que nos submeter à humilhação de prometer votar em *homens*, o que é quase certo que nosso amor-próprio e nossos inalienáveis 'direitos de mulher' não nos permitiriam fazer, até que tenhamos tido nossa vez de governá-los, por tanto tempo quanto eles nos tiranizaram." Ver também Arthur C. Cole, *A Hundred Years of Mount Holyoke College* (New Haven, CT: Yale University Press, 1940), 49-52.

6. Cynthia Eller, *Gentlemen and Amazons: The Myth of Matriarchal Prehistory, 1861-1900* (Berkeley: University of California Press, 2011).

NOTAS ★ **395**

7. Elizabeth Cady Stanton, "The Matriarchate, or Mother-Age" (1891), republicado em *Elizabeth Cady Stanton, Feminist as Thinker: A Reader in Documents and Essays*, ed. Ellen DuBois e Richard Candida Smith (Nova York: New York University Press, 2007), 268.

8. Nancy F. Cott, *The Grounding of Modern Feminism* (New Haven, CT: Yale University Press, 1987), 40-41, e Sara M. Evans, *Born for Liberty: A History of Women in America* (Nova York: Free Press, 1989), 147. Os relatos mais completos sobre a instrução das mulheres neste período são de Helen Lefkowitz Horowitz, *Alma Mater: Design and Experience in the Women's Colleges from Their Nineteenth-Century Beginnings to the 1930s* (1984; rep.: Amherst: University of Massachusetts Press, 1993) e Solomon, *In the Company of Educated Women*.

9. Verbete de EHM em *The Llamarada 1916* (South Hadley, MA: Mount Holyoke College, publicado anualmente pela turma de calouras, 1916), 51. Sobre o hóquei: "Eu não era nenhuma estrela", ela confessou. EHM, "Tiddly Bits".

10. O discurso de 1906 de Mary Woolley diante da convenção foi republicado em "Miss Woolley on Woman's Ballot", *Political Equality Series*, 2 (1909). Um exemplar do folheto está nos Arquivos da Mount Holyoke College. Ver também Anne Carey Edmonds, *A Memory Book: Mount Holyoke College, 1837-1987* (South Hadley, MA: Mount Holyoke College, 1988), 97.

11. Kathryn M. Conway, "Woman Suffrage and the History of Rhetoric at the Seven Sisters Colleges, 1865-1919", em *Reclaiming Rhetorica: Women in the Rhetorical Tradition*, ed. Andrea A. Lunsford (Pittsburgh: University of Pittsburgh Press, 1995), 219.

12. A palestra de abril de 1913 é citada nos Documentos Lebourveau, Arquivos da Mount Holyoke College. Documentos Jeannette Bickford Bridges, 1914-1986, Arquivos da Mount Holyoke College, caixa 1, pasta 2. "Equal Suffrage League Notes", *Mount Holyoke* 23 (maio de 1914): 606-8. Ver estes documentos, incluindo a constituição da liga, nos Registros da Mount Holyoke College, Liga Universitária Nacional pelo Sufrágio Igualitário, 1912-1919, caixa 26, pasta 3. O catálogo da faculdade em 1914-15 lista um total de 768 alunas. O apoio ao voto feminino cresceu durante o período de Holloway em South Hadley. Antes, era mais contido. Em 1909, a Sociedade de Debates organizara um debate sobre o sufrágio feminino; ao final, quando se fez uma votação contra ou a favor, ficou um empate que teve que ser dirimido pela nova presidenta, que votou pelo sim. De Helen W. King para sua mãe, 18 de abril de 1909: "Ontem à noite, na sociedade debatedora, tivemos um debate informal sobre o sufrágio feminino, e então votamos quem apoiava e quem não apoiava e ficou em um empate até a presidenta votar e pender para o afirmativo." Documentos Helen W. King, Arquivos da Mount Holyoke College, caixa 1, pasta 2.

13. Jeannette Marks, *Life and Letters of Mary Emma Woolley* (Washington, DC: Public Affairs Press, 1955), 79.

14. Inez Haynes Gillmore, "Confessions of an Alien", *Harper's Bazaar*, abril de 1912, 170.

15. Citado em Cott, *Grounding of Modern Feminism*, 14, 48. Como explica Cott: "No princípio do século XX, era lugar-comum dizer que a Nova Mulher representava o autodesenvolvimento em contraste ao autossacrifício ou sua submergência na família" (p. 39). Ver também Evans, *Born for Liberty,* 161-62.

16. De EHM para JE, 16 de novembro de 1983, em posse de JE.

17. De EHM para JE, 11 de janeiro de 1972, em posse de JE.

18. EHM, "Tiddly Bits".

19. "The College Girl and Politics", *New York Evening Post*, 16 de novembro de 1912.

20. Embora seu relatório do trigésimo quinto reencontro de Mount Holyoke diga que EHM se formou tanto em grego quanto em psicologia, a partir de seu histórico, não tenho como dizer se grego era a formação principal ou a secundária. O certo é que ela cursou várias disciplinas de grego. Histórico de Sadie Elizabeth Holloway, Departamento de Arquivista, Mount Holyoke College, arquivado junto a históricos estudantis de pós-graduação de EHM em Radcliffe. "A Mount Holyoke College exigia uma disciplina de química ou física", ela recordou. "Se escolhesse química, eu sabia que ia explodir aquele lugar; então, escolhi física. Minha colega de quarto disse que passei em oposição às leis do aprendizado e porque eu gostava do cachorro do professor." EHM, "Tiddly Bits".

21. Safo, *Memoir, Text, Selected Readings and a Literal Translation by H.T. Wharton* (Londres, 1885). Yopie Prins, *Victorian Sappho* (Princeton, NJ: Princeton University Press, 1999); sobre Wharton, ver 52-73. Ver também Terry Castle, "Always the Bridesmaid", *London Review of Books*, 30 de setembro de 1999. Para acompanhar o estudo biográfico de um romance que começou em um campus universitário nesta época, ver Lois W. Banner, *Intertwined Lives: Margaret Mead, Ruth Benedict, and Their Circle* (Nova York: Knopf, 2003). Mead e Benedict conheceram-se em uma disciplina de antropologia de Barnard em 1922.

22. Lillian Faderman, *Odd Girls and Twilight Lovers: A History of Lesbian Life in Twentieth-Century America* (Nova York: Columbia University Press, 1991), 13-18, 32-33, 52-54, e Anna Mary Wells, *Miss Marks and Miss Woolley* (Boston: Houghton Mifflin, 1978), 41, 56, 65-66, 134, 154. Ver também Marks, *Life and Letters of Mary Emma Woolley*.

23. Wells, *Miss Marks and Miss Woolley*, 145.

24. *Mount Holyoke College: The Seventy-fifth Anniversary* (South Hadley, MA: Mount Holyoke College, 1913), 176, 195-96. "Mount Holyoke College: The Festival Procession, October 8, 1912: A Record." Livro de recortes com fotografias. As cerimônias se deram em 8 e 9 de outubro de 1912.

25. EHM, "Tiddly Bits".

26. Original: *no: tongue breaks, and thin | fire is racing under skin | and in eyes no sight and drumming | fills ears | and cold sweat holds me and shaking | grips me all, greener than grass.* Safo, *If Not Winter: Fragments of Sappho*, trad. Anne Carson (Nova York: Knopf, 2002), fragmento 31.

27. De EHM para Robert Kanigher, 4 de fevereiro de 1948, Arquivos da DC Comics, Nova York.

28. EHM, "Tiddly Bits".

29. De EHM para Gloria Steinem, anotação em livro, Documentos Steinem, Smith College. Holloway às vezes também assinava as cartas com "Afrodite esteja com você". Como em: De EHM para Jerry e Jean Bails, 28 de abril de 1969, em posse de Jean Bails.

NOTAS ★ **397**

3. DOUTOR PSYCHO

1. WMM, "The Search for the Holy Ghost", c. 1914-15, em posse de BHRM. BHRM, "Memories of an Unusual Father", 3, 11-12. Escrever uma paródia de "O corvo", assim como ingressar na Liga Masculina de Harvard pelo Sufrágio Feminino, foi outra coincidência nas passagens de Marston e John Reed por Harvard. "A galinha", paródia que Reed fez de "O corvo", escrito quando este ainda estava em Harvard, faz parte dos Documentos John Reed, Biblioteca Houghton, Harvard University, MS Am 1091: 1280.

2. William James, "The Hidden Self", *Scribner's Magazine* (março de 1890): 361-73.

3. William James, *The Principles of Psychology*, 2 vols. (Nova York: Holt, 1890), 2:452.

4. O Doutor Psycho faz sua primeira aparição em "A batalha pelo feminino", *Wonder Woman* nº 5, junho-julho de 1943.

5. Sobre James e Münsterberg, ver Bruce Kuklick, *The Rise of American Philosophy, Cambridge, Massachusetts, 1860-1930* (New Haven, CT: Yale University Press, 1977), 186-89; sobre Münsterberg, ver 196-214. Ver também Matthew Hale Jr., *Human Science and Social Order: Hugo Münsterberg and the Origins of Applied Psychology* (Philadelphia: Temple University Press, 1980).

6. De William James para Hugo Münsterberg, 21 de fevereiro de 1892, em Margaret Münsterberg, *Hugo Münsterberg: His Life and Work* (Nova York: D. Appleton, 1922), 33.

7. Jutta Spillmann e Lothar Spillmann, "The Rise and Fall of Hugo Münsterberg", *Journal of the History of the Behavioral Sciences* 29 (1993): 325-26.

8. Münsterberg insistiu que o prédio deveria ser compartilhado com a filosofia (e não, como sugeriram outros, com a biologia ou a física). Spillmann e Spillmann, "The Rise and Fall of Hugo Münsterberg", 327.

9. Hugo Münsterberg, "The Psychological Laboratory in Emerson Hall", *Harvard Psychological Studies* 2 (1906): 34-39.

10. Solomon, *In the Company of Educated Women*, 54-55.

11. Bordin, *Alice Freeman Palmer*, 160, 212-14. Como ressaltou Helen Horowitz: "Os criadores da Radcliffe College eram mestres da dissimulação. Encontraram uma maneira de oferecer uma instrução de Harvard às mulheres sem despesas para a universidade e sem imiscuir as indesejadas na vida universitária masculina", (*Alma Mater*, 97-98).

12. Gertrude Stein, "In a Psychological Laboratory", 19 de dezembro de 1894, Documentos Gertrude Stein, Biblioteca Beinecke, Yale, caixa 10, pasta 238, e citada em Coventry Edwards-Pitt, "Sonnets of the Psyche: Gertrude Stein, the Harvard Psychological Lab, and Literary Modernism", tese, Departamento de História da Ciência, Harvard University, 1998, p. 98.

13. Münsterberg citado em Hale, *Human Science and Social Order*, 63.

14. Editorial, *San Francisco Chronicle*, 13 de setembro de 1913.

398 ★ A HISTÓRIA SECRETA DA MULHER-MARAVILHA

15. Hugo Münsterberg, *The Americans*, trad. Edward Bissel (1904; repr.: Garden City, NY: Doubleday, Page, 1914), 586-87, 572-75; ver, em termos gerais, o Capítulo 22: "A autoafirmação feminina".

16. "O objetivo da psicologia experimental, assim como de quase todas as outras ciências, é ser exata", Langfeld dizia aos seus alunos. Langfeld foi coautor de um livro baseado em sua disciplina: Herbert Sidney Langfeld e Floyd Henry Allport, *An Elementary Laboratory Course in Psychology* (Boston: Houghton Mifflin, 1916), vii.

17. No segundo semestre como calouro, Marston fez Filosofia B com Royce e recebeu a nota B- (segundo as devolutivas, mas registrado em seu histórico como B). A média do curso, porém, aparentemente era D. Devolutiva Final de Notas 1911-1912, Filosofia B (Professor Josiah Royce), Faculdade de Artes e Ciências, Registros de Notas, 1848-1997, Arquivos da Harvard University, UAIII 15.28, caixa 85. Entretanto, Royce, na verdade, não poderia ter sido professor de Filosofia B na primavera de 1912, já que tivera um AVC em 1º de fevereiro de 1912. (Ver de Josiah Royce para Frederick James Eugene Woodbridge, 15 de março de 1912, em Josiah Royce, *The Letters of Josiah Royce*, edição e introdução de John Clendenning [Chicago: University of Chicago Press, 1970], 563.) Embora esteja listado como docente, é provável que outra pessoa tenha lecionado a disciplina. Marston estudou de fato com Royce em seu terceiro ano: em 1913-14, ele fez dois semestres de Filosofia 9: Metafísica com Royce e tirou nota máxima em ambos os períodos.

18. Kuklick, *Rise of American Philosophy*, 242.

19. Sabe-se de fato o que Royce disse em aula: em 1915-16, um aluno de Filosofia 9, a disciplina de metafísica de Royce, com um ano de duração, fez anotações estenográficas que foram publicadas recentemente. Josiah Royce, *Metaphysics: His Philosophy 9 Course of 1915-1916, as Stenographically Recorded by Ralph W. Brown and Complemented by Notes from Bryon F. Underwood*, ed. William Ernest Hocking (Buffalo: State University of New York, 1998), 59. As aulas de Royce sobre a teoria social da verdade vão da p. 59 à 90.

20. Quanto às disciplinas ofertadas pelo Departamento de Filosofia e Psicologia, ver o catálogo da universidade. Em relação a quando Marston iniciou suas pesquisas, ele comentou na sua dissertação de doutorado: "Esta tese consiste em relatório de pesquisas conduzidas pelo autor quanto ao problema dos sintomas psicofisiológicos da falsidade, as quais tiveram início no Laboratório Psicológico de Harvard em 1913 sob orientação dos professores Münsterberg e Langfeld, e que foram desenvolvidas praticamente sem interrupção até o presente." WMM, "Systolic Blood Pressure and Reaction Time Symptoms of Deception and Constituent Mental States", dissertação de doutorado, Harvard University, 1921, Arquivos da Harvard University. A pesquisa que Marston realizou em seu terceiro ano lhe valeu menção honrosa da Comissão do Prêmio Bowdoin: "5 Bowdoin Prizes Awarded", *Harvard Crimson*, 20 de maio de 1914. Marston publicou sua pesquisa posteriormente: WMM, "Reaction-Time Symptoms of Deception", *Journal of Experimental Psychology* (1920): 72-87; ele descreveu o estudo como um relatório de experiências "realizadas no Laboratório Psicológico de Harvard durante o ano letivo 1913-1914. À época, o autor do presente artigo, por sugestão e sob coordenação do professor Hugo Münsterberg, deu

NOTAS ★ **399**

início a experimentos em torno do que então planejava-se ser uma série de problemas psicofisiológicos na área dos depoimentos em tribunal", (p. 72).

21. Sobre a popularização da ciência neste período, ver Marcel C. LaFollette, *Making Science Our Own: Public Images of Science, 1910-1955* (Chicago: University of Chicago Press, 1990).

22. Como comentou Münsterberg: "Já foi dito, e provavelmente é verdade, que se publicou mais centímetros de colunas sobre o julgamento Haywood-Orchard do que sobre qualquer outro julgamento na história dos Estados Unidos." De Hugo Münsterberg, "Experiments with Harry Orchard", 1907, p. 2, Documentos Hugo Münsterberg, Biblioteca Pública de Boston, pasta 2450. "Machines That Tell When Witnesses Lie", *San Francisco Sunday Call*, 1907.

23. O melhor relato sobre o papel do professor no caso Orchard está em Tal Golan, *Laws of Men and Laws of Nature: The History of Scientific Expert Testimony in England and America* (Cambridge, MA: Harvard University Press, 2004), 232-35; esta citação vem da p. 232. Ver também Michael Pettit, "The Testifying Subject: Reliability in Marketing, Science, and the Law at the End of the Age of Barnum", em *Testimonial Advertising in the American Marketplace: Emulation, Identity, Community*, ed. Marlis Schweitzer e Marina Moskowitz (Nova York: Palgrave, Macmillan, 2009), 51-78.

24. Clarence Darrow, "Darrow's Speech in the Haywood Case", *Wayland's Monthly*, outubro de 1907, 6, 31, 24.

25. Suspeito que tenha sido Wigmore quem convenceu Münsterberg a omitir o ensaio original, "Experiments with Harry Orchard". Em 20 de agosto de 1907, Münsterberg escreveu uma carta a Wigmore, de Clifton: "Devido à absolvição de Haywood, retirei por completo minha matéria sobre Orchard, que já estava impressa em milhares de exemplares. (Isto é confidencial.) Eu a substitui por uma matéria inofensiva na *McClure* de setembro, e terei um artigo na *McClure* de outubro, 'The First Degree' [Primeiro grau, em tradução livre], que apresenta alguns experimentos com Orchard." De Hugo Münsterberg para JHW, 20 de agosto de 1907, Documentos Wigmore, caixa 92, pasta 16.

26. "A evolução da psicologia experimental cria uma incongruência absurda no fato de que o estado deveria dedicar toda a sua energia a esclarecer acontecimentos de natureza física", escreveu Münsterberg, "mas nunca pedir ao psicólogo que estabeleça os valores do fator que se torna o mais influente: a mente do depoente." Citado em Golan, *Laws of Men and Laws of Nature*, 234. Quanto a Münsterberg ter medo de processo, ver 233.

27. JHW, *A Treatise on the System of Evidence in Trials at Common Law* (Boston: Little, Brown, 1904-05). O tratado é considerado por muitos o "mais completo e abrangente já escrito sobre qualquer ramo do nosso direito", segundo resenha citada em William L. Twining, *Theories of Evidence: Bentham and Wigmore* (Stanford, CA: Stanford University Press, 1985), 111. Wigmore, que quando estudante foi um dos fundadores da *Harvard Law Review*, era homem de tanto vigor e erudição, que Louis Brandeis, que não era de se assustar com uma pilha de livros, chamava-o para ajudar em pesquisas (ver as memórias de Wigmore citadas em William R. Roalfe, *John Henry Wigmore: Scholar and Reformer* [Evanston, IL: Northwestern University Press, 1977], 15). Wigmore também era dado a atos de ferocidade. Em 1927, depois que Felix Frankfurter

criticou o julgamento de Sacco e Vanzetti, Wigmore urrou contra ele em um artigo que Brandeis tachou de "triste e desagradável", o que de fato era. (Nas palavras de Frankfurter, Abbott Lawrence Lowell, então presidente de Harvard, berrou ao ler Wigmore falando de Frankfurter: "Wigmore é um imbecil! Wigmore é um imbecil!") De Louis D. Brandeis para Felix Frankfurter, Washington, DC, 27 de abril de 1927, em *Letters of Louis D. Brandeis*, ed. Melvin I. Urofsky e David W. Levy, 5 vols. (Albany: State University of New York Press, 1978), 5:283, e Felix Frankfurter, *Felix Frankfurter Reminisces* (New York: Reynal, 1960), 215, 217.

28. Estes experimentos também foram realizados nos Estados Unidos, e não só em Harvard. Na University of Kansas, um professor encenou um assalto no meio de uma aula de psicologia. O experimento foi relatado originalmente por William A. M'Keever, "Psychology in Relation to Testimony", *Kansas Bar Association Proceedings* (1911), sendo que um trecho deste está em JHW, *The Principles of Judicial Proof, as Given by Logic, Psychology, and General Experience* (Boston: Little, Brown, 1913), 581-83. Münsterberg rotineiramente realizava experiências como essa durante suas aulas. "No inverno passado, a propósito, fiz um pequeno experimento com os alunos de minha disciplina regular de psicologia em Harvard", explicou. "Participaram centenas de jovens, a maioria entre 20 e 23 anos. Era um exame bastante trivial. Eu apenas lhes pedia, sem uma introdução teórica, no início de uma aula comum, para anotar atenciosamente respostas a respeito de questões que se referiam ao que eles veriam ou ouviriam." Os experimentos alemães, no entanto, foram mais teatrais. Em um salão de conferências em Berlim, um professor pedia que dois dos seus alunos iniciassem uma discussão acalorada sobre um livro. Um puxou um revólver; o outro tentou agarrar a arma. O professor colocou-se entre os dois, e o revólver disparou. Outro tumulto — este envolvendo "um palhaço de roupa muito vistosa" e "um negro com um revólver" — foi encenado durante um encontro de psicólogos e juristas em Göttingen. Depois de cada uma das cenas, os pesquisadores entravam, revelavam que a ação fora encenada e pediam a testemunhas para anotar o que haviam visto. Hugo Münsterberg, *On the Witness Stand: Essays on Psychology and Crime* (Nova York: Doubleday, Page, 1909), 20-21, 49-52.

29. JHW, "Professor Münsterberg and the Psychology of Testimony", *Illinois Law Review* 3 (1909): 399-445; a citação é da p. 401. A resenha de Wigmore é peculiar e amarga. Twining diz que o comentário de Wigmore sobre Münsterberg é "atipicamente azedo" e "uma sátira eficaz" (*Theories of Evidence*, 136). Discordo das duas caracterizações. Twining cita a crença de que "este ataque mordaz foi um desincentivo ao interesse nascente pelo depoimento entre psicólogos norte-americanos, tendo por resultado que o progresso nesta área atrasou-se em uma geração", e embora ele considere que isso "provavelmente seja um exagero" (*Theories of Evidence*, 136), eu não acredito que seja.

30. Münsterberg citado em Hale, *Human Science and Social Order*, 59, 61-63.

31. Spillmann e Spillmann, "The Rise and Fall of Hugo Münsterberg", 328, 332-34; ver também Hale, *Human Science and Social Order*, 172-83; Hugo Münsterberg, *American Traits from the Point of View of a German* (Boston: Houghton, Mifflin, 1901); Hugo Münsterberg, *The Americans* (New York: McClure, Phillips, 1904).

4. JACK KENNARD, COVARDE

1. Anúncio publicitário: Olympia Theatre, *Cambridge Chronicle*, publicado em 29 de março de 1913, Scenic Temple, *Cambridge Sentinel*, 24 de fevereiro de 1912; Russell Merritt, "Nickelodeon Theaters, 1905-1914", em *The American Film Industry*, ed. Tino Balio (Madison: University of Wisconsin Press, 1976): 59-79. Merritt demonstra a forte ampliação no número de cinemas em Boston desta era, de 31 em 1907 a 41 em 1914. Esta mudança também afetou os bairros mais distantes: "O distrito de cinema de Boston, que em 1910 era restrito a duas vias públicas do centro, ganhou nova e considerável base com o eclodir da Primeira Guerra Mundial. Novos cinemas foram inaugurados em praticamente todo grande bairro residencial na volta da cidade. Ao fim de 1913, Dorchester, Roxbury, Cambridge, Somerville, Newton, Belmont e Watertown haviam todas sucumbido à febre crescente pelo cinema e autorizaram a construção de salas de filmes nas ruas principais", (Balio, ed., *American Film Industry*, 98-99). A era também marcou o crescimento do status dos filmes, de entretenimento barato para a classe operária a passeio legítimo para a classe média. "O clímax ocorreu em 23 de novembro de 1914, quando B.F. Keith anunciou que The Boston, o maior, mais antigo e mais prestigioso teatro da cidade, dali em diante seria sala de cinema em período integral", (p. 100).

2. A maior parte das escavações foi feita por operários irlandeses com o auxílio de mulas, que eram tão exploradas que a Sociedade pela Prevenção da Crueldade com Animais teve que fazer uma visita ao local. "Mules in Cambridge Subway Never See Light of Day", clipagem sem data, provavelmente 1911, no Livro de recortes da Companhia do Elevado de Boston, Comissão Histórica de Cambridge.

3. "Third Rail Kills Terminal Employee", *Boston Post*, 11 de março de 1912.

4. "Open Subway to Cambridge", *Boston Post*, 23 de março de 1912; "Harvard and the Hub", *Duluth Herald*, 4 de março de 1911.

5. "Tremont Temple", *Cambridge Sentinel*, 27 de abril de 1912.

6. "From One Prize Winner", *Moving Picture World*, 17 de abril de 1915, 387.

7. Herbert Case Hoagland, *How to Write a Photoplay* (Nova York: Magazine Maker, 1912). WMM não nomeou o livro, mas há apenas duas outras obras existentes em 1912 que cabem na descrição que fez: Epes W. Sargent, *Technique of the Photoplay* (Nova York: Motion Picture World, 1913), e M.M. Katterjohn, *How to Write and Market Moving Picture Plays: Being a Complete Mail Course in Picture Play Writing Prepared in the Form of a Book and Containing Twenty Complete Articles* (Boonville, IN: Photoplay Enterprise Association, 1912). Em Cambridge, provavelmente era mais fácil encontrar o livro de Hoagland do que os outros dois.

8. Hoagland, *How to Write a Photoplay*, 6, 10-11, 13-14, 44, 61, 63, 67, 75. WMM também poderia ter aprendido sobre o mercado lendo as solicitações de produtoras de cinema na *Photoplay Author*, que tinha uma coluna regular chamada "O mercado do photoplay". Ver, por exemplo, a coluna de fevereiro de 1914, p. 61, na qual a New York Motion Picture Company aconselha: "Estamos no mercado de histórias de um e dois

402 ★ A HISTÓRIA SECRETA DA MULHER-MARAVILHA

rolos. Damos preferência a *scenarios* plausíveis, com elenco reduzido, de dramaticidade tensa com temas relevantes, cuidadosamente trabalhados com dramatização original e caracterização primorosa. Todas as histórias devem conter uma relação amorosa ou ser de interesse ao coração. Nossa maior demanda é por histórias indígenas-militares. Também somos abertos a histórias puramente dramáticas, puritanas e espanholas."

9. "From One Prize Winner", *Moving Picture World*, 17 de abril de 1915, 387.

10. WMM inscreveu-se para uma bolsa inicialmente em 26 de maio de 1913. O arquivo inclui duas cartas de recomendação, uma do diretor do Malden High School, Thornton Jenkins, datada 3 de junho de 1913, que declara que Marston é robusto e inabalável, e outra do pastor da Primeira Igreja Congregacional de Cliftondale, Harry C. Adams, datada 2 de junho de 1913: "Marston é filho único e é da minha impressão que, em grande medida, ele se sustenta sozinho na universidade. Ele faz parte da igreja e creio ser digno de toda assistência que puder receber da faculdade." Marston era o queridinho de professores e reitores tanto quanto era de seu diretor e de seu pastor. Ver, por exemplo, a correspondência de Marston com B.S. Hurlbut, reitor da faculdade. Ver WMM, Formulário de candidatura a bolsa, 13 de maio de 1913; de WMM para B.S. Hurlbut, 12 de janeiro de 1915, e de B.S. Hurlbut para WMM ("Caro Marston"), 18 de janeiro de 1915; e WMM, Formulário de candidatura a bolsa, Harvard College, 27 de abril de 1914, todos reunidos em WMM, Pasta de graduando, Arquivos da Harvard University, UAIII 15.88.10. Também encontram-se na pasta os endereços de WMM: quando secundarista, ele morou na Weld, n⁰ 5; no terceiro ano, na Dunster Street, n⁰ 64.

11. WMM, *The Lie Detector Test* (Nova York: Richard D. Smith, 1938), agradecimentos.

12. "Eu [...] escrevi os episódios utilizados no experimento e enviei a ele pelo correio", EHM escreveu a JE, 11 de janeiro de 1973. E mais uma vez: "Eu estava em Mt. Holyoke e forneci as histórias 'verídicas' utilizadas no experimento." De EHM para JE, 16 de novembro de 1983, ambas em posse de JE. Ver também EHM, declaração autobiográfica, Departamento de Egressos de Mount Holyoke, enviada em 18 de agosto de 1986.

13. Marston passou a vida dependente de mulheres que o ajudaram com trabalhos que ele publicou apenas com a própria assinatura. Isto não era fora do comum: as namoradas e esposas de acadêmicos, cientistas e escritores ajudavam-nos nas obras o tempo inteiro, desde a datilografia até pesquisa e edição. Lillian Moller Gilbreth, que recebeu o Ph.D. em Psicologia em Brown em 1915, não só editou boa parte dos livros publicados com a assinatura do marido, Frank Gilbreth, mas aparentemente também escreveu a maioria. Além disso, ela teve doze filhos. (Sua vida posteriormente foi tema do filme *Papai batuta*, baseado em um livro de memórias escrito por dois dos seus filhos.) Ela aproveitava as semanas após os partos para trabalhar nas obras do marido. Em 1911, após dar à luz Frank Jr., ela editou *Motion Study* e escreveu *The Primer of Scientific Management*. Ambos são creditados apenas ao seu marido. Lancaster, *Making Time*, 117, 164-65. Ver também Lepore, *The Mansion of Happines: A History of Life and Death* (Nova York: Knopf, 2013), Capítulo 6.

NOTAS ★ **403**

14. WMM, "Systolic Blood Pressure Symptoms of Deception", *Journal of Experimental Psychology* 2 (1917): 117-76. O artigo é citado por Herbert Sidney Langfeld, ex-professor de WMM, em "Psychophysical Symptoms of Deception", *Journal of Abnormal Psychology* 15 (1921): 319-28.

15. "Os barões da borracha", *Wonder Woman* nº 4, abril-maio 1943. Para outro momento em que Diana Prince administra um exame no detector de mentiras, ver "A moça armada", *Sensation Comics* nº 20, agosto de 1943.

16. Hugo Münsterberg, "Why We Go to the Movies", *Cosmopolitan*, 15 de dezembro de 1915, 22-32.

17. Hugo Münsterberg, *The Photoplay: A Psychological Study* (Nova York: D. Appleton, 1916), 38, 39, 43. A nova edição contemporânea, que inclui a matéria da *Cosmopolitan*, assim como uma valiosa introdução, é Hugo Münsterberg, *Hugo Münsterberg on Film: "The Photoplay: A Psychological Study" and Other Writings*, com edição e introdução de Allan Langdale (Nova York: Routledge, 2002).

18. Münsterberg, *Photoplay*, 99, 112.

19. "$100 Offered for 'Movies' Scenario", *Harvard Crimson*, 21 de maio de 1914.

20. "From One Prize Winner", *Moving Picture World*, 17 de abril de 1915, 387.

21. "Colleges Fail in the Test", *New York Dramatic Mirror*, 24 de fevereiro de 1915, 25; anúncio publicitário: "The Prize Play of the Edison College Contest", *Moving Picture World*, 1º de maio de 1915, 693; "Scenario Prize Won by Senior", *Harvard Crimson*, 25 de fevereiro de 1915; e "Harvard Senior Wins Movie Prize", *Boston Daily Globe*, 25 de fevereiro de 1915. Ver também Edwin H. McCloskey, "Harvard Man Wins Edison Scenario Prize", *Moving Picture World*, 13 de março de 1915, 1641: "Afirma-se que quando este *photoplay* for lançado, ele será a maior matéria-prima de fofoca que as instituições educativas de Cambridge viram em anos. O autor sustentou-se na faculdade vendendo *scenarios*. Ele afirma que a peça premiada trata exatamente das aventuras de estrelas do futebol que entram na universidade. Também afirma que a peça foi escrita de forma que os alunos da instituição reconheçam os homens a quem as críticas se dirigem." McCloskey era o correspondente de Boston da *Moving Picture World*, mas parece que extraiu as informações da matéria sobre Marston do *Boston Evening Record*, e não em entrevista; sua matéria não vai além desta citação, ao menos.

22. "Exposes Harvard Gambling: Movie Scenario a Sizzler", *Boston Evening Record*, 26 de fevereiro de 1915.

23. BHRM, "Memories of an Unusual Father", 3. O desenho aparece em ilustração de "A PBK Writes Comics", *Key Reporter*, outono de 1942, p. 5. WMM é mencionado como presidente da divisão da PBK em de Herbert Langfeld para Robert Yerkes, 8 de outubro de 1917, pasta intitulada "Ex Com: Comitê de Psicologia. Projetos: Exame de falsidade, 1917", Documentos do Conselho Nacional de Pesquisa, Academia Nacional de Ciências.

24. "Exposes Harvard Gambling", *Boston Evening Record*, 26 de fevereiro de 1915.

25. "From One Prize Winner", *Moving Picture World*, 17 de abril de 1915, 387.

404 ★ A HISTÓRIA SECRETA DA MULHER-MARAVILHA

26. Joe Bertagna, *Crimson in Triumph: A Pictorial History of Harvard Athletics, 1852-1985* (Lexington, MA: Stephen Greene Press, 1986), 16-17. De 1908 a 1916, o treinador da equipe foi Percy Haughton. Não havia ninguém no time durante o último ano de Marston com nome que se assemelhasse a "Jack Kennard", embora tanto Stan Pennock quanto Tack Hardwick tivessem nomes parecidos. No entanto, é improvável que Hardwick tenha inspirado o *scenario* de WMM. Três vezes entre os jogadores do ano, posteriormente instalou-se uma placa em frente à Dillon Field House com a inscrição: "Líder inspirador, competidor ávido, esportista leal". "'Sock 'Em' is Latest Football Cry", *Harvard Crimson*, 25 de setembro de 1950.

27. John J. Reidy Jr., "Twenty Years of Harvard-Yale [...] a Day for Harvard Greats", *Harvard Crimson*, 20 de novembro de 1937.

28. WMM gostava que as pessoas soubessem que ele fora estrela do futebol no ensino médio. O anúncio de seu casamento, em setembro de 1915, referia-se a ele como "formado pelo Cliftondale High School, onde envolveu-se com o atletismo, principalmente o futebol, no qual era estrela". *Whitman (MA) Times*, 15 de setembro de 1915, em arquivo de Recortes, WMM, Arquivo Quinquenal, Arquivos da Harvard University. Não encontro evidências de que WMM tenha feito testes para a equipe de futebol ou que tenha treinado com esta. Ele não aparece no rol de jogadores; tampouco é listado como os que receberam um *H* por jogar, conforme Minutas, 4 de dezembro de 1912, Comitê de Regulamentação de Esportes Atléticos, Minutas do Comitê Atlético, 1882-1951, v. 2, pp. 785-86. A única controvérsia que encontro nestas minutas diz respeito a preocupações de egressos e docentes quanto à aspereza do jogo em campo. Em 1913, há um comentário sobre "O caso de A. Fleisher, '15, integrante do segundo time [ou seja: reserva], cujos ingressos eram vendidos com sobretaxa", Minutas, 16 de dezembro de 1913, p. 815. No outono do último ano de Marston, o Comitê de Regulamentação de Esportes Atléticos votou pela proibição de integrantes de qualquer equipe escreverem artigos assinados "sobre uma equipe, ou time, ou turma do qual faça parte"; além do mais, "a questão da conveniência de uma regra para impedir que um homem ingressasse a equipe de remo ou de futebol no mesmo ano foi discutida, mas não se tomou medida alguma", Minutas, 6 de outubro de 1914, p. 843. Também: "Cartas de protesto contra supostas táticas desleais da equipe de Yale no jogo de futebol de 21 de novembro foram entregues ao presidente, e o tema entrou em discussão. Não se tomou medidas", Minutas, 1º de dezembro de 1914, p. 847.

29. WMM, *March On! Facing Life with Courage* (Nova York: Doubleday, Doran, 1941), 36-37. Também: "Ele jogou futebol durante algum tempo na faculdade", escreveu Byrne, filho de Marston, posteriormente, "mas tinha mais interesse pela psicologia." BHRM, "Memories of an Unusual Father", 3.

30. Anúncio publicitário: "The Prize Play of the Edison College Contest", *Moving Picture World*, 1º de maio de 1915, 693; "Releases of the Week After", *Motion Picture News*, 1º de maio de 1915; "CHARLES M. SEAY. Lançamentos Edison. JACK KENNARD, COVARDE — 5 de maio. UM LADRÃO INOCENTE — 11 de maio. A/C CLUBE DE CINEMA." Anúncio de classificados impresso no *New York Dramatic Mirror*, 12 de maio de 1915. A descrição do filme foi enviada a distribuidores no fim de abril. "Uma

trama monorrolo sobre a vida universitária, escrita por William Marston, vencedor do Concurso Universitário Edison, estrelando Julia Calhoun, Harry Beaumont, Olive Templeton e Marie La Manna. Um estudante universitário em apuros financeiros pega dinheiro emprestado de um suposto amigo, que utiliza a dívida como golpe para fazer sua noiva achar que ele é um covarde. Ele prova sua bravura física de maneira dramática ao resgatar a garota de ser atropelada por um trem de metrô, e o verdadeiro amor retoma o curso. Direção de Charles Seay." "Licensed Films", *New York Dramatic Mirror*, 28 de abril de 1915. Não consegui uma cópia do filme.

31. Encontrei evidências de que o filme foi exibido em Ohio, Missouri, Pensilvânia, Illinois e Massachusetts: anúncio publicitário: Royal Theatre, *Mansfield (OH) News*, 9 de junho de 1915; anúncio publicitário: Jefferson Theatre, *Daily Democrat-Tribune* (Jefferson City, MO), 19 de junho de 1915; anúncio publicitário: Walters Theatre, *Star and Sentinel* (Gettysburg, PA), 1º de setembro de 1915; "Movie Directory" (programação do Harvard Photo Play House), *Chicago Daily Tribune*, 13 de maio de 1915; e "Agreed", *Moving Picture World*, 11 de setembro de 1915, 1824. Quanto à exibição em Cambridge, creio que o filme tenha sido exibido no lançamento, em maio; esta matéria, "Agreed", publicada em 11 de setembro de 1915, inclui, como ilustração, dois programas do Durrell Hall, sendo que um deles cita *Jack Kennard, covarde*. As programações não têm datas; a matéria trata de composição tipográfica na programação de filmes. A programação do Durrell Hall enviada por seu proprietário, E.B. Thomas, teria sido enviada ao editores da *Moving Picture World* algumas semanas antes da publicação da reportagem.

32. Resenha de *Jack Kennerd [sic], Coward, Moving Picture World*, 22 de maio de 1915, 1259.

33. "Drape Kaiser's Gift: Harvard Students Commemorate the 'Lusitania Massacre'", *New York Times*, 10 de maio de 1915.

34. De Josiah Royce para Lawrence Pearsall Jacks [junho de 1915?], em *Letters of Josiah Royce*, 627-28. Quanto aos falecidos de Harvard, ver "War Exacts Death Toll", *Harvard Crimson*, 13 de dezembro de 1917, e Mark Antony DeWolfe Howe, *Memoirs of the Harvard Dead in the War Against Germany*, 5 vols. (Cambridge, MA: Harvard University Press, 1920), 1:33.

35. Tradução livre: "Palavrinhas atulhadas garatujadas pelo papel / Como patinhas sujas de mosca." [*N. do T.*]

36. Tradução de Luci Collin em http://qorpus.paginas.ufsc.br/teatro-na-praia/edicao--n-008-2/1854-2/: "Por favor empalidecer ardente, por favor cobrir rubor, por favor acre no estranho vermelho, por favor amanteigar todo bife com normal sentir faces." [*N. do T.*]

37. Edward Estlin Cummings, "The New Art. Commencement Part, 1915", em Informes Gerais Sobre Homenagens e Discursos de Formatura, 1911-1920, caixa 1, HUC 6911, Arquivos da Harvard University. "The Commencement Celebration", *Harvard Alumni Bulletin*, 30 de junho de 1915, 710-20, arquivado em Informes Gerais Sobre Homenagens e Discursos de Formatura, 1911-1920, caixa 2, HUC 6911, Arquivos

da Harvard University. O programa da formatura, *Alvmos Conlegi Harvardiani Ornatissvmos, Concelebranda, Ad Sollemnia Academica* (Cambridge, MA: Harvard University, 1915), está arquivado em Informes Gerais Sobre Homenagens e Discursos de Formatura, 1911-1920, Arquivos da Harvard University, caixa 2, HUC 6911. Quanto ao uso de latim nos diplomas, assim como o uso de couro de carneiro, ver Mason Hammond, "Official Terms in Latin and English for Harvard College or University", *Harvard Library Bulletin* 35 (1988): 294. À época, orientadores de Marston consideravam-no parte do círculo de seus estudantes de pós-graduação. "Todos os nossos homens estão bem encaminhados, com exceção de Feingold e Kellogg", Langfeld escreveu a Yerkes. "Marston recebeu seu grau *magna cum laude*." De Herbert Langfeld para Robert Yerkes, 17 de junho de 1915, Documentos Robert M. Yerkes, Manuscritos e Arquivos da Yale University, caixa 30, pasta 565.

5. SR. E SRA. MARSTON

1. William Ernst Hocking, membro do departamento de filosofia de Harvard, fez o discurso de formatura de Mount Holyoke. Ele falou sobre a filosofia e a psicologia do poder. "O verdadeiro poder é a calma", disse. O discurso de formatura de Hocking está impresso em "Diplomas for 147 Seniors", recorte de jornal de 1915, sem identificação, nos Arquivos da Mount Holyoke College.

2. "Vogue of Bobbed Hair", *New York Times*, 27 de junho de 1920.

3. Tradução livre: "Vi um gato — só pode ter sido sonho / Que desprezou o escravo que lhe trouxe nata." [*N. do T.*]

4. Um exemplar de Vachel Lindsay, *The Congo and Other Poems* (Nova York: Macmillan, 1915), com a inscrição "8 de maio, Ela fez 22 anos! Bill" está em posse de MPM. "A gata misteriosa" está na p. 38.

5. "The Sphinx Speaks of the Class of 1915, Mount Holyoke College: A Biographical History [...] for our Thirty-second Reunion, June 1947" (South Hadley, MA: Mount Holyoke College, 1947), s.p., e "The Riddle of the Sphinx in Your Living Room, 1915-1970" (South Hadley, MA: Mount Holyoke College, 1970), 13.

6. *The Llamarada 1915* (South Hadley: Mount Holyoke College, 1915), 174.

7. De EHM para JE, 16 de novembro de 1983, em posse de JE.

8. Solomon, *In the Company of Educated Women*, 120.

9. Ver o informe de casamento no *Whitman (MA) Times*, 15 de setembro de 1915, em arquivo de recortes, WMM, Arquivo Quinquenal, Arquivos da Harvard University.

10. De EHM para JE, 20 de janeiro de 1974, em posse de JE.

11. EHM, "Tiddly Bits". De EHM para Caroline Becker (Departamento de Egressas), 26 de fevereiro de 1987, EHM, pasta de egressa, Arquivos da Mount Holyoke College.

12. "O Sr. e a Sra. Marston residem à Remington Street, nº 12, Cambridge, Mass." *Harvard Bulletin*, em arquivo de recortes, WMM, Arquivo Quinquenal, Arquivos da Harvard University. A Remington Street, nº 12, fazia parte de um loteamento chamado Remington Gables; ver pasta da Remington Street, Comissão Histórica de Cambridge: "Em Remington Gables, temos um apartamento que consiste em sala de estar, sala de jantar, hall de entrada, dois quartos, minicozinha e banheiro, sendo o aluguel de $37,50 ao mês." De Newhall e Blevins para Robert J. Melledge, 26 de novembro de 1911. E: "Apartamento 102 — Para sublocação de 1º de abril até o final do contrato — 1º de out. de 1914 — Aluguel $42.50 por mês. Apartamento consiste em sala de estar, sala de jantar, 2 quartos, minicozinha, banheiro e alpendre." Newhall e Blevins, Lista de aluguéis revisada, Remington Gables, Cambridge, 13 de abril de 1914.

13. Holloway citada em Andrew H. Malcolm, "Our Towns: She's Behind the Match for That Man of Steel", *New York Times*, 18 de fevereiro de 1992.

14. *First Report of the Class of Nineteen Hundred and Fifteen of Mount Holyoke College* (South Hadley, MA: Mount Holyoke College, 1916), s.p. Um exemplar de Fannie Merritt Farmer, *Boston Cooking-School Cook Book*, edição revisada (Boston: Little, Brown, 1918), com dedicatória da mãe de WMM, em posse de MPM.

15. Solomon, *In the Company of Educated Women*, 51. De EHM para JE, 19 de abril de 1974, em posse de JE.

16. WMM, *Try Living*, 8.

17. WMM, histórico, Faculdade de Direito de Harvard, turma de 1918, Arquivista da Faculdade de Direito de Harvard: Histórico permanente dos alunos, 1893-1972, Arquivos da Harvard University, número de chamada 14.258. Os integrantes do corpo docente não são listados no histórico, mas consultei o catálogo de cursos da Faculdade de Direito. Sobre Thayer e Wigmore, ver Twining, *Theories of Evidence*, 7-9. James Bradley Thayer, *Select Cases on Evidence at Common Law* (Cambridge, MA: C.W. Sever, 1892).

18. Theodore Roosevelt disse que o slogan de campanha de Wilson ("Ele não nos deixou entrar em guerra") era uma "fuga ignóbil à responsabilidade". Wilson revidou. "Sou americano, mas não creio que algum de nós aprecie nacionalismo ostentatório", disse em um discurso de campanha. "Adoramos este espírito tranquilo, de respeito próprio, inexpugnável, que não ataca até que se precise atacar, e quando ataca, o faz para conquistar." Citado em A. Scott Berg, *Wilson* (Nova York: Putnam's, 2013), 412, 404-5.

19. Berg, *Wilson*, 417. John Milton Cooper, ed., *Reconsidering Woodrow Wilson: Progressivism, Internationalism, War, and Peace* (Baltimore: Johns Hopkins University Press, 2008), 126.

20. De A. Lawrence Lowell para Alfred C. Lane, 2 de novembro de 1916, Arquivos da Harvard University, HUA 734.26.

21. O endereço de Münsterberg é dado como Ware Street, nº 7, em "Cosmopolitan Clubs to Convene During Recess", *Harvard Crimson*, 22 de dezembro de 1915. Que a aula era de Psicologia Elementar está relatado em "H. Münsterberg, Psychologist,

Is Fatally Stricken", *San Francisco Chronicle*, 17 de dezembro de 1916. Ver também "Münsterberg Dead", *Washington Post*, 17 de dezembro de 1916. O fato de Münsterberg, nos últimos anos de carreira, ser reconhecido como propagador científico é bem ilustrado pelos tributos diversos desta categoria: "Hoje em dia, quando nossas revistas enchem-se de explanações ignorantes sobre Freud e Jung e qualquer ser volúvel diz todo disparate sobre o 'complexo sexual' e a teoria dos sonhos, vale lembrar que o professor Münsterberg nunca foi mero aprovisionador da curiosidade lúbrica ou do amor vulgar pelos mistérios." ("Hugo Münsterberg", *New York Tribune*, 17 de dezembro de 1916.)

22. Página de abertura, *Wonder Woman* nº 5, junho-julho 1943.

6. A VIDA EXPERIMENTAL

1. Sobre o movimento sufragista durante a presidência de Wilson, ver Christine A. Lunardini, *From Equal Suffrage to Equal Rights: Alice Paul and the National Woman's Party, 1910-1928* (Nova York: New York University Press, 1986).

2. Berg, *Wilson*, 438. Ver também Jill Lepore, "The Tug of War: Woodrow Wilson and the Power of the Presidency", *New Yorker*, 9 de setembro de 2013.

3. O melhor relato está em Lunardini, *From Equal Suffrage to Equal Rights*, Capítulo 7. Mas ver também Catherine J. Lanctot, "'We Are at War and You Should Not Bother the President': The Suffrage Pickets and Freedom of Speech During World War I", Villanova University School of Law Working Paper Series, 2008, artigo 116.

4. Há uma lista de integrantes deste grupo no livro de visitantes mantido pelo Laboratório Psicológico: Grupo Experimental, 5-7 de abril de 1917, "Visitors to the Psychological Laboratory" (pp. 11-12), Departamento de Psicologia, Arquivos da Harvard University, UA V 714.392.

5. Robert M. Yerkes, "Psychology in Relation to the War", *Psychological Review* 25 (1918): 85-115; citação na p. 94. Ver também Robert M. Yerkes, ed., *The New World of Science: Its Development During the War* (Nova York: Century, 1920), 354.

6. WMM, Anotação em sala, *Harvard College Class of 1915: Decennial Report* (Cambridge: Printed for the Class of 1915, 1926), 178-79.

7. WMM, certificado militar, Cambridge, Massachusetts, 5 de junho de 1917, World War I Draft Registration Cards, 1917-1918 (Provo, UT: Ancestry.com, 2005). Segundo o histórico de WMM na Faculdade de Direito de Harvard, seu último dia de residência no ano letivo 1916-17 foi 21 de junho.

8. "Há chance de eu ser encarregado como legista chefe no serviço militar comum, como os médicos, ou a oportunidade disponível, caso o trabalho se estenda, é a de nomeação civil como legista assistente?" e "Há oportunidade ou necessidade de trabalho de pesquisa, como do Sr. Troland, etc., que possa ser conduzido no laboratório de

Harvard?". De WMM para Robert Yerkes, 11 de setembro de 1917, Documentos do Conselho Nacional de Pesquisa, Academia Nacional de Medicina.

9. De WMM para Yerkes, 20 de setembro de 1917, Documentos do Conselho Nacional de Pesquisa.

10. De E.L. Thorndike para Yerkes, outubro de 1917 (em papel timbrado do Conselho Nacional de Pesquisa), Documentos do Conselho Nacional de Pesquisa.

11. De Herbert Langfeld para Robert Yerkes, 8 de outubro de 1917 (em papel timbrado do Laboratório Psicológico de Harvard), Documentos do Conselho Nacional de Pesquisa.

12. De WMM para Yerkes, de Cambridge, 9 de outubro de 1917, acompanhando anexo datilografado de doze páginas com o título "Report on Deception Tests", Documentos do Conselho Nacional de Pesquisa.

13. Minutas do Encontro do Comitê de Psicologia, Conselho Nacional de Pesquisa, 13 de outubro de 1917, Documentos do Conselho Nacional de Pesquisa. WMM informou: "Em outubro de 1917, a pedido do Comitê de Psicologia do Conselho Nacional de Pesquisa, exames desta variedade [pressão arterial sistólica] foram realizados no Laboratório de Harvard, com vistas a determinar seu valor a serviço do governo durante a guerra." WMM, "Psychological Possibilities in the Deception Tests", *Journal of Criminal Law and Criminology* 11 (1921): 552-53. Ele cita o relatório nos arquivos do Comitê de Psicologia, com a data de 13 de novembro de 1917. "Esta oportunidade de prova prática destes exames foi possibilitada pela postura liberal e patriótica do tribunal e dos esforços vigorosos do major Robert M. Yerkes e do Dr. [James R.] Angell, do Conselho Nacional de Pesquisa", WMM agradeceria posteriormente (WMM, "Psychological Possibilities in the Deception Tests", 554). Robert M. Yerkes, "Report of the Psychology Committee of the National Research Council", *Psychological Review* 26 (1919): 85, 134.

14. Telegrama, de WMM, Harold E. Burtt e Leonard T. Troland para Yerkes, 13 de novembro de 1917, e de WMM para Yerkes, 13 de novembro de 1917, carta de oito páginas assinada por Harold E. Burtt e Leonard T. Troland sob um pós-escrito que diz: "Aqui tem-se relato corrigido dos exames de falsidade de Marston nos quais participamos", Documentos do Conselho Nacional de Pesquisa.

15. Yerkes, "Report of the Psychology Committee", 134.

16. De Herbert Langfeld para Robert Yerkes, 16 de outubro de 1917, Documentos Robert M. Yerkes, Manuscritos e Arquivos da Yale University, caixa 30, pasta 565, e WMM, "Psychological Possibilities in the Deception Tests", 556, 566. Sabe-se como o estudo veio a ser autorizado em de Yerkes para WMM, 1º de dezembro de 1917, e em de WMM para Yerkes, 4 de dezembro de 1917, Documentos do Conselho Nacional de Pesquisa.

17. "Demand Release of Pickets", *New York Times*, 9 de novembro de 1917, e "Suffragists Will Use Ballots to Resent Jailing of Pickets", *New York Tribune*, 12 de novembro de 1917.

18. De WMM para Yerkes, 12 de dezembro de 1917, Documentos do Conselho Nacional de Pesquisa; de Yerkes para o Sr. A. Bruce Bielaski, Chefe da Agência de Investigação, Dep.

de Justiça, 15 de janeiro de 1918, e de Bielaski para Yerkes, 23 de fevereiro de 1918, Documentos do Conselho Nacional de Pesquisa. Que Hoover tomou parte na reunião também está nas lembranças de WMM em de WMM para Albert L. Barrows, secretário executivo do Conselho Nacional de Pesquisa, 29 de julho de 1935, Documentos do Conselho Nacional de Pesquisa. De Yerkes para o major Nicholas Biddle, 18 de dezembro de 1917; de WMM para Yerkes, 19 de dezembro de 1917, Documentos do Conselho Nacional de Pesquisa. De WMM para Yerkes, 19 de dezembro de 1917, Documentos do Conselho Nacional de Pesquisa.

19. WMM, "Systolic Blood Pressure and Reaction Time Symptoms of Deception and Constituent Mental States", 134-39; de WMM para Yerkes, 21 de janeiro de 1918, e de WMM para Yerkes, 23 de fevereiro de 1918, Documentos do Conselho Nacional de Pesquisa. A investigação reacendeu sua avidez pelo direito. "Enquanto estive envolvido nos exames de falsidade de casos de criminalidade e espionagem", ele escreveu depois, "fiquei genuinamente interessado pelo direito", WMM, *Try Living*, 8-9.

20. Yerkes, "Report of the Psychology Committee", 135; de Yerkes para WMM, 5 de março de 1918, Documentos do Conselho Nacional de Pesquisa; de Yerkes para Dean Roscoe Pond, 2 de abril de 1918, e de Pound para Yerkes, 5 de abril de 1918, Documentos do Conselho Nacional de Pesquisa. Marston foi "insatisfatório em uma disciplina do segundo ano".

21. "Passed Bar Examinations", *Cambridge Chronicle*, 3 de agosto de 1918. EHM, "Tiddly Bits".

22. "22 de outubro de 1918. Comissionado segundo tenente no Exército dos Estados Unidos, Serviço de Saúde; designado para a Divisão Psicológica e lotado no Fort Oglethorpe, GA; transferido para base **Upton**, NY; para base Lee, VA; baixa em 9 de maio de 1919", Registros de pessoal das forças armadas dos Estados Unidos, 1631-1976 (Provo, UT: Ancestry.com, 2011). Isto entra em conflito com a versão de Marston: ele diz que pediu licença da faculdade de direito no terceiro ano.

23. EHM, "Tiddly Bits".

24. "A batalha pelo feminino", *Wonder Woman* nº 5, julho-julho 1943.

25. WMM, "Psychological Possibilities in the Deception Tests", 567.

26. "A formação psicológica mínima provavelmente ajuda a qualificar o especialista para reconhecer falsidade em tribunal", Marston concluiu. Ibid., 567-70.

27. Yerkes, "Report of the Psychology Committee", 135-36.

28. Não consegui localizar cartas trocadas entre WMM e JHW em 1919 e 1920, mas cartas posteriores esclarecem que a correspondência entre eles começou mais ou menos nesta época. Em 15 de março de 1921, WMM enviou a JHW uma reprodução do artigo, "escrito por sua sugestão para o *Journal of Criminal Law and Criminology*". De WMM para JHW, 15 de março de 1921, Documentos de Wigmore, Arquivos da Northwestern University, caixa 90, pasta 12.

29. Tira de jornal da Mulher-Maravilha, 10 de junho de 1944.

NOTAS ★ **411**

7. MÁQUINA DETECTA MENTIROSOS, PEGA BANDIDOS

1. Estados Unidos da América, Agência do Censo, *Twelfth Census of the United States, 1900* (Washington, DC: National Archives and Records Administration, 1900), Atlanta Ward 7, Fulton, Georgia; rolo: 200; página: 11A; Distrito de enumeração: 0083; microfilme FHL: 1240200, disponibilizado em Ancestry.com, *1900 United States Federal Census* (Provo, UT: Ancestry.com, 2004).

2. "A Glimpse in Advance of a Section of the Suffrage Parade", *Chicago Herald*, 18 de maio de 1916. Agradeço muito a Allison Lange por este recorte e outras referências. Ver também Allison Lange, "Images of Change: Picturing Women's Rights from American Independence through the Nineteenth Amendment", dissertação de doutorado, Brandeis University, 2014.

3. De EHM para JE, 11 de janeiro de 1973, em posse de JE.

4. "Os Homens-Toupeira do subterrâneo", *Wonder Woman* nº 4, abril-maio 1943.

5. Há vislumbres da vida de Wilkes em Donald W. Swinton, "Clinton Woman, 92, Believes It's Never Too Late to Vote", *Clinton Daily Item*, recorte sem data, 1981 (em posse de BHRM), e Mary Frain, "93 Years Old; She's Lived Every Day of Life", *Clinton Daily Item*, 15 de outubro de 1982, 183. Minhas informações sobre MWH também têm forte base em BHRM, entrevista à autora, 14 de julho de 2013.

6. Sue Grupposo, entrevista à autora, 15 de julho de 2013.

7. EHM, "Tiddly Bits".

8. De MWH para JE, 14 de junho de 1972, Documentos Steinem, Smith College, caixa 213, pasta 5.

9. WMM, Histórico de Pós-Graduando, Harvard University, Escola de Pós-Graduação em Artes e Ciências, Arquivos da Harvard University, HAIH63 UA1161.272.5. EHM, Histórico de Pós-Graduando, Harvard University, Escola de Pós-Graduação em Artes e Ciências, Biblioteca Schlesinger, Radcliffe.

10. As datas de nascimento e óbito de Fredericka Marston são dadas como 7 de janeiro de 1920 no verbete de EHM do *One Hundred Year Directory* da Mount Holyoke College, 1936, Arquivos da Mount Holyoke College.

11. Eles aparecem num manifesto de passageiros que saiu de Hamilton, Bermudas, e chegou a Nova York em 9 de agosto de 1920, Lista de Passageiros de Naus Atracadas em Nova York, Nova York, 1820-1897 (National Archives Microfilm Publication M237, 675 rolos); Registros da Alfândega dos Estados Unidos, Grupo de Registros 36; Arquivos Nacionais, Washington, DC, disponibilizado pelo Ancestry.com, Listas de Passageiros, 1820-1957 (Provo, UT: Ancestry.com, 2010).

12. Evans, *Born for Liberty*, 187.

13. Citado em Cott, *Grounding of Modern Feminism*, 194.

412 ★ A HISTÓRIA SECRETA DA MULHER-MARAVILHA

14. EHM, Histórico de Pós-Graduando, Harvard University, Escola de Pós-Graduação em Artes e Ciências, Biblioteca Schlesinger, Radcliffe. Em 1920-21, EHM fez dois semestres de Psicologia 20a e um semestre de Psicologia 20b. WMM fez as mesmas três disciplinas (dois semestres de Psico 20a e um de 20b), assim como outra disciplina laboratorial de psicologia.

15. De EHM para Jack Liebowitz, 5 de janeiro de 1948, Arquivos da DC Comics.

16. EHM, "Tiddly Bits".

17. Pode-se afirmar que Holloway não tinha proficiência em alemão; ela fez dois semestres em Mount Holyoke e recebeu um D e um D+. EHM, Histórico, Departamento do Arquivista, Mount Holyoke College.

18. Solomon, *In the Company of Educated Women*, 127, 131.

19. EHM, relato autobiográfico entregue ao Departamento de Egressas da Mount Holyoke College, 18 de agosto de 1986; EHM, "Tiddly Bits".

20. EHM, "Tiddly Bits".

21. "New Mass. Corporations", *Cambridge Chronicle*, 27 de março de 1920. WMM é listado como incorporador do Escritório de Engenharia Tait-Marston, de Boston, fundição e oficina mecânica. Sua sede é listada como State Street, nº 60, Boston, em anúncio publicitário: Escritório de Engenharia Tait-Marston, *American Machinist*, vol. 52 (24 de junho de 1920), 328. O escritório foi desativado em 1924, segundo os *Atos e Resoluções do Tribunal Geral [Massachusetts]*, 1924.

22. "New Incorporations", *New York Times*, 17 de março de 1920.

23. Forte aparece em uma fotografia em um dos álbuns de fotos da família Marston, ajudando Marston em exames na varanda da casa da Lowell Street. Sobre Fischer, ver *Harvard Alumni Bulletin*, vol. 22 (29 de abril de 1920), 719; Sociedade de Assistência Jurídica de Boston, *The Work of the Boston Legal Aid Society: A Study of the Period Jan. 1, 1921 to June 30, 1922* (Boston, 1922), 28: A Marston, Forte & Fischer doou cinquenta dólares à sociedade.

24. WMM, Informe de Egresso, *Harvard College Class of 1915: Decennial Report*, 178-79.

25. "Machine Detects Liars, Traps Crooks", *Philadelphia Inquirer*, 14 de maio de 1921. O material de divulgação também foi reproduzido em revistas da área: ver, por exemplo, "This Machine Detects Liars", *Science and Invention* 9 (1921): 618.

26. WMM, Informe de Egresso, *Harvard College Class of 1915: Decennial Report*, 178-79.

8. ESTUDOS SOBRE O DEPOIMENTO

1. O experimento é relatado em WMM, "Studies in Testimony", *Journal of Criminal Law and Criminology* 15 (maio de 1924): 5-31.

2. *American University: Announcement for 1922-1923, Graduate School of Arts and Sciences* (Washington, DC: American University, 1922), 12-13. Este catálogo descreve as disciplinas ofertadas no ano letivo 1922-23. WMM, contudo, começara a lecionar

NOTAS ★ **413**

na American University durante o ano letivo anterior, embora suas disciplinas não fossem listadas no catálogo; aparentemente, ele foi um acréscimo de última hora ao corpo docente. Em carta datada de 30 de março de 1922, ele descreve os experimentos como "recém-concluídos" (De WMM para JHW, Documentos Wigmore, Arquivos da Northwestern University, caixa 90, pasta 12). No ano letivo 1921-22, o período de inverno começou em 2 de janeiro de 1922 e terminou em 18 de março de 1922. O período de primavera começou em 20 de março e terminou em 3 de junho. Para a agenda, ver *American University: Announcement for 1921-1922, Graduate School of Arts and Sciences* (Washington: American University, 1921), 2.

3. WMM, "Studies in Testimony", 9.

4. WMM escreveu a Wigmore que a disciplina era "baseada em larga medida nos seus 'Principles of Judicial Proof' (De WMM para JHW, 30 de março de 1922). Apesar do ataque de Wigmore a Münsterberg, Wigmore tinha grande interesse pela aplicação da pesquisa psicológica à questão das provas: tinha pretensões de fundar uma ciência das provas. *The Principles of Judicial Proof* é um compêndio de estudos de caso extraídos tanto de tribunais quanto dos anais da literatura. JHW, *Principles of Judicial Proof*, 168-70, 502-3. Acima de tudo, Wigmore baseava-se na psicologia. Ao explicar o que constitui uma prova de identidade, por exemplo, ele citava os *Princípios de psicologia*, de William James; quando à percepção, ele apoiava-se nos *Outlines of Psychology* [*Rudimentos de psicologia*, em tradução livre], de Josiah Royce.

5. Há evidência de que Wigmore e Münsterberg reconciliaram-se, em alguma medida, à época da morte deste. Em 1913, Wigmore pediu a Münsterberg permissão para usar partes de seu trabalho em *The Principles of Judicial Proof*. Quando Münsterberg concedeu a permissão, Wigmore retornou-lhe: "Fico extremamente agradecido por sua gentil anuência em relação ao uso deste trecho em meu livro. Não tema que eu pense em tirar vantagem da situação para dar seguimento à controvérsia sarcástica de três anos atrás. Estou ansioso, neste livro, para ver suas opinião devidamente explanada a estudantes de direito, e daí meu desejo de citá-lo. Possivelmente apenas farei alguns comentários sobre o outro lado da questão." De JHW para Hugo Münsterberg, 3 de janeiro de 1913, Documentos Wigmore, caixa 92, pasta 16.

6. JHW, *Principles of Judicial Proof*, 583-91.

7. WMM achava que as cenas encenadas nos primeiros experimentos, usando simulações e "atores sujos de sangue (ou tinta) gritando e gesticulando", prejudicavam os resultados. A partir daí, ele projetou uma cena extremamente ordinária, um incidente "caracterizado de tal forma que nenhum dos 18 depoentes suspeite que algo de incomum tenha ocorrido até ser devidamente informado por quem aplica o experimento", WMM, "Studies in Testimony", 7-8. Wigmore havia sugerido uma alteração na configuração do experimento: "Inclua um júri (ou juiz de fatos) no experimento, e observe se as constatações dos fatos seguem os erros de deposição ou se têm êxito em evitá-las para se chegar aos fatos reais." Os experimentos de Wigmore na Faculdade de Direito da Northwestern University são relatados em seu *Principles of Judicial Proof*, 585-91.

414 ★ A HISTÓRIA SECRETA DA MULHER-MARAVILHA

8. De WMM para JWH, 30 de março de 1922.

9. O Mississippi seria o último estado a acabar com a proibição de mulheres no júri; a revisão só ocorreu em 1968. Holly J. McCammon, *The U.S. Women's Jury Movements and Strategic Adaptations* (Cambridge: Cambridge University Press, 2012); minha contagem vem da tabela 3.1, na p. 38. Quanto ao período de tempo de ativismo feminino quanto a este tema até o êxito, ver a tabela 3.2, na p. 51.

10. EHM, "Tiddly Bits".

11. De WMM para JHW, 30 de março de 1922, e de JHW para WMM, 11 de maio de 1922. WMM, "Studies in Testimony", 16-17.

12. WMM, *March On!*, 235.

13. "President of the National Benefit Life Insurance Company Cowardly Murdered", *Philadelphia Tribune*, 4 de dezembro de 1920; "Offer $1,000 Reward for Doctor's Slayer", *Chicago Defender*, 18 de dezembro de 1920.

14. Há um bom relato da prisão e do interrogatório, além de um resumo fiel da confissão, em "Mystery Finally Solved as How Prominent Physician Was Murdered Last Year", *Washington Tribune*, 27 de agosto de 1921.

15. James A. Frye, Declaração ao Inspetor Clifford I. Grant, 22 de agosto de 1921. Há uma cópia arquivada junto a *Curtis contra Francis*, Arquivos Nacionais, RG 21, Propriedade 40.432, caixa 3060, 16W3/06/27/03.

16. Cobertura local: "Negro Held in Charge of Slaying Physician", *Washington Bee*, 27 de agosto de 1921. Cobertura nacional: "Dr. Brown's Slayer in Law's Grip", *Chicago Defender*, 3 de setembro de 1921.

17. *O Estado contra Bowie, Frye et al.*, Arquivos Nacionais, RG 21, Detento #38380, caixa 316, 16W3/08/21/06. Bowie também foi julgado à parte por arrombamento e roubo. Foi considerado culpado. *O Estado contra William N. Bowie*, 1921, Arquivos Nacionais, RG 21, Detento #38310, caixa 316, 16W3/08/21/06.

18. Lester Wood, Histórico acadêmico, 8 de outubro de 1921, Departamento do Arquivista, American University.

19. "William N. Bowie and James Frye Convicted", *Washington Tribune*, 12 de novembro de 1921. Wood também protocolou requerimento para um julgamento à parte de Bowie, o qual, junto a Benjamin Grice, era acusado de furto e arrombamento. *O Estado contra William N. Bowie*, 1921, Requisição de novo julgamento, protocolado por Lester Wood, representante do réu, 6 de janeiro de 1922, Arquivos Nacionais, RG 21, Detento #38310, caixa 316, 16W3/08/21/06. *O Estado contra William N. Bowie*, 1921, Requisição protocolada por Lester Wood, representante do réu, 21 de dezembro de 1921, Arquivos Nacionais, RG 21, Detento #38310, caixa 316, 16W3/08/21/06. O caso aconteceu antes da regra que introduziu advogados indicados pelo tribunal para réus carentes. O trabalho de Wood em um caso como este era voluntário, e uma maneira comum de se adquirir experiência jurídica.

NOTAS ★ **415**

20. "New Trial Is Granted Bowie", *Washington Tribune*, 10 de dezembro de 1921, e "Bowie and Frye Get Four Years in Penitentiary", *Washington Tribune*, 31 de dezembro de 1921.

21. *O Estado contra Frye*, Rol das Causas, Arquivos Nacionais, RG 21, Detento #38325, caixa 316, 16W3/08/21/06. O'Shea é listado como seu advogado durante a acusação no registro de julgamento da apelação, *Frye contra o Estado*, Arquivos Nacionais, RG 276. Frye declarou-se inocente do homicídio logo antes de Marston realizar seu experimento sobre depoimentos na American University. Em 1922, o período de primavera da American University teve início em 20 de março. A disciplina Psicologia Jurídica tinha duas aulas por semana. O mensageiro com o sotaque texano anasalado deve ter batido na porta da sala durante uma das primeira aulas, pois, em 30 de março, Marston mandou uma carta a Wigmore contando-lhe que acabara de "concluir um experimento muito interessante quanto a provas testemunhais". De WMM para JHW, 30 de março de 1922.

22. Richard V. Mattingly, Histórico estudantil, 4 de outubro de 1921, Departamento do Arquivista, American University.

23. Apenas quatro pesquisadores até hoje investigaram o caso Frye. Todos os quatro são historiadores da ciência. Em 1982, J.E. Starrs, primeira pessoa que se deu ao trabalho de desencavar os registros do julgamento — pois à época a maior parte dos boletins policiais havia sido destruída —, especulou que Frye provavelmente era culpado, apesar de suas afirmações em contrário. J.E. Starrs, "A Still-Life Watercolor: *Frye v. United States*", *Journal of Forensic Sciences* 27 (julho de 1982): 684-94. Em 2004, Tal Golan contextualizou a decisão na história do depoimento de perito, defendendo que a psicologia foi o ponto onde o direito da Era Progressista traçou o limite em relação ao quanto de ciência pode e não pode entrar no tribunal. Em 2007, Ken Alder contextualizou o caso em sua fascinante história da detecção de mentiras: Ken Alder, *The Lie Detectors: The History of an American Obsession* (Nova York: Free Press, 2007), Capítulo 4, "Monsterwork and Son". Naquele mesmo ano, em uma dissertação de Harvard, Seán Tath O'Donnell defendeu que o caso só poderia ser entendido no contexto das relações raciais na capital Washington. O'Donnell, "Courting Science, Binding Truth: A Social History of *Frye v. United States*", dissertação de doutorado, Harvard University, 2007. Nenhum destes pesquisadores teve interesse particular por Marston, e nenhum deles descobriu que os advogados de Frye eram alunos de Marston. Tanto Starrs quanto O'Donnell referem-se a Mattingly como "indicação do tribunal"; O'Donnell emenda que ele foi uma "indicação de última hora" (p. 196). Starrs e O'Donnell, sem saber que Mattingly e Wood eram alunos de Marston, presumiram, por sua vez, que os advogados foram atrás do especialista. "Mattingly descobriu Marston lecionando na American University", escreve O'Donnell (p. 12). E ver também a discussão de O'Donnell à p. 140, onde ele certifica que Mattingly, ansioso para corroborar a retratação que Frye fizera de sua confissão, descobriu um professor na American University que poderia ajudá-lo.

24. De WMM para JHW, 3 de junho de 1922, Documentos Wigmore.

416 ★ A HISTÓRIA SECRETA DA MULHER-MARAVILHA

25. Em algum momento, Frye também foi submetido a um teste de inteligência, aplicado pelo major Harold C. Bingham, do Conselho Nacional de Pesquisa, que determinou que sua inteligência "era superior à do negroide médio". Memorando de histórico científico e autoridade do teste da falsidade através da pressão arterial sistólica, *Frye contra o Estado*, Depoimentos, #3968, Arquivos Nacionais, RG 276, caixa 380, 14E2A/02/05/04, p. 4.

26. Quanto à lembrança de Frye sobre a visita de Marston à penitenciária em 10 de junho de 1922, ver a petição que Frye fez em 1945 solicitando indulto presidencial, Arquivos Nacionais, RG 204, pilha 230, 40:14:2, caixa 1583, arquivo 56-386, 12-13.

27. De WMM para JHW, 4 de julho de 1922, Documentos Wigmore. WMM enviou para Wigmore alguns recortes em 30 de julho de 1922, incluindo um do *Washington Daily News* com a data 20 de julho de 1922.

28. McCoy nasceu em Troy, Nova York, em 8 de dezembro de 1859. Formou-se em Harvard em 1882. "Em 1904 e 1908, ele serviu como delegado de Nova Jersey nas Convenções Nacionais Democratas, assim como em várias convenções estaduais, até ser eleito, em 1911, pelo Oitavo Distrito de Nova Jersey, para o 62º Congresso. Os serviços ao primeiro Governo Wilson lhe trouxeram notoriedade, e ele foi indicado, como juiz adjunto, à Suprema Corte do Distrito de Colúmbia em 5 de outubro de 1914. Quando o juiz presidente Covington se demitiu, em 30 de maio de 1918, o Juiz Adjunto McCoy foi promovido", observa John Clagett Proctor em *Washington: Past and Present* (Nova York: Lewis Historical, 1930), 1:234.

29. O registro de processo penal, ou ao menos a parte que sobreviveu, é *O Estado contra Frye*, Arquivos Nacionais, RG 21, Detento #38325, caixa 316, 16W3/08/21/06. Até onde pude descobrir, a transcrição do julgamento não existe mais, com exceção do trechos selecionados para a apelação. Quanto ao restante do julgamento, baseei-me em relatos de jornais.

30. O próprio Frye insistiu, no banco de testemunha, que "nem uma palavra da confissão [...] era verdade". "Frye Convicted of Dr. Brown's Murder", *Washington Tribune*, 22 de julho de 1922. Ele disse que "na quarta-feira que se seguiu ao assassinato do Dr. Brown, ele e o Dr. John R. Francis Jr. embarcaram num automóvel e foram à região sudoeste de Washington, onde Francis comprou cocaína e gin", e que Francis, chapado de cocaína, "confessou a ele que este (Francis) havia matado o Dr. Brown, dando detalhes quanto ao clímax do homicídio ter se dado após ele não conseguir extorquir dinheiro do falecido por meio de uma ameaça de chantagem". De "Convict Slayer of Dr. Brown", *Chicago Defender*, 29 de julho de 1922.

31. Richard V. Mattingly e Lester Wood, Solicitação de prorrogamento, 14 de julho de 1922, *O Estado contra Frye*, Arquivos Nacionais, RG 21, Detento #38325, caixa 316, 16W3/08/21/06.

32. Quanto às lembranças de Frye sobre a doença e morte de Watson, ver a petição de indulto presidencial que Frye apresentou em 1945, Arquivos Nacionais, RG 204, pilha 230, 40:14:2, caixa 1.583, arquivo 56-386, pp. 2-3. Sobre Cox, ver pp. 12-13, nas quais Frye escreve: "Meus advogados, os srs. R.V. Mattingly e Lester Wood, tentaram fazer

essa mulher prestar depoimento diversas vezes, mas o empenho não teve resultado. Ela foi convocada ao tribunal como testemunha, o promotor de acusação afirmou que ela era testemunha de defesa e meus advogados disseram que ela era testemunha do estado. Nunca fui capaz de descobrir os motivos para a atitude dela."

33. A história deles era mais ou menos esta: Frye, tendo sido preso por roubo, fora coagido a confessar o homicídio. Ele recebera garantias tanto de um investigador da polícia quanto de John R. Francis de que, se dissesse que havia matado Brown, a acusação de roubo seria retirada, a acusação de homicídio não ia colar (pois Frye tinha um álibi) e que ele receberia parte da recompensa de mil dólares. O verdadeiro assassino, segundo Frye, era Francis. Em julho de 1922, imediatamente após a condenação de Frye, Francis começou a reclamar a recompensa, entrando com uma ação junto a William H. Robinson contra a National Benefit Life Insurance Company, N. Pearl Curtis e Robbie Lofton, filhas de Brown, para reivindicar o valor, que também era reclamado por Julian Jackson. Ver *Curtis contra Francis*, Arquivos Nacionais, RG 21, Propriedade 40432, e *Curtis, Lofton et al. contra Francis et al.*, caixa 3060, 16W3/06/27/03. No outono de 1922, Robinson foi condenado por tráfico de entorpecentes. Ver *O Estado contra Robinson*, Arquivos Nacionais, RG 21, Detento #39682, caixa 329, 16W3/08/22/02.

34. "O Dr. Marston testou a pressão arterial de Frye ontem. Frye afirma resolutamente que é inocente. Enquanto não revela os resultados do teste, o Dr. Marston fará um teste complementar se o juiz de Suprema Corte e o júri assim solicitarem." De "Lie-Detector Verdict Today", *Washington Post*, 20 de julho de 1922. Enquanto isso, WMM e vários de seus alunos e colegas fizeram uma reunião na American University, na qual fundaram a Sociedade Psico-Jurídica Norte-Americana; Marston e Wigmore viriam a ser co-presidentes honorários. De WMM para JHW, 30 de julho de 1922, e de JHW para George Curtis Peck, 16 de novembro de 1922, Documentos Wigmore.

35. As informações de que WMM subiu ao banco e de que a sala do tribunal só tinha pessoas de pé está em "Holds Frye Guilty of Killing Doctor", *Washington Post*, 21 de julho de 1922.

36. *Frye contra o Estado*, Transcrição de registro, extraído do Agravo Retido entregue ao tribunal por Mattingly e Wood em 26 de setembro de 26, 1922, registrando processos judiciais durante o julgamento penal, ocorrido em 17-20 de julho de 1922, pp. 11-18, Arquivos Nacionais, RG 276, Depoimentos #3968, caixa 380, 14E2A/02/05/04.

37. Até McCoy, que não era cientista, percebia as falhas no método de Marston no estudo que ele realizara com criminosos condenados em Massachusetts em 1917. Nesse estudo, publicado no *Journal of Criminal Law and Criminology* de Wigmore, WMM relatava ter conduzido exames de falsidade em vinte réus criminais que haviam sido recomendados pelos tribunais para avaliação médica e psicológica; em todos os casos, observou ele, o juízo feito apenas pelo exame da pressão arterial, em relação à culpa ou à inocência do réu, era corroborado por eventos subsequentes. Como McCcoy percebeu de relance, a investigação era absurdamente não científica: os casos eram selecionados, não havia um grupo de controle e o exame de pressão arterial em si poderia afetar fatos subsequentes. McCoy, portanto, deu uma lição de moral a Mattingly quanto ao método científico:

418 ★ A HISTÓRIA SECRETA DA MULHER-MARAVILHA

Por acaso, li um dos testes realizado, e creio que se afirmava... não consegui determinar se era um homem em condicional após a condenação ou no banco de testemunhas antes da condenação. Não pude distinguir. Ele estava em condicional, e afirmava-se que este teste havia determinado que ou este homem... pode ser que o homem tenha mentido a respeito do caso. O juiz fez uma coisa... não sei o quê... mas logo após o teste ser realizado, descobriu-se que o homem era culpado de um crime parecido. Então, ou o juiz agiu com base no exame, ou agiu com base na informação extra quanto a perpetrar outro crime similar. No que se refere ao exame, o Dr. Marston vai admitir que ele não era científico em relação ao seu instrumento, pois, como bem sabe, já que é um cientista, ele deve excluir tudo menos as constantes antes de poder fazer uma dedução. Se há muitas variáveis, ele apenas pode dizer é que, no geral, algo é provável.

38. "Rely on 'Lie Test' in Appeal", *Washington Post*, 22 de julho de 1922.

39. Na argumentação de fechamento, Bilbrey disse que Frye foi "o maior mentiroso que já apareceu em tribunal"; Mattingly disse que a testemunha principal da acusação, John R. Francis, "não passava de um bandido liso". De "Convict Slayer of Dr. Brown", *Chicago Defender*, 29 de julho de 1922. Quanto à duração das deliberações do júri, ver "Holds Frye Guilty of Killing Doctor", *Washington Post*, 21 de julho de 1922. Quanto à sentença: "Life-Sentence Penalty in Murder of Doctor", *Washington Post*, 29 de julho de 1922.

40. De WMM para JHW, 30 de julho de 1922, Documentos Wigmore.

41. "Offers New Law Course", *Washington Post*, 30 de julho de 1922. Estudar a filosofia do direito, contudo, aparentemente incluía fazer testes de detecção de mentira em presos:

A última tentativa de conseguir retratação por um crime que ele é acusado de ter cometido doze anos atrás levou o Dr. E.E. Dudding, na noite passada, a passar pelo enervante exame do esfigmomanômetro, mais conhecido como "detector de mentiras" na sede da American University. O exame foi conduzido pelo Dr. William Marston, professor de psicologia legal da universidade, e por Paul E. Haddick, secretário da Sociedade Psico-Jurídica Norte-Americana. Dudding foi julgado e condenado em fevereiro de 1910 pelo assassinato de seu tio em Huntington, West Virginia, após discussão provocada por uma briga familiar, sendo que o júri o considerou culpado de homicídio voluntário, apesar de suas afirmações contínuas de que o assassinato se deu em legítima defesa. Sentenciado a cinco anos na penitenciária de West Virginia pelo delito, ele foi enviado à prisão afirmando firmemente que algum dia teria a retratação que faria a verdade prevalecer. Aparecer diante do Dr. Marston e de um grupo de alunos universitários de psicologia, doze anos após o suposto crime, é o ápice desta luta por retratação. Após os exames, o Dr. Marston disse estar convencido de que o homem tinha justificativa para cometer o ato — ele nunca negou que havia atirado — e que tinha justa causa para portar a arma no dia do assassinato, 6 de setembro de 1909.

A matéria descreve o teste com alguns detalhes, também apresenta as perguntas e conclui: "O teste da noite passada, e os testes subsequentes que se seguirão, são quase resultado direto de uma avaliação dada pelo juiz McCoy no Tribunal Penal nº 2 há aproximadamente dez dias, no qual ele recusou o uso do esfigmomanômetro." De "Lie Detector Said to Clear Dudding in Killing of Uncle 12 Years Ago", *Washington Post*, 2 de agosto de 1922.

42. Richard V. Mattingly, Histórico, Departamento do arquivista, American University. Lester Wood, Histórico, Departamento do arquivista, American University.

43. "O professor Marston é antes de tudo um psicólogo experimental e foram tomadas providências para inauguração na American University, neste outono, do que provavelmente será o único laboratório de pesquisa psico-jurídica nos Estados Unidos." De "William Moulton Marston", *American University Courier*, outubro de 1922.

9. FRYE'D

1. *Frye contra o Estado*, Depoimento do recorrente, Depoimentos, #3968, Arquivos Nacionais, RG 276, caixa 380, 14E2A/02/05/04. Mattingly e Wood listaram oito atribuições de erros no julgamento penal como base para o recurso. Os erros 4-8 envolviam Marston. *Frye contra o Estado*, Transcrição de registro, Adjudicação de Erros (protocolado em 8 de fevereiro de 1923), pp. 3-4, em Arquivos Nacionais, RG 276, Depoimentos #3968, caixa 380, 14E2A/02/05/04.

2. *Frye contra o Estado*, Depoimento do apelado, preparado por Peyton Gordon, procurador federal, e J.H. Bilbrey, procurador federal assistente, protocolado em 2 de novembro de 1923, em Arquivos Nacionais, RG 276, Depoimentos #3968, caixa 380, 14E2A/02/05/04, pp. 1-2, 8. Zechariah Chafee, "The Progress of the Law, 1919-1921: Evidence", *Harvard Law Review* 35 (1922): 302-17; as citações vêm da p. 309. No segundo ano de Marston na faculdade de direito, ele foi aluno da disciplina de Chafee sobre letras de câmbios e notas promissórias. Chafee começou a lecionar direito em Harvard em 1916. Em 1916-17, ele ministrou a disciplina Letras de Câmbio e Notas Promissórias, também conhecida como "Letras e Notas". Faculdade de Direito de Harvard, *Law School of Harvard University, Announcements 1916-1917* (Cambridge, MA, 1916), 6. Em Letras e Notas, Marston ficou com nota 72. WMM, Histórico, Faculdade de Direito de Harvard, turma de 1918, Arquivista da Faculdade de Direito de Harvard: Histórico permanente de estudantes, 1893-1972, Arquivos da Harvard University, número de chamada 14258. Como McCormick viria a comentar ("Deception-Tests and the Law of Evidence", p. 500 n51), é provável que tenham sido os comentários impressos de Chafee que condenaram a apelação de Frye.

3. *Frye contra o Estado*, Depoimento de apelado, preparado por Peyton Gordon, procurador federal, e J.H. Bilbrey, procurador federal assistente, protocolado em 2 de novembro de 1923, em Arquivos Nacionais, RG 276, Depoimentos #3968, caixa 380, 14E2A/02/05/04, pp. 4-5.

4. *Frye contra o Estado*, 54 App. D.C. 46, 293 F. 1013, 34 A.L.R. 145.

420 ★ A HISTÓRIA SECRETA DA MULHER-MARAVILHA

5. Em 1967, a Suprema Corte dos Estados Unidos decidiu, em *Miranda contra o Estado do Arizona*, que policiais são obrigados a ler os direitos de um suspeito no momento da prisão. O aviso compulsório geralmente começa com "Você tem o direito de permanecer calado. Tudo que você disser ou fizer pode e será usado contra você em tribunal." [*N. do T.*]

6. "O teste Frye foi aceito como padrão em praticamente todos os tribunais deste país que trataram da questão da admissibilidade de novas evidências científicas", observou a Suprema Corte do Kansas em 1979. Citada em Starrs, "Still-Life", 685.

7. Quanto à aridez do parecer, ver O'Donnell, "Courting Science", 247-52.

8. "Arrest Inventor of Lie Detector", *Boston Daily Globe*, 7 de março de 1923.

9. "Alega-se que o réu deve 2.125 dólares. William M. Marston foi processado em 5 mil dólares em ação com base em contrato, por Edward Fischer, da Brookline. Os documentos foram protocolados pelo advogado Edward G. Fischer, da Oliver Street, nº 60, Boston. Alega-se que o réu deve 3.401,31 dólares." *Cambridge Chronicle*, 14 de janeiro de 1922. "William M. Marston foi processado em 500 dólares em ação com base em contrato por Edward G. Fischer, da Brookline. Os documentos foram protocolados pelo advogado F.L. Fischer, da Oliver Street, nº 60, Boston." *Cambridge Chronicle,* 6 de maio de 1922.

10. *O Estado contra William M. Marston*, dezembro de 1922, uma denúncia. *O Estado contra William M. Marston*, relato de W.J. Keville, delegado do Departamento de Justiça, por James M. Cunninghan, agente; e mandado de prisão de William M. Marston, ambos datados de 17 de fevereiro de 1923, Arquivos Nacionais, Boston.

11. "Marston, Lie Meter Inventor, Arrested", *Washington Post*, 6 de março de 1923, e "Arrest Inventor of Lie Detector", *Boston Daily Globe*, 7 de março de 1923.

12. *O Estado contra William M. Marston*, denúncia por utilização dos serviços postais em esquema de fraude, 1º de dezembro de 1922, Arquivos Nacionais, Boston.

13. *O Estado contra William M. Marston*, denúncia por auxílio e instigação na ocultação de bens de fideicomissário em processo de falência, 1º de dezembro de 1922, Arquivos Nacionais, Boston. Os requerentes neste caso incluíram um operador de forno que havia trabalhado para a Tait-Marston Engineering Company e que disse que Marston lhe devia cem dólares. Marston, ao que parece, deixava um rastro de dívidas onde quer que fosse. Do *Dateline Washington*, 6 de março:

> O Dr. William Moulton Marston Jr., professor de Psicologia Jurídica na American University e inventor do esfigmomanômetro ou "detector de mentiras", pagou fiança de 3 mil dólares e terá uma audiência em 16 de março pela acusação de "mentira por meio postal". O Dr. Marston foi preso com um mandado que o acusa do uso de serviços postais para fins fraudulentos e foi conduzido ao delegado federal McDonald, que determinou a data de audiência. Ele foi indiciado em novembro passado, em Boston, por queixa de diversos credores que acusavam que ele, como tesoureiro da United Dress Goods, Inc., distorceu a situação financeira de sua firma e assim obteve faturas consideráveis destes. Em destaque entre os queixosos estão a A.D. Juliard & Co. e a C. Babsen & Co. de Nova York. Outro é seu ex-operador de forno, de Boston, ao qual alega-se que deva mais de cem dólares.

De "Will Give Hearing to Alleged Mail Defrauder", *Bridgeport Telegram*, 7 de março de 1923.

14. "William M. Marston, inventor do 'detector de mentiras', professor de Psicologia na American University de Washington, entrou na sala do delegado do Departamento de Justiça, no Federal Building, ontem à tarde e foi conduzido aos aposentos do juiz Morton, onde foi intimado." De "Marston Held in $2600 for Trial", *Boston Daily Globe*, 17 de março de 1923.

15. *O Estado contra William M. Marston*, Intimação de réu, 16 de março de 1923, Arquivos Nacionais, Boston.

16. "Hold 'Lie-Finder' Inventor", *Washington Post*, 17 de março de 1923; "'Lie Detector' Inventor Arraigned", *New York Times*, 17 de março de 1923; e "Marston Held in $2600 for Trial", *Boston Globe*, 17 de março de 1923.

17. A Hale e Dorr, hoje WilmerHale, ainda funciona na State Street, nº 60, Boston.

18. American University: Informes de 1922-1923, Escola de Pós-Graduação de Artes e Ciências (Washington, DC: American University, 1922), 11-15.

19. De JHW para WMM, 20 de novembro de 1923, Documentos Wigmore, Arquivos da Northwestern University.

20. Memorando de histórico científico e autoridade do teste da falsidade por meio da pressão arterial sistólica para a falsidade, *Frye contra o Estado*, Sentenças, #3968, Arquivos Nacionais, RG 276, caixa 380, 14E2A/02/05/04. O depoimento científico, que fora arquivado indevidamente, foi descoberto por O'Donnell, que se deparou com ele ao vasculhar outras caixas de Frye nos Arquivos Nacionais ("Courting Science", 264 n731). A descoberta do depoimento científico por O'Donnell tem valor inestimável. O'Donnell argumenta que o depoimento científico, que situa a obra de Marston como apenas uma peça de um empreendimento maior — "o depoimento reenfocava o debate, a partir das credenciais de um só cientista, o Dr. Marston, para a obra de vários cientistas" (p. 274) — é "revelador quanto ao escopo a que a nova ciência da psicologia experimental conseguia pensar de si como atividade comunal" (p. 265). Porém, tendo descoberto que Marston foi preso por fraude, acredito que a motivação para o depoimento foi distanciar o caso dele, cuja prisão e intimação plenamente propagandeadas haviam destruído as perspectivas de uma apelação exitosa.

21. De WMM para JHW, 31 de dezembro de 1923, Documentos Wigmore.

22. De Richard W. Hale para o presidente da American University, 1º de novembro de 1924, WMM, Registros Pessoais de Corpo Docente/Servidores, Arquivos da American University, Biblioteca da American University, Washington, DC. À época em que Hale escreveu esta carta, Marston já havia sido demitido há bastante tempo. Ele sabia que não havia chance de Marston ser reempossado; o advogado escreveu esta carta, disse, simplesmente para esclarecer dúvidas, solicitando que esta fosse colocada no dossiê de Marston, pedido que foi atendido.

422 ★ A HISTÓRIA SECRETA DA MULHER-MARAVILHA

23. O pedido de desistência da ação em dois autos do processo leva a data de 4 de janeiro de 1924.

24. De JHW para WMM, 9 de janeiro e 18 de janeiro de 1924, Documentos Wigmore. Marston voltou aos experimentos que realizara na American University em 1922 em artigo que publicou na *Esquire* em 1937; um trecho dele foi publicado em *Legal Chatter*. "O fato surpreendente de que um júri nunca está certo foi provado sem sombra de dúvida por meu trabalho no laboratório psicojurídico. Não há como um júri estar certo – nem próximo da certeza – na reconstrução total dos fatos." WMM, "Is the Jury Ever Right?", *Legal Chatter* 1 (1937-38): 30-35; a citação vem da p. 30. Os *Principles of Judicial Proof* de Wigmore foram quase que totalmente esquecidos. Com exceção das aulas do próprio Wigmore na Northwestern e da disciplina de Psicologia Jurídica de Marston na American University em 1922, aparentemente apenas mais uma cadeira universitária no país, ofertada em uma faculdade de direito de Idaho, usou os *Principles of Judicial Proof* de Wigmore como livro de referência. (Twining, *Theories of Evidence*, 165). EHM, "Tiddly Bits".

25. Quanto à inscrição de Lester Wood e Richard V. Mattingly na Ordem dos Advogados, ver *Journal of the Supreme Court of the United States* 1923 (junho de 1924), p. 283. Lester Wood obteve doutorado em direito civil da Faculdade de Pós-Graduação em Direito e Diplomacia da American University em 1923, após apresentar uma tese sobre direito trabalhista. *The American University Ninth Convocation* (Washington, DC: American University, 1923), 4. Richard Mattingly largou o curso. Três anos após a decisão no tribunal de apelação, Mattingly abandonou totalmente o direito. Cursou faculdade de medicina e passou o resto da vida trabalhando como médico. Segundo seu filho, entrevistado por O'Donnell em 2003, Mattingly sempre dizia que se retirara da profissão jurídica em parte devido ao arrependimento pela sina de James A. Frye. O'Donnell, "Courting Science", 18 n53.

26. Em livro de memórias não publicado, EHM deixou de fora tudo que aconteceu entre os anos de 1922 e 1927, sem citar Frye, a prisão de Marston ou o escândalo que acabou com a carreira acadêmica deste. EHM, "Tiddly Bits"; há um lapso entre 1922, quando WMM começou a lecionar na American University e EHM começou a trabalhar no Haskins Information Service, e 1927, quando, morando em Nova York, ela ficou grávida.

27. Tira de jornal da MM, 27-31 de março de 1945.

10. HERLAND

1. Meu relato sobre os primeiros anos da vida de Olive Byrne provém sobretudo de um livro de memórias não publicado e de uma série de históricos familiares não publicados que ela escreveu nos anos 1970 e 1980: OBR, "Mary Olive Byrne", "Ethel Higgins Byrne, 1883-1955", "310 East Tioga Avenue, Corning, New York", "John Frederick Byrne, 1880--1913", "Michael Hennessey Higgins, 1844-1929", "John Florence Byrne, 1851-1914

(approximately)", "Margaret Donovan Byrne (Gram), 1853-1914" e "John Lucas", todos em posse de BHRM.

2. OBR, "Mary Olive Byrne", 1-2. Ethel Byrne disse a OBR que foi Jack Byrne quem a jogou na neve. Mas, segundo MSML, foi Ethel Byrne, não Jack, quem arremessou a bebê Olive no monte de neve (e esta história deve ter vindo de MS, cuja relação com a irmã andava tensa). MSML, entrevista à autora, 9 de julho de 2013.

3. OBR, "Mary Olive Byrne", 2.

4. MSML, entrevista com Jacqueline van Voris, Documentos MS, Smith College, 1977, caixa 19, pasta 7, pp. 53-54.

5. "Não gosto de casamento às escondidas", escreveu MS. "São muito propensos a gerar comentários." De MS para Mary B. Higgins, 12 de [maio?] de 1902, em MS, *The Selected Papers of Margaret Sanger*, ed. Esther Katz (Urbana: University of Illinois Press, 2003- -10), 1:31. Os documentos foram publicados em três volumes, doravante tratados como *Selected Papers of MS*. O grosso dos documentos de Sanger está disponibilizado em três coleções de microfilme.

6. MS disse: "Sempre fomos muito amigas. Ela cuidou de mim quando meus filhos nasceram, e eu cuidei dela. Ela é mais nova que eu. Nunca ficamos uma longe da outra, fora quando ela se casou pela primeira vez. Depois que o marido dela morreu, Ethel veio morar na minha casa e estamos juntas desde então." Parte do relato de Sanger aqui é inverídico. Ethel Byrne deixou o marido em 1906, e então ela começou a ir e vir da casa da irmã; o marido dela só veio a falecer em 1913. "Mrs. Byrne Gets 30-Day Jail Term", *New York Tribune*, 23 de janeiro de 1917; "Mrs. Byrne Too Weak to Move", *New York Tribune*, 27 de janeiro de 1917. A biografia definitiva de MS ainda é Ellen Chesler, *Woman of Valor: Margaret Sanger and the Birth Control Movement in America* (1992; rep.: Nova York: Simon and Schuster, 2007). Mas ver também David Kennedy, *Birth Control in America: The Career of Margaret Sanger* (New Haven, CT: Yale University Press, 1970) e Jean H. Baker, *Margaret Sanger: A Life of Passion* (New York: Hill and Wang, 2011).

7. OBR, "Ethel Higgins Byrne", 3-5, e OBR, "Mary Olive Byrne", 1.

8. Chesler, *Woman of Valor*, 62, e de MS para Lawrence Lader, 10 de outubro de 1953, *Selected Papers of MS*, 3:334-35 e 335 n11. Não há provas que corroborem a afirmação de Ethel Byrne, feita vários anos depois, de que ela tentou reaver a custódia dos filhos em 1913.

9. OBR, "Ethel Higgins Byrne", 5-6.

10. OBR, "Mary Olive Byrne", 2-3, 6, e OBR, "Ethel Higgins Byrne", 4.

11. Sobre Parker, ver *Selected Papers of MS*, 1:104 n18. O apartamento na West 14th era de Sanger. OBR diz que era o endereço de sua mãe e de Parker em "Ethel Byrne", 8. Ela diz que MS morou lá até casar-se com J. Noah Slee, o que aconteceu em setembro de 1922. E quando Sanger e Byrne foram a julgamento em 1917, escreve-se que Byrne morava com Sanger naquele endereço. Katz diz que Byrne morou com Parker "dos anos 1910 até o início dos 1920" (*Selected Papers of MS*, 1:104 n18). Sobre o fim do primeiro casamento de Sanger, ver Chesler, *Woman of Valor*, 90-97.

424 ★ A HISTÓRIA SECRETA DA MULHER-MARAVILHA

12. Sobre "modernismo sexual", ver Stansell, *American Moderns*, Capítulo 7. Sobre o radicalismo sexual e sua relação tanto com o amor livre quanto com o feminismo, ver Joanne E. Passet, *Sex Radicals and the Quest for Women's Equality* (Urbana: University of Illinois Press, 2003).

13. Sanger considerava algumas das prioridades do Heterodoxy — como o direito da mulher de manter o nome após o casamento — frívolas. Judith Schwarz, *Radical Feminists of Heterodoxy: Greenwich Village 1912-1940* (Lebanon, NH: New Victoria, 1982), 14, 65. Stansell, *American Moderns*, 80-92.

14. Upton Sinclair (1878-1968): escritor e ativista norte-americano, conhecido principalmente por obras jornalísticas como *The Jungle* (1906). Emma Goldman (1869-1940): anarquista russa, viveu nos Estados Unidos entre 1885 e 1917 como ativista, palestrante e escritora; é autora de *O indivíduo, a sociedade e o estado, e outros ensaios* (Hedra, 2007, tradução de Plínio Augusto Coêlho). Crystal Catherine Eastman (1881-1928): advogada e jornalista, participou da fundação da Liga Internacional da Mulher pela Paz e pela Liberdade e da União Americana pelas Liberdades Civis. Sobre John Reed e Max Eastman, ver Capítulo 1, nota 21. [*N. do T.*]

15. Crystal Eastman (1920), citada em Evans, *Born for Liberty*, 168.

16. Lou Rogers, "Lightning Speed Through Life", publicado originalmente na *Nation* em 1926 e republicado em Elaine Showalter, ed., *These Modern Women: Autobiographical Essays from the Twenties* (Nova York: Feminist Press, 1978); a citação vem da p. 103. Sobre os cartuns antiguerra de Rogers, ver Rachel Lynn Schreiber, "Constructive Images: Gender in the Political Cartoons of the Masses (1911-1917)", dissertação de doutorado, Johns Hopkins University, 2008, pp. 221-56. Sobre mulheres como desenhistas de tiras de jornal neste período, ver Trina Robbins e Catherine Yronwode, *Women and the Comics* ([S.I.]: Eclipse, 1985), 7-18.

17. "Lou Rogers, Cartoonist", *Woman's Journal and Suffrage News* 44 (agosto de 1913): 2. Ela também fazia encontros na esquina em que desenhava cartuns e dava palestras. Ver "Suffrage Cartoons for Street Crowds", *New York Times*, 19 de julho de 1915. "A Woman Destined to Do Big Things in an Entirely New Field", *Cartoons Magazine* 3 (1913): 76-77; a citação vem da p. 77. Anúncio publicitário: *New York Evening Post*, 22 de fevereiro de 1914; "Prize for Suffrage Films", *New York Times*, 2 de julho de 1914; e "Cartoon Service by Lou Rogers", *Woman's Journal and Suffrage News*, 14 de novembro de 1914, p. 302: "Os cartuns fornecidos pela srta. Rogers podem ser usados em artigos de jornal, em panfletos e material de campanha. Consistem em excelentes argumentos pró-sufrágio e são avidamente procurados por aqueles que sabem das vantagens da propaganda ilustrada." Alice Sheppard, *Cartooning for Suffrage* (Albuquerque: University of New Mexico Press, 1994), 52, 212; para saber mais sobre os cartuns de Rogers com correntes, ver pp. 32, 34 e 192.

18. Max Eastman, *Child of the Amazons and Other Poems* (Nova York: Mitchell Kennerley, 1913), 23. Eastman, eminente defensor do sufrágio, foi convidado a palestrar em Harvard em 1911: "Woman Suffrage Movement", *Harvard Crimson*, 2 de novembro de 1911.

19. Inez Haynes Gillmore, *Angel Island* (1914; rep.: Nova York: New American Library, 1988), com introdução de Ursula K. Le Guin; as citações são das pp. 61 e 308.

20. Charlotte Perkins Gilman, *Herland* (1915), em *Charlotte Perkins Gilman's Utopian Novels*, editado e com nova introdução de Minna Doskow (Madison, NJ: Fairleigh Dickinson University Press, 1999), 205.

21. No inverno de 1914, MS foi assistir a uma fala de Charlotte Perkins Gilman em Nova York. Sanger ficou impressionada. Ver diário de MS, 17 de dezembro de 1914, em *Selected Papers of MS*, 1:106; quanto a ela assistir Gilman palestrando em Nova York no início do ano, ver p. 107.

11. A MULHER REBELDE

1. A série completa de textos de Sanger do *New York Call* está nos Documentos MS, Série de Documentos Reunidos, edição em microfilme, C16: 24-62; o capítulo suprimido é o C16: 59-62. Para ler um trecho, ver MS, "What Every Girl Should Know: Sexual Impulses — Part II", em *Selected Papers of MS*, 1 41-46.

2. Chesler, *Woman of Valor,* 97-98.

3. MS, "Why the Woman Rebel?" *Woman Rebel*, março de 1914, em *Selected Papers of MS*, 1:71.

4. *Selected Papers of MS*, 1:69-74, 41; Linda Gordon, *The Moral Property of Women: A History of Birth Control Politics in America* (Urbana: University of Illinois Press, 2002), 143; James Reed, *From Private Vice to Public Virtue: The Birth Control Movement and American Society Since 1830* (Nova York: Basic Books, 1978), 70, 73; e MS, *An Autobiography* (Nova York: Norton, 1938), 89.

5. Quanto ao envolvimento de Reed, ver Daniel W. Lehman, *John Reed and the Writing of Revolution* (Athens: Ohio University Press, 2002), 19, 61; e ver Documentos John Reed, Biblioteca Houghton, Harvard University, MS Am 1091: 1156. Quanto a Ethel Byrne cuidar dos filhos de Sanger: as história contadas na família sugerem que foi Ethel Byrne, e não William Sanger, quem cuidou das três crianças quando MS saiu do país. Em relação a Olive Byrne e Stuart e Grant Sanger (os filhos de MS), Nancy, filha de Stuart, disse: "Eram todos da mesma idade e Ethel praticamente os criou quando Mimi saiu fora." Nancy Sanger, entrevista com Jacqueline van Voris, Documentos MS, Smith College, 1977, p. 20.

6. Havelock Ellis, *"The Erotic Rights of Women" e "The Objects of Marriage": Two Essays* (Londres: Battley Brothers, 1918). Ver também Baker, *Margaret Sanger*, 92-97.

7. *Selected Papers of MS*, 1:109. Sobre o relacionamento entre MS e Ellis, ver Chesler, *Woman of Valor*, 111-21.

8. MS, *Family Limitation* (Nova York: Review, 1914), 1.

9. Citado em Chesler, *Woman of Valor*, 127.

426 ★ A HISTÓRIA SECRETA DA MULHER-MARAVILHA

10. OBR, "Ethel Byrne", 26-27.

11. Citada em Chesler, *Woman of Valor*, 139.

12. "Noted Men to Aid Her", *Washington Post*, 19 de janeiro de 1916; Chesler, *Woman of Valor*, 140.

13. MS, *Autobiography*, 216-17, 219; ver também *Birth Control Review*, outubro de 1918.

14. "Birth Controllers Up Early for Trial", *New York Times*, 5 de janeiro de 1917, e "Mrs. Sanger's Aid Is Found Guilty", *New York Times*, 9 de janeiro de 1917; Chesler, *Woman of Valor*, 152.

15. O melhor relato vem de Lunardini, *From Equal Suffrage to Equal Rights*.

16. "Mrs. Byrne Gets 30-Day Jail Term", *New York Tribune*, 23 de janeiro de 1917.

17. Cott, *Grounding of Modern Feminism*, 25-27.

18. Sobre a extensão e intensidade da cobertura, ver Chesler, *Woman of Valor*, 153-54.

19. Ethel Byrne citada em MS, *Autobiography*, 227-29.

20. "Will 'Die for the Cause'", *Boston Daily Globe*, 24 de janeiro de 1917; "Mrs. Byrne, Sent Back to Prison, Starves On", *New York Tribune*, 24 de janeiro de 1917; "Mrs. Byrne Fasts in Workhouse Cell", *New York Times*, 25 de janeiro de 1917; e "Mrs. Byrne Weaker, Still Fasts in Cell", *New York Times*, 26 de janeiro de 1917.

21. Chesler, *Woman of Valor*, 155; "Mrs. Byrne, Too Weak to Move, Fasts", *New York Tribune*, 27 de janeiro de 1917; *Selected Papers of MS,* 1:194-5; Reed, *Private Vice, Public Virtue*, 106-7; Gordon, *Moral Property*, 156-57; MS, *Autobiography,* 215-21; e Kennedy, *Birth Control in America*, 82-88.

22. "Mrs. Byrne Sinking Fast, Sister Warns", *New York Tribune*, 29 de janeiro de 1917. O *Tribune* errou o nome do irmão de Olive e também informou que ele era menina. "Hoje, duas menininhas vão ficar sabendo que sua mãe está no hospital da prisão. Olive e Jessie [sic] Byrne aguardam uma carta da Sra. Ethel Byrne. Em vez de lerem que a mãe tem um apartamento esperando por elas, como planejara, ficarão sabendo da sentença de prisão e da recusa da mãe em se alimentar."

23. Baker, *Margaret Sanger*, 137-38.

24. OBR, "Mary Olive Byrne", 14-15, e OBR, "My Aunt Margaret", em "Our Margaret Sanger", vol. 2, pp. 236-37, Documentos MS, Smith College, caixa 87.

25. "Mrs. Byrne to Have a Feeding Schedule", *New York Times*, 29 de janeiro de 1917; "Hunger Strike Woman Passive: Mrs. Ethel Byrne Receives Food", *Boston Daily Globe*, 29 de janeiro de 1917; "Mrs. Byrne Fed by Tube: Has 2 Meals", *New York Tribune*, 28 de janeiro de 1917; MS, *Autobiography*, 228.

26. "For State Inquiry into Birth Control", *New York Times*, 1º de fevereiro de 1917.

27. "Mrs. Byrne Pardoned; Pledged to Obey Law", *New York Times*, 2 de fevereiro de 1917, e "Mrs. Byrne, Set Free by Pardon, Defiant to End", *New York Tribune*, 2 de fevereiro de 1917.

NOTAS ★ **427**

28. O nome de Lou Rogers começa a aparecer no expediente da *Birth Control Review* em julho de 1918, no vol. 2, nº 6.

29. MS, *Autobiography*, 231.

30. "Guilty Verdict for Mrs. Sanger", *New York Tribune*, 3 de fevereiro de 1917.

31. De MS para Ethel Byrne, 14 de fevereiro e 21 de fevereiro de 1917, em *Selected Papers of MS*, 1:207, 209.

32. De MS para Ethel Byrne, 14 de fevereiro de 1917, em *Selected Papers of MS*, 1:207.

33. "Mrs. Sanger Is Freed", *Washington Post*, 7 de março de 1917.

34. Nota editorial, *Selected Papers of MS*, 1:194-95. Ver, sobretudo, OBR, entrevista com Jacqueline van Voris, Documentos MS, Smith College, 25 de novembro de 1977, caixa 20, pasta 4: "Ah, minha mãe sempre teve ciúmes dela. Ela não gostou de ser expulsa do movimento pelo controle de natalidade porque entendia que estava tão envolvida quanto Margaret, desde o começo" (p. 21) E ver OBR, "Ethel Byrne", 26:

> Nos primeiros tempos do movimento do controle de natalidade, elas eram próximas e trabalharam de mãos dadas para criar a primeira clínica pública. Quando Ethel fez sua famosa greve de fome, que levou o movimento aos olhos do público de todo o país, Margaret prometeu ao juiz que presidiu o caso que a irmã não estaria mais ligada ao controle de natalidade caso ele libertasse Ethel da cadeia. Ela ficou furiosa com esta cláusula e queria continuar como antes. Margaret negou-lhe esse direito. A primeira presumia que Margaret estava usando esta desculpa para se livrar dela, principalmente, como ela afirmava com frequência, porque Margaret queria "subir o nível" do movimento e não tinha espaço para a gente do Village que tinha começado tudo. Pode ser verdade. A gente do Village era de falar muito e tinha pouca grana, e Margaret sabia de onde o sucesso vinha: do dinheiro e de quem tem dinheiro.

12. A MULHER E A NOVA RAÇA

1. Ver, por exemplo: The Greenville, Pensilvânia, *Record-Argus*, 13 de julho de 1917; *Greenville Evening Record*, 13 de julho de 1917; The Connesville, Pensilvânia, *Daily Courier*, 26 de junho de 1917; The *Newark (OH) Advocate*, 16 de outubro de 1917; e o *Iola (KS) Register*, 25 de junho de 1918. Em OBR, "Mary Olive Byrne", 24, OBR diz que ela queria cantar no coral, mas não cantou; todavia, os relatos das apresentações nos jornais sugerem que ela cantava.

2. OBR, "Mary Olive Byrne", 22-26, 35.

3. MS, Diary, *Selected Papers of MS*, 1:249-50. Chesler, *Woman of Valor*, 197, defende que Parker começou a ser *ghostwriter* dos livros de Sanger apenas em *The Pivot of Civilization*, que saiu em 1922, mas os comentários de OBR durante entrevistas e em

428 ★ A HISTÓRIA SECRETA DA MULHER-MARAVILHA

seus livros de memórias sugerem o contrário. Entrevistador: "Depois que fecharam a primeira clínica, ela [Ethel] chegou a trabalhar com o movimento depois disso?" OBR: "Não, ela trabalhou de enfermeira e morou com Robert Allen Parker, que escreveu os livros de Margaret: foi *ghost* de todos os livros dela." De OBR, entrevista com Van Voris, 23. Ver também OBR, "Ethel Byrne", 7.

4. OBR, "Ethel Higgins Byrne", 6-8.

5. OBR, entrevista com Van Voris, pp. 7, 21.

6. Havelock Ellis, "The Love Rights of Women", *Birth Control Review* 2 (junho de 1919): 3-5, com desenhos de Lou Rogers.

7. H.G. Wells, *The Secret Places of the Heart* (Nova York: Macmillan, 1922). Sobre o início do caso, ver Chesler, *Woman of Valor*, 186-92.

8. Gordon, *Moral Property*, 206-8; Chesler, *Woman of Valor*, 238.

9. Chesler, *Woman of Valor*, 192, 198.

10. MS, *Woman and the New Race*, 1-2, 217-18.

11. Gilman citada em Cott, *Grounding of Modern Feminism*, 37.

12. MS, *Motherhood in Bondage* (Nova York: Brentano's, 1928), xi.

13. Capa, *Birth Control Review*, novembro de 1923.

14. MS, *Woman and the New Race*, 5, 18, 10-11, 117, 162, 182.

15. Anúncio publicitário, lançamentos de outono da editora Brentano, *New York Tribune*, 17 de outubro de 1920. Ellis também escreveu o prefácio do livro.

16. "Um espião no departamento", *Sensation Comics* nº 3, março de 1942.

17. JHMK, entrevista com a autora, 12 de janeiro de 2014.

13. BOYETTE

1. Sobre a relação entre amor livre e feminismo, ver Passet, *Sex Radicals*.

2. OBR, "Ethel Higgins Byrne", 23.

3. OBR, "Mary Olive Byrne", 48. Conforme o *1921-1922 Tufts College Catalogue*, o primeiro dia letivo de aula no outono de 1922 foi sexta-feira, 22 de setembro. Em relação a Slee financiar a instrução de OBR: "O tio Noah (como eu o chamava) financiava a faculdade de várias jovens, desde que seu investimento fosse ressarcido. Depois de terminar Jackson, comecei a enviar-lhe um cheque todo mês. Depois de quatro destes ressarcimentos, ele quitou completamente as minhas dívidas." OBR, entrevista com Van Voris, p. 13.

4. "OLIVE ABBOTT BYRNE, A O II. 'Bobby.' Nova York, NY. Bacharel em inglês. Mount St. Joseph Academy. Equipe do *Weekly* (1); Turma de basquete (1); Presidência do Comitê de Eventos Sociais (1), (2), (3); Técnica assistente de basquete (2); Coral (1);

Turma de teatro (2); Clube Liberal; Baile Júnior; Téc. ass. basquete (3)", em *The 1925 Jumbo Book* (Medford, MA: Publicado pela Turma de Formandas da Tufts College, 1925), 177, Arquivos da Tufts University. Harray Adams Hersey, *A History of Music in Tufts College* (Medford, MA: Tufts College, 1947), 151; "Liberal Club Forms and States Its Aims", *Tufts Weekly*, 22 de outubro de 1924, p. 3, Arquivos da Tufts University; e OBR, entrevista com Van Voris, 14-15. "Bobbie Strong" aparece em "A múmia desaparecida", *Wonder Woman* n° 23, maio de 1947.

5. OBR, "Mary Olive Byrne", 49-50. Olive Mary Byrne, histórico, Arquivos da Tufts University. Byrne recebeu uma advertência acadêmica em 15 de novembro de 1922. Ficou em recuperação em 14 de dezembro de 1922; a recuperação continuou no semestre de primavera de 1923; acabou em 10 de maio de 1923.

6. "O Cerco dos rykornianos", *Wonder Woman* n° 25, setembro-outubro de 1947, e "A múmia desaparecida", *Wonder Woman* n° 23, maio de 1947. A Starvard College é apresentada em "A partida de tênis do milhão", *Sensation Comics* n° 61, janeiro de 1947.

7. "A proeza mais ousada da história humana", *Wonder Woman* n° 1, verão de 1942.

8. Fotos da Alpha Omicron Pi provêm dos Arquivos da Tufts University. São três, todas tiradas em junho de 1923.

9. OBR, "Mary Olive Byrne", 52, 55.

10. *The 1925 Jumbo Book*, 177, e Olive Mary Byrne, histórico, Arquivos da Tufts University.

11. Citada em Chesler, *Woman of Valor*, 220.

12. "Liberal Club Officers for Next Year Chosen", *Tufts Weekly*, 27 de maio de 1925, p. 1. Ao revisar as atividades do primeiro ano do clube: "Também foi instrumental de forma não oficial, ao ter a Srta. Margaret Sanger conversando a alcance dos alunos de Hill." (O campus Medford de Tufts é chamado de "Hill".) "Algumas de nós montamos o clube, que chamávamos de Clube Liberal. Nos achávamos ousadas, e todos que tinham ideias liberais se inscreveram. Margaret veio a Boston falar para um grupo de mulheres e fui vê-la (ela ficou no Copley), e eu disse: 'Como seria bom se você viesse palestrar na minha escola.' Ela respondeu: 'Eu vou.' Ela disse que tinha que ir a outro lugar e voltaria em tal hora se eu preparasse tudo. Aí a faculdade não deixou ela vir aqui palestrar. Inabaláveis, procuramos e encontramos um pastor unitarista em Somerville que nos emprestou a igreja." OBR, entrevista com Van Voris, 14-15.

13. Cott, *Grounding of Modern Feminism*, 149-51.

14. OBR, entrevista com Van Voris, 9, 30, 47.

15. "Jumbo Looks Back Again at the Great Class of '26, 25th Reunion", material de aula, 1922-27, UA039/Aulas, 1858-1997, caixa 7, pasta 6, Arquivos da Tufts University.

16. Ver Laura Doan, "Passing Fashions: Reading Female Masculinities in the 1920s", *Feminist Studies* 24 (1998): 663-770; a citação do *Daily Mail* vem da p. 673.

17. Olive Mary Byrne, histórico, Arquivos da Tufts University.

430 ★ A HISTÓRIA SECRETA DA MULHER-MARAVILHA

14. A FESTA DAS BEBÊS

1. Cott, *Grounding of Modern Feminism*, 153-55.

2. WMM, "Sex Characteristics of Systolic Blood Pressure Behavior", *Journal of Experimental Psychology* 6 (1923): 387-419.

3. "On the Hill", *Tufts College Graduate*, setembro-novembro de 1925, p. 44, Arquivos da Tufts University. O informe prossegue: "Ele passou boa parte de sua formação em Harvard, com Münsterberg e Langfeld, sendo seus graus bacharel de artes em 15, bacharel de direito em 18 e doutor em 21. Ele lecionou em Radcliffe e vem à Tufts depois de trabalhar no Comitê Nacional de Higiene Mental em dois levantamentos, um sobre as escolas de Staten Island e outro sobre as prisões texanas." Não se faz menção alguma à sua cadeira na American University.

4. WMM é listado como professor assistente de filosofia e psicologia, vivendo na Newbury Street, nº 440, Boston, no *Catalogue of Tufts College, 1925-1926* (Medford, MA: Tufts University, 1925), 22. Neste catálogo, Marston é citado como professor de várias disciplinas: 16-3, Psicologia Aplicada; 16-4, Psicologia Aplicada; 16-5, Psicologia Experimental; 16-6, Psicologia Anormal; 16-7, Psicologia Comparada; 16-8, História da Psicologia; e 16-9, Seminários de Psicologia. Também se diz que ele é coprofessor de 16-1, Psicologia do Comportamento Humano (pp. 102-3). Marston não é listado no *Catalogue of Tufts College, 1926-1927* (Medford, MA: Tufts University, 1925).

5. Quanto à data em que EHM começou na *Child Study*, ver arquivos de egressa de EHM, recorte datado abril de 1926, Arquivos da Mount Holyoke College. A primeira edição do primeiro volume do *Federation for Child Study Bulletin* saiu em janeiro de 1924 (o nome da revista científica foi abreviado para *Child Study* em fevereiro de 1925, no vol. 2, nº 3). "Elizabeth H. Marston" é listada como secretária de redação no expediente da *Child Study* até o final do volume 3. O nome de Josette Frank aparece como editora a partir de março de 1924 (1:4). "Elizabeth H. Marston" é listada primeiramente entre os editores da revista (não como secretária de redação, mas como editora) em janeiro de 1926 (3:1); isso teve continuidade em fevereiro de 1926 (3:2) e março de 1926 (3:3). Ela é listada como secretária de redação em abril de 1926 (3:4) e maio de 1926 (3:5). Depois, desaparece. Josette Frank volta a ser editora em outubro de 1926, quando EHM não trabalhava mais na revista. Talvez Marston e Frank não fossem compatíveis. Sobre Josette Frank, ver também "Josette Frank, 96, Dies; Children's Book Expert", *New York Times*, 14 de setembro de 1989. O Children's Book Award, inaugurado em 1943, foi rebatizado Prêmio Josette Frank em homenagem a ela, em 1997.

6. Sobre o movimento de educação para os pais, ver Jill Lepore, "Confessions of an Amateur Mother", em *The Mansion of Happiness*, Capítulo 7. Ver também Cott, *Grounding of Modern Feminism*, 167-71.

7. Faderman, *Odd Girls and Twilight Lovers*, 63-67.

8. "A Fundação da Diversão", *Sensation Comics* nº 27, março de 1944.

9. "A malícia dos duendes verdes", *Sensation Comics* nº 28, abril de 1944.

NOTAS ★ **431**

10. OBR, histórico, Arquivos da Tufts University. Disciplinas que Olive Byrne fez com Marston no ano de formanda: Psicologia Aplicada: "Sequência de 16-3, com ênfase especial em orientação vocacional e problemas de saúde mental. Pré-requisito: 16-3"; Psicologia Experimental: "Curso introdutório sobre métodos de experimentação com cobaias humanas. Cada estudante se revezará como experimentador e cobaia, investigando visão, audição, temperatura, pressão e outras sensações do corpo humano. Também serão realizados breves estudos experimentais de funções mentais superiores tais como memória, associação e imaginação"; Psicologia Anormal: "Um estudo das principais variedades de deficiência mental, com referência especial ao desajuste social"; Seminário de Psicologia: "Trabalhos avançados, teóricos ou experimentais, principalmente para estudantes de pós-graduação. Problemas experimentais individuais serão designados a alunos que passaram satisfatoriamente em 16-5. Pré-requisito, exceto com permissão especial: doze créditos em Psicologia." (Olive Byrne não tinha doze créditos em psicologia.)

11. WMM, *Emotions of Normal People* [*As emoções das pessoas normais*] (Londres: K. Paul, Trench, Trubner; Nova York: Harcourt, Brace, 1928), 113-15, 249.

12. Ibid., 107-9, 299-301.

13. Ibid., 300.

14. Ibid., 299.

15. Septuagésimo discurso de formatura anual da Tufts College, 14 de junho de 1926 (Medford, MA: Tufts University, 1926). [Jane Addams (1860-1935) foi assistente social e ativista norte-americana, conhecida principalmente pela defesa do voto feminino. Recebeu o Prêmio Nobel da Paz em 1931. — *N. do T.*]

16. MSML, entrevista à autora, 9 de julho de 2013.

15. FELICIDADE CONJUGAL

1. Anos depois, OBR foi questionada em entrevista: "O que houve com a sua formação em medicina? Quando você estava na faculdade você pensava em fazer medicina." "Tive um desvio", ela disse, "e troquei pela psicologia." OBR, entrevista com Van Voris, p. 29.

2. De OBR para J. Noah Slee, 5 de setembro de 1926, Documentos MS, Smith College, caixa 33, pasta 4.

3. "A marca da loucura", *Sensation Comics* nº 52, abril de 1946.

4. De OBR para J. Noah Slee, 18 de setembro e 5 de setembro de 1926, Documentos MS, Smith College, caixa 33, pasta 4.

5. Sheldon Mayer, Convenção DC de 1975: Painel Mulher-Maravilha, transcrição nos Arquivos da DC Comics.

6. MSML, entrevista à autora, 9 de julho de 2013.

7. De EHM para BHRM e Donn Marston, 14 de março de 1963, em posse de BHRM.

8. BHRM, e-mail à autora, 18 de junho de 2013. BHRM, entrevista à autora, 14 de julho de 2013. Carolyn Marston foi casada com Robert J. Keatley; eles aparecem nos censos dos Estados Unidos de 1930 e 1940 como residentes de Boston. Em 1930, Robert Keatley ainda era vivo e registra-se que os dois viviam juntos, sem mais ninguém. Estados Unidos da América, Agência do censo, *Fifteenth Census of the United States,* 1930 (Washington, DC: National Archives and Records Administration, 1930), disponibilizado pelo Ancestry.com, *1930 United States Federal Census* (Provo, UT: Ancestry.com, 2002). Em 1940, Carolyn Marston Keatley tinha 68 anos e foi listada como chefe de família na Pilgrim Road, nº 166, Boston, propriedade que ela alugava; presume-se que seu marido havia falecido. Ela ainda trabalhava dois turnos no hospital. Morava com uma mulher de 65 anos chamada Anne Shea. Estados Unidos da América, Agência do censo, *Sixteenth Census of the United States,* 1940 (Washington, DC: National Archives and Records Administration, 1940), disponibilizado pelo Ancestry.com. *1940 United States Federal Census* (Provo, UT: Ancestry.com, 2012).

9. O exemplar de Keatley de Levi Dowling, *The Aquarian Gospel of Jesus the Christ* (1907; rep.: Los Angeles, 1928), com a anotação "Devolver à Sra. Carolyn Marston Keatley", está em posse de MPM.

10. "Wonder Woman: The Message of Love Binding" ["Mulher-Maravilha: A mensagem nas amarras do amor"], documento datilografado, com data de 5 de abril de 1943, mas com notas com datas atribuídas, à mão, de 1925 a 1926. Este documento de 95 páginas, com espaçamento simples, parece ter sido datilografado por MHW por volta de 1970, a partir de anotações que tomou em reuniões ocorridas em 1925 e 1926. As datas de reunião são colocadas a lápis; aparentemente, o grupo reuniu-se em 26 de outubro, 15, 18 e 20 de novembro e 13 e 17 de dezembro de 1925, e em 7, 17, 24 e 28 de janeiro; 14, 18 e 21 de fevereiro; 1º, 14, 16 e 21 de março; 4 de abril; e 9 e 26 de maio de 1926. As folhas datilografadas não possuem numeração de página mas são divididas em seções com títulos como "O que é sabedoria?" "Ser Mensageira", "O amor e os órgãos do amor", "Dominação e submissão", "Adaptação", "A diferença entre submissão amorosa e submissão forçada", "A forma como o amor une força ou poder sob operação do divino ou lei do amor eterno" e "Criação". Creio que este manuscrito seja o documento ao qual EHM se refere em uma carta a Donn Marston e BHRM em 1963, na qual ela diz que tudo é explicado em uma caixa de documentos guardada em um armário da casa de Huntley em Charlestown, Rhode Island. A filha de O.A., Sue Grupposo, acredita que Huntley tenha destruído essa caixa. Grupposo me disse: "Em Charlestown, no armário do andar de cima, num corredor, Yaya tinha um tesouro. Um dia qualquer, podíamos visitar e ver tudo. [...] Era muita coisa de natureza espiritual, as coisas espirituais que vínhamos discutindo. Boa parte era baseado em *As emoções das pessoas normais.* Acho que ela queimou essa caixa. 'O mundo não está pronto para isso, e tenho que destruí-la', ela me disse." Sue Grupposo, entrevista à autora, 15 de julho de 2013. Mas acredito que o documento

de 95 páginas que se fez durante as reuniões em 1925 e 1926 pode ser desta caixa. Há uma fotocópia do texto datilografado guardada no Arquivos da DC Comics.

11. De MWH para JE, Documentos Steinem, Smith College, caixa 213, pasta 5.

12. "O mistério da chama escarlate", *Comic Cavalcade* nº 5, inverno de 1943. Em outra história, a Mulher-Maravilha arrasa um "culto ignóbil" comandado por uma "ilustre sacerdotisa" que está enganando mulheres. A sacerdotisa berra: "Ela acabou com a minha enganação, mas um dia eu hei de me vingar!" De "O julgamento da Deusa Abutra", *Wonder Woman* nº 25, setembro-outubro de 1947.

13. De EHM para BHRM e Donn Marston, 21 de março de 1963, em posse de BHRM. Fiquei pensando se, quando EHM disse, em 1963, que as reuniões de 1925 e 1926 se deram no apartamento da tia Carolyn — irmã do pai de Marston — se ela não estava com lembranças errôneas e quis dizer tia Claribel — irmã da mãe de Marston, listada entre as cinco mulheres às quais Marston dedicou *As emoções das pessoas normais*. Aparentemente não há como se ter certeza. Em relação ao acordo de família: "A resposta a todas estas relações pode ser expressada matematicamente", ela escreveu. "Sem mistérios, sem contos de fada, apenas ciência." De EHM para BHRM e Donn Marston, 15 de março de 1963, em posse de BHRM.

14. BHRM, entrevista à autora, 14 de julho de 2013.

15. MS, *Happiness in Marriage* (1926; rep.: Nova York: Brentano's, 1928), Capítulo 7, pp. 123, 112.

16. De EHM para BHRM e Donn Marston, 14 de março de 1963, em posse de BHRM.

17. De EHM para BHRM e Donn Marston, 15 de março de 1963, em posse de BHRM. Na família Sanger, a tradição de chamar MS de "Mimi" veio dos netos, aos quais ela dizia: "Venha em mim, venha em mim", (Chesler, *Woman of Valor,* 403).

18. Cott, *Grounding of Modern Feminism*, 181.

19. Eastman é citado em uma coleção de autobiografias da *Nation* chamada *These Modern Women: Autobiographical Essays from the Twenties*, com edição e introdução de Elaine Showalter (Westbury, NY: Feminist Press, 1978), 5.

20. Helen Glynn Tyson, "The Professional Woman's Baby", *New Republic*, 7 de abril de 1926, pp. 190-92.

21. Alice Beal Parsons, *Woman's Dilemma* (Nova York: Thomas Y. Crowell, 1926), iv, 247.

22. Suzanne La Follette, *Concerning Women* (Nova York: Albert and Charles Boni, 1926), citação na p. 305. Ver também Cott, *Grounding of Modern Feminism*, 191-92.

23. Virginia MacMakin Collier, *Marriage and Careers: A Study of One Hundred Women Who Are Wives, Mothers, Homemakers and Professional Workers* (Nova York: Channel Bookshop, 1926), 9-10, 113. Para uma análise das descobertas de Collier, com comentários sobre a estranheza de sua amostra, ver Cott, *Grounding of Modern Feminism*, 196-97.

24. Sobre a divisão de trabalho, ver MSML, entrevista à autora, 9 de julho de 2013.

434 ★ A HISTÓRIA SECRETA DA MULHER-MARAVILHA

16. AS EMOÇÕES DAS PESSOAS NORMAIS

1. "Eu tinha todo o trabalho pronto para o doutorado, mas nunca coloquei a tese no papel", OBR, entrevista com Van Voris, p. 29.

2. De OBR para J. Noah Slee, 18 de setembro de 1926, Documentos MS, Smith College, caixa 33, pasta 4.

3. OBR, "The Evolution of the Theory and Research on Emotions", Tese de mestrado, Columbia University, 1927, Columbia University Archives.

4. A indicação de WMM a instrutor de psicologia começou em 1º de julho de 1927; ele foi indicado para lecionar na extensão da universidade em 7 de novembro de 1927. Seu mandato expirou em 30 de junho de 1928. De acordo com WMM, Registro de Nomeações, caixa 38. Um outro documento, WMM, Nomeação de Cargo, é datado 26 de julho de 1927. Marston é listado como sucessor de Harold E. Jones, com um salário anual de 2 mil dólares. Seu endereço listado é Morningside Drive, nº 88. A.T. Poffenberger é citado como a pessoa que o contratou, na condição de "Diretor Executivo do Departamento".

5. Robert S. Woodworth, *The Columbia University Psychological Laboratory: A Fifty Year Retrospective* (Nova York: Columbia University, 1942), em Arquivos de referência histórica, caixa 46, pasta 7, Departamento de Psicologia, Arquivos da Columbia University.

6. Cott, *Grounding of Modern Feminism*, 219.

7. Emilie Hutchinson, *Women and the Ph.D.* (Greensboro, NC: Institute of Professional Relations, 1929), 101, citada em Cott, *Grounding of Modern Feminism*, 227. Para uma visão do contexto atual, ver Mary Ann Mason et al., *Do Babies Matter? Gender and Family in the Ivory Tower* (New Brunswick, NJ: Rutgers University Press, 2013).

8. Olive Byrne finalizou 31 créditos em 1926-27 e mais vinte em 1927-28, em um total de 51. O doutorado exigia sessenta créditos. Olive Byrne, Histórico, 1926-28, Departamento do Arquivista, Columbia University. Meus agradecimentos a Byrne Marston pela autorização para consultar o histórico da sua mãe.

9. EHM, "Tiddly Bits".

10. Um bom e breve relato sobre a décima quarta edição é o de Harvey Einbinder, *The Myth of the Britannica* (Nova York: Grove, 1964), 52-53: "A *Encyclopaedia* perdeu boa parte de seu caráter britânico, já que a décima quarta edição foi liberta das restrições influenciadas pelo *Times*. Esta mudança ficou acentuada quando estabeleceram-se escritórios editoriais distintos em Londres e Nova York. A nova influência norte-americana era evidente: quase metade de seus 3.500 colaboradores era de norte-americanos — em comparação à décima primeira edição, cujos 1.500 colaboradores incluíram apenas 123 norte-americanos." Ver também Herman Kogan, *The Great EB: The Story of the Encyclopaedia Britannica* (Chicago: University of Chicago Press, 1958), Capítulo 18.

NOTAS ★ **435**

11. P.W. Wilson, "This Era of Change", em *The New Britannica, 14th Edition* (Nova York: Encyclopaedia Britannica, 1929), 5-6, e página do verso. Wilson era crítico do *New York Times Book Review*.

12. EHM, "Tiddly Bits".

13. Molly Rhodes, "Wonder Women and Her Disciplinary Powers: The Queer Intersection of Scientific Authority and Mass Culture", em *Doing Science + Culture*, ed. Roddey Reid e Sharon Traweek (Nova York: Routledge, 2000), 102.

14. WMM, *Emotions of Normal People*, 389-91; ênfase minha.

15. OBR, resenha de *As emoções das pessoas normais*, de WMM, *Journal of Abnormal and Social Psychology* 24 (abril de 1929): 135-38.

16. WMM, C. Daly King e EHM, *Integrative Psychology: A Study of Unit Response* (Londres: K. Paul, Trench, Trubner; Nova York, Harcourt, Brace, 1931).

17. Por ex.: de WMM para Boring, 2 de abril de 1928. EHM tinha sua secretária, conforme "EHM/DIG"; em, por ex., de EHM para Boring, 3 de abril de 1928, Documentos Edward Garrigues Boring, Arquivos da Harvard University, correspondência, 1919-1969, caixa 39, pasta 845, HUG 4229.5.

18. De WMM para Edwin G. Boring, 18 de março de 1928, Documentos Boring.

19. A correspondência de EHM com Boring, que começa em 30 de novembro de 1927 e termina em 22 de setembro de 1928, é considerável. Eles trocaram dezenas de cartas; todas são encontradas nos Documentos Boring. EHM menciona Pitkin com frequência nas cartas. Boring colaborou com diversos verbetes, mas também ajudou EHM a identificar colaboradores potenciais — por ex.: "Fiquei travada em dois casos. Quem consigo para escrever o artigo sobre PSICOLOGIA DO VENDEDOR, e quem deve escrever DISTINÇÕES SEXUAIS?" De EHM para Edwin G. Boring, 19 de janeiro de 1928. WMM é citado apenas em mínima parte da correspondência e só de brincadeira — por ex.: "P.S.: Seu marido não vai colocar as tolices sobre loiras e morenas na *Britannica*?" De Edwin G. Boring para EHM, 2 de fevereiro de 1928, Documentos Boring. Os experimentos de Marston com loiras e morenas foram realizados em janeiro de 1928, no Embassy Theatre de Nova York, como se descreve no próximo capítulo.

20. De EHM para Boring, 20 de junho de 1928, esta carta enviada de Darien, CT, Documentos Boring.

21. WMM, "Emotions, Analysis of", *Encyclopaedia Britannica* (Nova York, 1929), 8:399--400. Este verbete sobre a análise das emoções permaneceu na *Enclylopaedia Britannica* até os anos 1950. O nome de Marston também aparece como autor dos verbetes de Raiva, Antipatia, Pressão Arterial, Mecanismos de Defesa e Sinapse. EHM colaborou com o verbete de Reflexo Condicionado (Vol. 6, pp. 221-22). Serviço de Atendimento ao Cliente da Britannica.com, e-mail à autora, 18 de junho de 2013.

22. Boring também recomendou o nome de Marston para um cargo de docência na Faculdade de Direito de Nova Jersey (hoje Faculdade de Direito da Rutgers), em Newark. Marston não conseguiu a vaga. De Edwin G. Boring para WMM, 22 de

436 ★ A HISTÓRIA SECRETA DA MULHER-MARAVILHA

março de 1928; de WMM para Boring, 2 de abril de 1928; e de Boring para WMM, 3 de abril de 1928, Documentos Boring.

23. De WMM, Nova York (Columbia) para o Departamento de Cargos Docentes de Harvard, 2 de abril de 1928. WMM, Formulário de matrícula, 14 de abril de 1928, Departamento de Cargos Docentes de Harvard, Arquivo de Graduando de WMM, Arquivos da Harvard University, UAIII 15.88.10. Em seu formulário de matrícula, ele diz que é "psicólogo universitário e consultor", que fuma mas não bebe com frequência, que tem 1,80 m e pesa cem quilos, e que joga tênis e futebol e que pratica natação. Em termos de trabalhos universitários, ele também lista "Clínicas de personalidade para reajuste emocional de estudantes". Sua lista de referências inclui E.G. Boring, R.B. Perry e L.T. Troland. Em seu *C.V.* ele lista: "Assistente de psicologia, Radcliffe, 1915; Professor de Psicologia Jurídica, American University 1922-23; Professor assistente de Filosofia e Psicologia (encarregado de Psicologia) Tufts College, 1925-26; Instrutor, Columbia University e N.Y. University, em Psicologia, 1927-atual." De referências não Harvard, ele lista: professor A.T. Poffenberger, Columbia; professor Sidney Langfeld, Princeton; e professor E.S. Thorndike, Columbia.

24. De A.T. Poffenberger (Columbia) para o Departamento de Cargos Docentes de Harvard, 23 de abril de 1928.

25. Troland formou-se no colégio Malden em 1907, quatro anos antes de Marston. Leonard T. Troland, Pedido de ingresso na Escola de pós-graduação de artes e ciências, Harvard University, 14 de janeiro de 1913, Arquivos da Harvard University, UAV 161.201.10, caixa 107, HA0WK0. "Troland aceita fazer artigos curtos desde que faça um longo sobre óptikas psicofisiológicas." De Boring para EHM, 16 de fevereiro de 1928; sobre o verbete da cor preta, ver de Boring para EHM, 16 de abril 1928, Documentos Boring.

26. De L.T. Troland (Harvard, Emerson Hall) para o Departamento de Cargos Docentes de Harvard, 23 de abril de 1928.

27. De E.G. Boring (Harvard, Emerson Hall) para o Departamento de Cargos Docentes de Harvard, 23 de abril de 1928.

28. De E.S. Thorndike (Columbia) para o Departamento de Cargos Docentes de Harvard, 23 de abril de 1928.

29. De Herbert S. Langfeld (Princeton) para o Departamento de Cargos Docentes de Harvard, 23 de abril de 1928.

30. Que MWH levou EHM ao hospital está registrado na legenda sob uma fotografia em álbum em posse de MPM. EHM escreveu: "A cabana coberta de rosa em Darien Conn onde Pete quase nasceu, mas Zaz me levou a Nova York a tempo."

31. "Parei de trabalhar na terça-feira", Holloway escreveu posteriormente. "O bebê nasceu na sexta-feira no hospital Lenox Hill, em Manhattan. Eu tinha 35 anos." EHM, "Tiddly Bits". Ver também de Edwin G. Boring para EHM, 22 de setembro de 1928: "Escrevo para parabenizá-la pela advento do jovem Moulton, e para dizer que você é uma grande figura de ficar no emprego como fez e depois correr a Nova York para encontrá-lo." Documentos Boring.

NOTAS ★ **437**

32. "Estou na minha viagem diária a Nova York e espero ficar na vaga até 1º de agosto, quando vou tirar um mês de folga", ela escreveu a Boring, de Darien, em 20 de junho de 1928. A última carta de EHM para Boring do escritório de Nova York é datada 21 de agosto de 1928. Nesta, ela o orienta a enviar os próximos artigos diretamente ao seu chefe, Walter Pitkin.

33. EHM, Associação de Egressas da Mount Holyoke College, Questionário biográfico, 13 de junho de 1960, Arquivos da Mount Holyoke College.

34. De OBR para J. Noah Slee, 27 de novembro de 1928, Documentos MS, Smith College, caixa 33, pasta 4.

17. CHARLATÃO

1. [Carl Laemmle], "Watch This Column", *Saturday Evening Post*, 21 de julho de 1928.

2. Sobre Laemmle, ver John Drinkwater, *The Life and Adventures of Carl Laemmle* (Londres: Windmill, 1931), e "Carl Laemmle Sr., Film Pioneer, Dies", *New York Times*, 25 de setembro de 1939.

3. "Carl Laemmle Digs the 'Doc'", *Variety*, 26 de dezembro de 1928.

4. "Brunettes More Emotional Than Blondes, Movie Experiments Prove", *Daily Boston Globe*, 31 de janeiro de 1928.

5. "Proves Brunettes More Emotional Than Blondes", *Wisconsin Rapids Daily Tribune*, 31 de janeiro de 1928.

6. Amostragem de jornais em que a matéria saiu: *Kingsport (TN) Times*, 27 de janeiro de 1928; o *Bee* de Danville, Virginia, 28 de janeiro de 1928; o *Independent* de Helena, Montana, 28 de janeiro de 1928; o *Newark (OH) Advocate*, 31 de janeiro de 1928; o *Oelwein (IA) Daily Register*, 31 de janeiro de 1928; o *Iowa (KS) Daily Register*, 31 de janeiro de 1928; o *Olean (NY) Times*, 31 de janeiro de 1928; o *Lowell (MA) Sun*, 31 de janeiro de 1928; o *Lancaster (OH) Daily Eagle*, 31 de janeiro de 1928; o *Daily Globe* de Ironwood, Michigan, 31 de janeiro de 1928; o *Tipton (IN) Tribune*, 31 de janeiro de 1928; o *Lebanon (PA) Daily News*, 1º de fevereiro de 1928; o *Edwardsville (IL) Intelligencer*, 2 de fevereiro de 1928; o *Port Arthur (TX) News*, 4 de fevereiro de 1928; o *Oakland (CA) Tribune*, 6 de fevereiro de 1928; o *Billings (MT) Gazette*, 9 de fevereiro de 1928; e o *Hamburg (IA) Reporter*, 9 de fevereiro de 1928. "Measure for Love", cinejornal, 1928. Um experimento similar foi destacado em outro cinejornais, "Preferred by Gentlemen", em 1931. Ambos os cinejornais estão à disposição na F.I.L.M. Archives, Inc., em Nova York.

7. Há uma abordagem biográfica em "Man Who Wrote 'Life Begins at 40' Dies at 74", *New York Herald Tribune*, 26 de janeiro de 1953. Também vale ler o perfil de Pitkin escrito por Marston: WMM, "Energizer of the Aged", *Esquire*, agosto de 1936, 66, 158, 161.

438 ★ A HISTÓRIA SECRETA DA MULHER-MARAVILHA

8. Byrne Marston acredita que Pitkin pode ter participado das reuniões no apartamento de Carolyn Marston Keatley em Boston. BHRM, entrevista à autora, 14 de julho de 2013.

9. Walter B. Pitkin, *On My Own* (Nova York: Charles Scribner's Sons, 1944), 505.

10. Dorothy E. Deitsch, "Age and Sex Differences in Immediate and Delayed Recall for Motion Pictures", Tese de mestrado, Columbia University, 1927.

11. De Nicholas Murray Butler para Robert S. Woodworth, 25 de setembro de 1929: "Estou encaminhando uma carta autoexplicativa do Sr. Will H. Hays". Arquivos Centrais, 1895-1971, Escritório do presidente, Columbia University, caixa 341, pasta 17, Robert Sessions Woodworth.

12. John N. Howard, "Profile in Optics: Leonard Thompson Troland", *Optics Info Base*, junho de 2008, 20-21.

13. Carl Laemmle, "Watch This Column", *Saturday Evening Post*, 9 de fevereiro de 1929. "É possível que você lembre que, meses atrás, fiz nesta coluna um apelo em busca do psicólogo mais pragmático dos Estados Unidos, que possa auxiliar a UNIVERSAL a selecionar tramas mais aptas a ter apelo com o grande público. Depois de meses de busca paciente e da leitura de centenas de cartas, finalmente encontrei o sujeito. Ele é ninguém menos que W.M. Marston, eminente doutor em Psicologia tanto da Columbia University quanto da New York University, agora em contrato por tempo indeterminado na Universal com o título de diretor de utilidades públicas. Sua vinda ao California Studios marcará uma nova e grande era para a Universal Pictures e espero que vocês a assistam daqui em diante." Ver também "Carl Laemmle Digs the Doc", *Variety*, 26 de dezembro de 1928.

14. "Movie Psychology Dooms Cave Man: It's Jung Woman's Fancy That Turns to Love, Dr. Marston Avers", *New York Evening Post*, 28 de dezembro de 1928.

15. Embora WMM sempre tenha listado NYU como local onde lecionou, suas aulas lá foram poucas; aparentemente, ele foi professor adjunto, listado no catálogo de cursos 1927-28 como "instrutor". Erin Shaw, Arquivos da NYU, e-mail à autora, 20 de março de 2013.

16. Henry W. Levy, "Professor to Cure Scenarios with Wrong Emotional Content: Dabbled in Movies While at Harvard; Now Sought by Hollywood with Offer of Favorable Contract", *New York University Daily News*, 8 de janeiro de 1929.

17. EHM, "Tiddly Bits".

18. Ibid.

19. "Noted Psychologist Employed to Improve Moving Pictures", *Universal Weekly*, 5 de janeiro de 1929. "Carl Laemmle Digs the 'Doc'", *Variety*, 26 de dezembro de 1928.

20. Anúncio publicitário de *O homem que ri*, Universal Pictures, *Variety*, 16 de janeiro de 1929; anúncio publicitário de *O homem que ri*, *Variety*, 2 de janeiro de 1929; "Film Psychology", *Times of India*, 22 de fevereiro de 1929.

21. WMM relata este experimento em Walter B. Pitkin e WMM, *The Art of Sound Pictures*, com introdução de Jesse L. Lasky (Nova York: D. Appleton, 1930), 154-55.

NOTAS ★ **439**

22. Esther L. Cottingham, "Dr. Marston Applies Psychology of Human Emotion to Films", *Hollywood Daily Screen World*, 2 de março de 1929.

23. Pitkin, *On My Own*, 504.

24. WMM, "Energizer of the Aged", *Esquire*, agosto de 1936, 161.

25. Pitkin e WMM, *Art of Sound Pictures*. Embora se dê 1930 como data de impressão, o livro foi lançado em novembro de 1929.

26. Pitkin e WMM, *The Art of Sound Pictures*, vi.

27. Ibid., 127, 160-61.

28. Pitkin escreveu um longo capítulo chamado "A sua história", uma retomada de seu livro anterior, *How to Write Stories*, adaptada para filmes falados; Marston escreveu um longo capítulo sob o título "Sentimentos e emoções", retomada de sua teoria da dominância, submissão, induzimento e enlevo, extraído em boa parte de *Emotions of Normal People*. Pitkin e WMM, *Art of Sound Pictures*, 53, 72-73, 79.

29. "New Books", *New York Times*, 26 de janeiro de 1930; "Books and Authors", *New York Times*, 3 de novembro de 1929. "Hollywood era atordoante", explicou Pitkin. "Publicamos o primeiro livro sobre técnicas para os *talkies*. Mas teríamos ganhado muito mais se postergássemos um ano." Pitkin, *On My Own*, 509.

30. As fotografias de WMM fazendo testes com a plateia que assiste às prévias de *Dr. Jekyll and Mr. Hyde* estão em posse de MPM.

31. Pitkin, *On My Own*, 506.

32. O charlatão, em tradução livre — embora no Brasil, o filme tenha sido lançado com o nome *Arte diabólica* — N. do T.

Arte diabólica é o filme em cujo set Marston está, nas fotos de divulgação que encontrei nos álbuns da família Marston. Agradeço muito a Josh Siegel por identificar o filme a partir dos fotogramas. Em relação a *Boêmios*, o próprio WMM disse: "Fui para Hollywood como conselheiro pessoal do finado Carl Laemmle na produção de filmes e fui convocado a fazer tudo de que eu não sabia, desde angariar 3 milhões de dólares a utilizar músicas inéditas em *Boêmios*. Mas também tive funções convenientes, tais como comprar e supervisionar adaptações de histórias para produção cinematográfica, tentando antecipar os censores estaduais como representante da organização Hays, editando filmes no parque da Universal e algum envolvimento com fotografia a cores." Harvard College, *Class of 1915 25th Anniversary Report*, 481.

33. O trabalho de Larson e Keeler é registrado e analisado com maestria em Ken Alder, *The Lie Detectors*.

34. WMM, "Energizer of the Aged", *Esquire*, agosto de 1936, 158.

35. Walter B. Pitkin, memorando sem data, aprox. 1929, em posse de John Pitkin, neto de Walter B. Pitkin. Agradecimentos a John Pitkin por compartilhar comigo este e outros materiais.

36. De George W. Stuart para Walter B. Pitkin, 10 de outubro de 1929, em posse de John Pitkin. Não consegui determinar com exatidão quando a empresa acabou.

440 ★ A HISTÓRIA SECRETA DA MULHER-MARAVILHA

Aparentemente, ela ainda estava operante em dezembro de 1929, pelo menos de acordo com um informe à imprensa escrito em linguagem elementar por Marston, "Dr. William Marston Becomes Vice President of Equitable", *Exhibitors Daily Review and Motion Pictures Today*, 18 de dezembro de 1929:

> George W. Stuart, presidente da Equitable Pictures Corporation, produtora fundada recentemente que fará filmes para distribuição pela Motion Picture Congress of America, Inc., anuncia a seleção do Dr. William M. Marston, eminente especialista nas emoções e maior autoridade do país em "o que o público quer", para vice-presidente da Equitable. [...] O Dr. Marston é o psicólogo mais conhecido do país. Nos últimos anos, ele aplicou sua proeza analítica aos filmes e às reações, gostos e desgostos das plateias de cinema. Sua experiência com produção e em estúdio inclui longas passagens pela MGM e pela Universal. Durante sua estadia nos estúdios Universal, ele foi consultor geral de tramas, elenco e aspectos de imagem. Entre suas realizações dignas de nota na MGM esteve o festejado teste das emoções amorosas "loira-morena", realizado no Embassy Theatre de Nova York e sensação nos jornais. O Dr. Marston abandonou um posto de instrutor de psicologia em Columbia e na New York University para dedicar-se ao cinema. Antes de ser instrutor nestas duas universidades, ele somou vários anos na psicanálise governamental e acadêmica. Atraiu a atenção de todo o país como originador e desenvolvedor do hoje famoso "detector de mentiras", um engenhoso teste de pressão arterial sistólica que desenvolveu no Laboratório Psicológico de Harvard quando trabalhava junto ao Dr. Hugo Münsterberg.

18. VÊNUS CONOSCO

1. OBR ressaltou a data do casamento em uma publicação do reencontro da décima turma de Tufts na qual ela deu um importante sumário de sua carreira: "OLIVE BYRNE (Sra. William Richard), Rye, Nova York (caixa postal 32, Harrison, N.Y.). Em 1927, recebeu diploma de mestrado em Columbia e, durante o ano seguinte, cursou o doutorado. Com a Universal Studios, Hollywood, durante 1929 e depois de volta a Columbia até 1931. Daí até 1935 em Nova York e depois em Boston, mas volta a Nova York em 1935 e começa a escrever. Redatora contratada, Revista *Family Circle*. Casada com William Richard, 21 de novembro de 1928, com dois filhos, Byrne, nascido a 12 de janeiro de 1931, e Donn, nascido a 20 de setembro de 1932". Em "Facts and Fancies of the Class of 1926, Compiled for the Tenth Reunion, June 11, 12, 13, 14, 1936", s.p., material da turma, 1922-27, UA039/Classes, 1858-1997, caixa 7, pasta 6, Arquivos da Tufts University. OBR às vezes dava uma inicial de sobrenome do meio a William Richard: K. Ver "OLIVE BYRNE (Sra. William Richard), Oakland Beach Avenue, nº 81, Rye, N.Y. Jackson [faculdade feminina Tufts], bacharel em inglês. Columbia University, mestrado, 1927. Casada com William K. Richard, 1928, falecido. Tem dois filhos: Byrne

Holloway, 20, Harvard '51, e Donn William, 18, Harvard '54. Assistente do Dr. W.M. Marston até a morte deste em 1947, e escreve matérias para revistas especializadas etc. Integrante do Clube da Mulher de Rye e do Clube Coveleigh de Rye. Hobby: arte." Em "Jumbo Looks Back Again at the Great Class of 26, 25th Reunion", material da turma, 1922-27, UA039/Classes, 1858-1997, caixa 7, pasta 6, Arquivos da Tufts University.

2. BHRM, "Memories of an Unusual Father", 7.

3. Diário de OBR, registros de 21 de novembro de 1936 e 21 de novembro de 1937, em posse de BHRM.

4. De WMM para Helen M. Voorhees, 6 de dezembro de 1928 (em papel timbrado do Departamento de Psicologia da Columbia University), Arquivos da Mount Holyoke College.

5. WMM, Informe de Egresso, *Harvard College Class of 1915: Fifteenth Anniversary Report* (Cambridge, MA: Impresso para a Turma, 1930), 143-44.

6. Estados Unidos da América, Agência do censo, *Fifteenth Census of the United States*, 1930 (Washington, DC: National Archives and Records Administration, 1930), disponibilizado pelo Ancestry.com, *1930 United States Federal Census* (Provo, UT: Ancestry.com, 2002).

7. Em 1939, ela morava em Waltham, Massachusetts, na Trapelo Road, nº 475, e trabalhava como assistente de biblioteca sênior no Metropolitan State Hospital de Waltham. *U.S. City Directories, 1821-1989* (Provo, UT: Ancestry.com, 2011). Em 1941, era bibliotecária do Metropolitan Hospital, Nova York; esta afiliação é dada matéria de jornal sobre uma reunião da Associação Norte-Americana de Bibliotecárias: "Says U.S. History Backs F.D.R.", *New York Times*, 24 de junho de 1941.

8. OBR, Registros de Byrne Holloway Richard, caderno, em posse de BHRM. Ele nasceu no Polyclinic Hospital, de Manhattan.

9. Diário de OBR, em posse de BHRM. Nos diários, OBR refere-se a EHM por "SM", presumidamente "Sadie Marston."

10. Mary Ross, citada em Chesler, *Woman of Valor*, 314; *New York Herald Tribune*, 13 de novembro de 1931, citada ibid., 7. MS, *My Fight for Birth Control* (Nova York: Farrar and Rinehart, 1931); Chesler, *Woman of Valor*, 329.

11. "Hot Babies, Those Co-Eds", *New York Graphic*, 17 de novembro de 1931. A matéria refere-se a WMM como professor visitante na Long Island University.

12. WMM, *Harvard College Class of 1915, Twenty-fifth Reunion Report* (Cambridge: Cosmos, 1940), 480-82.

13. WMM, *Venus with Us: A Tale of the Caesar* (Nova York: Sears, 1932), 4, 20-22, 35, 56, 58, 69, 111-14, 124, 175. Quanto à data de publicação, ver "Books Scheduled to Appear During the Summer Months", *New York Times*, 19 de junho de 1932, e anúncio publicitário, *New York Times*, 24 de julho de 1932.

14. O *Boston Globe* chamou o livro de curiosa demonstração do raciocínio atribuído a Júlio César, de que enquanto os homens travam as guerras, as mulheres controlam o mundo. Um crítico do *Chicago Tribune* elogiou o livro, mas o repreendeu pelo anacronismo:

"William M. Marston chega próximo de colocar seus personagens em roupagens modernas. Eles falam em gírias contemporâneas, têm uma sofisticação que é de toda familiar a ouvidos e olhos modernos e, na maior parte, tanto em ação quanto em psicologia, possuem uma marca contemporânea definida." "Critics Acclaim First Novel by Author of 25", *Chicago Daily Tribune*, 5 de agosto de 1932. Elisabeth Poe, "The New Books and Their Authors", *Washington Post*, 31 de julho de 1932. "Tense and Thrilling Is This Detective Story", *Daily Boston Globe*, 30 de julho de 1932.

19. CASA DA FICÇÃO

1. James R. McCarthy, "First Full Facts About the Astounding Plague of Organized Kidnappings", *Atlanta Constitution*, 5 de junho de 1932; WMM, *Lie Detector Test*, 81.

2. BHRM, "Memories of an Unusual Father", 7, 15; MPM, entrevista à autora, 25 de julho de 2012. EHM explicava seu nome da seguinte forma: "Uma das crianças, aos dois anos, não conseguia pronunciar o apelido que Bill usava comigo. O menininho dizia 'Keetsie', o que o mais velho e o mais novo ouviram, mas reduziram a Keets. Na verdade, os mais novos não sabem que tenho outros nomes." De EHM para Caroline Becker (Departamento do egressa), 26 de fevereiro de 1987, ficha da egressa EHM, Arquivos do Mount Auburn College.

3. "The Sphinx Speaks of the Class of 1915, Mount Holyoke College: A Biographical History . . . for our Thirty-second Reunion, June 1947" (South Hadley, MA: Mount Holyoke College, 1947), s.p.

4. WMM, *Harvard College Class of 1915, Twenty-fifth Reunion Report*, 480-82.

5. BHRM, "Memories of an Unusual Father", 8.

6. Ibid., 23, 14-15, 13-14.

7. Jack Byrne aparece na lista de editores da *Action Stories*, Madison Avenue, nº 271, Nova York, desde 1927. Ver o verbete da *Action Stories* em William B. McCourties, *Where and How to Sell Manuscripts: A Directory for Writers* (5ª ed., Springfield, MA: Home Correspondence School, 1927), 8.

8. BHRM, entrevista à autora, 14 de julho de 2013; registro de adoção de Byrne Holloway Richard Marston, 2 de fevereiro de 1935, Tribunal de Sucessões do Condado de Essex, Comunidade de Massachusetts, cópia em posse de BHRM.

9. De OBR para MS, agosto de 1935, Documentos MS, Biblioteca do Congresso, edição microfilme, L006: 0946. Sanger sabia do caso de Olive com Marston. "Isso não a incomodava", disse sua neta, posteriormente. "Meu Deus, quantos casos ela teve na vida; os de Olive não a incomodavam." MSML, entrevista à autora, 9 de julho de 2013. E Olive e crianças visitavam-na com frequência; ver, por ex.: de MS para OBR, 11 de maio de 1936, Biblioteca do Congresso, edição microfilme, L006: 0952: "Adoraria vê-la. Por que não traz os dois filhos para um fim de semana, assim que possível?" A correspondência das ruas trata de várias visitas de fim de semana como esta.

NOTAS ★ **443**

10. BHRM, "Memories of an Unusual Father", 8. A casa ficava na Oakland Beach Avenue, nº 81. ["Cherry Orchard" quer dizer, literalmente, "pomar das cerejas" — *N. do T.*]

11. BHRM, entrevista à autora, 14 de julho de 2013.

12. "Sempre que ela vinha a Nova York ela ligava para mim em Rye, onde eu morava." OBR, entrevista com Van Voris, p. 16.

13. De WMM para BHRM, sem data, mas no verão de 1942, em posse de BHRM; de OBR para MS, agosto de 1935, Documentos MS, Biblioteca do Congresso, edição microfilme, L006: 0946.

14. A expressão "círculo familiar" tem histórico curioso. Em 1931, Inez Haynes Gillmore, a autora de *Angel Island*, publicou um livro com este nome. Inez Haynes Gillmore, *Family Circle* (Indianapolis: Bobbs-Merrill, 1931).

15. Edwin J. Perkins, *Wall Street to Main Street: Charles Merrill and Middle-Class Investors* (Nova York: Cambridge University Press, 1999), 117-18; Kathleen Endres e Therese L. Lueck, eds., *Women's Periodicals in the United States: Consumer Magazines* (Westport, CT: Greenwood, 1995), 87, xiv.

16. OBR, "Lie Detector", *Family Circle*, 1º de novembro de 1935.

17. OBR, "Their Shyness Made Them Famous", *Family Circle*, 19 de novembro de 1937.

18. OBR, "How Far Should She Go?", *Family Circle*, 1º de novembro de 1935.

19. OBR, "Know Your Man", *Family Circle*, 23 de outubro de 1936.

20. De Jack Byrne para OBR, 17 de fevereiro de 1958, em posse de BHRM; OBR.

21. "Live, Love, Laugh, and Be Happy", *Family Circle*, 27 de novembro de 1936.

22. OBR, "Ferocious Fiction", *Family Circle*, 20 de dezembro de 1935.

23. Diário de OBR, registros de 15 de janeiro de 1936; 1º de março de 1936; 28 de maio de 1936; 8 de novembro de 1936; 22 de janeiro de 1938; 31 de janeiro de 1938; e 27 de maio de 1937, em posse de BHRM.

20. O DUQUE DA FARSA

1. "May Use Lie Detector", *Washington Post*, 22 de novembro de 1935.

2. Alder, *Lie Detectors*, 148 e Capítulo 13.

3. "Lindbergh Baby's Murderer to Be Placed Under 'Lie Detector'", *Times of India*, 29 de novembro de 1935. O relato posterior de Marston quanto ao que aconteceu difere um pouco. Ele afirmava que não tratara com Fisher, mas que fora chamado, no outono de 1935, por um detetive que trabalhava para a Secretaria de Defesa. WMM, *Lie Detector Test*, 82-88. Marston também afirmava que Hauptmann, em carta a Hoffman, solicitara um exame do detector de mentiras.

444 ★ A HISTÓRIA SECRETA DA MULHER-MARAVILHA

4. "Gov. Hoffman Urges Lie-Detector Test", *New York Times*, 24 de janeiro de 1936; "Defense Staff of Hauptmann Adds Attorney", *Washington Post*, 24 de janeiro de 1936; "Lie Detector Test Backed by Hoffman", *Boston Globe*, 24 de janeiro de 1936; e "Tells Lie Test He Would Use on Hauptmann", *Chicago Tribune*, 25 de janeiro de 1936. Segundo declaração de WMM à imprensa em 12 de janeiro de 1936 — o dia em que Hoffman concedeu uma suspensão de sentença de trinta dias a Hauptmann —, o Dr. John F. Condon, que negociara o pagamento do resgate com o sequestrador, aceitara em dezembro passar por um exame no detector de mentiras, mas apenas depois que Hauptmann estivesse morto. "Hauptmann Plans to Make New Plea to Highest Court", *New York Times*, 13 de janeiro de 1936.

5. WMM, *Lie Detector Test*, 87-88.

6. Exemplar com dedicatória de *The Lie Detector Test*, em posse de BHRM.

7. De Helen W. Gandy [secretária de Hoover] para Richard R. Smith, 8 de março de 1938; de Richard R. Smith para Helen W. Gandy, 10 de março de 1938; e de Helen W. Gandy para Richard R. Smith, 16 de março de 1938, pasta de William Moulton Marston no FBI, Departamento de Justiça dos Estados Unidos.

8. Agradeço à biógrafa de Hoover, Beverly Gage, por esta informação.

9. WMM, *Lie Detector Test*. Ver também Verne W. Lyon, "Practical Application of Deception Tests", *Federal Probation* 4 (fevereiro de 1940): 41-42.

10. De E.P. Coffey para Sr. Nathan, memorando, 11 de maio de 1938, WMM, Arquivo do FBI, Departamento de Justiça.

11. WMM, *Lie Detector Test*, 72.

12. O diretor do que então era o Instituto Penal do Distrito de Colúmbia, em Lorton, Virgínia, enviou uma carta de apoio a Frye, citando o trabalho deste como telefonista e seu comportamento exemplar: de W.L. Peak, Superintendente, para J.A. Finch, Promotor encarregado de indultos, 12 de julho de 1934, Arquivos Nacionais, RG 204, pilha 230, 40:14:2, caixa 1583, pasta 56-386. James A. Frye, Petição de indulto presidencial, 12 de julho de 1934, Arquivos Nacionais, RG 204, pilha 230, 40:14:2, caixa 1583, arquivo 56-386; de James A. Frye para Daniel M. Lyons, Departamento de Justiça, 2 de agosto de 1943, Arquivos Nacionais, RG 204, pilha 230, 40:14:2, caixa 1583, arquivo 56-386; petição de indulto presidencial de Frye, 1945, Arquivos Nacionais, RG 204, pilha 230, 40:14:2, caixa 1583, arquivo 56-386, pp. 13-14; de James A. Frye para D. M. Lyons, Promotor de indultos, 7 de setembro de 1945, e de James A. Frye para Harry S. Truman, Presidente dos Estados Unidos, 28 de setembro de 1945, Arquivos Nacionais, RG 204, pilha 230, 40:14:2, caixa 1583, arquivo 56-386.

13. WMM, *The Lie Detector*, 115.

14. BHRM, "Memories of an Unusual Father", 26.

15. WMM, *The Lie Detector*, 119.

16. "'Are You in Love?' Check Your Reply with Lie Detector", *Washington Post*, 9 de março de 1938; Sally McDougall, "Tells Why Women Lie: Dr. W.M. Marston, 'Detector'

Inventor, Makes Experiment", *New York World Telegram*, 9 de março de 1938; e "Scientist Finds Men Prefer Brunettes", *Washington Post*, 23 de setembro de 1939.

17. Entrevista com MPM, 25 de julho de 2012.

18. WMM aparentemente vinha dizendo que ia fazer um "Birô da Verdade". Ver: de [apagado] para J. Edgar Hoover, Jacksonville, 26 de outubro de 1940: "Tendo visto em jornal de Jacksonville a declaração de que o Dr. William Moulton Marston pretende preparar examinadores de falsidade para servir em um possível 'Birô da Verdade', gostaria de entrar em contato com o Dr. Marston para oferecer-me para treinamento, porque tomei parte nas disciplinas de psicologia do referido doutor, e o uso do detector de mentiras na American University no ano de 1923." Hoover retorna a carta (Hoover para [apagado], Washington, 8 de novembro de 1940): "Alerto que o indivíduo a quem o senhor se refere na carta não tem qualquer ligação com o Federal Bureau of Investigation." WMM, Arquivo no FBI.

19. OBR, "No Thing Matters", *Family Circle*, 16 de abril de 1937.

20. "O Duque da Farsa", *Wonder Woman* nº 2, outono de 1942. Sobre a campanha fracassada de Upton Sinclair, ver Jill Lepore, "The Lie Factory: How Politics Became a Business", *New Yorker*, 24 de setembro de 2012.

21. Anúncio intitulado "Lie Detector 'Tells All'", *Life*, 21 de novembro de 1938, 65.

22. De John S. Bugas para J. Edgar Hoover, 13 de julho de 1939, WMM, Arquivo do FBI. Ver também Alder, *Lie Detectors*, 189-90.

21. O MANDO FEMININO AFIRMA-SE FATO

1. "Women Will Rule 1,000 Years Hence!" *Chicago Tribune*, 11 de novembro de 1937, e "Feminine Rule Declared Fact", *Los Angeles Times*, 13 de novembro de 1937. Em 1937, quando WMM previu um matriarcado, ele estava entrando em uma onda que em parte tinha a ver com a preeminência de Eleanor Roosevelt e também com um escândalo relativo a Mary Woolley, que naquele ano foi obrigada a deixar a presidência de Mount Holyoke e foi substituída por um homem. "Sou uma das muitas que ficaram profundamente incomodadas quando um homem sucedeu a srta. Woolley como presidente", escreveu Holloway, amargurada. "Mulheres nunca crescerão para serem líderes se não lhes derem e nem elas tomaram oportunidades de liderar." De EHM para o Departamento de Egressas da Mount Holyoke College, 13 de junho de 1960, em adendo manuscrito a questionário para egressas. Arquivos da Mount Holyoke College.

2. Dave Fleischer, diretor, *Betty Boop for President* (Paramount Pictures, 1932); "Woman for President Boom Launched", *Milwaukee Journal*, 26 de fevereiro de 1935; "Woman-for--President League 'Nominees'", *Harvard Crimson*, 3 de junho de 1935; "New League's Aim Is Woman Vice President", *Washington Post*, 20 de fevereiro de 1935; e Mary June Burton, "'We Shall Have a Woman President!'" *Los Angeles Times*, 11 de agosto de 1935.

3. A matéria de Howe é citada em "Among the Magazines", *Washington Post*, 19 de maio de 1935.

4. "Marston Advises 3 L's for Success . . . Predicts U.S. Matriarchy", *New York Times*, 11 de novembro de 1937.

5. "Neglected Amazons to Rule Men in 1,000 Yrs., Says Psychologist", *Washington Post*, 11 de novembro de 1937.

6. Catt citada em Cott, *Grounding of Modern Feminism*, 30; ver também a discussão de Cott sobre a natureza janicéfala do feminismo, Capítulo 1.

7. Batya Weinbaum, *Islands of Women and Amazons: Representations and Realities* (Austin: University of Texas Press, 1999), 16-27; Laurel Thatcher Ulrich, *Well-Behaved Women Seldom Make History* (New York: Knopf, 2007), Capítulo 2; e Inez Haynes Irwin, *Angels and Amazons: A Hundred Years of American Women* (Garden City, NY: Doubleday, Doran, 1933).

8. "Dr. Veneno", *Sensation Comics* nº 2, fevereiro de 1942.

9. MSML, entrevista com Jacqueline van Voris, Documentos MS, Smith College, 1977, p. 25.

10. WMM, *Try Living*.

11. Diário de OBR, registro de 10 de julho de 1937, em posse de BHRM.

12. "Bookends", *Washington Post*, 22 de outubro de 1937.

13. "Marston Advises 3 L's For Success", *New York Times*, 11 de novembro de 1937.

14. Jawaharlal Nehru (1889-1964) e Mohandas Karamchand Gandhi (1869-1948) foram líderes do movimento pela independência da Índia, no qual atuaram dos anos 1920 até os anos 1940. O Reino Unido reconheceu a independência indiana em 1947; Gandhi foi assassinado no ano seguinte e Nehru foi primeiro-ministro da Índia durante dezessete anos. [*N. do T.*]

15. H. G. Wells, em discurso de 1935 em Londres, em *Round the World for Birth Control*, Centro Internacional de Informações sobre Controle de Natalidade, 1937, Documentos MS, Smith College, edição microfilme, S62: 598; Chesler, *Woman of Valor*, 361-64, 373-76; e Reed, *From Private Vice to Public Virtue*, 121.

16. EHM, recorte sobre egressos datado de novembro de 1937, Arquivos da Mount Holyoke College.

17. EHM, Mount Holyoke College, *One Hundred Year Directory*, 1936, Arquivos da Mount Holyoke College.

18. Diário de OBR, registros de 8 de julho de 1936; 15 de julho de 1936; e 1º de julho de 1937, em posse de BHRM.

19. De MSML para BHRM e Audrey Marston, 27 de fevereiro de 1963, em posse de BHRM.

20. *1940 United States Federal Census*; local: Rye, Westchester, Nova York; registro: T627_2813; página: 13A; distrito de enumeração: 60-334.

21. MPM, entrevista à autora, 25 de julho de 2012.

22. Christie Marston, filha de Pete Marston, disse: "Vovó [referindo-se a EHM] disse que o que eles passaram anos dizendo foi, para os amigos, que Dotsie era mãe de Byrne e de Donn, e, para todos os outros, que vovó era a mãe." Christie Marston, entrevista à autora, 25 de julho de 2012.

23. Olive Ann Marston Lamott, entrevista à autora, 15 de julho de 2013.

24. Olive Ann Marston Lamott, entrevista com Steve Korte, 25 de agosto de 1999, Arquivos da DC Comics.

25. Diário de OBR, registro de 4 de novembro de 1937.

26. Diário de OBR, registro de 15 de fevereiro de 1938. Ao relatar a história no seu diário, OBR acrescentou três pontos de exclamação.

27. Diário de OBR, registro de 3 de agosto de 1936.

28. O exemplar de Marston de *Eat and Reduce*, de Victor H. Lindlahr (1939; rep.: Nova York: Permabooks, 1948) em posse de MPM.

29. BHRM, "Memories of an Unusual Father" e Olive Ann Marston Lamott, entrevista à autora, 15 de julho de 2013.

30. WMM, "What Are *Your* Prejudices?" *Your Life* (março de 1939).

31. De WMM para BHRM, memorando, com resposta no verso, sem data, mas aprox. 1940, em posse de BHRM.

32. WMM, "Dad to Doodle", fragmento sem data, em posse de BHRM.

33. "Ele governava com mão de ferro", MSML, entrevista à autora, 9 de julho de 2013.

34. Olive Ann Marston Lamott, entrevista à autora, 15 de julho de 2013.

35. De WMM para BHRM, sem data, em posse de BHRM.

36. Diário de WMM, registros de 24 e 25 de dezembro de 1938, em posse de BHRM.

37. BHRM, "Memories of an Unusual Father", 9-12.

38. Olive Ann Marston Lamott, entrevista à autora, 15 de julho de 2013, e de OBR para BHRM, sem data, mas aprox. 1944, em posse de BHRM.

39. MPM me contou do Clube quando eu o entrevistei; BHRM escreve sobre o Clube nas suas memórias, e OBR escreveu sobre o Clube no seu diário — por ex., 1º de março de 1936: "Domingo. Fizemos o 'Fórum Marston' à noite em que todos se expressaram livremente. M. recitou. B. contou história, como Dunn. O.A. em [?] O.A. muito trágica."

40. Diário de WMM, registro de 23 de junho de 1935, em posse de BHRM.

41. BHRM, "Memories of an Unusual Father", 6-9.

42. Olive Ann Marston Lamott, entrevista com Steve Korte, 25 de agosto de 1999, Arquivos da DC Comics.

43. Diário de WMM, registro de 29 de setembro de 1940. MPM ainda tem seu teste de QI: MPM, questionário para teste de QI, 17 de novembro de 1940, administrado por WMM, em posse de MPM. Aos 6 anos, Byrne Marston estava na terceira série quando

448 ★ A HISTÓRIA SECRETA DA MULHER-MARAVILHA

seu irmão, Donn, e sua irmã, O.A., entraram no jardim de infância. BHRM, "Memories of an Unusual Father", 9-10. E em recorte de novembro de 1937 na pasta de egressos de EHM em Mount Holyoke, Arquivos da Mount Holyoke College.

44. Pete, Byrne, Donn e O.A. Marston, "The Marston Chronicle" n⁰ 1, 18 de julho de 1939, em posse de BHRM. Ver também Diário de OBR, registro de 6 de julho de 1939: "Crianças lançaram jornal semanal. Muito fofo — chama-se The Chronicle."

45. MCG, "Narrative Illustration: The Story of the Comics", *Print: A Quarterly Journal of the Graphic Arts* 3 (verão de 1942): 12. Gaines cita LB no seu texto, que inclui, como ilustração, a capa de *Wonder Woman* n⁰ 1.

46. A história do nascimento tanto das revistas em quadrinhos quanto do Superman é contada em muitas fontes, mas ver principalmente Gerard Jones, *Men of Tomorrow: Geeks, Gangsters, and the Birth of the Comic Book* [*Homens do amanhã*] (Nova York: Basic Books, 2004); Bradford W. Wright, *Comic Book Nation: The Transformation of Youth Culture in America* (Baltimore: Johns Hopkins University Press, 2001), Capítulos 1 e 2; Les Daniels, *DC Comics: Sixty Years of the World's Favorite Comic Book Heroes* (Boston: Bulfinch, 1995); e Jean-Paul Gabilliet, *Of Comics and Men: A Cultural History of American Comic Books* (Jackson: University of Mississippi Press, 2005), traduzido por Bart Beaty e Nick Nguyen, Capítulo 2.

47. Robbins e Yronwode, *Women and the Comics*, 50-59.

48. Wright, *Comic Book Nation*, 9, 13.

49. Wilson Locke, "Amazona, the Mighty Woman", *Planet Comics* n⁰ 3, março de 1940.

50. OBR, "Don't Laugh at the Comics", *Family Circle*, 25 de outubro de 1940, e BHRM, entrevista com Steve Korte, verão de 1999, Arquivos da DC Comics.

51. BHRM, "Memories of an Unusual Father", 27-28.

52. BHRM, entrevista à autora, 14 de julho de 2013.

22. SUPREMA

1. Gardner Fox com Bill Finger, "Batman contra o monge louco, Parte dois", *Detective Comics* n° 32, outubro de 1939 [No Brasil em *Batman Crônicas Vol.* 1, Panini, 2007 — *N. do T.*]. Ellsworth é citado em Daniels, *DC Comics*, 34.

2. Estreia de Batman: Bill Finger, "O caso da sociedade química", *Detective Comics* n° 27, maio de 1939 [no Brasil, em várias publicações; uma das últimas em *Coleção DC 75 Anos* n° 1, Panini, 2010 — *N. do T.*]; *Estados Unidos contra Miller*, 307 U.S. 174 (1939). Ver também Adam Winkler, *Gunfight: The Battle over the Right to Bear Arms in America* (Nova York: Norton, 2011), 63-65, e Jill Lepore, "Battleground America", *New Yorker*, 23 de abril de 2012.

NOTAS ★ **449**

3. Bill Finger, "A lenda: O Batman e como ele veio a ser", *Detective Comics* nº 33 (novembro de 1939), e Bill Finger, "A lenda de Batman: Quem é ele e como surgiu", *Batman* n° 1, primavera de 1940. [No Brasil, respectivamente em *Coleção DC 70 Anos* n° 6, Panini, 2008; e *Batman Crônicas* n° 1, Panini, 2007 — *N. do T.*]

4. Sterling North, "A National Disgrace", *Chicago Daily News*, 8 de maio de 1940, e Bart Beaty, *Fredric Wertham and the Critique of Mass Culture* (Jackson: University Press of Mississippi, 2005), 113.

5. Stanley J. Kunitz, "Libraries, to Arms!" *Wilson Library Bulletin* 15 (1941): 671; Slater Brown, "The Coming of Superman", *New Republic*, 2 de setembro de 1940; e "Are Comics Fascist?", *Time*, 22 de outubro de 1945. Sobre as reações de bibliotecárias às revistas em quadrinhos, ver Carol L. Tilley, "Of Nightingales and Supermen: How Youth Service Librarians Responded to Comics Between the Years 1938 and 1955", dissertação de doutorado, Escola de Biblioteconomia e Ciência da Informação, Indiana University, 2007.

6. OBR, "Don't Laugh at the Comics", *Family Circle*, 25 de outubro de 1940.

7. Marston descreve como era ler roteiros de quadrinhos como psicólogo consultor em WMM, "Why 100,000,000 Americans Read Comics", *American Scholar* 13 (1943-44): 41-42. Ele não menciona datas. Marston geralmente não aparece na lista de conselheiros de Gaines. Uma das estranhas exceções é *Wonder Woman* nº 14, outono de 1945, quando ele aparece como integrante do comitê: "O Dr. Wm. Moulton Marston, Membro da Associação Americana de Psicologia; Membro da Associação Norte-Americana pelo Avanço da Ciência." É importante destacar que, nesta edição, todas as histórias da Mulher-Maravilha foram escritas por Joye Hummel, e a seção "Mulheres-Maravilha da história", com perfil de Abigail Adams, tem apenas duas páginas em vez de quatro. As informações sobre a formação do comitê, assim como sobre sua função, podem ser encontradas nos documentos de diversos membros. Ver, por ex., Josette Frank explicando como veio a participar do comitê em carta a Mary Alice Jones, 15 de abril de 1954, exemplar do qual está nos Documentos Lauretta Bender, Brooklyn College, caixa 16, pasta 6.

8. Clara Savage Littledale, "What to Do About the 'Comics'", *Parents' Magazine*, 1941, 26-27, 93. O comitê consultivo da Hecht teve apoio de um comitê de "editores consultivos júnior", entre cujos integrantes estavam as estrelas mirins Shirley Temple e Mickey Rooney. Sobre Littledale e a história da *Parents' Magazine*, ver Lepore, *Mansion of Happiness*, Capítulo 7. Outro apoiador da *True Comics* foi o Instituto dos Pais. Ver a resposta de Harold C. Field a Marston em relação ao texto de Marston na *American Scholar* em 1944: Carta ao editor, *American Scholar* 13 (Primavera de 1944): 247-48. *True Comics* é uma revista em quadrinhos horrível. Até Stanley Kunitz admitiu: "Devo confessar, apesar do meu interesse concordante com o experimento, que tenho certo ceticismo em relação ao valor educativo de enfrentar quadrinhos com quadrinhos", ("Libraries, to Arms!" 670).

9. De MCG para indeterminado, memorando, sem data, mas aprox. outubro de 1940, Arquivos da DC Comics.

10. "A Message to our Readers", *More Fun Comics* n° 72, outubro de 1941. Ver também Amy Kiste Nyberg, *Seal of Approval: The History of the Comics Code* (Jackson: University

450 ★ A HISTÓRIA SECRETA DA MULHER-MARAVILHA

Press of Mississippi, 1998), 9-10. David Hajdu sugere que o comitê consultivo editorial não passava de encenação; ver Hajdu, *The Ten-Cent Plague: The Great Comic-Book Scare and How It Changed America* (Nova York: Farrar, Straus and Giroux, 2008), 45. Mas esta afirmação é incorreta. Gaines recorria ao seu conselho consultivo o tempo todo; Frank, Bender e outros que fizeram parte do comitê nos anos 1940 liam roteiros e comentavam. Como Frank explicou em 1943: "Até onde vão minhas lembranças, cada integrante, ao aceitar esta função, estipulava que ele ou ela participaria apenas se o serviço fosse real, e dava a entender que tinha aversão a servir em qualquer comitê que fosse apenas 'fachada'." Ver também de Frank para Mary Bruhnke (Sra. Charles S. Liebman), 28 de janeiro de 1947, Documentos da Associação Norte-Americana de Estudos da Criança, Arquivos de História do Bem-Estar Social, University of Minnesota (a partir daqui Documentos CSAA), caixa 15, pasta 138, no qual Frank esboça os deveres do comitê consultivo editorial em detalhes.

11. "Ontem pude conversar com o Sr. Childs e, como ele ressaltou à senhora, o nome do Dr. Marston será eliminado como integrante do Comitê Consultivo Editorial a partir de todas as edições que sairão no mês de janeiro." De MCG para Josette Frank, 15 de outubro de 1941, Documentos CSAA, caixa 24, pasta 239.

12. Este comentário de EHM é citado por MPM em "Elizabeth H. Marston, Inspiration for Wonder Woman, 100", *New York Times*, 3 de abril de 1983. Ver também: "Minha mãe foi uma força motriz para a Mulher-Maravilha. Ela ralhou com ele durante anos: 'Precisamos de uma super-heroína, não dê bola para os meninos, já temos o bastante'", MPM, entrevista com Steve Korte, 29 de julho de 1999, Arquivos da DC Comics.

13. De EHM para JE, 11 de janeiro de 1973, em posse de JE. "Marston Advises 3 L's for Success", *New York Times*, 11 de novembro de 1937.

14. WMM, "Why 100,000,000 Americans Read Comics", 42-43.

15. Ibid. Marston sugere a mesma explicação em de WMM para Coulton Waugh, 5 de março de 1945, Cartas MM, Smithsonian. Waugh estava preparando um livro sobre a história das tiras em quadrinhos: *The Comics* (Nova York: Macmillan, 1947), de Coulton Waugh, é um dos primeiros e mais completos históricos do meio, embora sua abordagem da Mulher-Maravilha seja bastante breve.

16. Anthony Tollin, "Sheldon Mayer: The Origins of the Golden Age", *Amazing World of DC Comics* nº 5 (março-abril 1975), 2-12.

17. Sheldon Mayer, Convenção DC 1975: Painel Mulher-Maravilha, transcrição nos Arquivos da DC Comics. Les Daniels, que entrevistou Mayer, informa que Mayer conheceu Marston quando Gaines trouxe Marston ao comitê consultivo editorial: "Em 1941, Mayer encontrou Marston para jantar no Harvard Club de Nova York, e chegou-se a um acordo, inicialmente pedindo que Marston desse consultoria sobre formas de fazer histórias em quadrinhos psicologicamente mais benéficas para leitores mais jovens." Daniels, *DC Comics*, 58-59

18. De WMM para Sheldon Mayer, 23 de fevereiro de 1941, Cartas MM, Smithsonian.

23. BELA COMO AFRODITE

1. De WMM para Sheldon Mayer, 23 de fevereiro de 1941.

2. "Harry G. Peter era o desenhista. O Dr. Marston escolheu o estudo dele para MULHER--MARAVILHA entre outros desenhos que lhe foram apresentados." De MWH para JE, 21 de maio de 1972, Documentos Steinem, Smith College, caixa 213, pasta 5.

3. Mayer, citado em Daniels, *Wonder Woman*, 24.

4. Sheldon Mayer, Convenção DC 1975: Painel Mulher-Maravilha, transcrição nos Arquivos da DC Comics.

5. "Man o' Metal", *Reg'lar Fellers Heroic Comics* nº 7 (julho de 1941). Primeiros créditos de Peter nos quadrinhos: "Let's Get into a Huddle", *Famous Funnies* nº 85 (agosto de 1941). Ver também Dan Nadel, *Art in Time: Unknown Comic Book Adventures, 1940--1980* (Nova York: Abrams ComicArts, 2010), 28, com reprodução do Homem de Metal dos números 13, 14 e 15 de *Reg'lar Fellers Heroic Comics* (1942), pp. 29-58.

6. De MCG para George J. Hecht, 10 de novembro de 1941; de Hecht para MCG, 10 de novembro de 1941; de MCG para Hecht, 14 de novembro de 1941, em Documentos CSAA, caixa 24, pasta 239.

7. Robbins e Yronwode, *Women and the Comics*, 60.

8. Sobre a fortuna de desenhistas mulheres que trabalhavam com cartunismo e tiras de jornal nos anos 1920 e 1930, ver ibid., Capítulos 2 e 3; sobre a relativa ausência de mulheres na indústria de quadrinhos nos anos 1930 e 1940, ver Capítulo 4. A maioria das editoras de quadrinhos tinha aversão a contratar desenhistas mulheres. A exceção era a Fiction House, que, segundo Robbins e Yronwode, empregava mais de vinte mulheres (ibid., 51-52). Judith Schwarz afirma que Rogers era lésbica (*Radical Feminists of Heterodoxy*, 69-72). Mas Rogers casou-se com o artista Howard Smith nos anos 1920, e, em 1933, eles mudaram-se para uma fazenda em Connecticut. Nos anos 1930, Rogers apresentava um famoso programa sobre animais no rádio. Alice Sheppard, "Howard Smith", Arquivos do AskArt, acesso em 3 de janeiro de 2014 em http://www.askart.com/askart/artist.aspx?artist=11211519. Ver Trina Robbins, ed., *Miss Fury by Tarpé Mills: Sensational Sundays, 1944-1949* (San Diego: Library of American Comics, 2011). Para saber mais sobre protagonistas femininas nos anos 1940, ver Mike Madrid, *The Supergirls: Fashion, Feminism, Fantastic, and the History of Comic Book Heroines* (Exterminating Angel, 2009), 1-29.

9. Daniels, *DC Comics*, 61.

10. Henry George, *An Anthology of Henry George's Thought*, ed. Kenneth Wenzer, 3 vol. (Rochester, NY: University of Rochester Press, 1997), 1:201.

11. O cargo de HGP é listado como "Artista, jornal", no censo federal de 1900, quando ele morava em uma pensão em São Francisco. Ele declarou sua data de nascimento como 8 de março de 1880, e informou que seu pai e sua mãe haviam nascido na França. *1900 United States Federal Census*; local: São Francisco, CA; registro: 106; página: 7A; distrito de enumeração: 0262; microfilme FHL: 1240106. É difícil encontrar mais

detalhes sobre a vida de Peter, principalmente porque, após sua morte em 1958, seu patrimônio caiu nas mãos de comerciantes, que, há anos, vinham vendendo seus documentos e desenhos a colecionadores, um a um. Em 2003, por exemplo, a Heritage Auctions vendeu vários desenhos de Peter, uma página de roteiro de *Wonder Woman*, uma folha com o cronograma de trabalho de Peter, assim como a caderneta de endereços do desenhista (Heritage Comics 2003 March Comics Signature Sale #806, Lotes 5.634, 5.635 e 5.636). Em 2002, a Heritage Auctions vendeu um dos primeiros desenhos conceituais de Peter para a Mulher-Maravilha (Heritage Auctions October 2002 Comic Auction #804, Lote 7.434). Não fui capaz de identificar os proprietários destes e outros materiais; portanto, não tive como consultá-los.

12. Ver, por ex., "Hear Remarks on Equal Suffrage", *San Francisco Chronicle*, 7 de outubro de 1906.

13. Edan Milton Hughes, *Artists in California, 1786-1940*, 3ª. ed. (Sacramento: Crocker Art Museum, 2002), 1:406; o verbete de HGP está em 2:872. A data que dou ao início do namoro vem de um cartão de dia dos namorados escrito por HGP e enviado a Fulton, de 14 de fevereiro de 1907. Heritage Comics 2003 March Comics Signature Sale, Lote 5.636.

14. "Newspaper Artists Will Make Exhibit", *San Francisco Call*, 1º de junho de 1904, e "Newspaper Artists to Exhibit Their Work", *San Francisco Bulletin*, 29 de maio de 1904. Ver também a menção específica ao trabalho de Fulton na exposição em "Newspaper Artists' Exhibition", *Camera Craft* ([julho?] 1904): "Adonica Fulton, do Bulletin, apresentou vinte desenhos de ampla gama de temas e abordagens. Seu 'Pôster Francês' era forte e apropriado à sua intenção."

15. Um bilhete ilustado de Roth para Fulton é reproduzido por Ken Quattro em postagem de blog que registra sua fabulosa investigação sobre o relacionamento entre Peter e Ed Wheelan: Ken Quattro, "The 1905 Comic Fan", *The Comics Detective*, 13 de fevereiro de 2011, http://thecomicsdetective.blogspot.com/2011/02/1905-comic-fan.html. HGP também costumava desenhar westerns e cenas com animais. Para ver um exemplo deste período, ver HGP, "Animals of Prey", desenhos a bico de pena, na *Outing Magazine* 56 (1910): 673. Uma cópia da certidão de casamento de HGP e Adonica Fulton foi a leilão em 2003: Heritage Comics 2003 March Comics Signature Sale, Lote 5.636.

16. Anúncio publicitário da *Judge* na *Printers' Ink* 90 (1915): 57.

17. "H. G. Peter", *Printers' Ink*, 26 de fevereiro de 1920, p. 161.

18. Em 1920, HGP foi listado no censo federal como inquilino de Staten Island, e que seu emprego era de desenhista de jornal. No censo de Nova York de 1925 e nos censos federais de 1930 e 1940, ele e a esposa aparecem como residentes da Portland Place, 63, Richmond, Nova York. Em 1925, HGP listou sua ocupação como "Desenhista"; em 1940, disse que era desenhista de jornal. *1920 United States Federal Census*; local: Richmond Assembly District 1, Richmond, Nova York; registro: T625_1238; página: 8A; distrito de enumeração: 1.586; imagem: 1257. Arquivos do estado de Nova York, Albany, Nova York; *State Population Census Schedules, 1925*; distrito eleitoral: 12; distrito de assembleia: 01; cidade: Nova York; condado: Richmond; página: 12. *1930*

United States Federal Census; local: Richmond, Richmond, Nova York; registro: 1613; página: 3A; distrito de enumeração: 0122; imagem: 431.0; microfilme FHL: 2341347. *1930 United States Federal Census* (Washington, DC.: National Archives and Records Administration, 1930), T626, 2.667 registros. *1940 United States Federal Census*; local: Richmond, Nova York; registro: T627_2760; página: 8B; distrito de enumeração: 43–54. Segundo o censo de 1880, a mãe de Adonica Fulton, Mary J. Fulton, nasceu na Irlanda em 1880 e era viúva com cinco filhos. Ano: 1880; local: São Francisco, Califórnia; registro: 78; filme de histórico familiar: 1254078; página: 581B; distrito de enumeração: 191; imagem: 0440.

19. *Captain America Comics* nº 1, com data de março de 1941 na capa, chegou às bancas em 20 de dezembro de 1940.

20. O desenho original de HGP, de 33 x 47.62 cm, com o diálogo entre HGP e WMM, foi vendido em leilão pelos herdeiros de Peter através da Heritage Auctions, em 2002. O desenho foi vendido por 33.350 dólares e está em posse de colecionadores. Ele é reproduzido em Roy Thomas, "Queen Hepzibah, Genghis Khan, & the 'Nuclear' Wars!" *Alter Ego* nº 23 (abril del 2003), 5. O desenho de uma Mulher-Maravilha nua, assinado "H.G. Peter", é reproduzido em Craig Yoe, *Clean Cartoonists' Dirty Drawings* (San Francisco: Last Gasp, 2007), 58-59. O crédito é quase com certeza apócrifo.

21. Sobre o episódio envolvendo Vargas e o Correio dos Estados Unidos, e a história das pin-ups em geral, ver Joanne Meyerowitz, "Women, Cheesecake, and Borderline Material: Responses to Girlie Pictures in the Mid-Twentieth-Century U.S.", *Journal of Women's History* 8 (1996): 9-35.

22. HGP, desenho conceitual, 1941, em posse de Stephen Fishler, Metropolis Comics, Nova York. Fischler comprou este desenho de um colecionador que o adquiriu "aproximadamente trinta ou quarenta anos atrás". Stephen Fishler, entrevista à autora, 6 de janeiro de 2014.

23. Alberto Vargas, pôster central, *Esquire*, julho de 1942, 33-34.

24. WMM, "Wonder Woman Quarterly #1, Episode A", roteiro datilografado, datado 15 de abril de 1942, p. 2; compare com WMM, "A origem da Mulher-Maravilha", *Wonder Woman* nº 1, verão de 1942, quadro na esquerda inferior da p. 1A.

25. WMM, "Wonder Woman #2, Episode A", roteiro datilografado, sem data, Arquivos da DC Comics, p. 5. Comparar com "O deus da guerra", *Wonder Woman* nº 2, outono de 1942, quadro na p. 3A.

26. "Apresentando a Mulher-Maravilha", *All-Star Comics* nº 8, dezembro de 1941-janeiro de 1942. Sobre "Charles Moulton" como nomes do meio de MCG e WMM, ver Steve Ringgenberg, entrevista com William M. Gaines, 12 de maio de 1998, Arquivos da DC Comics

27. "A aventura do Clube da Beleza", *Wonder Woman* nº 6, outono de 1943; de WMM para Coulton Waugh, 5 de março de 1945; "Dr. Veneno", *Sensation Comics* nº 2, fevereiro de 1942; "Um espião no departamento", *Sensation Comics* nº 3, março de 1942; e "Apresentando a Mulher-Maravilha", *All-Star Comics* nº 8, dezembro de 1941-janeiro de 1942.

454 ★ A HISTÓRIA SECRETA DA MULHER-MARAVILHA

28. De WMM para FDR, 1941, WMM, Arquivo no FBI.

29. Alder, *Lie Detectors*, prefácio, 200-210, 250.

30. Tira de jornal da MM, 16 de junho de 1944.

31. "Quem é a Mulher-Maravilha?" *Sensation Comics* n° 1, janeiro de 1942, e *Sensation Comics* n° 3 (março de 1942).

32. Diário de OBR, registro de 28 de agosto de 1941, em posse de BHRM. OBR também estudou estenografia no verão de 1927, na Miller School of Business. Ver OBR, currículo, 1951, em posse de BHRM.

24. A SOCIEDADE DA JUSTIÇA DA AMÉRICA

1. Nyberg, *Seal of Approval*, ix, 25.

2. Anthony Comstock, *Traps for the Young* (Nova York: Funk and Wagnalls, 1883), introdução.

3. Nyberg, *Seal of Approval*, 2-3, 22-27.

4. De MCG para o reverendíssimo John F. Noll, D.D., 10 de março de 1942, Documentos Bender, caixa 16, pasta 1.

5. De Noll para MCG, 13 de março de 1942, Documentos Bender, caixa 16, pasta 1. Por fim, Gaines conseguiu convencer Noll a tirar a *Sensation Comics* da lista de leituras desaconselháveis. De Noll para MCG, 30 de abril de 1942, Documentos CSAA, caixa 24, pasta 239.

6. Gardner Fox, "Sociedade da Justiça da América", *All-Star Comics* n° 3, inverno de 1940, e republicada em *All-Star Comics Archives* (Nova York: DC Archive Editions, 1991), vol. 1 [No Brasil em *Coleção DC 75 Anos*, vol. 1, Panini, 2010 — *N. do T.*]. O melhor relato sobre a Sociedade da Justiça está em Roy Thomas, ed., *The All-Star Companion: Celebrating the 60th Anniversary of the Justice Society* (Raleigh, NC: TwoMorrows, 2000). A citação vem de Gardner Fox, "The Roll Call of the Justice Society", *All-Star Comics* n° 5, junho-julho 1941.

7. "A Sociedade da Justiça da América inaugura Johnny Trovoada!" *All-Star Comics* n° 6, agosto-setembro 1941.

8. *All-Star Comics* nº 8, dezembro de 1941-janeiro de 1942.

9. Gardner Fox, "A Sociedade da Justiça alista-se para a guerra no Japão", *All-Star Comics* nº 11 (junho-julho de 1942).

10. Anúncio na *Sensation Comics* n° 5, maio de 1942. Sobre o crescimento de pesquisas de opinião pública, da pesquisa de mercado e da ciência social quantitativa popularesca, ver Sarah Igo, *The Averaged American: Surveys, Citizens, and the Making of a Mass Public* (Cambridge, MA: Harvard University Press, 2007).

NOTAS ★ **455**

11. E a pesquisa mostrou outro resultado interessante. "Pela primeira vez nos últimos quatro ou cinco anos que venho fazendo pesquisa entre os leitores", comentou Gaines, "notamos que um número de adultos maior que a média envia os cupons. Por exemplo: mais ou menos nos primeiros mil, mais de 25 eram de homens e mulheres — a maioria com mais de vinte anos; enquanto que, em pesquisas anteriores, tivemos apenas ou dois entre mil, ou nenhum." De MCG para LB, 20 de março de 1942. As devolutivas são relatadas nesta carta e em mais uma: de Dagmar Norgood (da *All--American Comics*) para LB, 16 de março de 1942. As duas cartas estão nos Documentos Bender, caixa 16, pasta 1. Gaines também enviou os resultados do levantamento para Josette Frank: de MCG para Frank, 23 de março de 1943, Documentos CSAA, caixa 24, pasta 239.

12. De Dagmar Norgood (diretor do Departamento Pedagógico da DC Comics) para LB, 12 de fevereiro de 1942, Documentos Bender, caixa 16, pasta 1.

13. A melhor referência de informações biográficas e autobiográficas sobre Bender está no conteúdo biográfico dos Documentos Bender, caixa 18, pasta 4. As citações do discurso de formatura de ensino médio de Bender, em 1916, vêm do seu livro de memórias não publicado, "LB, M.D.", Documentos Bender, caixa 18, pasta 4. Bender começou a trabalhar na Divisão Psiquiátrica do Hospital Bellevue em outubro de 1934. De LB para J. Franklin Robinson, 13 de junho de 1956, Documentos Bender, caixa 1, pasta 9. Ela dava preferência a terapias em grupo. Nos anos 1930, era conhecida principalmente pelo seu trabalho com marionetes, arte, dança e música com crianças. Ver, por ex., de LB para Karl M. Bowman (Bowman era diretor do hospital), 28 de novembro de 1939, Documentos Bender, caixa 1, pasta 9. Ela se demitiu como psiquiatra sênior encarregada da ala infantil em fevereiro de 1956, mas prosseguiu como psiquiatra atendente. Sol Nichtern e Charlotte Weiss, Relatório Anual, Ala PQ6, Ala Infantil, Hospital Psiquiátrico de Bellevue, 1º de novembro de 1956, Documentos Bender, caixa 1, pasta 9.

14. LB, Sylvan Keiser e Paul Schilder, *Studies in Aggressiveness, from Bellevue Hospital, Psychiatric Division, and the Medical College of New York University, Department of Psychiatry* (Worcester, MA: Clark University, 1936). Posteriormente, alguns dos trabalhos de Bender sobre esquizofrenia infantil foram motivo de polêmica; em 1944, ela realizou um experimento no qual administrou terapia de eletrochoque a trezentas crianças diagnosticadas com esquizofrenia.

15. "Dr. Paul Schilder, Psychiatrist, Dies", *Boston Globe*, 9 de dezembro de 1940. Bender mais tarde publicou uma coleção de textos de Schilder, a qual dedicou aos seus três filhos; ela menciona a idade deles quando ele morreu em Paul Schilder, *Contributions to Developmental Neuropsychiatry*, ed. LB (Nova York: International Universities Press, 1964), x. Bender refere-se aos próprios filhos em um depoimento de 1954. Comitê do Senado dos Estados Unidos sobre o Poder Judiciário, *Hearings Before the Subcommittee to Investigate Juvenile Delinquency of the Committee on the Judiciary, U.S. Senate, April 21, 22, and June 4, 1954* (Washington, DC: United States Government Printing Office, 1954). Ver também a nota biográfica nos Documentos Bender.

16. Depoimento de Bender, *Hearings Before the Subcommittee to Investigate Juvenile Delinquency*, pp. 154-55.

17. LB e Reginald S. Lourie, "The Effect of Comic Books on the Ideology of Children", *Journal of Orthopsychiatry* 11 (1941): 540-50. Há uma versão datilografado deste artigo que se encontra nos Documentos Bender, caixa 16, pasta 1. Lourie foi residente durante um ano, ver de LB para Marian McBee, 16 de setembro de 1942, Documentos Bender, caixa 6, pasta 1.

18. H. Carter Dyson, "Are the Comics Bad for Children?", *Family Circle*, 17 de abril de 1942. O editorial anexo, "Sticking by Superman", saiu originalmente no *Burlington (VT) Daily News*.

19. De WMM para Sheldon Mayer, 3 de junho de 1942, Cartas MM, Smithsonian, e "O deus da guerra", *Wonder Woman* nº 2, outono de 1942.

20. Gaines informou cômputos iniciais em de MCG para LB, 30 de abril de 1942, Documentos Bender, caixa 16, pasta 1.

25. O GOLPE DO LEITE

1. Gardner Fox, "A ameaça do Dragão Negro", *All-Star Comics* nº 12, agosto-setembro de 1942.

2. Gardner Fox, "Alimento para patriotas com fome!", *All-Star Comics* nº 14, dezembro de 1942-janeiro de 1943, e Gardner Fox, "O homem que criava imagens", *All-Star Comics* nº 15, fevereiro-março de 1943.

3. Gardner Fox, "Onda mental vai à loucura", *All-Star Comics* nº 17, junho-julho de 1943.

4. De WMM para Sheldon Mayer, 12 de abril de 1942, Cartas MM, Smithsonian. Ver também Roy Thomas, "Two Touches of Venus", *Alter Ego* 3, nº 1 (verão de 1999): 14-18; Thomas, *All-Star Companion*, 67-68; e Karen M. Walowit, "Wonder Woman: Enigmatic Heroine of American Popular Culture", dissertação de doutorado, University of California, Berkeley, 1974, pp. 112-18.

5. Período da história dos Estados Unidos que engloba as décadas de 1890 a 1920, quando o país passou por diversas reformas políticas, muitas delas resultado de pressão da sociedade civil. Entre estas reformas está a promulgação das leis antitruste, a Lei Seca e o voto feminino. [*N. do T.*]

6. Ben Proctor, *William Randolph Hearst: Final Edition, 1911-1951* (Nova York: Oxford University Press, 2007), 135. Proctor cita o *New York American* de 8-9 de outubro de 1926, pp. 1-2; 10 de outubro de 1926, p. 1L; 11 de outubro de 1926, p. 1; 12 de outubro de 1926, p. 6; 13 de outubro de 1926, pp. 1, 30; então diariamente até 1º de novembro de 1926, p. 1.

7. "O golpe do leite", *Sensation Comics* nº 7, julho de 1942.

8. Chesler, *Woman of Valor*, 75-78.

9. "A perfídia da magazine", *Sensation Comics* nº 8, agosto de 1942.

10. "O retorno de Diana Prince", *Sensation Comics* n° 9, setembro de 1942.

11. WMM, "Women: Servants for Civilization", *Tomorrow*, fevereiro de 1942, 42-45.

12. "A estrada do céu", *Wonder Woman* nº 10, outono de 1944.

13. "Escola de espiões", *Sensation Comics* n° 4, abril de 1942.

14. "A amazona liberta", *Sensation Comics* nº 19, julho de 1943.

15. "A amazona liberta", *Sensation Comics* nº 19, julho de 1943, e "A proeza mais ousada da história humana", *Wonder Woman* n° 1, verão de 1942. O duelo da Mulher-Maravilha com o rei dos Homens-Toupeira aconteceu na tira de jornal de 28 de outubro a 18 de novembro de 1944.

16. "A cidade secreta dos incas", *Sensation Comics* n° 18, junho de 1943.

17. MS, "The Women's Auxiliary Army Corps", 17 de junho de 1942, em *Selected Papers of MS*, 3:132-33.

18. De MS para Robert L. Dickinson, 20 de fevereiro de 1942, em *Selected Papers of MS*, 3:115; Gordon, *Moral Property*, 247; e MS, "Is This the Time to Have a Child?", 1942, em *Selected Papers of MS*, 3:127.

19. [WMM], "Noted Psychologist Revealed as Author of Best-Selling 'Wonder Woman', Children's Comic", comunicado à imprensa datilografado [junho de 1942], Cartas MM, Smithsonian.

26. AS MULHERES-MARAVILHA DA HISTÓRIA

1. De MCG para LB, 23 de junho de 1942, em Documentos Bender, caixa 16, pasta 1.

2. A família passou aquele verão separada. Byrne foi passar algumas semanas com amigos da família em Michigan. "Zaz, M. e eu provavelmente vamos a Boston e às praias de lá", Marston escreveu a Byrne (ou seja, ele, Huntley e Pete iam a Cape para ver Ethel Byrne). "Mãe vai levar Donn e OA para ver a tia Margaret" (ou seja, Olive Byrne ia levá-los à casa de Margaret Sanger). De WMM a BHRM, sem data, mas verão de 1942, em posse de BHRM. Richard Rodgers e Lorenz Hart, "For Jupiter and Greece", *By Jupiter: A Musical Comedy* (Nova York: NY: DRG Records, 2007).

3. [WMM], "Noted Psychologist Revealed as Author".

4. De WMM para Sheldon Mayer, 16 de abril de 1942, Cartas MM, Smithsonian.

5. Nenhuma das coleções de republicações modernas de revistas da Mulher-Maravilha, *The Wonder Woman Chronicles* e *The Wonder Woman Archives*, inclui o suplemento de quatro páginas "Wonder Women of History". Li a série da forma como saiu nas edições originais nos Arquivos da DC Comics. (Nas décadas desde então, a significância de

458 ★ A HISTÓRIA SECRETA DA MULHER-MARAVILHA

"Mulheres-Maravilha da história" tem sido totalmente negligenciada, em parte porque é difícil encontrar suas páginas. Elas nunca foram incluídas em republicações e sobrevivem apenas nas edições originais de *Wonder Woman*, que são raras. O artista é desconhecido.)

6. No verão de 1942, Marston e Marble foram entrevistados juntos em um programa de rádio. Alice Marble e Dale Leatherman, *Courting Danger* (Nova York: St. Martin's, 1991), 177; de WMM para BHRM, sem data, mas verão de 1942.

7. Florence Nightingale (1820-1910), inglesa, é considerada a fundadora da enfermagem moderna, conhecida sobretudo por organizar o atendimento a soldados da Guerra da Crimeia (1853-1856). Clara Barton (1821-1912), enfermeira norte-americana, fundou a Cruz Vermelha em seu país. [*N. do T.*]

8. De Alice Marble, editora adjunta de *Wonder Woman*, para LB, 23 de julho de 1942, Documentos Bender, caixa 16, pasta 1. O envelope endereçado e selado incluído na correspondência ainda está na carta; Bender não enviou indicações.

9. Bert Dale, "Funny Business", *Forbes*, 1º de setembro de 1943, 22, 27. WMM estimava que o número de leitores da Mulher-Maravilha em 1945 chegasse a 2,5 milhões: de WMM para Coulton Waugh, 5 de março de 1945.

10. Sobre esta modalidade de distribuição, ver de MCG para LB, 14 de março de 1944, Documentos Bender, caixa 16, pasta 2. Como campanha promocional, projetada tanto para defender quanto promover revistas em quadrinhos, "Mulheres-Maravilha da história" tem muito em comum com outro empreendimento de Gaines. Em 1942, ele começou a publicar uma revista em quadrinhos chamada *Picture Stories from the Bible* [Histórias da Bíblia em imagens, em tradução livre]. Assim como fez com *Wonder Woman*, ele mandou a primeira edição para Bender. Gaines doou todos os lucros da venda de *Picture Stories from the Bible* para organizações religiosas. Ver Edward L. Wertheim, Secretário, Conselho Consultivo, *Picture Stories from the Bible*, comunicado à imprensa, 1º de novembro de 1945, Documentos Bender, caixa 16, pasta 3.

11. O anúncio é reproduzido em Daniels, *Wonder Woman*, 92.

12. Marble era palestrante famosa em universidades femininas, onde contava às estudantes sua carreira no tênis e citava também seu trabalho com Gaines: "Revelei a elas, para alegria total, que escrevo uma história em quadrinhos", escreveu posteriormente. Alice Marble, *The Road to Wimbledon* (Nova York: Scribner's, 1946), 161.

13. Embora Marble tenha falado na sua autobiografia de 1946 que escreveu quadrinhos, ela não tocou no assunto em autobiografia posterior: Marble e Leatherman, *Courting Danger*. Sua afiliação com a DC Comics tampouco é mencionada em Davidson, *Changing the Game: The Stories of Tennis Champions Alice Marble and Althea Gibson* (Seattle: Seal, 1997).

14. De WMM para MCG, 20 de fevereiro de 1943, Cartas MM, Smithsonian.

15. "As provações da Rainha Boadiceia", *Sensation Comics* nº 60, dezembro de 1946.

16. Roubicek tinha muito interesse por história, segundo Jeff Rovin, que foi seu assistente na DC Comics em 1971 e 1972. Ele lembra dela lhe contando de como HQs sobre história

NOTAS ★ **459**

haviam sido colocadas no meio de revistas em quadrinhos, dizendo que fora uma boa ideia. Rovin, entrevista à autora, 25 de julho de 2013.

17. É difícil encontrar detalhes sobre a vida de Dorothy Roubicek, depois Dorothy Woolfolk. Seus documentos existem apenas em fragmentos, nas coleções de outros. Informações sobre seus pais e seu nascimento podem ser encontradas no censo dos Estados Unidos, principalmente os de 1915, 1935 e 1940. Mais detalhes, nem todos confiáveis, vêm de Jocelyn R. Coleman, "The Woman Who Tried to Kill Superman", *Florida Today*, 20 de agosto de 1993. A única fotografia que consegui é de 1955 e está em Thomas, *All-Star Companion*, 22. Boa parte das minhas informações veio da filha de Roubicek, Donna Woolfolk Cross. Cross é filha de Dorothy Roubicek e William Woolfolk; ela nasceu em 1947. Donna Woolfolk Cross, entrevista à autora, 30 de outubro de 2013, e e-mail à autora, 7 e 12 de novembro de 2013. Agradeço muito a Donna Woolfolk Cross por sua franqueza.

18. [WMM], "Noted Psychologist Revealed as Author".

19. "Mulheres-Maravilha da história: Susan B. Anthony", *Wonder Woman* n° 5, junho--julho de 1943.

20. A metáfora da onda, embora ainda seja popular, foi alvo de diversas críticas acadêmicas. Para uma seleção que representa uma gama de ataques recentes, ver os textos em Nancy A. Hewitt, ed., *No Permanent Wave: Recasting Histories of U.S. Feminism* (New Brunswick, NJ: Rutgers University Press, 2010) e em "Is it Time to Jump Ship? Historians Rethink the Waves Metaphor", *Feminist Formations* 22 (2010): 76-135. As introduções escritas por Hewitt (*No Permanent Wave*, 1-12) e Kathleen A. Laughlin ("to Jump Ship?", 76-81) são resumos valiosos desta discussão.

21. "A batalha pelo feminino", *Wonder Woman* n° 5, junho-julho de 1943.

22. "O furto do estabilizador de pressão", *Comic Cavalcade* n° 4, outono de 1943.

23. "A aventura da vitamina da vida", *Wonder Woman* n° 7, inverno de 1943.

24. "America's Wonder Women of Tomorrow", *Wonder Woman* n° 7, inverno de 1943.

25. As pesquisas de Gallup sobre o assunto ao longo dos anos é relatada e atacada em Streb et al., "Social Desirability Effects and Support for a Female American President", *Public Opinion Quarterly* 72 (2008): 76-89.

26. "A Wife for Superman", *Hartford Courant*, 28 de setembro de 1942.

27. "A noiva amazona", *Comic Cavalcade* n° 8, outono de 1944.

27. SAFO SOFREDORA!

1. OBR, "Our Women Are Our Future", *Family Circle*, 14 de agosto 1942. Marston enviou uma cópia desta matéria a Gaines e pediu que ele a enviasse para Bender. O recorte, com uma bilhete que dizia: "O Dr. Marston achou que você se interessaria por isto", está nos documentos de Bender, caixa 16, pasta 7.

2. OBR, "Fit to Be Tied?" *Family Circle*, 21 de março de 1937.

3. "A perfídia da magazine", *Sensation Comics* nº 8, agosto de 1942.

4. WMM, roteiro datilografado de *Wonder Woman* nº 1, Episódio A, com data 15 de abril de 1942, Arquivos da DC Comics.

5. WMM, roteiro datilografado de *Wonder Woman* nº 2, Episódio A, sem data, Arquivos da DC Comics, pp. 7-8, 14, 15. Comparar com "O deus da guerra", *Wonder Woman* nº 2, outono de 1942, pp. 4C, 8A, 19-21, 25.

6. Mayer citado em Daniels, *DC Comics*, 61.

7. Frank resume o informe em Josette Frank, "What's in the Comics?", *Journal of Educational Sociology* 18 (dezembro de 1944): 214-22. Sobre o pano de fundo desta edição, ver de Harvey Zorbaugh (editor adjunto da revista) para LB, 31 de julho de 1944, Documentos Bender, caixa 12, pasta 17. Zorbaugh esperava incluir um artigo ou de Sterling North, ou de Clifton Fadiman ("seja como for, será um artigo de crítica violenta aos quadrinhos", Zorbaugh disse a Bender); mas, por fim, nenhum dos críticos colaborou.

8. Sidonie Matsner Gruenberg, "The Comics as a Social Force", *Journal of Educational Sociology* 18 (dezembro de 1944): 204-13.

9. De Josette Frank para MCG, 17 de fevereiro de 1943, Cartas MM, Smithsonian. Gaines também encaminhou uma cópia desta carta para Bender; está nos seus documento, caixa 16, pasta 1. Frank vinha acompanhando a Mulher-Maravilha desde o começo. Em outubro de 1941, Gaines enviou a ela um "exemplar de prévia de 'All-Star Comics' nº 8, que contém o episódio introdutório de 'Mulher-Maravilha'." De MCG para Josette Frank, 16 de outubro de 1941, Documentos CSAA, caixa 24, pasta 239. Ela também reclamava há muito tempo que a revista "ostenta uma mulher semidespida na capa" e que "as 'moças' na história sempre parecem estar acorrentadas ou agrilhoadas", como em carta a Harry Childs, com data 8 de fevereiro de 1943, Documentos CSAA, caixa 24, pasta 240.

10. De WMM para MCG, 20 de fevereiro de 1943, Cartas MM, Smithsonian.

11. BHRM, entrevista à autora, 14 de julho de 2013.

12. De WMM para MCG, 20 de fevereiro de 1943, Cartas MM, Smithsonian.

13. De Dorothy Roubicek para MCG, 19 de fevereiro de 1943, e Roubicek, desenho a lápis do uniforme da Mulher-Maravilha com anotações a lápis de WMM para MCG, 19 de fevereiro de 1943, Cartas MM, Smithsonian.

14. De Francis J. Burke para Alice Marble, 20 de fevereiro de 1943, Documentos Bender, caixa 16, pasta 6.

15. De MCG para LB, 26 de fevereiro de 1943, Documentos Bender, caixa 16, pasta 1.

16. De Dorothy Roubicek para MCG, 12 de março de 1943, Memorando, Cartas MM, Smithsonian. Bender considerou a controvérsia inteira fascinante, em carta a Gaines:

    > Devo dizer que tenho muito interesse no conteúdo dos problemas psicológicos da Mulher-Maravilha, e apreciaria bastante se pudéssemos manter o contato com outros materiais a serem lançados e que digam respeito à Mulher-

-Maravilha. [...] Tenho discutido alguns destes problemas em diversas palestras que estou ministrando e possuo grande interesse em adentrar as implicações psicológicas, porque elas aparentemente atingem o cerne da masculinidade e da feminilidade e da violência e submissão que são deveras significantes para nossa cultura moderna.

De LB para MCG, 6 de abril de 1943. Gaines respondeu, garantindo que ela seria mantida a par. De MCG para LB, 13 de abril de 1943. As duas cartas estão nos Documentos Bender, caixa 16, pasta 1.

17. LB, "The Psychology of Children's Reading and the Comics", *Journal of Educational Sociology* 18 (dezembro de 1944): 223-31; as citações são das pp. 225, 226 e 231. Um esboço com marcas de correção deste texto está nos Documentos Bender, caixa 13, pasta 20.

18. Nyberg, *Seal of Approval*, 14. De W.W.D. Sones para MCG, 15 de março de 1943, Cartas MM, Smithsonian. A carta de Sones inspirou uma resposta extensa, quase acadêmica de WMM: de WMM para W.W.D. Sones, 20 de março de 1943, Cartas MM, Smithsonian. Ela recapitula os argumentos básicos de *As emoções das pessoas normais*. Gaines enviou cópias das duas cartas a Bender; elas estão nos documentos dela, caixa 16, pasta 1.

19. De John D. Jacobs para "Charles Moulton", 9 de setembro de 1943, Cartas MM, Smithsonian.

20. De MCG para WMM, 14 de setembro de 1943, Cartas MM, Smithsonian.

21. De WMM para MCG, 15 de setembro de 1943, Cartas MM, Smithsonian.

22. De Josette Frank para MCG, 29 de janeiro de 1944, Cartas MM, Smithsonian, e Documentos Bender, caixa 16, pasta 2. Gaines encaminhou uma cópia desta carta a Bender.

23. De WMM para MCG, 1º de fevereiro de 1944, Cartas MM, Smithsonian.

24. De MCG para Helen Frostenson, Ala Infantil, Hospital Bellevue, a/c LB, Divisão de Psiquiatria, 21 de janeiro de 1944, Documentos Bender, caixa 16, pasta 2.

25. Depoimento de Bender ao Senado, 1954, p. 156.

26. De Dorothy Roubicek para MCG, 8 de fevereiro 1944, Memorando, Cartas MM, Smithsonian. Ver também de Gaines para LB, 8 de fevereiro de 1944, Documentos Bender, caixa 16, pasta 2.

27. Ver também "Wonder Woman Syndication", *Independent News*, abril de 1944. Esta matéria incluía uma fotografia de John Connolly, presidente da King Features, assinando contrato com Gaines, Marston e dois outros homens que os observam. Uma coleção completa das tiras da Mulher-Maravilha, editada por Dean Mullaney, foi publicada 2014 na Library of American Comics.

28. Sobre a entrada de Bender no comitê consultivo, ver de MCG para LB, 8 de fevereiro de 1944; de Harry E. Childs (da *Detective Comics*) para LB, 25 de fevereiro de 1944 (esta carta é o contrato pelos seus serviços); e de LB para Harry E. Childs, março de 1944, anexando correspondências que ela teve com a Academia Norte-Americana de Medicina, documentando que seu período no comitê não ia contra o código de ética da academia. O interesse de Bender era sobretudo pela Mulher-Maravilha. Ver, por ex., de LB para M.C. Gaines, 16 de novembro de 1944: "A Mulher-Maravilha ainda é meu interesse principal

462 ★ A HISTÓRIA SECRETA DA MULHER-MARAVILHA

devido aos problemas da feminilidade e da masculinidade e da passividade e da violência com os quais ela lida." Tudo de: Documentos Bender, caixa 16, pasta 2. Como é descrito por Childs na carta de 25 de fevereiro de 1944, as funções dos integrantes do "Comitê Consultivo Editorial das publicações Superman D-C" era ler as revistas em quadrinhos (todas as quais lhes seriam enviadas) e apresentar "todas as ideias — favoráveis ou não — que você possa ter quanto ao conteúdo ou sugestões que poderia fazer para edições futuras"; autorizar que seu nome apareça nas revistas; "dar-nos consultoria quanto ao tema do entretenimento infantil em revistas ou rádio e apresentar opiniões sobre questões abstratas neste tema"; e "autorizar-nos a fazer referência ao seu cargo no Comitê Consultivo Editorial em nossas malas-diretas e material publicitário para divulgação." Ela recebia cem dólares por mês.

29. Os roteiros datilografados de WMM para as tiras da semana 1 à 37 estão em MM, Sequências Selecionadas, Smithsonian.

28. SUPERPROF

1. Sobre o endereço do Estúdio de Arte Marston, ver de EHM para Jerry Bails, em algum momento dos anos 1970, citado em Roy Thomas, "Two Touches of Venus", *Alter Ego* 3, nº 1 (verão de 1999): 16. O endereço é dado em de WMM para JHMK, 3 de março de 1944, em posse de JHMK. O escritório ficava na sala 1403. A empresa é citada como Estúdio de Arte Marston em de EHM para JHMK, recibo de remuneração por serviços prestados, 3 de fevereiro de 1948, em posse de JHMK.

2. WMM, Prova de Psicologia, 25 de janeiro de 1944, exame datilografado, em posse de JHMK; de WMM para JHMK, 3 de março de 1944. Marston decidira que precisava contratar alguém de fora da família para ajudar com a Mulher-Maravilha. Hummel me disse que Olive Byrne, embora excelente escritora, "não teria como escrever as histórias em quadrinhos", enquanto que Holloway "era advogada, e não escritora dessa estirpe." JHMK, entrevista à autora, 12 de janeiro de 2014.

3. JHMK, e-mail à autora, 29 de janeiro de 2014.

4. HGP, Caderneta de Alistamento, abril de 1942, *U.S., World War II Draft Registration Cards, 1942* (Provo, UT: Ancestry.com, 2010); EHM citada em Daniels, *Wonder Woman*, 47; e de EHM para JE, 11 de janeiro de 1973, em posse de JE.

5. MPM, entrevista realizada por Steve Korte, 29 de julho de 1999, Arquivos da DC Comics.

6. "Recebi uma ligação do hospital Bellevue dizendo que eles estavam com um tal de Harry G. Peter na ala de caridade. Ele era asseado, mas nunca se preocupou com as roupas. Então, na vez que ele ficou com um osso de galinha na garganta, tive que ir resgatá-lo do hospital beneficente." JHMK, entrevista à autora, 12 de janeiro de 2014.

7. Olive Ann Marston Lamott, entrevista realizada por Steve Korte, 25 de agosto de 1999, Arquivos da DC Comics; Olive Ann Marston Lamott, entrevista à autora, 15 de julho

de 2013; BHRM, "Memories of an Unusual Father", 28; e BHRM, entrevista conduzida por Steve Korte, verão de 1999, Arquivos da DC Comics. "O Sr. Peter era um homem sensível, calmo, reflexivo, que gostava e aprovava a Mulher-Maravilha", disse Huntley. De MWH para JE, 14 de junho de 1972, Documentos Steinem, Smith College, caixa 213, pasta 5. [Byrne Marston compara Harry G. Peter ao cartunista e escritor James Thurber (1894-1961), famoso por tratar de neuroses e excentricidades do cotidiano em cartuns, sobretudo, para a revista *New Yorker*, e por ter ele mesmo uma personalidade excêntrica — *N. do T.*]

8. JHMK, entrevista à autora, 26 de janeiro de 2014; JHMK, entrevista à autora, 12 de janeiro de 2014. JHMK também me disse: "Dotsie, embora tivesse parentesco com Margaret Sanger e tenha escrito uma linda dissertação sobre Margaret Sanger, ela não sabia, ela não tinha como escrever o quadrinho." OBR deu entrevistas de história oral sobre MS, mas, até onde pude apurar, nunca escreveu muito sobre ela, fora um e outro depoimento. Walowit trocou correspondência com Hummel em 1974; MS não aparece nas cartas. "Marston e eu nos reuníamos na sua casa em Rye e conversávamos. [...] Certamente tínhamos empatia entre nós e estávamos na mesma onda cerebral. Então, as ideias eram anotadas em roteiros que incorporavam suas crenças psicológicas", Hummel escreveu em 8 de março de 1974, em carta a Walowit, citada em Walowit, "Wonder Woman", 39-40. Walowit não se convenceu de que Hummel escreveu os roteiros que ela diz ter escrito (ver a discussão de Walowit sobre "Mulher-Maravilha e os ventos da história", de *Wonder Woman* nº 17, na p. 118 de sua dissertação).

9. BHRM, "Memories of an Unusual Father", 12; Sue Grupposo, entrevista à autora, 15 de julho de 2013; e WMM, *March On!*, 214-15.

10. Sheldon Mayer, Convenção DC 1975: Painel Mulher-Maravilha, transcrição nos Arquivos da DC Comics.

11. Olive Ann Marston Lamott, entrevista à autora, 15 de julho de 2013, e BHRM, "Memories of an Unusual Father", 21.

12. Olive Ann Marston Lamott, entrevista à autora, 15 de julho de 2013.

13. De WMM para BHRM, 16 e 24 de agosto de 1944, em posse de BHRM.

14. De OBR para MS, 7 de maio de 1936, Documentos MS, Biblioteca do Congresso, edição microfilme, L006:0948.

15. De WMM para BHRM, 17 de julho de 1944, em posse de BHRM, e WMM, "A vingança de Rainha Hepzibah", roteiro datilografado para um episódio bônus de *Wonder Woman* nº 2, nunca publicado, Arquivos da DC Comics. A história envolve um coelho alado gigante chamado Butch.

16. Conforme http://www.guiadosquadrinhos.com/personagem/mulher-maravilha-%28diana-prince%29/83, a personagem foi publicada a partir de 1945 no jornal *O Globo*, e era chamada de "Sereia do Ar". [*N. do T.*]

17. De WMM para BHRM, 4 de agosto, 11 de julho e 21 de julho de 1944, em posse de BHRM.

18. De MSML para BHRM e Audrey Marston, 27 de fevereiro de 1963, em posse de BHRM.

19. WMM, "Sew and Sow", *Family Circle*, 19 de março de 1943.

20. WMM, "Why 100,000,000 Americans Read Comics", 35-44.

21. Cleanth Brooks e Robert B. Heilman, carta ao editor, *American Scholar* 13 (primavera de 1944): 248-52. Brooks, na época, defendia a neocrítica. Ver Cleanth Brooks, "The New Criticism: A Brief for the Defense", *American Scholar* 13 (verão de 1944): 285-95.

22. Holloway recorda a data e o título da peça em carta para BHRM, 5 de abril [não se mostra a data, mas provavelmente seja aprox. 1963], em posse de BHRM. Sua memória estava notavelmente boa. *School for Brides* foi encenada no Teatro Royale de 1º de agosto a 30 de setembro de 1944.

23. Diário de WMM, registro de 25 de agosto de 1944, em posse de BHRM; JHMK, entrevista à autora, 12 de janeiro de 2014. Sobre MWH e Ethel Byrne: "Ela veio da casa de Ethel em Cape Cod para me encontrar", Marston escreveu no seu diário. Diário de WMM, registros de 26-29 de agosto de 1944, em posse de BHRM.

24. Diário de WMM, registro de 25 de setembro de 1944, em posse de BHRM.

25. BHRM, "Memories of an Unusual Father", 17, 21-22. Em relação ao aparelho ortopédico em MM, ver "O caso da menina de aparelho", *Sensation Comics* nº 50, fevereiro de 1946.

26. Quase toda história em quadrinhos da Mulher-Maravilha escrita em 1945, todas as quais foram publicadas com "Charles Moulton" como autor, desde então foram creditadas ou a JHMK, ou a Kanigher. Para a lista, ver *Wonder Woman Archives*, vol. 7, índice. Veja também meu Índice de Quadrinhos. Acredita-se que Kanigher muitas vezes assumiu crédito por histórias que não escreveu. A fonte das atribuições comumente aceitas é um conjunto de questionários distribuídos por Jerry Bails nos anos 1960, segundo e-mail de Roy Thomas à autora, 16 de julho de 2013.

27. JHMK, entrevista à autora, 12 de janeiro de 2014.

28. Ibid.

29. De Charles W. Morton (*Atlantic*) para Walter J. Ong, 19 de janeiro de 1945; de editores da *Harper's Magazine* para Walter J. Ong, sem data; de H. L. Binsse (*Commonweal*) para Walter J. Ong, 29 de março de 1945; de editor da *Yale Review* para Walter J. Ong, recebida em 15 de abril de 1945; dos editores da *Kenyon Review* para Walter J. Ong, recebida em 18 de maio de 1945; Documentos Walter J. Ong, St. Louis University, perdi as referências de números de caixa e pasta.

30. Walter J. Ong, "Comics and the Super State", *Arizona Quarterly* 1 (1945): 34-48.

31. De Harry Behn para Walter J. Ong, 20 de agosto de 1945, Coleção de Manuscritos de Walter J. Ong, caixa 7, St. Louis University, e de Aldo Notarianni para Walter J. Ong, 30 de outubro de 1945, Coleção de Manuscritos de Walter J. Ong, caixa 7.

32. O diário que Hummel manteve em 1946 e 1947 registra seu trabalho dia a dia. Entre os trabalhos que ela fez naquele ano estão datilografar roteiros para Marston, conferir artes, revisar textos, escrever sinopses de novas histórias, escrever novas histórias e datilografá-las. Um registro de gastos de viagem, para tomar um trem de Nova York a Rye e um táxi até Cherry Orchard, demonstra que Hummel ia até Rye a cada dois ou

três dias, embora, às vezes, houvesse lapsos de uma semana ou mais entre as visitas. JHMK, "Record: Time taken to write Scripts, General work schedule, & Diary", diário manuscrito encadernado, 24 de abril de 1946-6 de janeiro de 1947, em posse de JHMK.

33. BHRM, e-mail à autora, 25 de julho de 2013.

34. "A batalha dos desejos", *Comic Cavalcade* nº 16, agosto-setembro de 1946.

35. "Armadilha pantanosa", *Sensation Comics* nº 58, outubro de 1946.

36. BHRM, "Memories of an Unusual Father", 17, 29; JHMK, entrevista à autora, 12 de janeiro de 2014; e JHMK, entrevista à autora, 26 de abril de 2014.

37. "Um dia e meio antes da morte, ele estava corrigindo provas da tira da Mulher-Maravilha". C. Daly King, "William Moulton Marston", *Harvard College Class of 1915: Thirty-fifth Anniversary Report* (Cambridge, MA: Impresso para a Turma, 1950), 212.

38. BHRM, "Memories of an Unusual Father", 17, 29.

39. Olive Ann Marston Lamott, entrevista à autora, 15 de julho de 2013, e BHRM, "Memories of an Unusual Father", 29-30.

40. "Dr. W.M. Marston, Psychologist, 53", *New York Times*, 3 de maio de 1947. Obituários similares saíram em Boston: por ex.: "Dr. Wm. M. Marston Developed 'Lie Detector', Taught, Lectured Widely", *Boston Globe*, 3 de maio de 1947. Um informe da morte, com uma frase, saiu em Los Angeles: "Death Takes Inventor", *Los Angeles Times*, 3 de maio de 1947.

29. A AMEAÇA DOS GIBIS

1. De EHM para Jack Liebowitz, 5 de janeiro de 1948, Arquivos da DC Comics.

2. JHMK, entrevista à autora, 12 de janeiro de 2014, e JHMK, e-mail para a autora, 29 de janeiro de 2014. Parece, contudo, que o último dia de trabalho de Hummel pode ter sido 31 de maio de 1947. De EHM para JHMK, recibo de remuneração por serviços prestados, 3 de fevereiro de 1948, em posse de JHMK, é o pagamento por serviços prestados entre 1º de janeiro e 31 de maio de 1947, na quantia de 1.366 dólares. Aparentemente, este foi o fechamento da conta. A quantia cobre 22 semanas de trabalho, a aproximadamente 62 dólares por semana. Uma anotação a lápis na nota diz: "Oi, Joye! Zazzie": saudações de Huntley.

3. Sheldon Mayer, Convenção DC 1975: Painel Mulher-Maravilha, transcrição nos Arquivos da DC Comics.

4. EHM acreditava que o contrato que WMM escrevera em 1941 dava aos herdeiros algum controle sobre a contratação de roteiristas, e estava determinada a fazê-lo valer. "Aparentemente, a família Marston tinha direitos de dizer sim ou não a quem assumiria a Mulher-Maravilha", ela disse a Robert Kanigher. Entrevista, sem data, Arquivos da DC Comics.

5. De EHM para Jack Liebowitz, 5 de janeiro de 1948.

466 ★ A HISTÓRIA SECRETA DA MULHER-MARAVILHA

6. Donna Woolfolk Cross, entrevista à autora, 30 de outubro de 2013, e e-mail à autora, 13 de novembro de 2013.

7. De EHM para Jack Liebowitz, 5 de janeiro de 1948. Donna Woolfolk Cross não corroborou com a ideia de que seus pais criaram *Moon Girl;* ela nunca tinha ouvido falar da personagem. Mas corroborou quanto à saída de sua mãe da DC Comics em 1947. Minha identificação do criador de *Moon Girl* vem da descrição de EHM de "um escritor profissional muito inteligente e instruído, em partilha, cuja esposa, pelo menos por curto período, foi editora da Mulher-Maravilha". Não poderiam ser outros que não Woolfolk e Roubicek.

8. *Moon Girl*, inicialmente chamada *Moon Girl and the Prince*, foi publicada entre 1947 e 1949. As edições 1-5 e 7-8 estão arquivadas na Biblioteca do Congresso (algumas impressas, algumas em microficha). "O homem do futuro" saiu em *Moon Girl* nº 2, inverno de 1947.

9. De EHM para Jack Liebowitz, 5 de janeiro de 1948. "Neste verão e outono, meu trabalho na Met. está tão leve que pude passar dias inteiros focado em MM", escreveu Holloway, mas "muito em breve terei que decidir se trabalho para a Metropolitan Life Ins. Co. ou para a National Comics".

10. Entrevista com Robert Kanigher, sem data, Arquivos da DC Comics.

11. EHM, "Information for Wonder Woman Scripts", endereçada a Robert Kanigher e datada 4 de fevereiro de 1948, Arquivos da DC Comics.

12. Robert Kanigher, "A filha da trapaça", *Comic Cavalcade* nº 26, abril-maio de 1948.

13. Allan Asherman, entrevista à autora, 12 de agosto de 2013, e Christie Marston, entrevista à autora, 25 de julho de 2012.

14. O simpósio "A psicopatologia das revistas em quadrinhos" foi realizado em Nova York em 19 de março de 1948, na Academia de Medicina. LB aparentemente participou, mas não fez apresentações. Um documento datilografado da ocasião está nos Documentos de Bender, caixa 16, pasta 4. As citações de Gershon Legman vêm das pp. 20, 36, Documentos Bender, caixa 16, pasta 4. Ver também Legman citado em Nyberg, *Seal of Approval*, 39.

15. Fredric Wertham, "The Comics . . . Very Funny!", *Saturday Review of Literature*, 29 de maio de 1948, 6-7, 27. Beaty, *Fredric Wertham and the Critique of Mass Culture*, 118-19. Ver também John A. Lent, ed., *Pulp Dreams: International Dimensions of the Postwar Anti-Comics Campaign* (Madison, NJ: Fairleigh Dickinson University Press, 1999); William W. Savage Jr., *Comic Books and America, 1945-1954* (Norman: University of Oklahoma Press, 1990), Capítulo 7; e David Hajdu, *The Ten-Cent Plague: The Great Comic-Book Scare and How It Changed America* (Nova York: Farrar, Straus and Giroux, 2008).

16. Baker, *Margaret Sanger*, 199-201.

17. Nyberg, *Seal of Approval*, 88-89; Beaty, *Fredric Wertham and the Critique of Mass Culture*, 16-17; Wertham, "Psychiatry and Sex Crimes", *Journal of Criminal Law and Criminology* 28 (1938): 847-53; e Fredric Wertham, *Seduction of the Innocent* (Nova York: Rinehart, 1972), 68-69.

18. Wertham, *Seduction of the Innocent*, 76; e Beaty, *Fredric Wertham and the Critique of Mass Culture*, 118.

19. "Psychiatrist Asks Crime Comics Ban", *New York Times*, 14 de dezembro de 1950; e Beaty, *Fredric Wertham and the Critique of Mass Culture*, 120-25, 156-57.

20. De LB para Estes Kefauver, 17 de agosto de 1950, Documentos Bender, caixa 16, pasta 4, e de Kefauver para Bender, 7 de agosto de 1950, na mesma pasta.

21. "Psychiatrist Asks Crime Comics Ban".

22. Beaty, *Fredric Wertham and the Critique of Mass Culture*, 156-57.

23. De LB para Whitney Ellsworth, 22 de agosto de 1951; Ellsworth, em carta para Bender em 27 de agosto de 1951, concordou. As duas cartas encontram-se nos Documentos Bender, caixa 16, pasta 5.

24. Wertham, "Paid Experts of the Comic Book Industry Posing as Independent Scholars", anotação sem data. Documentos Wertham, caixa 122, pasta 2. A descrição que Wertham faz de Bender como a bajuladora-mor dos quadrinhos no país diz, na totalidade: "1. Mais importante: a Dra. Lauretta Bender, cujo nome está no Comitê Editorial do grupo National Comics (National Comics Publications, Inc. Lexington Ave., 480, Nova York). Ela lista como titulações: Prof. Assoc. de Psiquiatria, Faculdade de Medicina, NYU; Psiquiatra, NY University; Centro Médico Bellevue. Ela tem um emprego de período integral, encarregada da ala infantil do hospital Bellevue, Nova York. Na folha de pagamento dos quadrinhos criminosos desde 1941. Em privado, gabou-se de criar os três filhos com dinheiro dos quadrinhos criminosos." Agradeço a Carol L. Tilley por chamar minha atenção a este item.

25. De Vernon Pope para LB, 23 de outubro de 1953, Documentos Bender, caixa 16, pasta 6. Pope participara do corpo editorial da revista *Look*.

26. Nyberg, *Seal of Approval*, 93. [*Brown contra O Conselho de Educação* é um processo de referência no Direito dos Estados Unidos, no qual a Suprema Corte julgou institucional a segregação escolar por motivo de cor. — *N. do T.*]

27. Wertham, *Seduction of the Innocent*, 103, 33, 188-91.

28. Ibid., 192-93.

29. Ibid., 166-67, 192-93, 233-35.

30. As audiências aconteceram em Nova York em prol de depoentes da indústria dos quadrinhos. Nyberg, *Seal of Approval*, 52-53. *Hearings Before the Subcommittee to Investigate Juvenile Delinquency*.

31. *Hearings Before the Subcommittee on Juvenile Delinquency*, p. 154. Pesquisas subsequentes nos documentos de Wertham talvez corroborem Bender. Os "estudos de caso" que Wertham relatou em *Seduction of the Innocent* aparentemente foram montados a partir da junção de vários casos. Carol L. Tilley, "Seducing the Innocent: Fredric Wertham and the Falsifications That Helped Condemn Comics", *Information & Culture: A Journal of History* 47 (2012): 383-413.

468 ★ A HISTÓRIA SECRETA DA MULHER-MARAVILHA

32. De LB para Estes Kefauver, 17 de agosto de 1950, Documentos Bender, caixa 16, pasta 4, e de Kefauver para Bender, 7 de agosto de 1950, na mesma pasta.

33. Nyberg, *Seal of Approval*, 76.

34. Ibid., x; Código dos Quadrinhos da Associação de Revistas de Quadrinhos dos Estados Unidos, 1954, reproduzido em Nyberg, *Seal of Approval*, 166-69; e de LB para Jack Liebowitz, 5 de novembro de 1954 e de Liebowitz para LB, 10 de novembro de 1954, Documentos Bender, caixa 16, pasta 6. O nome de Lauretta Bender parou de aparecer nas revistas da DC Comics em novembro de 1954.

35. Entrevista com Robert Kanigher, sem data, Arquivos da DC Comics.

36. Capa, *Sensation Comics* nº 94, novembro-dezembro de 1949.

37. Elaine Tyler May, *Homeward Bound: American Families in the Cold War Era* (1988; rep.: Nova York: Perseus, 2000), Capítulo 3. *Fortune* citada em Evans, *Born for Liberty*, 221.

38. Daniels, *Wonder Woman*, 93-102. Depois que "Mulheres-Maravilha da história" parou de sair em *Wonder Woman*, a seção apareceu, sem regularidade, na *Sensation Comics*. A respeito de Kanigher, Walowit escreveu: "Pouco após a morte do autor original, os conceitos integrados que regiam as primeiras histórias passam a ser ignorados, e a série começa a enfocar quase que somente a força física de MM. O quadrinho posterior não expõe nem a qualidade criativa da imagem afirmativa tanto da natureza humana quanto das mulheres que caracterizava as primeiras histórias." Walowit, "Wonder Woman: Enigmatic Heroine", resumo. Marjorie Wilkes Huntley também ficou angustiada. Em 1955, ela se surpreendeu em descobrir que a Mulher-Maravilha ainda estava na lista de quadrinhos desaconselháveis da *Parents' Magazine*. Escreveu à revista para reclamar, comentando que Kanigher havia extirpado da Mulher-Maravilha tudo que era controverso nos anos 1940: "Sei que o editor atual, por opção própria, independente da pressão crítica, apagou da revista todos os elementos que são desaconselháveis. De forma que ela, a Mulher-Maravilha, é uma personagem tão ativa quanto o Superman é ativo — o que vocês aprovam." De MWH para o Comitê de Cincinnati de Avaliação de Revistas em Quadrinhos, a/c *Parents Magazine*, 24 de agosto de 1955, Documentos CSAA, caixa 14, pasta 140. Huntley enviou exemplares da correspondência sobre este assunto para Josette Frank.

39. Alder, *Lie Detectors*, 223-28.

30. AMOR PARA TODOS

1. BHRM, entrevista à autora, 14 de julho de 2013.

2. De OBR para BHRM, 16 de março de 1948, em posse de BHRM.

3. De OBR para MS, 11 de janeiro de 1949, Documentos MS, Smith College, edição microfilme, S29:0495.

4. De MS para OBR, 24 de janeiro de 1952, Documentos MS, Collected Document Series, edição microfilme, C09: 314.

NOTAS ★ **469**

5. Audrey Marston, entrevista à autora, 14 de julho de 2013.

6. MS entregou partes selecionadas dos seus documentos à Biblioteca do Congresso em diversas doações realizadas entre 1942 e sua morte, em 1966. (Jeffrey M. Flannery, Biblioteca do Congresso, e-mail à autora, 7 de março de 2014.) MS começou a entregar os seus documentos à Smith College em 1946 e seguiu fazendo acréscimos à coleção até a sua morte (ver o histórico de aquisições no guia de pesquisa da coleção). Olive Byrne encaixotou muitos dos documentos de MS. (Maida Goodwin, Smith College, e-mail à autora, 7 de março de 2014.)

7. De MS para Ethel Byrne, 22 de janeiro de 1952, *Selected Papers of MS*, 3:292-93.

8. Ver de MS para Juliet Barrett Rublee, 13 de fevereiro de 1955, *Selected Papers of MS*, 3:386.

9. De OBR para MS, 4 de maio de 1955, Documentos MS, Smith College, edição microfilme, S47: 0273; de OBR para MS, 28 de janeiro de 1955, S45: 1067; de MS para OBR, 1º de fevereiro de 1955, S46: 033; e de OBR para MS, 5 de fevereiro de 1955, S46: 073.

10. "Dei todas as minhas coisas a Margaret para ela dar pro Smith ou pra onde ela quisesse." OBR, entrevista com Van Voris, 27.

11. De OBR para MS, 14 de julho de 1953, Documentos MS, Biblioteca do Congresso, edição microfilme, L007:0598. De MS para OBR, [janeiro? de 1954?], *Selected Papers of MS*, 3:353.

12. De MS para OBR, 1º de novembro de 1954, Documentos MS, edição microfilme, Collected Documents Series, CO10: 605. Sanger instrui OBR a ligar para o Dr. Abraham Stone ou um dos seus colegas: "Duvido que o escritório tenha como pagar seu trabalho de ponta, mas costuma haver cargos de meio período." Na época, o Escritório de Pesquisa Margaret Sanger passava por dificuldades financeiras. Ver, por ex., de MS para Abraham Stone, 2 de abril de 1953, e de MS para Katharine Dexter McCormick, 26 de março de 1954, em *Selected Papers of MS*, 3:330, 369.

13. Isto é contado em várias fontes, mas ver MS, *Selected Papers of MS*, 3:272. Sobre os testes com progesterona, ver de MS para Katharine Dexter McCormick, 4 de fevereiro de 1955, em *Selected Papers of MS*, 3:381.

14. A primeira correspondência secretarial de OBR para MS que pude encontrar é de OBR para B.D. Danchik, 26 de agosto de 1955, Documentos MS, Smith College, edição microfilme, S48: 0539, e então de 0547 a 0810 há diversas cartas datilografadas por OBR e assinadas desta forma — ou melhor, até 17 de outubro de 1955. À época, OBR morava em Tucson, na casa de MS. Ver de OBR para MS, 20 de setembro de 1955, S48: 0710, da Sierra Vista Drive nº 65, Tucson, informando de questões tais como correspondência para a residência, assim como de OBR para MS, 30 de setembro de 1955, S48: 0742.

15. De MS para D. Kenneth Rose, 20 de Agosto de 1956, em *Selected Papers of MS*, 3:402.

16. De MS para OBR, 17 de outubro de 1955, Documentos MS, Collected Document Series, edição microfilme, C10: 965, e de MS para OBR, 2 de fevereiro de 1959, Documentos MS, Smith College, edição microfilme, S55: 0180.

470 ★ A HISTÓRIA SECRETA DA MULHER-MARAVILHA

17. De MS para OBR, 30 de abril de 1956, Documentos MS, Smith College, edição microfilme, S49: 0945.

18. De OBR para MS, 2 de maio de 1956, Documentos MS, Smith College, edição microfilme, S49: 0974.

19. De OBR para MS, 19 de julho de 1956, Documentos MS, Smith College, edição microfilme, S50: 303.

20. De OBR para MS, 30 de setembro de 1955, Documentos MS, Smith College, edição microfilme, S48:0742, e de MS para OBR, 8 de abril de 1957, Documentos MS, Smith College, edição microfilme, S51: 0897

21. MS, entrevista com Mike Wallace, 21 de setembro de 1957, transcrição, em *Selected Papers of MS*, 3:423-37. Ver também Chesler, *Woman of Valor*, 440-42.

22. Sobre a aposentadoria de EHM: Olive Ann Marston Lamott, entrevista à autora, 15 de julho de 2013. Sobre a mudança para Tucson: de OBR para MS, 11 de fevereiro de 1959, Documentos MS, Collected Document Series, edição microfilme, C11: 539. Ver também: "Barbara [esposa de Stuart Sanger] me contou que você & Betty querem alugar uma casa", de MS para OBR, 10 de agosto de 1959, Documentos MS, Collected Document Series, edição microfilme, C11: 607. Em questionário para egressas com data 15 de junho de 1960, EHM registrou o endereço North Campbell Avenue, nº 928, Tucson, Arizona. EHM, Associação de Egressas da Mount Holyoke College, Questionário Biográfico, 13 de junho de 1960, arquivos da Mount Holyoke College. EHM e OBR voltaram a Nova York por volta de 1963. BHRM, e-mail à autora, 25 de julho de 2013.

23. De OBR para Juiz William O. Douglas, 9 de junho de 1965, em posse de BHRM.

24. Editorial, *New York Times*, 11 de setembro de 1966.

25. "Marston-Sanger Vows Solemnized", *Tucson Daily Citizen*, 25 de março de 1961.

26. De MSML para Byrne e Audrey, 27 de fevereiro de 1963, em posse de BHRM.

27. De MSML para Byrne e Audrey Marston, 27 de fevereiro de 1963.

EPÍLOGO: GRANDE HERA! VOLTEI!

1. JE, entrevista à autora, 5 de agosto de 2013; de JE para EHM, 8 de maio de 1972, Documentos Steinem, Smith College, caixa 213, pasta 5. De EHM para MWH, 12 de junho de 1972, Documentos Steinem, Smith College, caixa 213, pasta 5; e de MWH para JE, 21 de maio de 1972, Documentos Steinem, Smith College, caixa 213, pasta 5. Huntley contou a Edgar a história de uma carta que Marston recebeu de uma garotinha de 8 anos. "MULHER-MARAVILHA, você existe?", perguntava a garota. "Sim, ela era de verdade!", Huntley respondeu.

2. Mary Thom, *Inside "Ms.": Twenty-five Years of the Magazine and the Feminist Movement* (Nova York: Holt, 1997), 1; Amy Erdman Farrell, *Yours in Sisterhood: "Ms." Magazine*

NOTAS ★ 471

and the Promise of Popular Feminism (Chapel Hill: University of North Carolina Press, 1998), 21-22; Evans, *Born for Liberty*, 288; Susan Faludi, "Death of a Revolutionary", *New Yorker*, 15 de abril de 2013; e Flora Davis, *Moving the Mountain: The Women's Movement in America Since 1960* (Urbana: University of Illinois Press, 1999), 110-14.

3. Trina Robbins et al., *It Aint Me Babe* (Berkeley, CA: Last Gasp Ecofunnies Publication, Concepção da Women's Liberation Basement Press, 1970), julho de 1970. A ilustração de capa é de Trina Robbins. "Breaking Out" é creditada ao It Ain't Me Babe Basement Collective, com arte de Carole, cujo sobrenome aparentemente foi esquecido por todas as envolvidas. Ver Trina Robbins, *A Century of Women Cartoonists* (Northampton, MA: Kitchen Sink Press, 1993), 134. Em 1986, Robbins tornou-se a primeira mulher a desenhar a Mulher-Maravilha (*A Century of Women Cartoonists*, 165).

4. Kelly Anderson, entrevista com JE, 26 de julho de 2005, Projeto de História Oral Vozes do Feminismo, Coleção Sophia Smith, Smith College, disponível em http://www.smith.edu/libraries/libs/ssc/vof/transcripts/Edgar.pdf; e Patricia Carbine, entrevista à autora, 9 de agosto de 2013.

5. "Warner Communications Acquires Interest in New Ms. Magazine", comunicado à imprensa, Warner Communications, sem data, mas da primavera de 1972, Documentos revista *Ms.*, sem catalogação mas em caixa provisoriamente numerada 90A e em pasta com o título "Warner Communications, 1972-1977"; e Patricia Carbine, entrevista à autora, 9 de agosto de 2013.

6. Patricia Carbine, entrevista à autora, 9 de agosto de 2013; Farrell, *Yours in Sisterhood*, 17–18; e Evans, *Born for Liberty*, 291.

7. De EHM para MWH, 12 de junho de 1972, Documentos Steinem, Smith College, caixa 213, pasta 5. A carta está nos documentos de Steinem porque após recebê-la Huntley a encaminhou à sede da *Ms.*, e aparentemente ela foi preservada porque parece ter alguma relevância jurídica. No envelope no qual a carta chegou, com carimbo de 14 de junho de 1972, alguém escreveu a lápis: "Boa fé — protege-nos contra processos". Depois que JE enviou a EHM um exemplar do livro finalizado, EHM escreveu de volta com "nada fora elogios" pela publicação. De EHM para JE, 11 de janeiro de 1973, em posse de JE.

8. Thom, *Inside "Ms."*, 31-33; Daniels, *Wonder Woman*, 131-32; e Farrell, *Yours in Sisterhood*, 28-29, 54-55. A ligação de Steinem com os quadrinhos levou à acusação de que o acordo para colocar a Mulher-Maravilha na capa da *Ms.* foi determinação da Warner e não uma decisão do corpo editorial da revista. A Warner foi fundada em 1971 por um ex-proprietário de agência funerária chamado Steve Ross. Daniels afirma que Steinem era amiga de Ross e contempla a possibilidade de Steinem ter feito um acordo com Ross: a Warner financiaria a *Ms.* se a *Ms.* ajudasse a promover uma revitalização da Mulher-Maravilha. Se foi o caso, o acordo foi informal e não ficou registrado. Não existe esta negociação no acordo jurídico formal: as cópias do acordo de compra de ações entre Revista *Ms.* e a Warner Communications, Inc., com data de abril de 1972 e maio de 1972, estão nos Documentos Revista *Ms.* na Smith College, sem catalogação mas em caixa provisoriamente numerada 90A e em pasta com o título

"Warner Communications, 1972-1977". A mesma pasta traz os relatórios financeiros da revista *Ms.*, enviados à Warner, assim como registros de pagamentos da Warner à *Ms.* Estes documentos não fazem referência à Mulher-Maravilha. (Steinem não aceitou o meu convite para entrevista.)

9. *Wonder Woman: A "Ms." Book* (Nova York: Holt, Rinehart and Winston, 1972), Gloria Steinem, Introdução. Sobre Roubicek Woolfolk, ver Julius Schwartz em prefácio a Roy Thomas, *All-Star Companion*, 4, e Robbins e Yronwode, *Women and the Comics*, 104. Na historiografia dos quadrinhos, Roubicek Woolfolk vem sendo, na melhor das hipóteses, esquecida e, na pior, apagada. Em meados dos anos 1970, quando Joe Brancatelli estava escrevendo verbetes para a *World Encyclopedia of Comics*, seus editores cortaram o verbete sobre Roubicek Woolfolk: "Escrevi 190 dos duzentos verbetes sobre quadrinhos, que tratavam tanto de personagem quanto de criador. Minha função era enviar a Maurice Horn uma lista tanto de personagens quanto de autores sobre os quais escrever. Eu diria que 95% do que eu enviei foi aceito. Sabe quem foi cortada? Dorothy." Brancatelli, entrevista à autora, 1º de novembro de 2013.

10. Patricia Carbine, entrevista à autora, 9 de agosto de 2013; JE, entrevista à autora, 5 de agosto de 2013; Anderson, entrevista com JE, 26 de julho de 2005; Thom, *Inside "Ms."*, 41-22; e Anderson, entrevista com JE, 26 de julho de 2005, p. 23.

11. JE, "'Wonder Woman' Revisited", *Ms.*, julho de 1972, 52-55. Uma versão datilografada e corrigida está nos Documentos Steinem, caixa 213, pasta 5. Edgar recebeu bastante correspondência por conta da matéria, algumas de fãs da Mulher-Maravilha original e algumas de leitoras muito empolgadas em saber da "nova" Mulher-Maravilha. Ver, por ex., de Norma Harrison para JE, 12 de julho de 1972, e de Richard J. Kalina para JE, 4 de julho de 1972; de Heidi Michalski (diretora da NOW) para JE, 31 de julho de 1972, em Documentos Steinem, caixa 151, pasta 14.

12. "Dorothy tinha me passado para Gloria Steinem, que estava preparando um livro da Mulher-Maravilha. Por isso eu sabia que Dorothy tinha ideias muito claras do que queria fazer com a Mulher-Maravilha. [...] A experiência como um todo consistiu em Gloria ser muito, muito calorosa ou indiferente em relação às histórias que eu lhe apresentava. Mais uma vez, ela não gostou das HQs, é óbvio, em que a Mulher--Maravilha era basicamente um homem de cabelo comprido e braceletes. Ela queria que eu encontrasse histórias que refletissem um ponto de vista mais contemporâneo. Ela não aparecia muito. Eu praticamente só lhe apresentava volumes encadernados do que encontrava e ela dizia "sim" ou "não". Ela era bastante aplicada em ler o material, palavra por palavra. Não era condescendente com os quadrinhos; ela os via como forma de se comunicar com uma geração que tinha mais orientação visual. Era muito cabeça aberta", disse Jeff Rovin em entrevista à autora, 25 de julho de 2013. A seleção de Steinem, contudo, constituiu uma espécie de censura: ela orientou Rovin meticulosamente a remover cenas de *bondage*. Como escreveu Walowit, ao tratar da antologia da *Ms.*: "O fato de as editoras terem conseguido encontrar doze histórias que evitavam as questões de dominação e submissão (geralmente retratadas nos quadrinhos como escravagismo e *bondage*) já em si é um grande feito, mas falseia a difusão destes

conceitos na Mulher-Maravilha original." Walowit, "Wonder Woman: Enigmatic Heroine of American Popular Culture", 8. Walowit acrescenta: "Embora Steinem sugira que as doze histórias tenham sido todas escritas pelo autor original, duas das republicações com certeza não são de Marston. 'A menina de ontem' foi escrita por Lee Goldsmith, e 'As cinco tarefas de Thomas Tythe', por Robert Kaniger [sic]. 'Quando a perfídia vestiu blusa verde' provavelmente também foi escrita por Kaniger" (18).

13. "The Return of Wonder Woman", *Ms.*, janeiro de 1973, anúncio publicitário. Ver também texto publicitário da Holt, Rinehart and Winston, sem data mas de meados de 1972, Documentos Revista *Ms.*, Smith College, sem catalogação mas em pasta com o nome "Wonder Woman: A *Ms.* Book". Quando Holloway visitou a sede da *Ms.* na primavera de 1972, ela examinou tanto a edição de estreia da revista quanto as provas da antologia *Ms.*-Mulher-Maravilha. Embora Holloway não tenha gostado da capa da revista ("feita por um homem"), ela gostou da capa do livro ("feita por uma garota"). De EHM para MWH, 12 de junho de 1972, Documentos Steinem, caixa 213, pasta 5. Holloway escreveu uma dedicatória em um exemplar do livro para Steinem, citando, no Fragmento 57A, uma das suas frases prediletas da edição Wharton dos poemas de Safo: "Para Gloria, 'Criada de Afrodite', Safo." EHM, dedicatória manuscrita em *Wonder Woman: A "Ms." Book,* Documentos Steinem, caixa 30, pasta 1.

14. Eric Pace, "Lovely and Wise Heroine Summoned to Help the Feminist Cause", *New York Times*, 19 de outubro de 1972, e Michael Seiler, "Wonder Woman: The Movement's Fantasy Figure", *Los Angeles Times*, 17 de janeiro de 1973. A matéria foi reproduzida em todo o país via agências de notícias. Ver também, por ex., "Searching for Wonder Woman", *San Francisco Chronicle*, 27 de outubro de 1972; "Wonder Woman Lives Again!" *Press-Telegram* de Long Beach, California, 20 de outubro de 1972; Eric Pace, "Now It's Zap! A She-Wonder for Feminists", *Toledo Times*, 20 de outubro de 1972; "Ms. Features the Return of Wonder Woman", *St. Louis Post-Dispatch*, 5 de novembro de 1972; "Wonder Woman Will Aid Cause", *Foster S. Democrat* de Dover, NH, 6 de novembro de 1972; "Wonder Woman Makes Comeback", no *Buffalo Courier Express*, 8 de novembro de 1972; e "Comic-Book Heroine Revived as Symbol of Feminist Revolt", *Dallas Morning News*, 5 de novembro de 1972. Os recortes estão nos Documentos Revista *Ms.*, sem catalogação mas em caixa provisoriamente numerada 52a, Recortes, 1968-1972, e em pastas de julho-dezembro de 1972.

15. "Se a *Ms.* fosse dona dos direitos da Mulher-Maravilha, fabricaríamos uma boneca da Mulher-Maravilha agora mesmo", Patricia Carbine, diretora e editora-chefe da *Ms.*, escreveu a Bill Sarnoff, diretor da Warner. De Patricia Carbine para William Sarnoff, 17 de maio de 1973, sem catalogação mas em caixa provisoriamente numerada 90A e em pasta com o título "Warner Communications, 1972-1977".

16. Capa, *Sister: A Monthly Publication of the Los Angeles Women's Center*, julho de 1973.

17. Dorothy Woolfolk é listada como editora, e Ethan C. Mordden como editor assistente, em duas edições de *Wonder Woman* que estão arquivadas com os documentos de Gloria Steinem: *Wonder Woman* nº 197 (novembro-dezembro de 1971) e *Wonder Woman* nº 198

(janeiro-fevereiro de 1972). Ela não é listada como editora em *Wonder Woman* nº 195 (julho--agosto de 1971), também arquivada com os documentos de Steinem, caixa 213, pasta 5.

18. Steinem citada em Matsuuchi, "Wonder Woman Wears Pants", 128.

19. De Flora Davis para Dorothy Roubicek Woolfolk, 23 de junho de 1972, Documentos Steinem, caixa 33, pasta 14. Aparentemente, a ideia de Carmine Infantino sobre Mulher-Maravilha foi "Ok, a gente consegue divulgação com heroína feminista, mas não deixa ela ser muito espalhafatosa." Roubicek Woolfolk queria espalhafato. Jeff Rovin, entrevista à autora, 25 de julho de 2013.

20. De Dorothy Roubicek Woolfolk para Gloria Steinem, 8 de julho de 1972, Documentos Steinem, caixa 33, pasta 14.

21. Samuel R. Delany, *Wonder Woman* nº 203 (dezembro de 1972). [No Brasil em *As aventuras de Diana em cores* nº 6, Ebal, 1974 — N. do T.]

22. Samuel R. Delany, citado em Ann Matsuuchi, "Wonder Woman Wears Pants: Wonder Woman, Feminism and the 1972 'Women's Lib' Issue", *Colloquy* 24 (2012): 118-42; a citação está na p. 119. Uma crítica chamou a edição especial de "talvez a maior palhaçada com o feminismo que já se escreveu." Walowit, "Wonder Woman", 35, 217-21.

23. Robbins e Yronwode, *Women and the Comics*, 106.

24. Allan Asherman (assistente de Kanigher em 1972), entrevista à autora, 12 de agosto de 2013; e Paul Levitz (ex-diretor da DC Comics), e-mail à autora, 11 de agosto de 2013. Segundo Asherman, Kanigher ficou horrorizado quando uma jornalista da *Ms.* veio entrevistá-lo (Levitz também ouviu essa história).

25. "A volta da Mulher-Maravilha", *Wonder Woman* nº 204, janeiro-fevereiro de 1973 [No Brasil em *Superamigos* nº 10, Abril, 1986 — N. do T.]. Ver também Daniels, *Wonder Woman*, 131-33. Kanigher não durou, contudo. Em outubro de 1973, ele foi substituído por Julius Schwartz (Walowit, "Wonder Woman", 36). [Kanigher fez trocadilho com o nome de Dorothy Woolfolk: "Dottie" é apelido de Dorothy, e "Cottonman" traduz-se literalmente por "homem algodão", enquanto o sobrenome real Woolfolk traduz-se por "povo lã" — N. do T.]

26. Susan Faludi, *Backlash: The Undeclared War Against American Women* (Nova York: Crown, 1991).

27. Sobre a cultura do *trashing* e o destino de Shulamith Firestone, ver Susan Faludi, "Death of a Revolutionary", *New Yorker*, 15 de abril de 2013.

28. Anselma Dell'Olio, "Divisiveness and Self-Destruction in the Women's Movement: A Letter of Resignation", 1970, citada em Faludi, "Death of a Revolutionary". Ver também Vivian Gornick, "The Woman's Movement in Crisis: Let's Stop the Infighting!", *Village Voice*, 3 de novembro de 1975.

29. O teste de Ellie Wood Walker para interpretar a Mulher-Maravilha, feito por Dozier em 1967, pode ser visto em http://www.youtube.com/watch?v=VWiiXs2uU1k.

30. "Assisti à primeira parte do piloto de TV", EHM escreveu para JE, 19 de abril de 1974, em posse de JE. "Os adultos aqui na volta não reagiram bem. As crianças — 8 a 12 —

NOTAS ★ **475**

acharam fabuloso e disseram que tem que durar para sempre." Ver também Walowit, "Wonder Woman: Enigmatic Heroine of American Popular Culture", v-vi.

31. *Wonder Woman*, ABC Television, 1975, baseado em personagens criados por WMM, desenvolvido para a televisão por Stanley Ralph Ross; a primeira temporada completa está disponível em DVD com distribuição da Warner Communications, 2004. [Tradução literal: *Mulher-Maravilha! Mulher-Maravilha! | O mundo espera por você | E o poder que você tem. | Com seu colante de seda, | Lutando pelos seus direitos, | E a nossa bandeira nacional. || Mulher-Maravilha! Mulher-Maravilha! | O mundo está pronto para você, | E as maravilhas que só você consegue: | Fazer uma águia virar pomba, | Deter a guerra com o amor, | Fazer o mentiroso contar a verdade. || Mulher-Maravilha! | Liberte-nos das profundezas, Mulher-Maravilha! | Todas nossas esperanças se amarram a você!"*]

32. "Lib Leader Warns Others Not to Be 'Superwomen'", *Cleveland Press*, 19 de julho de 1972. Esta matéria foi distribuída pela UP e pela AP e republicada por todo o país; ela envolve uma entrevista com Friedan após a publicação de um texto dela chamado "Beyond Women's Liberation", publicado na *McCall's* em agosto de 1972.

33. Carole Ann Douglas, "Redstockings Assert Steinem CIA Tie", *Off Our Backs* 5 (maio-junho de 1975), 7. Gabrielle Schang, "Gloria Steinem's CIA Connection: Radical Feminists Won't Be Ms.-led", *Berkeley Barb*, 30 de maio de 1975, é uma republicação da declaração das Redstockings, ilustrada por uma imagem de Gloria Steinem como Mulher-Maravilha; ele está nos Documentos Steinem, caixa 203, pasta 16.

34. Schang, "Gloria Steinem's CIA Connection", *Berkeley Barb*, 30 de maio de 1975, e "Gloria Steinem's CIA Connection", *Women's Week*, recortes de informativo feminista sem data, Documentos Revista *Ms.*, sem catalogação. Havia rancor escondido nessa história. Em 1973, uma das fundadoras das Redstockings, Kathie Sarachild, enviara o currículo à *Ms.*, pleiteando um cargo editorial; ela não foi contratada. De Kathie Sarachild para *Ms.*, 23 de março de 1973, Documentos Steinem, caixa 55, pasta 10.

35. "Redstockings' Statement", *Off Our Backs* 5 (julho de 1975): 8-9, 28-33; as citações são da p. 29. Uma fotocópia do comunicado original à imprensa está nos Documentos Revista *Ms.*, sem catalogação mas em uma caixa provisoriamente numerada 21b e em pasta com o nome "Alegações Redstockings, maio-agosto de 1975."

36. Gloria Steinem, "Statement from Steinem", *Off Our Backs* 5 (setembro-outubro de 1975): 6, 22-23. A *Ms.* também distribuiu a declaração pelo correio, para feministas de renome e publicações feministas, incluindo a *Lavender Woman*, a *Majority Report* e a *Big Mama Rag*. Ver, por ex., de Mary Daly para JE, 17 de setembro de 1975, agradecendo a Edgar por enviar a declaração de Steinem, Documentos Revista *Ms.*, sem catalogação mas provisoriamente na caixa 21b, em pasta com o título "Alegações Redstockings, set.-dez. de 1975"; e de Gloria Steinem para Irmãs de Hera, 14 de agosto de 1975, mesma caixa, pasta com o nome "Alegações Redstockings, maio-agosto de 1975".

37. De JE para William Sarnoff, 9 de maio de 1975, sem catalogação mas em caixa provisoriamente numerada 90A e em pasta com o título "Warner Communications, 1972-1977".

476 ★ A HISTÓRIA SECRETA DA MULHER-MARAVILHA

38. As acusações continuaram a surgir, deixando Steinem mais que irritada; ela escreveu, em 1979, sobre "a sensação de indiferença e frustração que sinto ao ter que tratar repetidas vezes de acusações banais e indignas de virarem notícia" (de Steinem para Victor Kovner, 9 de abril de 1979). Quando a Random House publicou uma antologia de textos das Redstockings, deixou de fora as alegações contra a *Ms.*, temendo processo. A *Village Voice* planejou uma matéria sobre as alegações em 1979, mas depois que advogados de Steinem e da *Ms.* escreveram para a *Voice*, a matéria foi cortada.

39. Faludi, "Death of a Revolutionary".

40. Cott, *Grounding of Modern Feminism*, 181.

41. De EHM para JE, 16 de novembro de 1983, em posse de JE. "1915 Reviews", informe de egressos da Mount Holyoke College, não publicado, 30 de maio de 1975, s.p., registro de EHM.

42. De EHM para Karen M. Walowit, 4 de maio de 1974, citada em Walowit, "Wonder Woman", 84-85.

43. Quando Ellen Chesler entrevistou Olive Byrne, em 1985, Byrne determinou que a discrição quanto à família Marston seria pré-condição para dar a entrevista. "Prometi que não escreveria sobre a história de vida delicada de Olive, como condição para ela aceitar falar abertamente comigo sobre Margaret e sua mãe", Chester me contou. "Não sei quantos detalhes eu anotei, dada a preocupação dela." Ellen Chesler, e-mail à autora, 4 de fevereiro de 2014. Byrne talvez tenha feito estipulação similar como condição para outras entrevistas, incluindo uma bastante longa realizada por Jacqueline van Voris em 1977.

44. De EHM para JE, 11 de janeiro de 1973, em posse de JE.

45. Mary Frain, "93 Years Old", *Clinton Item*, 15 de outubro de 1982; de MWH para BHRM, sem data, mas outubro de 1982. MWH, Instruções para Funeral e Internação, 6 de novembro de 1974, em posse de BHRM. O poema que Huntley queria que fosse lido chama-se "Only Time Can Die" [Só o tempo pode morrer, em tradução livre]. *All U.S., Social Security Death Index, 1935-Current* (Provo, UT: Ancestry.com, 2011); dados originais: Social Security Administration, *Social Security Death Index, Master File*, Social Security Administration. Huntley nasceu em 29 de dezembro de 1889 e faleceu em 30 de dezembro de 1986. *Massachusetts Death Index, 1970-2003* (Provo, UT: Ancestry.com, 2005); dados originais: Estado de Massachusetts, *Massachusetts Death Index, 1970-2003* (Boston: Commonwealth of Massachusetts Department of Health Services, 2005). Há conflito entre dois relatos: o SSDI diz que ela faleceu em Clinton (onde ficava a casa de repouso); o MDI diz que ela faleceu em Marlborough (provavelmente em referência à casa de O.A.). Donn Marston faleceu em 1988. Seu obituário informava que ele deixava esposa e filhos; a mãe, "Olive Richard"; e "uma tia, Elizabeth H. Marston." Donn Richard Marston, obituário, *Washington Post*, 2 de abril de 1988.

46. Alder, *Lie Detectors*, Capítulo 19.

47. BHRM, entrevista à autora, 14 de julho de 2013. [Tradução livre: "O pôr do sol e a estrela da tarde / Que ouço chamado tão límpido! / E que não me lamentem no bar / Quando eu for levado ao mar."]

48. Ibid. OBR faleceu em Tampa, Flórida, em 19 de maio de 1990, aos 86 anos. *Florida Death Index, 1877-1998* (Provo, UT: Ancestry.com, 2004); dados originais: Estado da Flórida, *Florida Death Index, 1877-1998* (Jacksonville: Florida Department of Health, Office of Vital Records, 1998).

49. Sue Grupposo, entrevista à autora, 15 de julho de 2013.

50. EHM faleceu em 2 de abril de 1993, em Bethel, Connecticut. "Elizabeth H. Marston, 100, Inspiration for Wonder Woman". *New York Times,* 3 de abril de 1993. O *Hartford Courant* publicou um editorial: "Wonder Woman's Mom", 5 de abril de 1993.

ÍNDICE DE QUADRINHOS

1. A sede da DC Comics mudou-se para a cidade de Burbank, Califórnia, em 2015. Conforme consulta a Steve Korte, ex-bibliotecário responsável pelos Arquivos da DC Comics (que deixou a empresa devido à mudança), os Arquivos também foram realocados para o novo endereço e, no momento, não estão abertos para consulta. [*N. do T.*]

2. De EHM para Jack Goodwin, Bibliotecário, National Museum of American History, 6 de junho de 1970, e de Russell Shank, Diretor das Bibliotecas do Smithsonian Institution, para EHM, 18 de junho 1970, Smithsonian.

3. De EHM para Jerry Bails, 12 de agosto de 1968, em posse de Jean Bails, e de EHM para Jerry e Jean Bails, 28 de abril de 1969, em posse de Roy Thomas.

4. De EHM para Karen M. Walowit, 4 de maio de 1974; de JHMK para Walowit, 8 de março e 26 de abril de 1974; e em Walowit, "Wonder Woman", 39-40.

5. De EHM para JE, 2 de abril de 1976, em posse de JE.

6. Registro de 30 de julho de 1943, Diário de WMM, em posse de BHRM.

CRÉDITOS DAS ILUSTRAÇÕES

As ilustrações destas páginas figuram aqui graças a:

Biblioteca Pública de Boston: 27.9
Arquivos da Biblioteca da Brooklyn College: 24.2
Coleção Digital de Jornais da Califórnia, Centro de Estudos e Pesquisa Bibliográficas, University of California, Riverside: 23.4
Coleção de Arte em Quadrinhos, Bibliotecas da Michigan State University: pre.3
Corbis Images: 11.1, 13.3
David Levine Ink: pos.7
Revista *Esquire*: 23.8, caderno ins.4
Getty Images: 8.2
Biblioteca da Harvard College: 1.6, 24, 4.3 4.4, 10.5, 20.1, 20.3, 23.3
Arquivos da Harvard University: 3.5
Heritage Auctions: 21.3, 21.4, caderno ins.1
The Library of American Comics: pre.2, 2.2, 3.2 3.3, 8.1, 8.4, 9.1, 9.2, 23.1
Biblioteca do Congresso, Divisão de Manuscritos: 29.3
Biblioteca do Congresso, Divisão de Cartazes e Fotografias: 1.7, 3.6, 5.3, 6.1, 13.4, 23.7, 25.1, 25.2, 25.4, 29.1, 29.4, pos.4, pos.5, caderno ins.6, caderno ins.11, caderno ins.17, caderno ins.33, ins.33, caderno ins.35, ins.36, ins.37, caderno ins.38, ins.40
Byrne Marston: 4.1, 6.3, 10.2, 11.2, 13.5, 14.4, 16.1, 18.2, 18.3, 18.5, 19.2, 19.4, 21.2, 22.1, 28.2, pos.8
Moulton (Pete) Marston: 1.2, 1.3, 1.4, 2.7, 4.5, 5.1, 5.2, 7.3, 15.1, 17.1, 17.2, 17.3, 18.4, 19.1, 19.3, 28.1, 28.3
Metropolis Comics: 23.9, caderno ins.4
Arquivos e Coleções Especiais da Mount Holyoke College: 2.4, 2.5
Arquivos da Northwestern University: 8.3
Biblioteca de Livros e Manuscritos Raros, Columbia University: 27.2
Coleção da Família Rogers: 10.3
Biblioteca Schlesinger, Instituto Radcliffe, Harvard University: 10.6, 12.1, pos.2, pos.3, pos.10, caderno ins.39
Bibliotecas da Smithsonian Institution, Washington: pre.1, p1.1, 1.5, 1.8, 2.1, 2.3, 3.1, 3.4, 4.2, 6.2, 6.4, 7.2, p2.1, 12.2, 13.2, 14.1, 14.2, 14.3, 15.2, 20.2, 21.1, p3.1, 23.2, 23.10, 24.1, 25.3, 25.5, 25.6 25.7, 26.1, 26.2, 26.2, 26.4, 26.5, 26.6, 26.7, 27.1, 27.3, 27.4, 27.5.27.6,27.7, 27.8, 28.4, 28.5, pos.9, caderno ins.2, caderno ins.5, caderno ins.7, ins.8, ins.9, caderno ins.10, ins.12, caderno ins.13, ins.14, ins.15, caderno ins.16, caderno ins.18, caderno ins.19, ins.20, ins.21, caderno ins.22, ins.23, ins.22, caderno ins.25, ins.26, ins.27, caderno ins.28, ins.29, ins.30, ins.30 (as três), caderno ins.34
Coleção Sophia Smith, Smith College: 2.6, 7.1, 10.1, pos.1, pos.6, caderno ins.41
Tufts University, Coleções e Arquivos Digitais: 13.1
Biblioteca da University of Michigan: 10.4, 23.5, 23.6
Biblioteca da Yale University: 1.1

SOBRE A AUTORA

Jill Lepore é professora de história americana na Universidade de Harvard e redatora da revista *New Yorker*. Seu livro *Book of Ages* foi finalista do National Book Award. Ela mora em Cambridge, Massachusetts.

Este livro foi composto nas tipologias Apollo MT Std, Constructa e
Trade Gothic LT Std, e impresso em papel pólen soft 70g/m², na Prol Gráfica.